教育部高等学校统计学类专业
教学指导委员会推荐用书

博雅·21世纪统计学规划教材

National Economic Accounting
国民经济核算

向书坚 徐映梅 郑瑞坤 编著

北京大学出版社
PEKING UNIVERSITY PRESS

图书在版编目(CIP)数据

国民经济核算/向书坚,徐映梅,郑瑞坤编著.—北京:北京大学出版社,2019.9
21世纪统计学规划教材
ISBN 978-7-301-30235-4

Ⅰ.①国⋯ Ⅱ.①向⋯ ②徐⋯ ③郑⋯ Ⅲ.①国民经济核算—高等学校—教材 Ⅳ.①F222.33

中国版本图书馆 CIP 数据核字（2019）第 008313 号

书　　名	国民经济核算 GUOMIN JINGJI HESUAN
著作责任者	向书坚　徐映梅　郑瑞坤　编著
责任编辑	尹照原
标准书号	ISBN 978-7-301-30235-4
出版发行	北京大学出版社
地　　址	北京市海淀区成府路 205 号　100871
网　　址	http://www.pup.cn　新浪微博：@北京大学出版社
电子信箱	zpup@pup.cn
电　　话	邮购部 010-62752015　发行部 010-62750672　编辑部 010-62752021
印 刷 者	北京市科星印刷有限责任公司
经 销 者	新华书店
	787 毫米×980 毫米　16 开本　26.25 印张　530 千字
经 销 者：	2019 年 9 月第 1 版　2024 年 1 月第 2 次印刷
定　　价	79.00 元

未经许可，不得以任何方式复制或抄袭本书之部分或全部内容。
版权所有，侵权必究
举报电话：010-62752024　电子信箱：fd@pup.pku.edu.cn
图书如有印装质量问题，请与出版部联系，电话：010-62756370

"21世纪统计学规划教材"编委会

主　编：何书元

编　委：(按姓氏拼音排序)

　　　　房祥忠　金勇进　李　勇　唐年胜
　　　　王德辉　王兆军　向书坚　徐国祥
　　　　杨　瑛　张宝学　朱建平

前　　言

在市场经济条件下，企业在生产经营和业务活动中，因各种各样的经济交易和经济事项的发生需要筹集资金、使用资金和收回资金，为了更好地反映与监督这些经营活动的资金运动，产生了企业的会计核算。对于一个国家或地区来说，在一定时期拥有多少人力、物力、财力，又如何利用它们开展各种经济活动、取得多少成果、形成多少收入进行消费与积累，以便保持社会产品供需平衡、社会再生产有序运动，同样地需要采用科学的方法进行测量和计算，进而产生了国民经济核算。但与企业会计围绕资金运动的核算不同，国民经济核算不仅要反映资金运动，也要反映社会产品的运动。它是以整个国民经济为总体、借助一套统计指标体系与测量方法的经济社会发展的复杂测量系统。

联合国统计委员会致力于国民经济活动复杂测量系统的研究，形成并五次更新了测算国民经济运行数据的国际标准，即国民账户体系，最新版本为《国民账户体系2008》（SNA2008），它为决策、经济分析研究提供了一套具备综合、一致、灵活等特性的全球规范的宏观经济账户。

为使这种标准化的账户体系中国化，许多中国优秀学者智慧地将其引进中国国民经济核算理论与实践界，带进中国大学课堂，为中国国民经济核算体系的建立与储备人才的培养增添了无数精彩的画笔，我们从中受益匪浅。

但与统计模型分析的传播效果不同，"国民经济核算"在中国大学课堂并没有激起更多年轻学习者的同等学习兴趣。一个现象是，一方面年轻学习者热衷于统计模型的构造，另一方面却又漠视统计模型指标数据的规范化使用，对指标数据的内涵不能清晰甄别，乱用甚至滥用的现象比比皆是，严重影响了统计模型的应用分析功能。

追踪这一现象，除了国民经济活动过于抽象难以在思维想象中驾驭外，国民账户体系标准化的特征也使学习者学习起来枯燥乏味。为了激起更多的初学者认识与掌握国民账户这个测量系统，在与国内外学者学习交流的基础上，结合多年的教学实践，我们组织编写了《国民经济核算》一书。全书分九章，以国民账户中心框架为主体、辅之以卫星账户与价格及物量核算，完整地介绍了国民经济核算的理论、方法、统计测量标准与数据实现。在教材中，我们关注理论问题的目的在于深入探讨国民经济活动统计测算的性质与理论结构，这是国民经济核算的根本，对之进行传播也是高校首先应该肩负的责任，学生们只有掌握了最基础的理论，才能够在前沿研究中获得真正的创新能力与实践开拓能力。本教材中对统计测量标准给予了高度关注，一则是国民账户体系的本质要求，二则是让学习者在实际运用中能够清醒地意识到数据正确运用与使用的必要性与重要性。另外，本教材中对账户与数据实现的重视则更为清楚地表明了我们对国民经济活动感性认识的强调，便于学生理解与消化。

对于本书的使用，从第一章开始将会让学习者了解国民经济核算的一个整体概貌，对国民经济核算有一个初步的了解。尽管第一章的很多概念对初学者来说还是会有些陌生，但这并不妨碍从总体上对国民经济核算课程性质的认识。从第二章开始，一直到第六章，是国民账户中心框架的介绍，包括中心框架中的生产、收入分配与使用、资本形成与金融交易、资产负债及对外经济的核算理论、账户方法、指标核算标准、数据实现及应用分析等内容。对中心框架的介绍，本书主要以 SNA2008 为参照系，注重了SNA2008 的账户特征，特别强调了账户体系的连贯性与数据实现的衔接性，增强了学习者对国民经济活动宏观系统的整体把握与感性思维。不仅如此，大量指标数据的呈现与汇总更加直观地反映了国民经济宏观统计指标之间的关系，这种解读，基于理论又以数据化再现，增强了学习者对数学逻辑性的运用，能够大大改变学习者的学习兴趣。在第七章，通过借助供给表与使用表的分析功能，以投入产出表的形式展示了国民经济矩阵核算的功能，也为第八章的卫星账户介绍储备了基础知识。第八章介绍国民经济核算的扩展与灵活运用，为学习者由理论、方法走向实践问题的开拓指引方向。最后，在第九章，基于国民经济活动价值核算的特征，引入价格与物量核算，进一步明晰了国民经济活动的价格影响与实际价值的创造。因此，整体上看，本书编写过程中突出了以下特征：

第一，将烦琐的国民经济核算理论概括为两大部分，基础部分主要概括国民经济核算内容、统计指标体系、统计方法与核算规则，便于初学者认识与掌握国民经济账户的编制理论、原则与方法，奠定初学者编制与运用国民经济核算的基本技能；应用部分主要是介绍国民经济运行各流程的数据实现，每一个账户（核算表）均以数据填充，加深了学习者对国民经济核算理论的认识，增强了学习兴趣，增加其对具体问题的分析与解决能力。

第二，以 SNA2008 为基本依据，把握其本质内容，体现了浓缩精华而不失全面的原则。本书以较少的篇幅介绍了国民经济活动的全部内容，呈现了它们的核算理论、方法、核算规则与应用，尽量保持了国民经济核算理论与方法的严谨性与完整性。同时还原了国民经济再生产运动的循环特征，保证了宏观经济指标体系的连贯性与整体性，使学习者充分认识到每一个宏观经济指标所具有的特定含义以及在国民经济中的作用，增强了数据正确运用的能力。故而，本教材非常适合本科阶段各层次学生的教学使用。

第三，注重了国民经济核算更新的性质。全书不仅以最新的 SNA2008 为基准，也融入了最新的中国国民经济核算的理论与实践内容，起到了核算理论承前启后、理论与实践相结合的作用。

第四，体现了 SNA2008 的中国化，将中国国民经济核算体系（2016）的基本思想与准则作为本书的基调，促使学习者在接触国际规范时能够思考中国问题，引导学习者储备中国国民经济核算理论的基本素养，从而有能力解决中国现代化经济体系建设过程中出现的各种新经济现象的核算。

国民经济核算涵盖了大量的数据信息，由其提供的各种统计指标，是研究一国（地区）经济现实和历史发展的重要依据，也是进行经济预测、编制计划、经济预警、国际交流以及政策制定的基本依据。随着市场交易的不断纵深发展，当前各种风险频发，社会对数据的需求日益扩大，从宏观上把握数据测量系统的编制原理、基本规则、编制方法是数据时代对经济专业、统计专业与管理专业的基本要求，也是这些专业学生必备的基本素养。我们编写《国民经济核算》一书，期待通过深入浅出的原理、规则、方法的介绍，能够在教学中激发学生学习本学科的兴趣，帮助学生掌握国民经济核算的技能，增强统计方法的运用能力及解决社会经济问题的处理能力。由于国民经济核算理论精深而庞大，撰写一本好的《国民经济核算》教材并不容易，尽管我们努力想奉献给读者一本令人满意的书，但仍然会存在满足不了读者要求的地方，书中难免还有疏忽或错误之处，恳请读者及同行专家阅读过程中能够提出宝贵意见，以便我们今后进一步修订与完善。

本书共分九章，第一章至第三章由徐映梅教授撰写，第四章至第六章由向书坚教授撰写，第七章至第九章由郑瑞坤副教授撰写，向书坚教授负责全书的结构设计与总纂。

本书编写过程中，编译、整理与参考了国内外许多优秀研究机构、研究团队与学者的研究成果，书后列举了他们的主要作品，谨向原作者致以诚挚的谢意！同时对为本书顺利出版提供过帮助的所有同人、朋友表示诚挚的谢意！

作　者

2019年7月于杭州

目 录

第一章 总论 ·· 1
    第一节 国民经济核算的产生与发展 ·· 1
    第二节 国民经济核算的对象 ·· 10
    第三节 国民经济核算的基本原则 ·· 18
    第四节 国民经济核算方法与体系 ·· 24
    思考题 ··· 32
    练习题 ··· 33

第二章 生产核算 ··· 38
    第一节 生产核算的基本问题 ·· 38
    第二节 供给视角核算国内生产总值 ·· 48
    第三节 需求视角核算国内生产总值 ·· 63
    第四节 国内生产总值核算的实践与应用 ··· 71
    思考题 ··· 76
    练习题 ··· 76

第三章 收入分配与使用核算 ·· 83
    第一节 收入分配与使用核算的基本问题 ··· 83
    第二节 收入初次分配核算 ·· 86
    第三节 收入再分配核算 ··· 96
    第四节 收入使用核算 ··· 104
    第五节 收入分配与使用核算数据的应用分析 ······································ 111
    思考题 ··· 115
    练习题 ··· 116

第四章 资本形成与金融交易核算 ··· 122
    第一节 资本形成与金融交易核算的基本问题 ······································ 122
    第二节 资本形成核算 ··· 127

第三节　金融交易核算 ·· 136
　　第四节　资金流量核算 ·· 140
　　第五节　资金流量核算数据的应用分析 ································ 159
　　思考题 ·· 167
　　练习题 ·· 167

第五章　资产负债核算 ·· 174
　　第一节　资产负债核算的基本问题 ······································ 174
　　第二节　资产负债其他变化核算 ··· 179
　　第三节　资产负债存量核算 ·· 189
　　第四节　资产负债核算数据分析 ··· 199
　　思考题 ·· 201
　　练习题 ·· 202

第六章　对外经济核算 ·· 208
　　第一节　对外经济核算的基本问题 ······································ 208
　　第二节　国外账户体系 ·· 211
　　第三节　国际收支平衡表 ·· 219
　　第四节　国际投资头寸表 ·· 236
　　第五节　对外经济与国际收支核算数据分析 ··························· 245
　　思考题 ·· 249
　　练习题 ·· 249

第七章　投入产出核算 ·· 256
　　第一节　投入产出核算的基本问题 ······································ 256
　　第二节　投入产出核算的基本表式 ······································ 263
　　第三节　投入产出表的数据口径 ··· 273
　　第四节　投入产出表的编制 ·· 282
　　第五节　投入产出法的应用分析 ··· 292
　　思考题 ·· 309
　　练习题 ·· 309

第八章　国民经济核算的扩展概览 ·· 316
　　第一节　国民经济核算扩展简介 ··· 316
　　第二节　旅游卫星账户体系 ·· 323

第三节　综合环境经济核算体系 ·················· 333
　　思考题 ··· 353
　　练习题 ··· 354

第九章　国民经济价格和物量核算 ·············· 358

　　第一节　国民经济价格核算的基本问题 ········ 358
　　第二节　总产出指数与可比价账户 ·············· 362
　　第三节　价格指数的编制 ······························ 372
　　第四节　国际经济比较中的价格处理方法 ···· 377
　　思考题 ··· 386
　　练习题 ··· 387

练习题参考答案 ··· 393

参考文献 ··· 407

第一章 总 论

基于经济理论框架设计的国民经济核算体系（SNA），记录了宏观经济运行的前提条件、循环过程及其结果，描述并反映了现实世界经济现象的数量特征，成为现实经济分析、经济预测、经济政策评估、经济发展战略制定的重要工具。修订后的国民经济核算体系为2008版本，标志着国民经济核算发展进入一个新的时期，无论是学术界的积极探索，还是业界的跟进，都需要对其进行全面的介绍。

本章将从国民经济核算的产生与发展，国民经济核算的对象、范围、内容与方法等方面进行介绍。

第一节 国民经济核算的产生与发展

什么是国民经济核算，国民经济核算是如何产生和发展的？这是这门学科需要讨论的基本问题。本节首先讨论国民经济核算的基本概念、账户体系的基本特征，其次阐述国民经济核算的发展演进过程，再次介绍中国国民经济核算体系的建立与发展历程，在此基础上，再论述国民经济核算与各相关学科之间的关系，以及国民经济核算体系的概念框架与作用。

一、什么是国民经济核算

国民经济核算，源自"National Accounting"的英译，是以一个国家或地区经济整体为研究对象的核算，又称国民核算。具体可表述为，国民经济核算是以一定的经济理论为指导，综合会计、统计、数学的方法，对一国或地区在一定时期内各类经济主体的经济活动及其结果进行系统、综合、全面的测定，用以跟踪、描述一国或地区国民经济系统的结构及其各部分相互联系的全貌。

通常，国民经济核算通过国民账户的环环相扣，形成了一个体系，我们也把它们称为国民经济核算体系（SNA，System of National Accounts）或国民账户体系。按照SNA自身的定义，国民经济核算体系是由一套逻辑严密、协调一致而完整的宏观经济账户和表式组成，其基础是一套符合国际惯例的概念、定义、分类和核算规则。这些账户本身以浓缩的方式提供了根据经济理论和观念组织起来的有关经济运行的大量详尽信息。它们详细而全面地记录了经济体内发生的复杂的经济活动,以及在市场或其他地方发生的不同经济机构之间、不同经济机构的集团之间的相互作用。通过 SNA 的这种核算框架,以特有的程式编制和表述了符合经济分析、决策和政策制定要求的经济数据。

SNA 是为经济分析、决策和政策制定而设计的。无论一国的产业结构如何,其经济发展处于何种阶段,SNA 的基本概念及定义具有普适性,不会因具体经济环境不同而改变,类似地,它所遵循的分类和核算规则同样具有普适性。

在 SNA 的框架中,整个账户体系具有以下特性:

(1)全面性。SNA 将一个经济体中所有设定的活动和所有经济主体运行的结果都包含在其中。

(2)一致性。SNA 在测度一项特定活动对于所有参与主体产生的结果时,遵循了相同的核算规则,形成了一致的价值。

(3)完整性。SNA 将经济主体的特定活动所产生的所有结果都在对应的账户中得到了反映。SNA 账户不仅反映某一时点上的经济情况,实践中此套账户要在一段连续时期内编制,这就为监测、分析和评估某一经济体在不同时间上的表现提供了必不可少的连续信息流。SNA 不仅提供一段时期内发生的经济活动的有关信息,还提供一定时点上某一经济体的资产和负债规模及其居民的财富规模的信息。另外,SNA 还包括一个对外账户,以展示该经济体和国外的联系。

SNA 核算框架设计灵活,具有可加性。它可以在以下三个不同的总量层次上实施,即在单个经济主体或机构单位层次、这些单位群(组)或机构部门层次和经济总体层次上实施。

SNA 核算框架不仅关注某些关键总量统计指标核算,如由 SNA 界定、广泛应用于反映经济总体活动情况的国内生产总值,而且至关重要的是了解一个经济体的运行状况,能够观察和分析发生在该经济体中不同部门之间的相互作用。

二、国民经济核算的发展演进

国民经济核算体系的形成历经了数百年的时间和多个发展阶段才形成了今天的体系规模。国民经济核算体系的发展与完善来源于国民收入估算理论的发展与国民经济官方业务统计进步的双重推进。

(一)国民收入估算理论的发展

现代国民经济核算产生于国民收入统计。国民经济核算体系产生之前的国民收入统计可以分成以民间统计为主和官方统计为主两个阶段。

民间国民收入统计阶段(1665—1918)历时 253 年。在这一时期,研究主要源于民间自发,研究者们为了更好地研究现实经济问题才在估算方法上有所创新。因而还没有形成系统的国民收入统计的概念与方法，估算时间不连续，估算范围仅包括英、法、德等八个国家。在这一时期，重要的代表性人物及其思想方法如下：

17世纪60年代，英国经济学家威廉·配第（William Petty）在1665年第一次估算了英国1660年的国民收入，创立了国民收入的概念，并在估算中使用了收入等于支出的关系式。他的这种"政治算术"，开拓了经济研究的新领域，他因此而被誉为"统计学的创始人"。

G. 金（G. King）作为配第的追随者，他对1688年英国国民收入进行了估计。其特点体现在：一是进行了细致的分组，他将经济活动主体分成26个社会阶层，统计项目包括收入、支出和储蓄等；二是将英国与法国、荷兰进行了比较，开创了经济统计领域的国际比较研究。

18世纪中期，法国重农学派经济学家E. 魁奈于1758年发表了著名的《经济表》。魁奈虽然坚持"唯农业是生产"的狭义生产观，但他把国民收入看作部门间流量，并重视资本存量在扩大国民收入中的作用。《经济表》被认为是投入产出分析、部门间经济流量分析和部门账户的开端。

法国化学家A. L. 拉瓦锡在1791年估算法国国民收入时，为避免重复计算，首次区分了总产品中的中间产品和最终产品。1886—1890年期间，澳大利亚政府统计学家柯格兰估算了澳大利亚每年的国民收入，其工作在以下三个方面具有开创性：第一次进行了连续的估计；第一次从生产、分配和使用三方面来表示国民收入；第一次提出采用生产净值指标的思想，即在计算国民收入时扣除折旧，得到国民净收入指标。

20世纪以来，生产的社会化程度进一步提高，国际间经济竞争日益激烈，国民收入统计受到更多国家政府的重视，到1939年共有33个国家进行了国民收入估算，开拓性研究者是库兹涅茨（对国民收入的系统研究，价值计价方法——从要素价格过渡到市场价格）和凯恩斯（政府干预带来与国民收入相关信息的扩展）。

（二）国民经济官方业务统计的发展

统计业务的国际化包括国民经济统计数据的国际可比性和国际标准与准则的发展两个方面（SNA与MPS）。

1947年，国民收入统计分会公布了一份由斯通主编的题为《国民收入的计算和社会账户的构建》的研究报告，提出了计算国民收入的指导性原则和建议。

1953年，联合国统计委员会公布了以斯通为主席的国际专家小组的研究成果《国民经济账户体系和辅助表》，标志着国民账户体系的诞生。处于初创时期（1953年）的SNA仅涉及三个基本的机构部门——企业、住户和非营利机构以及一般政府，包含生产账户、支出账户、资本调节账户以及对外交易账户等账户。与此同时，苏联形成了物质产品平衡体系，并在经互会国家中进行推广。

1968 年联合国统计委员会批准并公布了修订的 SNA。其主要修订包括将投入产出核算、资金流量核算、国际收支核算、资产负债核算纳入国民经济核算体系，形成了更为完整的国民经济核算体系框架。SNA 包含 20 个账户，综合为三类账户：第一类是国家的合并账户；第二类涉及生产、消费支出和资本形成账户；第三类涉及收入与支出及资本筹集账户。同期，原经互会统计委员会正式制定《物质产品平衡表体系》（MPS，System of Material Product Balances），1971 年联合国统计委员会通过了 MPS 成为国际上另一重要核算体系的决议。自此，市场经济体与非市场经济体各自实施着不同的国民经济核算体系。

1972—1993 年，联合国统计委员会和其他国际组织为沟通两大核算体系和完善国民经济账户体系进行了长期努力。1984 年经互会统计常设委员会对 MPS 进行了重大修订，形成了《编制国民经济统计平衡表的基本方法原则》，称之为新 MPS。这个文件与原 MPS 相比增加了部门联系平衡表、居民收入和消费指标、非物质服务平衡表，扩展了劳动力平衡表。

1993 年公布了由联合国、欧盟委员会、经济合作与发展组织、世界银行、国际货币基金组织五个国际组织联合修订的 SNA，被称为 SNA1993。这是适应世界经济发展新趋势，突出体现环境影响、通货膨胀、金融发展和各国市场经济发展新要求的一次完善。1980—1990 年苏联和中国推行的市场经济建设，宣告了 MPS 的终结。SNA1993 标志着国民经济核算体系进入一体化发展时期。

2008 年联合国、欧盟委员会、经济合作与发展组织、世界银行、国际货币基金组织五个国际组织联合推出修订的 SNA，被称为 SNA2008。该版本反映了用户不断提高的新需求、经济环境的新变化和方法论研究的新进展。

本教材以 SNA2008 为基础介绍国民经济核算体系。

三、中国国民经济核算的建立和发展

20 世纪 30 年代，中国学者巫宝三曾进行中国国民所得的估算，并于 1947 年出版《中国国民所得（一九三三年）》一书，被国际学术界认为是"对中国国民所得现有最详备的估计"。[①]但比较系统的国民经济核算制度形成于新中国成立之后。与中国市场经济建设与发展相适应，中国国民经济核算经历了三个阶段：基于 MPS 模式的建立和发展阶段，从 MPS 模式向 SNA 模式过渡阶段，基于 SNA 模式的发展阶段。

（一）基于 MPS 模式的建立和发展阶段

20 世纪 50 年代初，在苏联专家的帮助下，中国开始按照 MPS 模式建立国民经济核

---

① 巫宝三. 巫宝三经济文选. 北京：中国时代经济出版社，2011.

算体系。国家统计局在全国范围内开展了工农业总产值调查，建立了工农业总产值核算制度。此后，从工农业总产值核算扩大到包括农业、工业、建筑业、运输业和商业五大物质生产部门总产值核算，即社会总产值核算。在学习苏联国民收入统计理论和方法的基础上开展了国民收入的生产、分配、消费和积累核算。1956年后开始全面推行 MPS 体系，先后编制了社会产品生产、积累和消费平衡表，社会产品和国民收入生产、分配、再分配平衡表，劳动力资源和分配平衡表等。这些核算工作提供的经济运行信息成为当时国民经济计划与管理的重要依据。由于20世纪50年代后期的"大跃进"和60年代的"文化大革命"，中国国民经济核算工作遭遇挫折，甚至陷入停顿状态。"文化大革命"之后，首要工作是恢复MPS体系的国民收入核算，开展了投入产出调查，编制了1973年实物型投入产出表、1981年价值型与实物型投入产出表、1983年价值型投入产出表，积累了丰富的投入产出表编制经验。

（二）从 MPS 模式向 SNA 模式过渡阶段

20世纪70年代末，中国实行改革开放，进入新的历史时期。为适应中国经济体制改革的需要，中国国民经济核算体系开始实现由 MPS 向 SNA 的过渡。1984年起成立专门机构进行国民经济核算体系的系统研制工作，1985年建立了 SNA 体系的年度国内生产总值核算；建立了定期编制投入产出表的制度，即逢2、逢7年度开展全国大规模投入产出调查，编制投入产出基本表，逢0、逢5年度通过小规模调查和对基本系数表进行调整的方法；1987年开始按照 SNA 模式编制投入产出表；1992年开始编制资金流量表。在总结中国从 MPS 体系向 SNA 体系转换时期的实践经验，研究1968年 SNA 和1993年 SNA 修订草案的基础上，国家统计局会同有关部门，研究制定了《中国国民经济核算体系（试行方案）》，确定了当时中国国民经济核算的基本概念、基本核算原则、基本分类、基本核算框架和基本核算内容。这个核算体系既包括 MPS 体系的内容，也包括 SNA 体系的内容，体现出中国国民经济核算体系从 MPS 体系向 SNA 体系的过渡性特点。

（三）基于 SNA 模式的发展阶段

1993年起，中国取消了基于 MPS 体系的国民收入核算工作，这标志着中国国民经济核算两套体系并存阶段的终结，开始了与国际接轨，完全按照 SNA 模式进行国民经济核算的进一步变革。1993—1995年，中国开展了首次全国第三产业普查，第一次提供了比较完整的第三产业统计资料，弥补了第三产业增加值核算的资料来源缺口；进一步完善国民经济核算的产业部门分类；规范 GDP 核算的资料来源和计算方法、核算步骤和数据发布制度；建立周期性经济普查制度和 GDP 历史数据修订制度；不断改进投入产出调查方法和编表方法。1996年在总结实践经验和对1993年 SNA 进行深入研究的基础上，对机构部门账户的指标设置和编制方法进行了系统的修订，形成了比较规范的表式和编制方法。1997年开始编制资产负债表，并在总结实践经验和学习加拿大固定资产存量核算经验的基础上，对资产负债表的指标设置和编制方法进行修订。中国国民经济核算的内容日渐完善，在国民经济管理中发挥了重要作用，伴随中国在世界经济中的重要性日渐显现，中国国民经济核算及其结果已经引起国际社会的广泛关注。1999年国家统计局开始总结1992年以来中国核算制度改革和实践的成果经验，深入研究并吸收联合国SNA1993所提出的最新国际标准，对原体系进行了系统修订，于2003年发布了《中国国民经济核算体系（2002）》。2004年，中国开展了第一次全国经济普查。利用此次普查，不仅大幅度修订了2004年及此前年份的GDP数据，更重要的是拓展了资料来源，完善了核算方法。

《中国国民经济核算体系（2002）》颁布实施十余年来，市场经济发展出现了许多新情况与新需求，主要体现在政府和企业不断加大研发投入力度，土地集约化经营中所有权与使用权分离，企业管理中的雇员股票期权激励，政府财政用于教育、文化、医疗卫生等民生方面的支出不断增加，房地产市场迅速发展中的自用住房价值估算问题等，成为需要重点关注的核算内容。

为了适应世界经济环境的发展变化，反映国际上国民经济核算理论方法研究取得的成果和各国国民经济核算实践获取的经验，满足广大用户不断变化的需求，以及为了与国际收支统计、政府财政统计、货币金融统计等其他国际统计标准更加协调一致，联合国等国际组织制定了新的国际标准，即SNA2008。近年来，国家统计局对SNA2008的主要内容进行了系统的梳理；对市场经济发展出现的新情况、新需求进行了认真研究；对十多年来，特别是近年来国民经济核算制度方法改革研究成果进行了总结和归纳；对《中国国民经济核算体系（2002）》进行了系统的修订，制订并颁布了国民经济核算新的国家标准，即《中国国民经济核算体系（2016）》（简称2016年CSNA），使中国国民经济核算水平达到了一个新的高度。

四、国民经济核算与各相关学科之间的关系

国民经济核算及其理论方法发展是其相关学科交叉融合的结果。其重要的相关学科包括经济学理论学科、企业会计学科和统计学科。

国民经济核算的理论基础是经济学理论。经济学理论是现实世界经济运行规则的高度概括，国民经济核算则是现实世界经济运行特征的基本描述。在20世纪中期提出的国民经济核算体系来源于市场经济体系下的宏观经济学，尤其是凯恩斯宏观经济理论。国民经济核算框架构造的基础是宏观经济理论中关于总供给与总需求的基本平衡关系，国内生产总值、国民收入、总消费、总投资等常用经济总量概念和计量事实上是经济学家和统计学家共同的发明。为了服务于宏观经济管理和经济分析，国民经济

核算在框架设计、概念定义、原则确定方面必然要以经济学理论和经济原则为依据。

国民经济账户核算整体设计方法上借鉴了工商企业会计的复式记账原理。传统的复式记账原则，即一笔交易要在交易双方每一方的账户中做一对互相匹配的借方和贷方登录，这是经济核算或国民经济核算的一个基本原则。例如，对于产出的销售，不仅要在卖方的生产账户中有一笔登录，同时必须在卖方金融账户中也有一笔等值的登录，以记录其因出售产出而收到的现金或短期金融信贷。由于这两笔等值登录也是买方所必需的，因此这项交易实际上在涉及卖方和买方两方的宏观经济账户体系中同时会有四笔等值的登录。一般说来，两个不同机构单位之间的交易，总是需要在国民经济账户中同时做四笔等值的登录（即四式记账），即使该交易仅是一种转移而不是交换，甚至没有发生货币转手也是如此。多重记账使得不同机构单位和部门之间的交互作用能够得到记录和分析。但是，一个机构单位的内部交易（例如单位对自身产出的消费）只需两笔记录即可，而且其交易价值需要估算。这种将经济活动关联的对等双方同时被记录两次，展示经济交易的特征，由此使不同核算内容连接起来，整个核算成为相互联系的整体。同时，国民经济核算体系作为宏观核算工具，在很大程度上要利用企业微观核算资料作为基础，这在另一意义上体现了企业会计对国民经济核算的基础作用。

国民经济核算的数据收集与分析基础来源于统计学方法。一方面是数据调查方法，尽管借鉴了企业会计复式记账原理，但国民经济核算收集数据的方法依然是统计总体，而非会计分录式。即不是依据"原始凭证—记账凭证—记账—会计报表"模式，而是针对不同领域、不同对象从宏观上进行数据调查与收集，这就是要以统计方法为基础；另一方面是数据分析方法，国民经济核算的数据分析要依赖于统计学方法，以统计学为基础，进行相应的各种估算、推断。

国民经济核算的现实基础是纷繁复杂的经济世界。现实经济世界不同的发展阶段面临不同的问题与难点，适应这一特征的管理需求是进行国民经济核算的原动力，正是由于经济生活中不断衍生出新的研究领域和研究课题，需要记录和描述这些新问题的数据特征，才促使国民经济核算体系不断发展。

五、国民经济核算体系的概念框架与作用

国民经济核算体系的主要目标是提供一套综合的概念和核算框架，以便建立一个适于分析和评估经济表现的宏观经济数据库。该数据库的存在是制定有效、合理的政策并进行决策的先决条件。

（一）概念性要素构成

国民经济核算体系包括的概念性要素决定了 SNA 的核算框架，这一核算框架能完整记录经济流量与存量，实现国民经济核算体系的基本目标。

这些概念包括：
（1）机构单位和机构部门（谁）；
（2）交易和其他流量（什么）；
（3）资产和负债（什么存量）；
（4）产品和生产单位（谁和什么的其他方面）；
（5）目的（为什么）。

上述概念体系的构建形成国民经济核算独有的知识结构的基础，后面将陆续介绍。在这里更加强调其作用。

经济活动的主体在 SNA 中被认为是最基本的识别单位，是能够从事所有交易，并能以自己的名义拥有资产、发生负债的经济单位。这些被称为机构单位的组织，由于能为其活动承担法律责任，因此成为经济活动各方面的决策中心；在现实中，也更便于组织统计数据的搜集、展示和分析，并体现其在决策中的作用。

经济活动的类型则通过交易及其他流量进行概述。基本交易及其他流量数不胜数。按照性质，可以把流量分为若干个类别。SNA 对交易与其他流量的主要分类包括四个一级类，在每个一级类之下再按照层级进行细分。这种分类方式被系统地应用在中心框架的账户和表中，并与机构部门分类、产业分类和产品分类以及目标分类等形成交叉分类。

经济活动存量体现为资产和负债。它构成经济总体与机构部门之资产负债账户的内容，反映的是在一个特定时点上，由一个单位或部门或经济总体所持有的资产和负债的存量。资产负债账户通常是在核算期的期初或期末编制。现有存量是由过去的交易与其他流量积累而成，而且会被未来的交易与其他流量所改变。因此，存量和流量紧密相连。

产品是生产的成果，表现为货物和服务，可用于交换和其他各种目的：可作为其他货物服务生产的投入，或作为最终消费品或投资品。SNA 根据市场发展的程度将货物与服务区分为市场的、为自己最终使用的以及非市场的。同样的货物服务可能来自不同的生产活动。为了更细致地研究货物和服务交易，SNA 使用了主要产品分类（CPC, Central Product Classification）。为了详细研究生产和生产职能，有必要使用同质性较强的单位。这种单位就是基层单位。根据《所有经济活动的国际标准产业分类》（ISIC, International Standard Industrial Classification of All Economic Activities，第四版），基层单位按照其主要活动的相似性被归类为不同的产业部门。产品及其生产单位的分类，有助于描述市场经济的活动类型与分工体系。

目的或功能的概念与一个或一批交易需要满足的需求类型有关，或者与它所追求的目标类型有关。在 SNA 中，首先根据交易的性质对其进行分析。其次，对于特定的部门或交易类型，则要按照目的对支出方进行分析，从而描述"为了什么目的"这样的问题。

(二)国民经济核算体系的作用

国民经济核算体系的作用体现在三个方面:

(1) 对经济活动进行监测与预判。首先,SNA 中作为衡量经济活动和福利的综合性、全局性的某些关键指标,比如 GDP 和人均 GDP 等,广为人知并被广泛使用。这些总量指标的变动和与之相关的价格和物量测度,常被用于评估经济总体的表现,判断政府所采取经济政策的相对成败。其次,国民经济核算数据所提供的信息涵盖了不同类别的经济活动和经济中的不同部门,从而可以从价值和物量角度动态监测诸如生产、居民消费、政府消费、资本形成、出口和进口等主要经济流量指标的变化情况;并能提供在相关核算框架下定义和计算的关键平衡项和比率的信息,例如预算盈余或赤字,针对各个部门或经济总体计算的储蓄或投资占收入的比重,以及贸易差额等;还能为解释和评估诸如工业生产、消费品价格或生产者价格月度指数等短期指标变动提供背景。尽管 SNA 的许多账户、表式或资产负债表通常是以季度及年度编制,但是因经常性记录其动态变化,可以极大提高对经济行为的监测效果。

(2) 对宏观经济活动进行分析,用于研究经济中的因果机制。依据国民经济核算框架编制的现价和不变价的时间序列数据,可以将计量经济方法用于估算不同经济变量之间函数关系的参数。其中,只要研究者接受 SNA 赖以建立的生产、消费、收入等基本概念,就可以依据所属经济思想学派和所持分析目的的不同,采用不同的宏观经济模型。通常基于上述经济计量模型进行的短期预测,是在评估近期经济行为和目前经济状况、展望或准确预测未来发展趋势的基础上形成的,可成为短期经济政策制定的依据,结合各种经济战略则可为制定中长期经济政策提供依据。与此同时,基于国民经济核算体系的宏观经济计量分析的中长期预测,广泛适用于各级政府、公营企业和私营企业的经济政策的制定和决策,以及骨干企业的长期投资计划和专业机构为客户提供的预测咨询服务。

(3) 进行国际比较及服务于国际事务管理。基于 SNA 所提供的一套标准的、国际通行的概念、定义和分类形式记录各国或地区的国民经济核算数据,采用购买力平价方法对主要总量指标的物量变化进行国际比较,例如 GDP 或人均 GDP,也可进行结构比较,例如投资、税收和政府支出占 GDP 的比重,评价各国经济表现的特征与差异,经济计划实施的效果等。多国国民账户可以组成一个国家集团数据库,将时间序列数据和截面数据汇集起来,提供更宽泛的观测资料,采用计量经济学分析方法估计国家间函数模型的相互关系。这些数据可用于国际事务管理,如国际组织使用各国 GDP 或人均国民收入(GNI)数据来决定其是否有资格得到贷款、援助或其他资金,或决定一国得到此类贷款、援助或其他资金的条件;国际组织还通过不同国家 GDP 或人均 GDP 指标来决定各成员国所缴纳的会费。

第二节 国民经济核算的对象

国民经济核算的对象是一个国家的国民经济总体。什么叫一个国家的国民经济总体？经济总体被定义为一国所有常住机构单位的集合。通俗地说，就是在一国范围内各种经济单位所从事的各种经济活动的总和。在此定义中，包括三个要素：一国经济的范围；国民经济中各经济单位；各经济单位所从事的各种经济活动。通过对这些要素的具体定义，可以清晰界定国民经济核算的对象范围，为后续的具体核算与应用奠定基础。本节主要讨论一国经济的范围、国民经济中的单位与部门、国民经济中的活动以及经济存量与经济流量的基本含义。

一、一国经济的范围

一国经济的范围有三个维度：空间范围、单位范围和活动范围。

一国经济范围是一个经济空间概念。基于此，国民经济核算形成了经济领土和常住单位两个概念。一国经济范围界定的经济总体依据机构单位进行定义。这样，经济总体由在一个国家经济领土上常住的所有机构单位组成。

一国经济领土是指政府实行有效经济控制的区域，在这个区域范围内，该国公民、货物、资本可以自由流动，不受国界的限制。一国经济领土的主体是该国地理领土，涵盖包括岛屿在内的陆地区域、领空、领海，但又并不完全重合，这就是领土飞地。领土飞地是指一国出于外交、军事、科研或其他目的，在地理领土之外拥有或控制某些地域，例如驻外使领馆、科研站、军事基地、新闻办事处、援助机构等，这些领土飞地属于该国政府不可分割的部分，在此区域内，人员和各种活动都受到保护。因此，一国经济领土与地理领土的关系可表示为：

一国经济领土＝一国地理领土＋本国在国外的领土飞地－外国在本国的领土飞地

一国常住单位是指在一国经济领土上拥有一个主要的经济利益中心的机构单位。具有一国的经济利益中心是指该机构单位在一个较长的时期内（实践中以一年及以上为准）在该国的经济领土内拥有一定的活动场所（住宅、厂房或其他建筑物），从事一定规模的经济活动。只有常住单位的活动才构成该国国民经济的组成部分。一个单位如果不具备上述特征，就称为该国的非常住单位，其活动不能纳入该国国民经济的范围。

理解常住性需要把握以下要点：第一，确定各经济单位常住性的依据是该单位所处的位置以及与该国经济的密切程度，不是其国籍或法律准则下的财产所有关系。例如，在一国领土上注册的外商投资企业，从财产所有关系上看属于外国，但该企业位于本国经济领土范围内并从事长期的经济活动，受本国管辖，应视其为本国（即企业所在国）

国民经济的组成部分，而不能按其财产所有关系划归国外；同样，一个国家在其经济领土以外建立的经济单位应视为国外，而不属于该国国民经济范围。特别需要指出的是，如果在某国拥有一片土地或一幢建筑物，其本身就构成一个常住单位的基本要件，即使其业主不是本国国民，没有进行任何其他经济活动，也要视其为该国的一个常住单位（名义常住单位）。第二，时间的长期性在此具有重要意义。按此标准，那些短期来访、旅游的人员，短期存在于本国的机构，短期停留于本国的外国设施（如飞机、轮船等），都不能作为本国的常住单位。而本国的人员、机构、设施短期流动到国外，仍然属于本国的常住单位。

根据常住性确定了一国范围，就能够准确核算一国国民经济的规模和内部关系，明确哪些属于本国的对外经济活动，进而更好地分析一国与世界其他国家的经济联系。

二、国民经济中的单位与部门

国民经济系统中活动主体成千上万，为了描述国民经济的结构，需要按照一定的标志进行各种分类，按类描述其经济活动的特征。活动主体形成的"类"，一般称为"部门"。下面介绍国民经济核算中最常用的两种部门分类方法：机构单位与机构部门分类和基层单位与产业部门分类。

（一）机构单位与机构部门分类

1. 机构单位

机构单位是指能够以自己的名义拥有资产、发生负债、从事经济活动并与其他实体进行交易的经济实体。机构单位的主要属性可描述如下：

（1）机构单位有权以自己的名义拥有货物或资产，并因此能够通过与其他机构单位的交易变更对货物或资产的所有权；

（2）机构单位能够作出经济决策、从事经济活动，并以自己的名义在法律上承担相应的直接责任；

（3）机构单位能够代表自己发生负债，或承担其他的义务、承诺、签订合同等；

（4）机构单位或者编制有一套包括资产负债表在内的全套账户，或者在被要求时，有可能编制出这样的全套账户，而且从经济观点看，这种编制是有意义的。

在现实社会中，具备成为机构单位条件的单位主要有两类：一类是以住户形式出现的个人或一群个人；另一类是法律或社会实体，具体有公司、非营利性机构、政府等。

2. 机构部门

根据机构单位的性质和功能及其活动的类别，机构单位可以组成国民经济相应的五大国内机构部门。具体如下：

（1）非金融公司部门。由主要进行非金融活动的常住企业单位组成，包括国有企业单位、各种外资和合资合营企业单位、私营企业单位，也包括类似于企业的准法人企业和为工商企业服务的非营利单位。其基本特征是，以营利为目的进行市场性经济活动，提供各种货物和非金融性服务，是国民经济中汇集各种生产要素进行生产活动并提供产品的主要部门。

（2）金融公司部门。由所有主营活动是提供金融服务的常住单位组成。包括中央银行、商业银行、保险公司及投资公司、财务公司等各种非银行金融机构。金融机构在性质上与非金融机构相似，不同之处在于，其职能主要是提供金融中介服务，在整个国民经济活动过程中起着融通资金的作用。

（3）一般政府部门。由所有通过政治程序设立行使政府职能的行政单位以及由政府资助的其他单位组成。包括中央政府和地方政府的行政机关、军队、警察，也包括以国家财政拨款为主要资金来源的各种非营利性事业单位、社会团体、医院、学校、新闻与出版机构、广播电视、科研机构、社团等。政府部门具有非营利性质，其主要职能包括履行政治义务和经济监管职能；基于非市场基础为个体消费或公共消费生产服务（也可能是货物）、对收入和财富进行再分配。

（4）为住户服务的非营利机构部门（NPISH，Non-Profit Institution Serving Households）。由向住户提供非市场性货物和服务的常住非营利机构组成。非营利性是非营利性机构区别于企业单位的主要特征；它不是按照政治程序设立的，又使其区别于政府。从机构部门归类来说，那些主要为工商企业提供服务的非营利机构要归入企业部门，那些以政府为主要资金来源的非营利机构要归入政府。因此，只有剩下的为住户服务的私人非营利机构才作为独立的部门而存在。在《中国国民经济核算体系（2016）》中开始设立该部门。

（5）住户部门。由所有常住住户单位组成，还包括住户拥有的，无法归属于企业的个体经营单位。在经济活动中，住户会参与各种经济活动，其主要职能包括提供劳动力，进行货物或服务消费。

每个常住机构单位都要归属于上述五个机构部门中的某一个且唯一一个部门。

与国内机构部门相对应是国外部门。国外部门是指所有与该国常住单位发生经济往来的国外单位，是对应常住单位的非常住单位的总和。

机构单位与机构部门的关系见图 1-1。

在上述机构部门分类基础上，可以进一步进行部门内部区分。如政府部门可具体区分为中央政府、省级政府和地方政府；企业部门可具体区分为国有企业、私营企业、外资企业等；金融机构可具体区分为中央银行、商业银行和其他金融机构等。

因为机构部门是按照目的相似、行为方式相似的原则把机构单位集合而成。因此，机构部门分类在国民经济核算中具有广泛的应用。在收入分配核算、金融交易核算、资产负债核算、消费和积累核算中都将体现机构部门分类的应用价值。具体应用在后续章节中会一一得以体现。

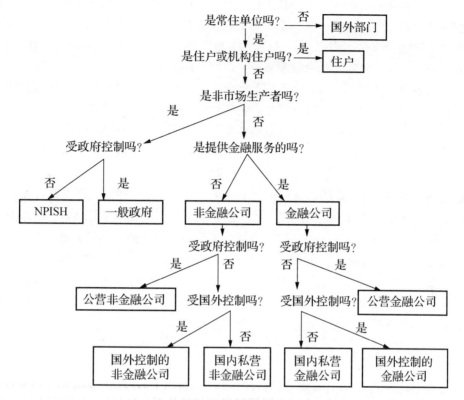

图 1-1 机构单位归属机构部门的流程

（二）基层单位与产业部门分类

从生产角度观察，可以发现各经济单位之间所存在的异质性：以不同技术、不同材料投入生产出不同产品，比如，有些单位生产粮食，有些单位生产汽车，有些单位为消费者提供文化娱乐或美容服务。以此为标志，就可以把国民经济区分为不同的产业，形成国民经济产业分类，其中，每一个产业都是由一组从事相同或相似活动的经济单位所组成。

《所有经济活动的国际标准产业分类》是联合国制定并推荐各国使用的产业分类标准，目前推广使用的是 2009 年修订的 ISIC 第四版（简称 ISIC/REV.4）。该分类根据经济活动的主要产品性质，再结合货物和服务的用途、生产的投入、工艺过程和技术，对全部经济活动采用四级分类标准，即小类、中类、大类和门类。以国际标准为基础，中国制定了《国民经济行业分类与代码》，建立了中国国民经济行业分类的国家标准，目前应用的是 2017 年修订版本（GB/T4754-2017），共包括 20 个门类：

农、林、牧、渔业；采矿业；制造业；电力、热力、燃气及水生产与供应业；建筑业；批发和零售业；交通运输、仓储和邮政业；住宿和餐饮业；信息传输、软件和信息技术服务业；金融业；房地产业；租赁和商务服务业；科学研究和技术服务业；水利、环境和公共设施管理业；居民服务、修理和其他服务业；教育；卫生和社会工作；文化、体育和娱乐业；公共管理、社会保障和社会组织；国际组织。

在机构单位基础上不能很好地实现产业分类，因为现实中很多经济单位可能会同时涉及不同产业类别的生产，比如一个企业在从事制造业的同时还从事运输业活动。为了使产业分类具有更高的同质性，需要以基层单位为基本单位确定产业归属。

基层单位又称产业活动单位，是指在一个地点、从事一种或主要从事一种类型生产活动，具有相应收支核算资料的生产单位。一般而言，它只是生产决策单位，难以进行独立的财务决策。需要注意的是基层单位中仍然有可能在主要生产活动之外存在其他次要生产活动，在某些情况下，国民经济核算还要求对基层单位再进行拆分，即在完全同质生产单位基础上进行产业分类。投入产出分析核算就涉及此方面的问题。

产业分类是国民经济核算的基础分类，要描述生产过程中的产业结构，进而描述生产过程中的生产技术特征和相互联系，必须以产业分类为前提。这在生产核算和投入产出核算中可以体现出来。此外，与生产活动相联系，在资本形成核算、资产负债核算中也有必要应用产业部门分类，以反映资源配置结构问题。

三、国民经济中的活动

国民经济由各常住单位所从事的各种经济活动所组成，这些活动在不同层面上存在，出于不同目的发生，组合起来呈现出一幅全景画面。经济学家将其归纳为由不同单位在持有一定资产前提下完成的生产、分配、消费、积累四类活动，这四类活动代表国民经济运行过程的四个阶段，他们周而复始，形成国民经济的循环过程。

（一）国民经济活动的类型

生产是国民经济运行过程的首要环节。通过各种生产要素的组合利用，生产过程将各种投入转化为具有新的使用价值的产出，提供各种供人们消费使用的货物和服务，同时也创造新的价值。分配过程是要将生产过程所创造的价值以各种收入形式分配给有关参与者，分配可能是交换性的，以生产要素的投入为前提，也可能是出于社会公平等目的而进行的非交换性的分配。消费与积累既是货物和服务的不同使用形式，又是各单位收入的最终支出形式，其中消费是用于满足人们生活需要的使用，积累则是增加资产的使用。通过积累，各单位所持有的资产得以增加，于是下一轮生产活动在一个扩大了的规模上进行，新一轮经济运行重新开始。国民经济循环运行过程见图1-2。

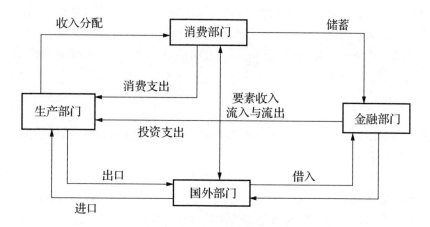

图 1-2 国民经济循环过程运行图

这种归纳集中体现在生产、收入、支出三方等价关系上,是整个国民经济核算框架设计的基本线索。因此,为了实现具体的核算,还对经济活动进行了更加详细的区分,在此过程中,使用了交易这样一个特定概念。

(二)交易及其形式

交易是指两个机构单位之间按照相互协议而进行的活动。对一个基于分工和市场的经济体而言,经济活动大多以交易形式发生。因此,我们可以将交易视为各种经济活动的代称。通过这样的代称,各种经济活动以不同机构单位之间"关系"的方式展现出来,由此可以更好地将国民经济视为一个过程,以理解不同经济活动之间的关联。国民经济核算要对经济运行过程进行记录核算,实际上就是对不同单位之间的经济交易进行核算。

国民经济活动中的交易按照是否对等获取资源可以分为交换、转移和内部交易。

交换是最典型、最普遍的交易。即一个机构单位以某项资源来换取对方的另一种资源,比如,以现金换取食品,以劳动换取工资报酬,以资金使用权转移换取投资收益。这时,交换涉及两个机构单位,同时会产生相互交换的两个"流",而且两者对等:从甲方到乙方的资源流和从乙方到甲方的资源流,体现了市场经济的基本特征。

转移是交易的一种特殊形式,是指那些没有对等资源流的交易,即甲方向乙方提供某种资源时,并没有发生乙方向甲方提供的对应资源流。这种交易是单方面的,只有一个流发生。现实中一些经济活动以转移方式发生,如企业和个人以现金或实物形式向政府纳税,并没有同时从政府获得同等价值的另一种资源作为回报;反过来,政府给住户或企业提供无偿的社会福利或补贴,也属于转移的范畴;此外还有各种捐赠行为。

内部交易是交易的另一种特例。是指各机构单位内部发生的自产自用性质的经济活动，比如农民自己生产农产品用于自己消费，企业为自己使用而自行制造某种专用材料或设备。这些活动中只有一个机构单位出现，也没有可见的资源流发生，但是，这些活动同时具有两个性质：一方面是生产，另一方面是消费或投资，仿佛就是两个机构单位之间发生的交易。

（三）交易的内容

根据交易的活动内容可以区分为四个类别，分别是货物和服务交易、收入分配交易、金融交易和其他积累。

货物和服务交易，通过交易实现货物和服务从供应到使用的流动，从宏观归纳，一方面是货物和服务的生产和进口，另一方面是货物和服务用于消费、积累和出口。

收入分配交易，对应着当期新创造价值的整个分配过程，通过各种分配性的收支行为，最后形成各经济单位的可支配收入。

金融交易，通过不同的金融工具，表现了各单位之间借入和贷出的资金运动。

其他积累，主要包括两类：一类是因非生产资产和非经济现象（地下资源的发现、自然灾害、战争等事件）而引起的持有资产的增减变化；另一类是因价格变化而引起的持有资产损益。这些活动不属于直接经济交易，但影响国民经济的资产存量，属于其他积累交易。

（四）交易理解的注意事项

交易可以是货币性交易，也可以是非货币性交易。国民经济活动中绝大部分交易属于货币性交易，在交易发生时直接以货币计价并要据此进行货币结算。非货币性交易是指不以货币进行计价的交易，比如易货贸易、实物报酬、实物救济、单位内部交易等，这时需要对所发生资源流的价值进行估算。

交易核算的范围既包括正常的经济交易活动，也包括非法交易、地下经济、非正规经济等非正常的经济交易活动。这些非正常的经济交易活动尽管发生在法律规章监管范围之外，但却符合交易的一切特征，将其纳入国民经济核算范围，才能确保核算的完整，不会破坏核算的平衡关系。

非法经济是指为法律不允许并会形成负面外部效应的经济活动，典型的例子如与毒品、色情、伪币等相关的货物和服务生产与买卖活动；地下经济是指该活动本身合法，但为了逃避纳税或其他行政法规要求（如卫生标准、劳工标准、安全标准）等而没有纳入政府监管范围的经济活动，比如走私、制售假冒产品等；非正规经济则是指正规经济之外在无管理状态下赚取收入的活动，一般发生在住户家庭及其所拥有的非法人企业，比如无固定场所的街头小吃摊点、擦鞋摊位等。

各国都不同程度地存在这类活动，尤其是市场经济不发达的国家或地区。由于这些经济活动都具有一定程度的隐蔽性，要纳入国民经济核算，最大的困难是如何取得相关数据资料。SNA2008专辟一章"非正规经济"讨论相关概念和数据采集方法，这仍然是一个值得探讨的领域。

（五）交易数据的价值

交易数据为账户编制提供了基本的资料来源，从中可获得或推算出账户中各个项目的价值。使用交易数据具有以下显著优点：首先，市场上买卖双方通过交易实现的货物服务交换价格，直接或间接地提供了对账户中所有项目进行估价所需要的信息。其次，发生在两个不同机构单位之间的交易必然同时记录在交易双方，因此一般会在宏观经济账户中出现两次。由此可以在 SNA 的各个账户之间建立起重要的联系。例如，通过加总销售的数额、易货贸易的数额或转移给其他单位的数额，再加上入库额减去出库额（即存货变动），就可以得到产出总额。实际上，产出价值就是通过以交易数据记录的各种使用得到的。利用这种方法，即可从生产者到最终使用者来对货物服务流量进行经济系统的全面跟踪。如果同一单位同时从事两种活动，比如既生产又消费同一货物或服务，此时的交易就只是一种内部记账交易。

四、经济流量与经济存量

经济流量和经济存量是为了区分经济运行中不同性质的量而引入的重要经济学概念，用于说明交易的数量特征及其归类。为了保持国民经济循环运行中指标的完整与衔接一致，以存量测算的经济价值在两个时点间的全部变化必须等于流量。

（一）流量与存量

流量是指一定时期内所有经济活动的变化的数量；存量是指某一个时点的资产和负债头寸或持有。通常 SNA 把存量记录在核算期期初、期末编制的资产负债表中。然而，存量与流量有关：它们来源于以前的交易和其他流量的积累，随着核算期的交易和其他流量而变化。实际上，存量是一定资产或负债在持有期内伴随某些物量或价值变化而连续增减的结果。

（二）经济流量与经济存量

经济流量反映经济价值的产生、转换、交换、转移或消失；它会涉及机构单位之资产和负债在物量、构成或价值方面的变化。经济流量是时期指标，与时间长短直接相关。

经济存量用于反映特定时点的经济资源拥有量，代表一种价值储备，表现为资产和负债的持有。就特定时期而言，经济流量与经济存量之间存在以下对应关系：经济流量是在期初经济存量基础上发生的，然后，经济流量的变动（增加或减少）改变了经济存量，使之从期初状态变化为期末状态。经济存量是时点指标，与时间长短间接相关。

大部分经济流量是交易的结果，即上述各种交易中产生的各种资源流的汇总。与交易的类别相对应，经济流量可以区分为以下四类：

（1）货物和服务流量。具体反映当期货物和服务的生产、进口、消费、积累、出口等总量。

（2）收入分配流量。反映当期各种分配性收支和形成的收入总量。

（3）金融流量。具体反映当期各种金融工具下的借入和贷出量。

（4）其他流量。反映非经济因素引致的经济存量的变化量。包括：一是由经济之外的因素引发的流量，比如灾害、自然资源的消耗和发现等，会对资产负债流量产生影响；二是价格变化引起的持有资产损益，也会导致资产负债存量变化。

区分经济流量和经济存量对于国民经济核算具有重要意义。国民经济核算的内容由两部分组成：经济流量的核算和经济存量的核算。进一步，经济流量还可依据其与经济存量的关系分为两个部分：与经济存量没有直接关系的经常性交易流量核算；直接影响经济存量的资本性交易流量和其他流量的核算。这些在后面各章具体核算中会有详细的论述。

第三节　国民经济核算的基本原则

国民经济核算原则决定了国民经济核算体系范围的界定、核算的系统一致性，它在国民经济核算中起着纲领性的作用。国民经济核算原则从市场活动数据记录的对等性、数据的货币化计量、与数据流背景下经济关系的清晰性展示为目的而建立的规则。具体包括市场原则、所有权原则、国民三方等价原则、权责发生制原则、货币计量与现期价格原则、特殊处理原则。

一、市场原则

国民经济核算的中心内容是对整个经济循环过程中国民经济及其机构部门从生产、收入分配和使用到积累的市场交易以及非市场交易的市场化核算，它是以市场为中心的。市场原则正是从市场的观点来确定国民经济核算范围、分类、账户划分等方面的空间原则。

市场原则规定了生产核算的范围。凡是以市场交换为目的组织的生产活动，不论其产出在市场上销售，还是自用都统计为生产的产出。市场原则更强调生产活动的社会分工协作，在现实统计中有重要意义。例如，农民自产自用的农产品、自建自住的房屋。企业自制自用的设备等生产活动的成果虽然没有通过市场实现，但是它们在生产过程所消耗的中间投入等都来自市场，它们的使用也是市场需求的组成部分，所以它们也作为市场化生产。

市场原则指导国民经济核算概念的界定和类别的划分。例如交易、经济变量区分为经济流量和经济存量，均以市场原则来定义和分类。对整个经济体的产业部门分类和机构部门分类也是从市场经济活动的交易者出发来界定的。货物和服务交易、分配交易与金融交易等，都以市场原则来界定概念和划分类别。

二、所有权原则

所有权原则是确定国民经济各部门资产和负债范围的基本原则。国民经济核算把资产界定为单位或机构部门能够行使所有权的财产，负债与金融资产（货币黄金除外）相对应。从内容上看一个机构部门拥有所有权的资产包括固定资产、流动资产、无形资产和金融资产，对于那些非生产的自然资产，如土地、矿藏、非培育的森林或其他野生动植物等，如果能归属为某个具体机构单位或部门所有，同样具有所有权特征，那么也包括在资产的统计范围之中。而对于无法行使所有权的大气或公海，则不属于资产统计范围。

所有权区分为两类：法定所有权和经济所有权。法定所有权指在法律上拥有相关实体（如货物和服务、自然资源、金融资产和负债），从而获得相应经济利益的权利；经济所有权指经营相关实体，承担有关风险，从而享有相应经济利益的权利。大多数实体的法定所有者和经济所有者是一致的。当两者不一致时，在 SNA 中，应理解为是指经济所有者，应作为经济所有者的实体予以记录，交易记录的时点为经济所有权变更的时点。

三、国民三方等价原则

国民三方等价原则是对一个封闭的经济体而言，假定在没有对外经济交往的假定前提下，国民生产、国民收入和国民支出三者恒等。即国民经济循环过程中国民生产恒等于国民（原始或可支配）收入恒等于国民（最终）支出的等价统计原则。具体来讲，一国常住机构单位所生产的全部增加值总量，与经过初次分配、再分配后的国民初始收入或国民可支配收入总量相等，因为初次分配和再次分配中虽然改变了各机构部门之间的收入比例关系，但并不改变其价值总量，它们与最终使用在消费和积累上的国民最终使用支出总量也是相等的，因最终支出所购买的最终产品就是生产的总成果。

特别应当注意的是：在开放经济体系下，当一国经济出现对外交往的初始收入收支差和来自国外的转移收入收支差时，这种平衡便会被打破。另外，国民三方等价原则只对一国经济总体而言，对于机构部门之间不存在这种恒等关系。

国民三方等价原则是确定国民经济生产、初次分配、消费和积累核算一致性的重要原则。生产核算范围和原则决定收入分配和消费、积累的核算范围和原则。

四、权责发生制原则

国民经济核算中，交易发生的记录时间是确保数据准确的重要规则。权责发生制原则是指对经济活动中机构部门之间交易按照生产活动中价值转移、创造或消失的时间、其债权债务发生时间进行统计的时间原则。国民经济核算中一笔交易活动将涉及实物流量与金融流量（或两笔金融流量）的同时发生，并且涉及两个交易的机构单位，共有四笔账目需要记录，这种记账原则被称为四式记账。四式记账原则要求每一笔交易必须在同一时点记入交易双方的有关账户，这就要求国民经济核算对各种交易的记录规定一个统一的时点，要么采用权责发生制原则，要么采用收付实现制原则。

权责发生制（应计制，Accrual Basis）亦称应收应付制，是指在会计核算中，按照收入已经实现，费用已经发生，并应由本期负担为标准来确认本期收入和本期费用。根据权责发生制原则处理会计业务时应做到以下两点：其一，凡本期内实际发生并应属本期的收入和费用，无论其款项是否收到或付出，均应作为本期的收入和费用处理；其二，凡不应属于本期的收入和费用，即使款项已经收到或支付，亦不应作为本期的收入和费用予以处理。因此，采用权责发生制，在会计期末必须对账簿记录进行账项调整，才能够使本期的收入和费用存在合理的配比关系，从而可以比较正确地计算企业的本期盈亏。权责发生制能够真实地反映当期的经营收入和经营支出，更加准确地计算和确定企业的经营成果。因此，它在企业会计中被普遍采用。

收付实现制（现金制，Cash Basis）是一种与权责发生制相对应的关于收入和费用这两个会计要素的计量基础。收付实现制亦称实收实付制，是指在会计核算中，以实际收到或支付款项为确认本期收入和本期费用的标准。根据收付实现制原则处理会计业务时应做到以下两点：其一，凡本期内实际收到的收入和支付的费用，无论其是否应归属本期，均应作为本期的收入和费用处理；其二，凡本期未曾收到的收入和未曾支付的费用，即使应归属本期，亦不应作为本期的收入和费用予以处理。因此，采用收付实现制，会计处理手续比较简便，会计核算可以不考虑应计收入、应计费用、预收收入、预付费用的存在。收付实现制不能正确地计算和确定企业的当期损益，缺乏合理的收支配比关系。因此，它只适用于业务比较简单和应计收入、应计费用、预收收入、预付费用很少发生的企业以及机关、事业、团体等单位。

国民经济核算原则上遵循权责发生制原则，即凡是本期实际发生的权益和债务的变化，都作为本期的实际交易加以核算，而不论款项是否在本期收付。遵循权责发生制原则的目的在于准确、真实地反映本期经济活动的投入产出及资产负债的变化。这一原则适用于社会再生产过程各环节的一切交易，由于交易双方按同一时间进行记录，从而保证生产核算、分配核算、消费核算、投资核算以及对外交易核算之间内在的一致性。

五、货币计量与现期价格原则

在 SNA 中所有项目必须用货币来计量。因此，这些项目的构成元素也必须用货币来计量。一般情况下，因为市场交易通过货币交换，记录的数额是实际支付额，它们组成了与货币有关的流量；在非市场交易情况下，记录的数额则是参照实际货币价值估计出来的虚拟数额。因此，货币是记录所有存量和流量的计量单位。本国经济活动采用本国货币进行计量，当进行国际比较时则需要换算成统一计量单位，这涉及购买力平价的计算，将在后面相关章节进行介绍。

市场价格是指市场上买卖双方认定的成交价格，而价格是货物或服务项目的单位价值表现，它通过价值流量和实物流量对比而产生。

国民经济核算原则上对货币交易按现期市场价格计量，对非货币交易或内部交易也按同类产出的现期市场价格计量。价格从不同角度看有不同的形式，比如从产品种类看有农产品价格、工业品价格、投资品价格、劳动力价格等；从商品流通环节看有批发价格和零售价格；从对外贸易角度看有到岸价格和离岸价格；从生产到使用的过程看有生产者价格、购买者价格、最终消费品价格。这些不同形式的价格相互联系，描述了不同阶段与过程中经济活动主体的利益分配。在国民经济核算中，为了配合各个阶段经济流量循环的核算，采用的主要价格形式有要素价格、基本价格、生产者价格和购买者价格。

（一）要素价格

要素价格是指根据单位产出中直接和间接累计的劳动报酬、固定资本消耗和营业盈余确定的价格。从其理论内涵看，不仅包括单位货物或服务生产过程中的劳动报酬、固定资本消耗和营业盈余，而且包括其中间投入产品内含的劳动报酬、固定资本消耗和营业盈余。要素价格的最大特点是不包含任何生产税，也就不受生产税率变化的影响。这一价格属于纯理论价格，在实践中一般不采用。

（二）基本价格

基本价格是 SNA 核算产出时采用的估算价格之一。它是根据要素价格和产品税以外的生产税构成要素确定的价格。它与要素价格的关系如下：

基本价格＝要素价格＋单位产出所征产品税净额以外的生产税净额

生产税净额是生产税减补贴后的差额。产品税以外的生产税是指对生产过程中使用的某些基本生产要素或对某些活动或交易所征的税。产品税以外的生产税有工薪税、土地房屋建筑定期税、营业执照税、印花税、污染税、国际交易税等。

（三）生产者价格

生产者价格是 SNA 核算产出时采用的另一种估算价格。它是指生产者销售单位产品获得的市场价格，包括基本价格和产品税净额，或者说包括要素价格和生产税净额。

生产者价格＝基本价格＋产品税净额＝要素价格＋生产税净额

生产税净额＝产品税净额＋产品税净额以外的生产税净额

产品税是生产税的主要部分，包括国内产品税和进口税。国内产品税主要是销售税、流转税、增值税、出口税、货物税、服务从价税等。其中增值税比较特殊，它是在市场销售价格之外单独计税，是一种价外税。对增值税的处理有两种方式，一是包括在生产者价格之内，二是不包括在生产者价格之内，因此核算时前后应统一。

（四）购买者价格

购买者价格是指购买者购买单位货物或服务最终支付的市场价格。与生产者价格相比，它包括从生产者到购买者之间所发生的商业流通费和运输费用。购买者价格与生产者价格关系如下：

购买者价格＝生产者价格＋商业流通费用＋运输费用

＝基本价格＋产品税净额＋商业流通费用＋运输费用

为了保持国民经济核算整体的一致性，交易各方所使用的市场价格形式应该统一。

六、特殊处理原则

在进行国民经济活动核算时，为了兼顾各环节之间、概念体系之间、经济关系之间核算的一致性，需要采取一些特殊处理的原则，具体包括合并、取净值、改道与分解。

（一）合并

合并可以涵盖不同的核算过程。所谓合并是指如果从事交易的单位被合并为一组，就要把这些单位间发生的交易从使用和来源两方面加以剔除，并把相互间存在的金融资产及其相应的负债予以剔除，确保范围与内容上的一致。

（二）取净值

取净值不同于合并。对于经常性交易而言，取净值是指使用与来源的相互抵消。在 SNA 中，只对一些特定的情形才取净值。例如，产品税可以用扣除产品补贴之后的净值来表示。对于资产变化或负债变化而言，取净值可以用两种方式来处理。第一种方式是针对资产变化的不同类型（例如入库和出库）或者负债变化的不同类型（例如新发生负债和现有债务的清偿）分别取净值。第二种方式是对某金融工具而言，将金融资产的变化与负债的变化（或者在资产负债账户上的金融资产和负债本身）二者取净值。

（三）改道

改道是指改变交易流程，是要按照不同于实际发生的途径来记录所发生的交易，或者要记录从经济意义上看已经发生但从实际记录看并未发生的交易。改道有两种类型：

在第一类改道中，单位 A 和单位 C 之间的直接交易要作为间接地通过第三单位 B 进行的交易来记录，通常在交易类别上还要做些改变。例如，社会保障缴款支付的记录。实践中，雇主通常会从雇员工资薪金中扣除雇员需要缴纳的社会保障基金。此外，雇主也可能会代表雇员用雇主自有资金支付社会保障基金。两种缴款都是由雇主直接向社会保障基金支付的。然而，在 SNA 中，这些雇主缴款被处理为雇员报酬的一部分，记录为对雇员的支付。然后，要将雇主缴款和雇员自己缴款全部记录为雇员对社会保障基金的支付。社会保障缴款要严格按照 SNA 关于交易记录的一般原则来记录，目的是显示出为管理方便所采取的方法背后的经济实质。由于改道处理，雇主社会保障缴款就可以列为劳动成本的一部分。

在第二类改道中，从单位 A 到单位 B 的一项交易要与从单位 B 到单位 A 的另一项不同类别交易匹配起来记录。例如，外国直接投资企业留存收益的处理。外国直接投资企业的收益可能会有一部分或全部保留在企业内，应将其视为外国所有者有意识做出的投资决定。因此，这种留存收益在 SNA 中被改变流程。首先把它显示为汇给外国所有者的财产收入，然后显示为外国所有者对直接投资企业股本的再投资。同样，人寿保险基金准备金上所获得的财产收入应被视为首先支付给保单持有者，然后作为追加保险费再支付给保险企业，即使实际上这种财产收入是由保险企业留存下来的。因此，个人或住户的储蓄包括了改道财产收入的数额，而保险企业的储蓄则不包括相应的数额。储蓄状况的这种变化正是改道的目的，它可以更好地反映经济的真实情况。

（四）分解

分解是指分割交易，即把交易各方视为单一的交易记录划分为两个或多个不同分类的交易。例如，承租人依照融资租约实际支付的租金，不能记录为是对服务的支付，而是要分解为本金偿还和利息支付两项交易。对所付租金的分割反映了 SNA 对融资租赁所持的经济观点和相应的处理方法，它被认为是筹集购买资本设备资金的一种方法，融资租约在 SNA 中被显示为是出租人对承租人的贷款。另一个例子是某些金融服务的处理。例如，SNA 规定，把金融中介应付存款利息和应付给金融中介的贷款利息分割为两部分。一部分为 SNA 的名义利息，另一部分是对金融中介机构没有直接收费的金融中介服务的购买。实施这种分割的目的是为了区分出服务，其处理会影响某些产业部门和机构部门的中间消耗和最终消费，也会影响到国内生产总值。但是，所有有关单位，包括金融中介机构本身的储蓄不受影响。

第四节　国民经济核算方法与体系

国民经济核算体系是一个庞大而复杂的数据系统，国民经济循环各环节内部的核算、各环节之间的核算都需要相互衔接、协调，遵循统一的核算规则与方法是其根本保障。本节主要讨论国民经济核算方法、方法体系，以及中国国民经济核算体系的基本框架。

一、核算方法

国民经济核算所采用的方法主要有账户法、平衡等式法和矩阵法。

（一）账户法

SNA 核算系统借助于会计学的账户形式表达机构部门之间的交易状况和经济循环各阶段的衔接关系。SNA 运用的四式记账法是垂直重复式记账法与水平复式记账法结合的产物，它源于簿记原理。

依据垂直复式记账法的原理，每笔交易在一个机构部门（交易者的一方）最少产生两笔登录。按照传统定义，要在交易者某一方账簿的贷方和借方各做一笔分录，这样确保所有交易的贷方分录合计等于借方分录合计，以此保证每一机构部门账户的一致性。其他流量在净值变化项下直接登录。因此，垂直复式记账法可以保证一个机构部门之资产负债表的基本恒等，即：

$$资产总值＝负债总值＋净值$$

水平复式记账法则能保证那些反映不同机构部门之间共同经济关系的账户的一致性。它意味着，如果甲部门提供某物给乙部门，甲和乙双方的账户应该反映相同数额的交易。甲部门相关账户的支付即是乙部门对应关联账户的获得。水平复式记账法可以确保有关双方对每笔交易类别记录的一致性。

四式记账法就是垂直复式记账法和水平复式记账法的同时应用。通过四式记账法，可以用一致的方法处理多个分别执行垂直复式记账法的交易者或交易者组。这样，一笔交易在对应双方会登录四笔。国民核算是宏观经济核算，它不同于企业会计，需要平行处理大量发生在机构部门之间的交易，尤其需要注意一致性问题。例如，一个机构部门的支付必会对应于另一个机构部门的收入，因此需要在估价、时间分配以及分类上保持一致，以避免按部门或经济总体汇总时出现矛盾。

SNA 使用下列惯例和术语记录与国外之间的往来流量。例如，进口来自国外而被国内经济使用，进口支付对国内经济而言是财富的减少，但却是国外的资金来源。通过设定一个国外账户部门，可以应用四式记账核算原则，实现所有存量和流量在经济体内和国外之间的完全平衡。国际收支平衡表以合并方式描述了所有国内部门与国外部门之间的总体情况。因此，可以作为 SNA 中国外部门账户的准确镜像。尽管 SNA 和国际收支平衡表在具体项目设置上存在差异，但两个体系在范围、测算方法和分类上具有一致性。

（二）平衡等式法

国民经济核算运用了大量的平衡等式描述各经济指标之间的相互关系。这一方法的采用为检验经济指标之间关系和宏观经济联立模型的建立奠定了基础。例如，

$$期初资产负债＋本期积累＝期末资产负债$$
$$总产出－中间消耗＝增加值$$

诸如此类会在以后的章节中频繁出现。

（三）矩阵法

国民经济核算中的投入产出核算大量地运用了线性代数的矩阵法，以反映各产品部门间的经济技术联系；账户体系也可以通过矩阵式描述，展示经济运行各环节之间的经济权益的改变。

二、方法体系

（一）账户体系

1. 设置国民经济账户体系的基本思路

国民经济运行过程是一种循环过程，整个过程中各个环节的经济活动同时并存，不同环节之间、不同经济行为主体之间存在错综复杂的联系。设置国民经济账户体系的目的就是记录国民经济运行过程中各个环节之间以及各个经济行为主体之间的经济联系。在设置国民经济账户体系时，必须考虑经济活动的层次、经济行为主体的性质以及经济活动的类型等三个问题。

第一，经济活动的层次。经济活动大致可以划分为三个层次：第一层次是国民经济整体活动，即从国民经济不同角度所观察的经济运动过程。在这个层次上，所观察的是生产、投资、消费、国外这些类别的交易主体及其分配、金融、商品等交易行为的结果，以及国民经济所有存量。第二层次是从部门角度所观察的国民经济活动，在这个层次上可以观察到每个部门的主要活动特征及部门之间的联系。第三层次是从机构单位或基层单位角度观察的各种经济活动。

国民经济核算是宏观层次的核算，因此国民经济账户反映的经济行为主体的经济活

动层次主要有国民经济整体和各个部门。第三层次的经济行为主体的经济活动属于微观层次的，不属于国民经济循环账户所要反映的内容。因此，从经济活动层次考虑，设置的国民经济账户应包括国民经济总体账户、机构部门账户。

第二，经济行为主体的性质。经济行为主体也叫经济活动主体，它是由所有常住单位构成的总体。为了适应不同研究目的的需要，对经济行为主体进行了两种不同类型的部门分类，即机构部门分类和产业部门分类。但考虑经济行为主体的性质来设置国民经济账户时，主要设置机构部门账户。为了反映本国与非常住机构单位之间的交易活动还应该设置相应的国外部门账户。

第三，经济活动类型。经济行为主体的经济活动体现在经济运行过程中，国民经济账户所要反映的国民经济运行过程具体包括生产过程、分配过程、消费过程、投资及其资金筹集过程和对外交易过程。生产过程就是生产者运用劳动手段转换或消耗货物和服务，创造新的货物和服务的过程。在这个过程中，生产一方面提供了用于最终使用的货物和服务，另一方面又提供了用于分配和投资的收入或资金。分配过程就是生产过程所创造的增加值（收入）在参与生产过程的要素之间进行分配及收入在不同单位、部门之间的转移过程。消费过程就是居民或社会集团对货物和服务的最终消费过程。投资及其资金筹集过程就是非金融投资、金融投资过程和相应资金的筹集过程。对外交易过程就是对外实物往来和资金往来过程。为了描述国民经济运行中各个子过程的变化情况，则要设置相应的货物和服务账户、生产账户、收入分配和使用账户、积累账户（资本账户和金融账户）、对外交易账户。此外，一定时期的国民经济运行过程以一定的经济存量为基础，又以一定的经济存量为结果，后者又构成下一时期国民经济运行过程的基础。因此要反映经济运行的条件和结果，还应设置资产负债账户。

2. 经济循环账户的基本内容

根据上述设置账户的基本思路，综合而言，一方面可以按核算内容的不同设置经常账户、积累账户和资产负债账户（资产负债表）三大类国民经济账户。经常账户涉及生产、收入形成和收入的使用；积累账户涉及资产和负债的变化以及净值的变化；资产负债表主要反映一定时点上资产和负债存量及净值总量。另一方面可以按核算主体的不同（或宏观经济活动层次）设置两大类经济循环账户，即机构部门账户和国民经济总体账户。

（1）机构部门账户

机构部门账户是以各个机构部门为主体进行核算而设置的账户。机构部门账户体系如表1-1所示。

表 1-1　机构部门账户体系序列表

经常账户	1. 生产账户 2. 收入分配和使用账户 　2.1. 收入初次分配账户 　　2.1.1. 收入形成账户 　　2.1.2. 初始收入分配账户 　　　2.1.2.1. 业主收入账户 　　　2.1.2.2. 其他初始收入分配账户 　2.2. 收入再分配账户 　2.3. 实物收入再分配账户 　2.4. 收入使用账户 　　2.4.1. 可支配收入使用账户 　　2.4.2. 调整后可支配收入使用账户
积累账户	3. 积累账户 　3.1. 资本账户 　3.2. 金融账户 　3.3. 资产其他变化账户 　　3.3.1. 资产物量其他变化账户 　　3.3.2. 重估价账户 　　　3.3.2.1. 中性持有损益账户 　　　3.3.2.2. 实际持有损益账户
资产负债表	4. 资产负债表 　4.1. 期初资产负债表 　4.2. 资产负债变化账户 　4.3. 期末资产负债表

（2）国民经济总体账户

国民经济总体账户，是将国民经济作为一个总体进行核算而设置的账户。国民经济是所有机构部门之和，从生产角度讲，它也是所有产业部门之和。除了市场价格的国内生产总值和产品税净额以外，国民经济总体账户中的总量指标是机构部门账户中相应项目的汇总。由于国民经济账户将所有机构部门合并为一个整体，因此在汇总过程中抵消了发生在机构部门之间的各种转移收支。例如，发生在国内各机构部门之间的财产收入支出、经常转移收入支出、资本转移收入支出等不再出现在国民经济账户中。然而，对于开放型经济，它会与其他国家发生各种经济往来，所以，在各类国民经济账户中都含有与国外的往来科目。为了反映与国外的经济往来，在国民经济总体账户部分专门设置了对外交易账户。

与国民经济循环过程相对应，国民经济账户体系如表 1-2 所示。

表 1-2 国民经济总体账户体系序列表

经常账户	1. 货物和服务账户
	2. 生产账户
	3. 收入分配和使用账户
	  3.1. 收入初次分配账户
	    3.1.1. 收入形成账户
	    3.1.2. 初始收入分配账户
	  3.2. 收入再分配账户
	  3.3. 国民可支配收入使用账户

积累账户	4. 积累账户
	  4.1. 资本账户
	  4.2. 金融账户
	  4.3. 资产其他变化账户
	    4.3.1. 资产物量其他变化账户
	    4.3.2. 重估价账户
	      4.3.2.1. 中性持有损益账户
	      4.3.2.2. 实际持有损益账户

资产负债表	5. 资产负债表
	  5.1. 期初资产负债表
	  5.2. 资产负债变化账户
	  5.3. 期末资产负债表

对外交易账户	6. 对外交易账户
	  6.1. 对外经常交易账户
	  6.2. 对外积累账户
	    6.2.1. 对外资本交易账户
	    6.2.2. 对外金融交易账户
	    6.2.3. 对外重估价账户
	  6.3. 国外资产负债表
	    6.3.1. 期初资产负债表
	    6.3.2. 资产负债变化账户
	    6.3.3. 期末资产负债表

  国民经济总体账户体系中的账户设置与机构部门账户在体系上基本一致，但具体账户上稍有不同。主要区别体现在两个方面：

  一方面，国民经济总体账户不区分业主收入账户和其他初始收入分配账户。SNA 将初始收入分配账户区分为业主收入账户和其他初始收入分配账户这两个子账户，其目的是为了将业主收入从初始收入中分离出来，以反映市场生产者在当期生产经营中所获得的总收益。但业主收入只能按机构单位和机构部门计算，而不能按基层单位和产业部门计算。对国民经济总体而言，没有必要从初始总收入中分离出业主收入。考虑到我国的实际情况，本书在机构部门账户中也没有区分业主收入账户和其他初始收入分配账户。

另一方面，国民经济总体账户中没有设置实物收入再分配账户和调整后可支配收入使用账户。因为实物收入的再分配主要发生在机构部门之间，实物收入的转移所得和支出在总量上相等，从国民经济总体来看实物收入的转移在总量上无法反映。因此，在国民经济总体账户体系中，没必要设置实物收入再分配账户，与之对应的调整后可支配收入使用账户也就没有必要设置。

本书将在后续各章中介绍相应的账户设置的框架与内容。

（二）平衡表体系

国民经济核算还运用平衡表的形式反映社会再生产过程及各环节、各部门的经济活动。主要采用平衡表和矩阵式平衡。

平衡表是对国民经济总体运行情况进行全面、综合、系统的价值量核算的基本表式，包括国内生产总值及其使用表、投入产出表、资金流量表、国际收支平衡表和资产负债表。这五张核算表彼此衔接，连成一体，构成经济循环全过程的描述系统，但它们又是各自具有相对独立性的子体系。五张核算表的中心是国内生产总值及其使用表，它核算生产、分配、消费、投资、进出口等经济循环的基本总量，并对其他核算表中的有关总量起着控制作用，其他基本表是国内生产总值及其使用表的进一步延伸和扩展。投入产出表反映社会产品生产与使用的结构，特别是各产品部门技术经济联系，是国内生产总值及使用表的具体化和延伸；资金流量表反映经济循环过程中与实物运动相对应的各部门之间的收入分配与金融交易等资金运动；国际收支平衡表集中反映对外经济往来的各种联系。以上四种核算表构成了对国民经济总流量和部门之间流量的系统描述。资产负债表核算各种资产与负债的存量，经济存量是经济循环的结果，也是下一轮经济循环的先决条件。流量核算表的进一步延伸则是把经济流量核算与经济存量核算联系起来，通过资产负债表来实现。资产负债核算将经济流量核算与经济存量核算结合起来，能更为完整地反映国民经济循环的全过程。

矩阵式平衡是经济循环账户的另一种表述。经济循环账户将经济循环中经济总体及机构部门的基本指标连成一体，形成有机的指标链，综合系统地描述了宏观经济运行的各个环节之间、各部门之间的内在联系，并可通过比较，检验各账户之间的关系，及时发现误差，提高数据的准确性。两者结合起来，可以在资料上、功能上互相补充，更有利于提高国民经济核算水平，保障数据质量。

三、中国国民经济核算体系基本框架

现行《中国国民经济核算体系（2016）》主要由基本核算和扩展核算组成。基本核算是本体系的核心内容，旨在对国民经济运行过程进行系统描述；扩展核算是对核心内

容的补充与扩展,重点对国民经济中的某些特殊领域的活动进行描述。基本核算包括国内生产总值核算、投入产出核算、资金流量核算、资产负债核算、国际收支核算;扩展核算包括资源环境核算、人口和劳动力核算、卫生核算、旅游核算、新兴经济核算。中国国民经济核算体系的基本框架如图1-3所示。

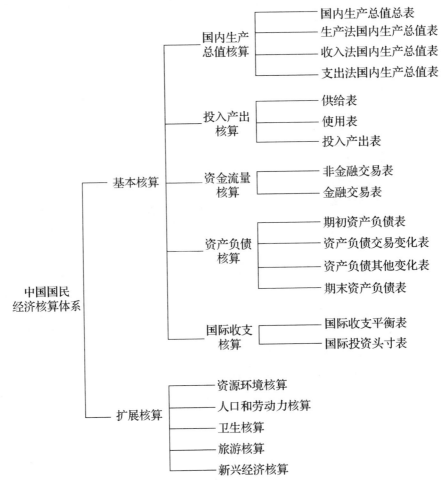

图1-3 中国国民经济核算体系基本框架

1. 基本核算

基本核算系统地描述我国国民经济运行全过程,其中的每一部分从某些环节或某些侧面描述经济运行过程。基本核算包括国内生产总值核算、投入产出核算、资金流量核算、国际收支核算和资产负债核算,其中,前四部分是关于经济流量的核算,反映核算期当期实际发生的经济活动总量。第五部分是关于存量的核算,反映在特定时点上一国或一部门所拥有的经济资产总量。

（1）国内生产总值核算。国内生产总值核算描述生产活动最终成果的形成和使用过程,是国民经济核算体系的核心内容。具体包括四张表,其中,生产法国内生产总值表、收入法国内生产总值表、支出法国内生产总值表按照国内生产总值的不同计算方法,分别提供了各产业增加值形成、分配和最终使用方面的详细核算内容；国内生产总值总表则概括性反映了生产法、收入法和支出法国内生产总值的基本构成以及三者之间的计算关系。

（2）投入产出核算。投入产出核算是国内生产总值核算的整合和扩展,描述国民经济各部门在一定时期内生产活动的投入来源和产出使用去向,揭示国民经济各部门间相互联系、相互依存的数量关系。具体包括三张表,其中,供给表反映各产业部门生产的产品和各类产品的产业部门来源；使用表反映各类产品的使用去向以及各产业部门的投入；投入产出表则是按照产品部门分别体现相互之间的投入产出关系。

（3）资金流量核算。资金流量核算是国内生产总值核算的延伸,以收入分配和资金运动为核算对象,描述一定时期各机构部门收入的分配和使用,资金的筹集和运用情况。具体包括两张表：非金融交易表反映国民经济范围内的收入分配过程以及消费投资活动；金融交易表主要反映各部门参与金融交易的状况,表现一定时期的资金运动状况。

（4）资产负债核算。资产负债核算描述特定时点的资产负债存量和结构情况,以及资产负债从期初到期末之间发生的变化。它是对一国和各部门经济存量的核算,一方面是非金融资产和金融资产的核算,另一方面是负债和资产净值的核算。具体包括四张表：期初资产负债表反映一国或各部门期初的经济存量水平,在核算期内因为经济交易变化引起的经济存量变化通过资产负债交易变化表反映,而因为非经济交易变化引起的经济存量变化则通过资产负债其他变化表反映,从期初开始通过经济交易和非经济交易引起的全部变化最终体现在期末资产负债表中。

（5）国际收支核算。国际收支核算全面描述一国常住单位与非常住单位之间的经济往来关系,一方面反映一定时期内发生的对外经济收支往来,另一方面反映对外资产负债存量及其变动状况。具体包括两张表：国际收支平衡表集中反映一国当期对外经济交易及其收支平衡状况；国际投资头寸表则反映一国对外金融资产和负债的存量状况以及各种因素引起的存量变化。

2．扩展核算

扩展核算是在国民经济核算基本概念和基本分类的基础上,通过对某些基本概念的扩展和某些基本分类的重新组合,以及改变处理方法等,对国民经济中某些领域的活动或与国民经济有密切关系的领域进行详细的描述,以满足特定类型分析和专门领域管理的需要。扩展核算体现了国民经济核算体系的开放性和灵活性。它具体包括资源环境核算、人口和劳动力核算、卫生核算、旅游核算和新兴经济核算五部分的内容。

中国国民经济核算体系（2016）没有包括国民经济账户体系。与以前版本相比，大大简化了相关内容，更加突出了适用性和针对性。

基本核算之间及其与扩展核算的关系见图1-4。

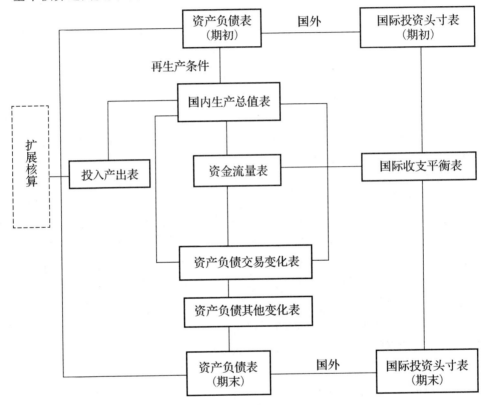

图1-4　基本核算之间及与扩展核算之间的关系

思 考 题

1. 简述国民经济核算与国民经济核算体系的含义。
2. 国民经济核算的目的是什么？
3. 如何理解国民经济核算体系的概念框架与作用？
4. 如何理解一国国民经济的核算范围？

5．国民经济整体包括哪些机构部门？

6．试述常住机构单位的概念与特征。

7．试述国民经济基层单位、机构单位及其相互联系。

8．试述国民经济核算中的交易及其分类。

9．试述经济流量与经济存量的区别与联系。

10．什么是国民三方等价原则？其在 SNA 中的作用是什么？

11．如何理解交易数据的价值？

练 习 题

一、填空题

1．在国民经济核算发展历程中，世界曾并行存在两套国民经济核算体系，一套是计划经济国家使用的_____；另一套是市场经济国家使用的_____。

2．国民经济核算的理论基础是_____。

3．国民经济核算整体设计方法借鉴了工商企业会计的_____原理。

4．国民经济核算的方法基础是_____，主要体现在数据调查方法和数据分析基础。

5．国民经济核算的对象是一个国家的_____。

6．常住单位是指在一国经济领土上具有_____的经济单位。

7．在一国_____存在着众多经济单位，只有_____的经济活动才组成了该国的国民经济。

8．国民经济中最基本的活动单位分为_____和_____。

9．_____是进行经济决策的基本单位，其突出的特征是能够编制出一套完整的账户。

10．在一个地方从事一种或主要从事一种类型生产活动并具有相应收支核算资料的生产单位称为_____。

11．国民经济活动指不同单位在持有一定资产的前提下完成的_____、_____、_____和_____四类活动，这四类活动形成了整个国民经济运行过程的四个阶段。

12．国民经济活动中的交易形式可以分为_____、_____、_____。

13．中国国民经济核算是一个庞大的体系，它由五个子体系组成，其中，_____是整个体系的核心，描述了生产活动最终成果的形成和使用过程。

14．国民经济核算选择_____作为估价原则。

15. 中国国民经济核算体系（2016）中，扩展核算包括资源环境核算、人口和劳动力核算、卫生核算、_____和_____。

二、单项选择题

1. 反映国民经济生产最终成果的统计指标是（   ）。
   A. 国内生产总值   B. 社会总产值
   C. 国民总收入   D. 社会最终产品

2. 联合国国民经济核算体系的第一个版本是在（   ）撰写报告的基础上形成的。
   A. 威廉·配第   B. 西蒙·库兹涅兹
   C. 凯恩斯   D. 理查德·斯通

3. 在 SNA 的各种版本中，首次引入投入产出表技术、资金流量表技术、资产负债表以及国际收支统计内容的版本是（   ）。
   A. SNA1947   B. SNA1953
   C. SNA1968   D. SNA1993

4. 中国于（   ）年取消了基于 MPS 的国民经济核算制度，这成为中国国民经济核算模式变革的重要标志。
   A. 1985   B. 1992
   C. 1993   D. 2003

5. 下列属于中国常住单位的是（   ）。
   A. 外商投资企业   B. 外国领事馆
   C. 季节性来华务工人员   D. 外国机构在中国临时办事处

6. 下列不属于机构单位基本特征的是（   ）。
   A. 独立拥有资产、承担负债
   B. 能够直接获取有关生产活动的投入产出资料
   C. 能够独自从事经济活动
   D. 能够独立与其他单位进行经济交易

7. 下列关于流量与存量的说法中，错误的是（   ）。
   A. 经济流量反映在特定时点上各种经济活动发生规模的总量
   B. 经济流量在期初经济存量基础上发生
   C. 经济存量反映在特定时点上经济资源拥有量的总量
   D. 经济流量改变了经济存量，使之从期初状态变化为期末状态

8. 根据权责发生制记录经济活动，以下具体处理方式错误的是（   ）。
   A. 顾客甲用现金购买商品，按购买时间记录
   B. 消费者乙在娱乐城消费后刷卡结账，按结账时间记录

C. 工厂丙生产其主营产品时消耗了一批原材料，按消耗时间记录

D. 企业丁由于大幅亏损，拟定两个月后支付工资，故应两个月后记录

9. 在国民经济核算中，外商投资企业的留存收益一般按两个流程来处理，即子公司将财产收入汇给国外母公司，然后母公司对子公司进行再投资，这种处理方法称为（　　）。

A. 分解　　　　　　　　　　B. 改道

C. 取净值　　　　　　　　　D. 合并

10. （　　）反映了生产过程中各产业相互之间的生产与使用关系，对产业部门之间的货物服务流量做了详细的描述。

A. 国内生产总值核算　　　　B. 资金流量核算

C. 投入产出核算　　　　　　D. 资产负债核算

三、多项选择题

1. 国民经济核算的主要特点是（　　）。

A. 以宏观经济理论为基础

B. 以货币作为统一的计量单位

C. 引入工商企业会计的复式记账原理

D. 以一国经济总体为核算对象

E. 提供一套完整的数据体系

2. 国民经济账户体系的主要特征是（　　）。

A. 全面性　　　　　　　　　B. 一致性

C. 完整性　　　　　　　　　D. 宏观性

E. 指导性

3. 进行国民经济核算的目的是（　　）。

A. 监测国民经济运行状况

B. 支持运用计量经济方法进行宏观经济分析

C. 为经济政策和决策提供数据基础和依据

D. 为进行国际比较提供支持

E. 协调整个经济统计信息系统

4. 国民经济核算与工商企业会计的关系表现为（　　）。

A. 国民经济核算运用了工商企业会计的账户形式

B. 两者在核算方法及核算原则上一致

C. 国民经济核算数据主要来源于工商企业会计核算

D. 两者的核算对象和目的不同

E. 国民经济核算引入了工商企业会计的复式记账法

5. 下列企业和单位中，属于中国经济领土范围内常住单位的是（   ）。
   A. 日本驻华大使馆
   B. 中国驻洛杉矶领事馆
   C. 正在利比亚执行为期三个月维和任务的中国工兵小分队
   D. 深圳的一家中韩合资网络游戏开发公司
   E. 海尔集团在美国新收购的一家冰箱生产企业

6. 基于机构单位的不同类别，国民经济的机构部门可以分为（   ）。
   A. 非金融公司部门   B. 金融公司部门
   C. 一般政府部门   D. 住户部门
   E. 服务部门

7. 在国民经济核算中，下列属于经济交易活动的是（   ）。
   A. 捐款   B. 企业自造设备
   C. 政府征收的各类税收   D. 分类结构变化
   E. 以劳动获取工资报酬

8. 除了经济交易外，影响经济存量变化的因素还有（   ）。
   A. 库存增减   B. 自然资源的消耗与发现
   C. 固定资产增加   D. 价格变化
   E. 灾害

9. 国民经济核算采用的主要方法有（   ）。
   A. 记录方法采用复式记账法
   B. 数据归集采用账户和平衡表
   C. 记录时间采用现金收付制
   D. 估价以历史成本为基础
   E. 改道、分解、合并和取净值等特殊处理办法

10. 下列选项中属于中国国民经济核算体系基本核算表的有（   ）。
    A. 国内生产总值表   B. 投入产出表和资产负债表
    C. 人口和劳动力核算表   D. 综合价格指数表
    E. 资金流量表和国际收支表

四、判断题

1. 国民经济核算的目的不仅是为了计算若干核心指标，而是要描述国民经济运行过程方方面面的全景，提供的是一个完整的数据体系。（   ）
2. 国民经济是由该国地理领土上常住单位的活动所组成。（   ）

3．明确各经济单位常住性的依据，是根据其国籍或者法律准则下的财产所有关系。
（　）

4．如果在某国拥有土地或者建筑物，即使没有进行任何其他经济活动，也应该视为该国的常住单位。
（　）

5．基层单位是生产决策的单位，也可以进行独立的财务决策。（　）

6．国民经济核算中的交易都是在交换形式下进行的，它涉及两个机构单位，同时会产生相互交换的两个"流"。
（　）

7．从基本职能而言，国民经济核算并不直接记录实际资源流动本身，而是以经济价值收支流来指代相应的实物流，在核算中体现。
（　）

8．关于非法交易，虽符合交易的一切特征，但它发生在法律监督之外，是不应纳入国民经济核算范围的交易。
（　）

9．针对分期付款行为，要将本金偿还和利息支付作为同一流量计入金融流量账户中。
（　）

10．到中国旅游的外国游客，应将其消费支出作为中国的最终消费活动加以核算。
（　）

11．在中国国民经济核算体系（2016）中，机构部门尚未涵盖为住户服务的非营利机构部门。
（　）

12．国民经济核算宏观上运用统计方法搜集数据，不是建立在单项交易基础上的。
（　）

13．社会保障缴款支付的记录遵循改道原则。（　）

14．国民经济总体账户体系中的账户设置与机构部门账户在体系上基本一致，具体账户上也都相同。
（　）

15．四式记账法是垂直复式记账法和水平复式记账法的同时应用。（　）

第二章 生 产 核 算

生产核算是国民经济核算的起点,生产活动的定义,将会决定 GDP 的规模和整个经济的收入水平。生产账户反映了生产活动的产出和各项投入。理解生产的构成、产出的估价与生产过程如何增加货物和服务的价值进而产生收入是其核心内容。

第一节 生产核算的基本问题

要理解生产核算的原理,首先要理解以下基本问题:什么是生产活动?产出及其分类,产出如何计量等。本节主要讨论生产的概念和核算范围、产出及其分类、生产核算的时空边界,以及国内生产总值的概念与核算思路。

一、生产的概念和核算范围

生产活动是指经济单位在一定条件下利用投入获得产出的过程。但是,要在国民经济核算中实现生产的计量,还需要对生产概念进行具体定义,并要具体确定生产核算范围。一般认为,生产是指生产者利用土地、劳动、资本和管理等生产要素的投入以及对相关货物和服务的消耗,创造出新的货物和服务的增值过程。

国民经济活动是一个循环过程,生产是起点,因此,生产概念、生产理论、生产范围和生产总量指标在国民经济核算理论中占据重要基础地位。

(一)经济生产的概念

生产活动分为经济生产和非经济生产,国民经济核算中讨论的生产是指经济生产。

经济生产是指在机构单位控制和负责下,利用劳动、资本、货物和服务作为投入以生产货物或服务的活动。必须有一个机构单位对生产过程负责任,并拥有作为产出的货物或知识载体产品,或者有权因其提供变化促成服务或增值服务而得到付款或其他补偿。

所谓非经济生产是指没有人类参与或管理的自然过程。原则上说,没有人类参与和管理的纯自然生产过程不是经济意义上的生产,不能包括在经济生产范围之内。比如,自然水域中鱼类的无控制生长繁殖、野生果实的生长等都不是生产活动。

经济生产也不包括人类非生产性活动。人类非生产性活动是指不能由他人替代完成的基本的人类活动，如吃、喝、睡和锻炼等。因为这些个人的基本活动无法由他人代替进行，付钱雇他人进行锻炼不能使自己身体健康。而那些可以由其他人或经济单位提供的活动，或者反过来说，可以提供给其他人或经济单位使用的活动，即使发生在私人空间中，也应该属于一般经济生产的范畴。如洗衣、做饭、照看儿童、看护病人、照顾老人等活动都可以由其他单位提供，因此在一般生产范围之内。

（二）生产核算范围的确定

1. 生产核算范围确定的原则

（1）支配性原则。支配性又称生产性或劳动性。支配性原则强调，产品必须是在人类行为的作用下产生的，凡在人类的劳动、负责、控制及管理下形成的生产活动成果，都要纳入生产核算的范围之内。支配性原则在实践中应用比较复杂，可以有一个等价的处理原则——所有权原则，即通过某种所有权特征来判断某种活动的生产性。

（2）交易性原则。交易性原则又称社会性原则。生产的目的是为了交易（包括虚拟交易）。因此，交易性原则要求生产核算中的经济流量必须具有商品或准商品的性质，它能够进行交易活动，至少这种活动可以被有效地虚拟。根据市场化程度从高到低的经济流量有以下几种：

① 能在市场上换回货币而生产的产品；
② 实物交换的产品；
③ 非市场产出的供给（不以获利为目的）；
④ 为自给性消费而生产的产品；
⑤ 消费者对自有固定资产的使用；
⑥ 在家中生产、不在市场交换的产品。

当今各国的国民核算都适当体现了市场性或社会性要求，但并非绝对严格，有时还需根据实际分析要求做出变通处理。在进行国际对比时，必须注意资料的"可比性"。

（3）时间性原则。时间性原则有以下三层含义：

① 生产成果在什么时间被确定为产品。本期形成的产品在本期记录，产品不在本期形成的则不记录。在这一原则的指导下，具体做法是：货物按其结束全部生产过程，经检验合格并办完入库手续时记录；服务在其结束全部活动，被服务对象消费完成时记录。

② 生产总量统计的连续记录问题。由于交易形成的经济流量是一个连续不断的过程，所以一个时期内对它的计量也是不间断的过程，以避免出现重复或遗漏现象，确保计算结果的准确性；同时应注意生产核算的时效性要求。

③时间参数的处理问题。生产核算中包含了一些与时间密切相关的经济流量，如固定资本消耗问题。

（4）存在性原则。在生产核算中，判断一个活动是否属于生产活动，通常不以该活动是否公开或是否合法为标准，而是以这种活动的客观存在性为标准，即只要这些货物和服务的生产过程是真实存在的，其产出有实际市场需求，这些经济流量就在生产核算范围之内。按照这一原则，生产核算的范围包括了非法生产和地下经济活动。

2. SNA 中确定的生产核算范围

SNA 对生产范围的限制比一般生产范围更严格。除自有住房服务和付酬家政人员提供的服务外，住户为自身最终使用而进行的服务生产都不在 SNA 的生产范围之内。除了这一点，SNA 的生产范围与前述一般生产范围完全一致。

（1）SNA2008 的生产范围具体包括以下五类活动：

① 生产者提供或准备提供给其他单位的所有货物或服务的生产，包括在生产这些货物或服务过程中所消耗的货物或服务的生产；

② 生产者为了自身的最终消费或资本形成所保留的所有货物的自给性生产；

③ 生产者为了自身的最终消费或资本形成所保留的知识载体产品的自给性生产，但（按照惯例）不包括住户部门的自给性产品生产；

④ 自有住房者的自给性住房服务；

⑤ 雇用付酬家政人员提供的家庭和个人服务的生产。

（2）住户为自身最终使用而进行的服务生产范围及其不核算的理由：

住户为自身最终使用而进行的服务生产的范围。由住户成员生产并在同一住户内消费、不在国民经济账户中记录的服务有：

- 住户对其所住房屋的清洁、装饰和维护，包括通常由房主和承租人进行的小修；
- 包括家用车辆在内的住户耐用消费品或其他货物的清洁、保养和维修；
- 膳食的准备和提供；
- 儿童的看护、培养和管教；
- 病人、体弱者或老人的照顾；
- 住户成员或其货物的运输。

在大多数国家，相当多的劳动被用于生产这些服务，而这些服务的消费对经济福利具有重要贡献。但是，国民账户服务于多种分析和政策目的，并非仅为或主要为获得福利指标而编制。对于住户内生产和消费的、不付酬的家庭或个人服务，没有虚拟估算其价值的原因归纳如下：

① 住户内部服务的自给性生产是一种自给自足的活动，对经济中其他部门的影响

非常有限。住户决定生产住户服务的同时也决定了消费该项服务，而货物自给性生产则不同。例如，如果一个住户从事农产品生产，并不意味着住户自己会消费其所有的产出。一旦农作物收获了，住户将面临选择：多少用于消费，多少存储起来供未来的消费或生产，多少在市场上出售或交换其他物品。住户货物自给性生产由于无法确定最终有多少被自己消费而可能影响到经济活动中的其他部门。而住户自给性服务不存在这种可能性，不可能生产出一项服务后再决定是否出售。

② 住户自给性服务因为不是为市场而生产，因此通常没有合适的市场价格可进行估价。即便能够估算出住户自给性服务产出、相关收入和支出的价值，并且使之与货币性交易（账户中大多数项目以此为基础）价值加起来仍有意义也非常困难。

③ 除自有住房的虚拟租金以外，自给性服务的生产决定既不受经济政策的影响，也不影响经济政策的制定，因为其虚拟价值不等于货币流量。例如，住户服务生产水平的变动不影响经济中的税收收入或汇率水平。

④ 生产范围内不包括住户服务，对劳动力和就业统计有意义。国际劳工组织（ILO）的相关准则规定，经济活动人口是指在 SNA 生产范围内从事生产活动的人口。如果将生产范围扩大至包括住户服务的自给性生产，则几乎所有成年人口都是经济活动人口，失业也就不存在了。因此，在实践中即使仅仅是为了得到有意义的就业统计，也有必要回到 SNA 现有的生产范围上来。

综上所述，因为住户自给性服务生产活动与市场是相对分离和独立的，对其价值进行具有经济意义的估价存在困难，对账户体系在制定政策、分析市场和市场失衡方面的有效性以及对就业统计的重要意义将产生不利影响等原因而不被纳入 SNA 的生产核算范围。

3．其他生产范围问题

自然过程是否可以作为生产活动，要取决于所发生的环境。如果该活动在机构单位的推动、控制和管理下进行，并且该机构单位对所生产的货物享有所有权就属于生产核算的范围。例如，养殖场内的鱼类生长是生产过程；经济林木的培育，以及为用木材或其他用途而种植的树木，则与各种一年生作物的生长一样，都属于生产活动；野生森林中砍伐树木、采集野果和野浆果、捡拾木材等活动也属于生产活动；水库和水坝的蓄水以及利用管道或运输工具把水从一处输送到另一处则属于生产活动。

非市场化生产活动影响到其他部门的经济活动时也要纳入生产核算的范围。在一个市场经济体系里，提供给其他单位使用，最典型的方式是通过市场销售，这样的生产就是市场化生产。但是，整个经济的生产还存在以下非市场化生产活动，比如某些生产者可能免费或以无经济意义价格向使用者提供产出，政府及非营利机构的生产常常属于这种方式；生产者自产自用的情况，比如企业自己制造生产用设备，农民生产供自己消费的粮食。如果我们无视非市场化生产，国民经济核算就无法全面度量国民经济生产总量；但国民经济核算毕竟是针对市场经济而设定的核算体系，宏观管理的目标主要是那些市场经济活动，至少是与市场具有联系的活动。因此，实际确定的生产核算范围是一个折中的结果。具体包括：

（1）所有货物的生产，包括市场化生产和非市场化生产，都在核算范围内；

（2）对于服务生产，则主要包括市场化生产和影响其他部门的非市场化生产。

表 2-1 列示了核算范围的具体内容，只要属于确定的范围，就应该作为生产予以核算，即使是非法的经济活动和隐蔽的地下经济，也应包括在内，因为核算本身不是要进行道德判断，只要这些活动是真实发生的，就构成了国民经济生产核算的一部分。

表 2-1 生产核算范围的确定

生产活动类别	市场化生产	为自己最终使用的生产	其他非市场化生产
货物生产	所有生产，无论是否实际出售	所有生产，包括用于自己消费的生产和用于自己积累的生产	所有生产
服务生产	所有生产，其中包括对住户提供的市场化服务生产	住户自有住房所提供的服务	所有生产
未被核算的生产		住户内部自给性服务生产	

二、产出及其分类

产出是基层单位生产的成果，是指基层单位向社会提供有形的货物产出和无形的服务产出，有形的货物产出包括食品、机器设备、日常用品等；无形的服务产出包括医疗服务、信息服务、金融服务、旅游服务等。基层单位在生产过程中创造的各种有用的货物和服务都可以用于消费或用于进一步生产。产出不包括：基层单位在生产中使用的不承担风险的任何货物和服务的价值；同一基层单位消耗的货物和服务的价值，但用于资本形成（固定资本或存货变动）或自身最终消费的货物和服务除外。

（一）货物和服务的界定

将产出区分为货物和服务两个类别，体现了产出在外在形态上的基本差异：有形产出和无形产出。

1. 货物

货物是指对它有某种需求，并能够确定其所有权的有形生产成果，这种所有权可以通过市场交易从一个机构单位转移给另一个机构单位。由于货物不仅可以用于满足住户或社会需要，而且可以用于生产其他货物或服务，因此，它们是社会所需要的。货物的生产和交换是完全独立的两种活动。有些货物可能从不交换，而另一些货物可能被买卖多次。货物的生产可以与其随后的销售或转售相分离，不仅在时间上是可以分离的，而且在空间上也是可以分离的。例如，计算机的生产与计算机的出售是两项活动，生产出来以后，什么时间卖、怎么卖、被谁买走都与生产没有直接关系，而且，计算机可以在甲地生产然后卖给乙地的用户，也可以在今年生产然后留待明年出售。这样，货物的生产具有两个明显的特征：一是可以存储；二是可以运输。

2．服务

服务也是生产活动的结果，通过这些生产活动，可以改变消费单位的状况，或促进产品或金融资产的交换。这些服务大体可以分为两类：一类是变化促成服务（Change-Effecting Service），另一类是增值服务（Margin Service）。所谓变化促成服务，是指生产者按照消费者需求进行的活动，以实现消费单位状况的改变。此类服务不是能够确定其所有权的独立存在实体，无法脱离生产单位单独交易。生产一旦完成，它们必定已经提供给了消费者。比如，患者必须直接与医生接触才能接受医疗服务；当医疗服务完成时，也正是患者完全接受这项服务产出之时。由于服务是以"过程"形态生产出来，因此，它不可能被存储起来，不可能将今年的产出留到明年，也不可能被运输到另一个地方。

如果一个机构单位为另外两个机构单位之间的货物、知识载体产品、某些服务或金融资产的所有权变更提供了便利，就产生了增值服务。增值服务是由批发商、零售商和各类金融机构所提供的。增值服务与变化促成服务类似，也是不能确定其所有权的独立实体，不能脱离生产单位单独交易；当生产完成时，它们必定已经提供给消费者了。

服务消费者通过聘请服务生产者提供服务所能获得的变化，可以表现为如下多种形式：

（1）改变消费品的状况。生产者通过运输、清洁、修理或其他改变货物的方式，直接作用于消费者所拥有的货物上。

（2）改变消费者的身体状况。生产者向消费者提供运输、食宿、医疗或手术、美容等服务。

（3）改变消费者的精神状况。生产者向消费者提供教育、信息、咨询、娱乐或类似的面对面服务。

货物与服务的区分具有相对性。有些服务是以货物为对象衍生出来的，比如运输、维修等服务；有些服务则依托一个物品外壳而存在，比如被制作成光盘和磁带的信息、娱乐服务。

国内生产总值核算中比较重视货物与服务的区分，因为服务生产在整个生产中占有越来越大的比重是产出结构变化的重要趋势，服务消费在整个最终消费中占有越来越大的比重也是伴随生活水平提高所发生的产品使用结构变化的重要趋势。对货物与服务分别计量，是观察这些结构及其变化趋势的前提。

（二）中间产品和最终产品的界定

根据产出产品的不同用途，可将其分为中间产品和最终产品。

1. 中间产品

中间产品是指在一个生产过程中被完全消耗掉或形态被改变的产品。它们可以是货物，也可以是服务。前者如被织布厂消耗掉的棉纱，被炼铁厂消耗掉的矿石，被汽车生产消耗掉的钢材；后者如为一个企业的生产经营所消耗的金融服务、技术服务、广告服务、会计和法律咨询服务等。

中间产品的多少，主要取决于工业生产规模和产品生产周期。工业生产规模越大，产品生产周期越长，中间产品越多。在国民经济投入产出表中，中间产品由各部门属于生产性消耗的劳动对象构成，某一部门的中间产品等于该部门的总产品扣除其最终产品的余额。它是安排国民经济计划和各种产品生产，是各部门间保持合理比例关系的重要依据。因中间产品占用大量物资和资金，又不能直接满足最终消费需要，一般要求尽可能降低其在整个社会产品中的比重。

2. 最终产品

产品如果不被其他生产过程所消耗，还有哪些去向呢？一是在非生产过程中消耗的货物和服务，比如，消费者获得的食品、服装、家具、电器等货物，以及教育、保健、美容、娱乐等服务；政府公务车辆燃油、维修、公务接待、会务支出、办公用品及耗材等，这些被称为最终消费；二是积累起来的货物，增加了使用者的资产，比如运输公司购买的汽车，贸易公司当期形成的库存，这些被称为积累或资本形成；三是被出口到国外的货物和服务。当期生产的被用于最终消费、积累和出口的产品，就是所谓的最终产品。

最终产品是从国民经济投入产出平衡的角度来考察的经济工作成果，体现了一定时期内整个国民经济的最终成果，是衡量经济发展水平的最重要、最基本指标，也是计算国内生产总值的基础。

在国内生产总值核算中，区分中间产品和最终产品很重要，因为国内生产总值在实物形态上只对应最终产品，中间产品只是获得最终产品的过渡性产品。这在下面关于国内生产总值的概念定义中即可体现出来。

（三）市场产出、为自身最终使用的产出和非市场产出的界定

根据不同估价方法，可将产出分为市场产出、为自身最终使用的产出和非市场产出。

1．市场产出

市场产出是指准备以有显著经济意义的价格予以销售的产出。市场产出的价值由下列各项之和构成：

（1）以有显著经济意义的价格出售的货物和服务的价值；

（2）用于交换其他货物、服务或资产的货物或服务的价值；

（3）用于实物支付（包括实物报酬）的货物或服务的价值；

（4）一个基层单位向属于同一企业的另一个基层单位提供的、用于中间投入的货物或服务的价值，继续生产的相关风险也随货物而转移；

（5）准备用于上述某种用途的制成品和在制品存货的变动价值；

（6）提供货物和服务收取的服务费、运输费、金融资产获得和处置的附加费等。

市场产出是市场经济的一般情形，生产者根据预期的需求水平和供给成本来决定生产什么以及生产多少。生产决策背后的决定性因素是起主导作用的、有显著经济意义的价格。有显著经济意义的价格是指对生产者愿意提供和购买者愿意购买的产品数量有重要影响的价格。这些价格通常产生于如下情形时：处于长期盈利，或至少也能弥补资本和其他成本等目的，生产者有调整供给的动机；消费者有购买或不购买的自由并根据价格做出选择。

2．为自身最终使用的产出

为自身最终使用的产出是指生产者为自身最终消费或资本形成而留用的产品。具体包含：

（1）住户非法人企业生产的、被同一住户消费的货物的价值；

（2）付酬家政人员为住户提供的服务的价值；

（3）自有住房服务的虚拟价值；

（4）企业某一基层单位生产的，并被同一企业为将来在生产中使用而留用的固定资产的价值（自给性固定资本形成总额）；

（5）打算用于上述某一用途的制成品和在制品存货变化价值；

（6）在例外情形下，可能有用于自身中间消耗的产出。

为自身最终使用的产出应该以这些货物和服务在市场上销售所能得到的基本价格来估价。为此，同类货物或服务在市场上必须拥有足够多的买卖量，以计算用于估价的可靠的市场价格。"在市场上"是指在货物和服务生产的某一时间和地点，价格是在有意愿的买方和卖方之间起支配作用的因素。以农业生产为例，由于可能包含运输成本和批发商的商业毛利，当地市场的价格不一定等于基本价格，最近的替代价格可能是所谓的"农场出厂"价格，即农场主向直接去农场收购农产品的购买者出售其产品的价格。

如果无法获得可靠的市场价格，可以使用次优方法来计算：为自身最终使用而生产的货物或服务的产值等于其生产成本之和，也就是下列各项之和，即：

中间消耗＋雇员报酬＋固定资本消耗＋固定资本净收益＋其他生产税（减生产补贴）

3．非市场产出

非市场产出是指由为住户服务的非营利机构（NPISH）或政府生产的、免费或以没有显著经济意义的价格提供给其他机构单位或全社会的货物和个人（公共）服务。如果某一价格对生产者准备提供的产品数量没有或只有很少的影响，并且对需求量的影响也很小，则称该价格不具有显著经济意义。无论从供给角度还是需求角度看，此价格都不具有数量显著性。以此价格定价可能是为了获得一些收入，或是抑制免费服务所引起的过度需求，但目的并不是消除这种过度需求，一旦基于行政管理、社会或政治方面的原因，对某一非市场货物或服务的总供应量做出决定，其定价将会故意低于使市场出清的均衡价格。因此，无显著经济意义的价格和零价格之间的区别，只是程度上的不同。无显著经济意义的价格只能抑制那些需求最不迫切的单位的购买，而不会大幅度削减总需求量。向住户部门免费提供的非市场产出的价值按以下各项生产成本之和核算，即：

中间消耗＋雇员报酬＋固定资本消耗＋其他生产税（减生产补贴）

非市场产出的生产可能出于以下两方面原因而进行：

一是要让个人为公共服务付费从技术上来说是不可行的，因为无法对这些消费进行监测和控制。当交易费用过高且存在市场失灵时，价格机制将无法发挥作用。因此，这类服务的生产必须由政府单位集中组织，资金来源不是销售收入，而是税收或者其他政府收入。

二是政府单位和 NPISH 本来也可以向住户提供收费的货物与服务，但由于社会或经济政策方面的原因他们没有这样做。最常见的例子是免费或按无显著经济意义的价格提供教育或卫生服务，当然也可以提供其他种类的货物和服务。

尽管非市场产出在收入使用账户中显示为政府和 NPISH 的获得，但是不能将它与自用性生产混淆。虽然非市场产出的支付由政府和 NPISH 承担,但是个人货物与服务的使用者是住户,公共服务的使用者是住户或其他常住机构。对于自用产出来说,生产单位不但要虚拟相关支出,而且是产出的实际使用者。因此,绝不能将非市场产出与自用产出混淆。

另外,政府单位和 NPISH 可能同时从事市场和非市场生产活动。只要有可能,就应该将从事这两种活动的基层单位区分开来,但这有时可能行不通。因此,非市场基层单位也可能销售其作为次要活动生产的市场产出,从而获得一些收入,例如,非市场性博物馆可以销售各种复制品。然而,即使非市场基层单位可能有销售收入,其总产出(包括市场和非市场产出)仍然按生产成本估价。市场产出的价值等于市场产品的销售收入,非市场产出的价格等于总产出与市场产出之间的差额。以无显著经济意义的价格出售非市场货物或服务所获得的收入是非市场产出价值的一部分。

三、生产核算的时空边界

生产核算是分区域、分时期进行的,因而需要确定其核算的时空边界。

(一)生产核算的空间界定

生产核算的基本统计单位是一个经济体的常住机构单位,但并不是所有的基层单位及机构单位都在本国生产核算的统计范围之内,只有一国"常住单位"才被统计。也就是说统计单位只有具备了常住性,才是国内单位,才能成为生产核算的统计单位。

(二)生产核算的时间界定

生产核算是经济流量核算。一般而言,最常见的年度核算通常以自然年份为起止点。当然,为了更好地服务于宏观管理,季度核算、月度核算也非常必要,此时生产核算中核算期限缩短,核算频率增加。

生产核算过程中,生产成果记录的时间遵循核算的基本原则,按权责发生制处理,即在经济价值被创造、转换、交换、转移或消失时记录经济流量。这个原则对一个连续的、跨越多个核算期的生产过程非常重要。在这个原则下,产品按其制造时间进行统计,而不论其是否销售出去,是否收到贷款。同样,根据这一原则,某一时期生产核算的对象,不仅包括当期完成的产成品,还应该包括当期生产完成的半成品和在制品价值。

四、国内生产总值的概念与核算思路

生产的产出成果可以用实物量指标表现,比如粮食产量、钢铁产量、石油天然气产

量等。利用实物量指标核算产出成果，其优点是直观，可以给人以具体印象，但由于使用价值不同，计量单位也不尽相同，不同产品的产量难以加总，因此，仅仅依靠实物量产出指标，我们难以获得一个单位、一个部门乃至一个国家在一段时间内的产出总量。要达到此目的，就需要借助于价格，将不同产品的产量转化为用货币单位表示的产出，然后加总为产出总价值量。

将各单位当期产出按照其现行价格计算的价值进行加总，结果是国内总产出。但这样累加的结果并不适合表现某一时期国民经济的生产成果，因为产业分工前提下各种产品之间是相互联系的，一种产品的生产依赖于对其他产品的消耗，在该产品的价值中必然包含所消耗的其他产品的价值，如果对不同产品产出价值做简单加总，则全社会总产出中必然会包含大量的重复计算。比如从矿石到生铁，再到钢、钢材，将各产品价值简单相加的结果会使矿石的价值被计算若干次。

要消除这种重复计算，可以从两个方面入手。一方面是在每个生产环节上扣除所消耗的其他产品的价值，只保留本生产环节新增加的价值，即从产出总价值中扣除中间性消耗价值，用增加值作为本单位的产出成果，然后将各单位的增加值加总起来作为整个国民经济的产出总量。另一方面是从宏观上只就最终产品计算其产品价值，把中间产品价值摒除在外，因为中间产品就是用于其他生产过程所消耗的产品，是获得最终产品的中间过渡性产出，其价值已经包含在最终产品价值中了。

这样核算的结果，就形成了国内生产总值（GDP，Gross Domestic Product）。在价值构成上，国内生产总值是一国范围内各生产单位当期增加值的总和，是从各单位总产出价值中扣除中间消耗之后的余额，代表该时期内各单位通过生产活动而新增的价值；从实物构成上看，国内生产总值是某一时期一国范围内各生产单位所生产的最终产品的价值总和，如前所述，最终产品是指用于最终消费、积累和出口的产品。

以概念定义为基础，可以确定国内生产总值的计算方法。一方面可以通过各产业部门增加值的加总来计算国内生产总值，包括生产法和收入法；另一方面可以通过最终产品的使用去向计算国内生产总值，即所谓支出法。现实中，如果具备条件，应该同时采用不同方法。这样做不仅可以验证国内生产总值的核算结果，更重要的是，不同方法所提供的具体数据，构成了研究分析不同问题的基础。

第二节　供给视角核算国内生产总值

增加值核算是国内生产总值核算的基石。通过增加值核算，可以显现不同产业对国民经济生产的贡献，还可以显现最初分配所形成的利益关系。这些数据资料，都是国民经济管理和分析的重要依据。将生产法计算的增加值加总即得到生产法国内生产总值，而将收入法计算的增加值加总即得到收入法国内生产总值。本节讨论的主要内容有增加值核算的基本问题、增加值测算的不同计价、总产出核算、中间消耗与固定资本消耗核算、增加值及其构成项目核算、供给视角的国内生产总值核算方法。

一、增加值核算的基本问题

增加值核算是对生产过程及其成果的核算。尽管生产核算是从各个生产单位开始的，但在宏观上并不关注单个生产单位的生产成果，而是需要对生产者进行归集，在部门层次提供增加值核算数据。由第一章可知，国民经济核算针对各经济单位进行了两种分类：机构部门分类和产业部门分类，由此可以分别按照两种部门分类提供增加值核算数据。

从生产活动看，产业部门分类就是按照各单位生产活动的特征来构造的，因而增加值核算比较适合从产业部门类别来刻画其特征。因此，下面主要是从产业部门分类的角度讨论增加值核算的概念和方法。

增加值可以从两个角度计量。一是从产出供给，即形成过程看，增加值是生产者当期生产的产品价值扣除所消耗的其他产品价值后的余值，即总产出减去中间投入之差，这是生产法增加值核算的思路；二是从生产要素供给，即要素收益分配角度看，增加值被各生产参与者所获得，由此可以通过各不同要素收入项目加总来计算增加值，这是收入法增加值核算的思路。两种思路间关系可以用下式表示：

$$增加值 = 总产出 - 中间投入 = 增加值要素收入项目之和$$

因此，从供给视角核算增加值，归结起来，就是三部分内容的核算：总产出核算、中间投入核算和增加值各要素构成项目的核算。

二、增加值核算的不同计价

SNA 中，中间投入在其进入生产过程的时候进行估价和记录，而产出则在它们从生产过程中出现的时候进行估价和记录。中间投入通常按购买者价格计算，而产出按基本价格计算，当基本价格无法获得时就按生产者价格计算。产出价值与中间投入的价值之差就是总增加值，总增加值在扣除固定资本消耗、生产税净额和雇员报酬后的余值便是营业盈余净额或混合净收入。

如上所述，通过将不同的价格基础与一组投入量和产出量相结合，可以计算得到不同的总增加值。下面介绍使用 SNA 认可的不同价格基础所计算的各种总增加值。

（一）按基本价格计算的总增加值

按基本价格计算的总增加值是指按基本价格估价的产出减去按购买者价格估价的

中间消耗。虽然产出和投入按不同的价格标准估价，但为了简洁起见，这里用估价产出的价格来描述增加值。从生产者的角度看，估价投入的购买者价格和估价产出的基本价格代表了实际的收付价格，使用这些价格得到的总增加值适用于生产者角度的测算。

（二）按生产者价格计算的总增加值

按生产者价格计算的总增加值是指按生产者价格估价的产出减去按购买者价格估价的中间消耗。如果没有增值税，无论按生产者价格还是购买者价格计算，消耗的中间投入的总价值都是一样的，在这种情况下，按生产者价格计算的总增加值与同时用生产者价格计算投入和产出所得到的结果是相同的。因此，用这种方法计算的总增加值具有经济意义，它相当于传统上所说的按市场价格计算的总增加值。但是，如果存在增值税，由于生产者价格不包括发票单列增值税，因此把这种总增加值描述为按"市场"价格计算就不合适。

这种总增加值与按基本价格计算的增加值都使用购买者价格估算中间投入。这两种总增加值的区别完全在于对产出上应付的产品税或产品补贴（不包括发票单列的增值税）的不同处理方式。按照定义，按生产者价格计算的产出超出按基本价格计算的产出的部分（如果有的话），其数额应等于产品税减产品补贴，因此上述两种相关联的总增加值的差额也必定等于这一数额。即：

按基本价格计算的总增加值＝按基本价格估价的总产出－按购买者价格估价的中间消耗
按生产者价格计算的总增加值＝按生产者价格估价的总产出－按购买者价格估价的中间消耗
　　　　按生产者价格计算的总增加值－按基本价格计算的总增加值
　　　　＝按生产者价格估价的总产出－按基本价格估价的总产出
　　　　＝产品税－产品补贴

（三）按要素成本计算的总增加值

按要素成本计算的总增加值这一概念在 SNA 中并未明确提出，但它很容易从上述任何一种总增加值中推算出来，即从以上定义的一种总增加值中减去应付生产税减补贴。例如，在按基本价格计算的总增加值中，应付生产税只有"其他生产税"。其他生产税主要是对车辆或房屋征收的经常税等。因此，按基本价格计算的总增加值减去"其他生产税（扣除其他生产补贴）"便可得到按要素成本计算的总增加值。

按要素成本计算的总增加值在概念上的难点在于它缺少可观测的价格，如果存在合适的价格，用它乘以产量即可直接得到按要素成本计算的增加值。按照定义，"其他生产税或生产补贴"不是产品税或产品补贴，后者能从投入和产出价格中扣除。因此，尽管按要素成本计算的增加值这一名称由来已久，但严格来说它不是增加值的一个测度指标，实质上是一个收入测度指标而非产出测度指标。按要素成本计算的增加值反映了从总增加值（无论如何界定）中扣除所有应付生产税（扣除生产补贴）后的待分配余额。选用哪种计价的增加值取决于不同的分析目的，因为上述几种计算方法的差异仅在于总增加值中应扣除的生产税或生产补贴的数额。

三、总产出核算

总产出是生产核算的基础指标，其作用主要表现在两个方面。一方面，它是计算增加值指标的基础；另一方面，作为当期生产产品总价值，可以在一定程度上表现国民经济生产的规模，并描述各产业间投入产出的结构关系。

（一）总产出的含义

总产出是指各生产单位在一定时期内所产生的全部货物与服务的总价值。从实物构成看，总产出包括中间产品和最终产品两个部分，后者是被最终用于消费、积累和出口的产品，而前者则是被其他生产过程所消耗的产品。从价值形态看，总产出包括中间投入和最初投入两部分价值，前者是指为生产这些产品而消耗的其他中间产品的价值，即所谓转移价值；后者就是增加值，是指在生产过程中新附加上去的价值。

（二）分产业总产出核算方法

面对不同的产业，其生产及其组织特点各不相同，因此总产出统计的具体方法也各具特色。下面就国民经济的主要产业和一些具有特殊性的产业，介绍其总产出的核算方法。

1. 农业总产出的核算

农业是农林牧渔业的统称，其总产出通常采用"产品法"统计，即以农产品为单位，按各种农产品的产量乘以相应的单价计算各种农林牧渔产品的价值，然后加总。具体来说，农业总产出包括种植产出和野生植物采集等其他农业产出；林业总产出包括人工造林产出、林果产品产出和竹木采伐产出；牧业总产出包括牧畜饲养产出、家禽饲养产出、活的禽畜产品产出、捕猎野禽野畜产出和其他动物饲养产出；渔业总产出包括捕捞和养殖两种活动下海水产品产出和淡水产品产出。

由于农业、林业和渔业的生产过程可能要持续数月甚至几年，因此其产出的计算比较复杂。很多农作物是一年生的，其大部分成本发生在种植季之初播种的时候，以及季末收获的时候，而未成熟的农作物的价值取决于它们距离收获期的时间。因此，需要将农作物的价值在一年之中分摊，并作为在制品处理。农作物的最终价值通常不等于其早期估计值和收获前农作物的虚拟价值。在这种情况下，需要对早期的估值进行修正以反映实际结果。农作物收获后,在制品的累积价值就会转为制成品存货,然后随着生产者的使用、出售或虫害损失等逐渐被消耗掉。这样,农业总产出的核算方法可以归纳如下:

$$农业总产出＝产品销售收入＋成品存货当期变动价值$$
$$＋在制品、半成品存货当期变动价值$$

2. 工业总产出的核算

工业是采矿业、制造业、电力、热力、燃气及水的生产供应业三个产业类别的统称。工业总产出就是这三个产业当期所提供货物与服务的总价值。

鉴于工业生产活动常常是以企业为单位组织的,各企业有较为完善的核算制度,因此在中国,工业总产出核算以工业企业总产出核算为基础,是各工业企业总产出之和。在每一个工业企业,总产出通常采用"工厂法"统计,即把企业作为整体,统计企业当期从事工业生产活动的最终成果,同一企业不同生产环节相互之间提供的产品不允许重复计算。比如,纺织厂用棉花纺纱,然后织成布匹对外出售。按照工厂法核算原则,该纺织厂总产出只核算棉布的产出价值,不单独核算棉纱的产出价值。这样,工业总产出的核算方法可以归纳如下:

$$工业总产出＝\sum 工业企业总产出$$

工业企业总产出是以货币表现的工业企业在一定时期内生产的已出售或可供出售工业产品总量,它反映一定时间内工业生产的总规模和总水平,包括:成品价值,对外加工费收入,工业半成品、在制品期末期初差额价值三个部分。工业企业总产出也是以工业企业作为一个整体,按企业工业生产活动的最终成果来计算,因此企业内部不允许重复计算。

$$工业企业总产出＝工业成品价值＋自制半成品、在制品期末期初差额价值$$
$$＋工业性作业价值$$

3. 建筑业总产出的核算

建筑业产品是建筑安装生产单位的产出成果,其特点是位置固定,具有较强的个体性和独立性。因此在方法上,建筑业总产出核算时将"工厂法"和"产品法"结合运用,即针对各建筑安装生产单位,分别计算各项建筑产品的总产出,是建筑安装生产单位和自营施工单位在一定时期内完成的建筑产品总价值,其具体内容包括:建筑工程产出、设备安装工程产出、房屋建筑物修理产出、非标准件制造产出和装饰装修产出。

4. 批发零售业总产出的核算

批发零售业的主要功能是通过商品买卖为生产者、使用者提供商品流通服务,体现为以商品销售为中心的进货、保管、整理、分类、包装和销售等活动。在批发零售企业,商品销售收入是表现其经营业绩的主要指标,但不能直接用来反映批发零售贸易活动的总产出,因为商品销售收入是所出售商品的价值,其中既包括这些企业所提供的商品流通服务的价值,也包含商品本身的价值。为此,需要从商品销售收入中扣除该商品的购进价值,所余商业毛利才是贸易活动总产出,具体计算步骤是:

批发零售业总产出＝商品销售收入－商品销售成本及其他损耗＋应交增值税

5. 金融业总产出的核算

金融业包括两个部分:一是银行、证券公司等金融公司从金融市场借入资金然后贷放给其他单位,通过在借方和贷方之间的媒介作用提供融资及其辅助服务;二是保险公司对面临一定风险的单位提供金融保护以防不测事件发生而形成的保险服务。由于这些金融公司在多数情况下并不直接对使用者收取服务费用,而是隐含在应收、应付的利息收入、保险收入之中,因此,核算金融业总产出,除了包括直接收取的佣金、手续费等服务收入以外,还需要间接计算那些隐含的服务收入,即虚拟服务收入。其中,银行和证券业的虚拟服务收入等于其利息收入减去利息支出后的差额,但要扣除利用自有资金获得的投资收入(这些收入不属于金融中介活动);保险业的虚拟服务收入则等于保险业务收入(包括实收保费和保险准备金的投资收入)减去应付赔款、提取的保险准备金之后的差额。在《中国国民经济核算体系(2016)》中,这部分内容的核算方法具体如下:

货币金融服务企业总产出等于间接计算的金融中介服务(FISIM)产出加上直接收费的金融服务产出。其中,FISIM产出采用参考利率法计算。中央银行从事的市场性货币金融服务,总产出也按此方法计算。

资本市场服务总产出＝营业收入－投资收益和公允价值变动收益＋证券交易印花税

保险业总产出包括寿险服务总产出和非寿险服务总产出。其中:

寿险服务产出＝实收保费＋追加保费(即投资收益)＋寿险准备金的变动
　　　　　　－赔付支出非寿险服务产出
　　　　　＝实收保费＋追加保费－调整后已生赔付

其中,调整后已生赔付可按"期望法"或"会计法"等方法计算。

6. 其他营利性服务业总产出的核算

交通运输、仓储和邮政业,住宿和餐饮业,信息传输、软件和信息技术服务业等行业的总产出等于其营业收入。

房地产开发经营业中的房屋销售活动总产出按照房屋销售差价收入计算。

在中国的核算实践中,实施增值税的行业总产出包括应缴增值税。

7. 为自身最终使用的总产出的核算

为自身最终使用的总产出指生产者为自身最终消费或资本形成而留用的产品的价值。主要包括五个方面的内容：一是常住单位生产的，并被同一单位消费的货物的价值；二是付酬家政人员（保姆、厨师、司机等）为住户提供的服务的价值；三是居民自有住房服务的虚拟价值；四是常住单位生产的，并被同一单位在生产过程中使用的固定资产的价值；五是准备用于上述某一用途的制成品和在制品存货变动价值。

为自身最终使用的总产出应该以这些货物和服务如果在市场上销售所能得到的市场价格来估价。当无法获得可靠的市场价格时，按与其类似的产品价格或其生产成本估价。例如，居民自有住房服务价值按照城镇居民和农村居民分别虚拟计算。其中，城镇居民自有住房服务总产出采用市场租金法计算；农村居民自有住房服务总产出采用成本法计算。

8. 非市场性服务产出核算

非市场性服务是非营利性服务部门的产出。非营利性服务部门由各种不以营利为目的而设立的经济单位组成，其中大部分属于政府行政事业单位，提供科学研究、教育、国防、行政管理服务和社会服务的单位。非市场性服务产出不能体现为营业收入，至少不能全部体现为营业收入。为此，需要采用以下变通方法估算：假定这些单位所提供的服务价值等于其成本投入价值，然后按提供服务所花费的总费用来估计总产出，具体包括经常性费用支出和固定资产折旧两部分，其中，经常性费用支出包括劳动报酬、职工福利费、公务费、修缮费、业务费以及其他费用。这样，非市场性服务产出的核算方法可以归纳如下：

非市场性服务产出＝非营利性单位的经常性费用支出＋固定资产折旧

四、中间消耗和固定资本消耗核算

在生产过程中，为获得新的产出，必然要有各种预先投入。其中，被磨损的固定资产被称为固定资本消耗，被一次性消耗的货物和服务就是中间消耗，两者都会作为原本存在的价值，转移到新产出的货物和服务的价值中去。

（一）中间消耗核算

1. 中间消耗的概念

中间消耗又称中间投入。在国民经济核算体系中，中间消耗是指生产过程中作为投入所消耗的货物和服务的价值，但这里的投入不包括固定资产，对后者的消耗要记录为固定资本消耗。这些货物和服务在生产过程中或被改变形态，或被耗尽。有些投入在改变实物形态融入产品后又重新出现，例如谷物可被碾成面粉，随后面粉可以做成面包。其他投入则被完全消耗或用尽，例如电力和大部分服务。

中间消耗不包括企业用于贵重物品的支出，这些贵重物品包括艺术品、贵金属、宝石以及由其他加工而成的时尚珠宝。贵重物品是作为价值贮藏而获取的资产，它们不会在生产中被消耗，在物理上也不会随着时间而发生退化，贵重物品支出记录在资本账户中。中间消耗也不包括企业所拥有固定资产的逐渐磨损引起的成本：核算期内固定资产价值的下降额被记录为固定资本消耗。但是，中间消耗中包含了为使用固定资产所支付的租金，无论是通过经营租赁从其他单位租借的设备或厂房，还是上述许可协议中应付的服务费、佣金和版税等。

2. 计入中间消耗的条件

为了计算准确，计入中间消耗的货物和服务必须具备两个条件：一是与总产出的计算方法和范围保持一致；二是在本期一次性使用。这里需要将中间消耗与固定资本投入区别开。

中间消耗按照实物形态类型划分，一般分为货物消耗和服务消耗；按照产业划分，可以划分为农业中间消耗、工业中间消耗、建筑业中间消耗以及服务业中间消耗。从价值形态看，中间消耗属于在生产过程中一次性转移到产品价值中去的部分，不是生产者自己创造的价值，因此，在计算增加值过程中，要将中间消耗价值从总产出价值中扣除。

3. 中间消耗的记录时间和估价

货物和服务的中间消耗在其进入生产过程时予以记录，这个时间不同于生产者获得它们的时间。实践中，基层单位通常并不直接记录生产中实际使用的货物，而是记录要作为投入而使用的材料和用品的购买，以及这些货物之存货数量的变化。从材料和用品的采购价值中扣除相关存货的变化价值，便可估算出某一核算期内的中间消耗。材料和用品的存货变化等于入库额减去出库额以及存货的经常性损失。由于经常性损失减去了存货变化的价值，因此增加了中间消耗。虽然经常性损失通常数额较大，但只要有规律地发生，就应将其作为中间消耗。入库货物、出库货物或经常性损失按其发生时的通行购买者价格估价。这里所采用的方法与核算作为生产过程产出的制成品存货变动的方法完全一致。

作为中间投入而消耗的货物或服务通常按照它进入生产过程时通行的购买者价格估价，也就是在货物被使用时生产者如要重置该货物所需支付的价格。来自同一企业其他基层单位的中间投入，应该按照估价这些基层单位产出所使用的同一价格进行估价，再加上未包括在产出价值中的所有附加的运费等。如果某一基层单位产出的货物和服务又作为投入进入同一基层单位的生产，它们应仅在已经被记录为该基层单位的产出情况下才能被记录为中间消耗。对于同一企业不同基层单位之间的货物和服务交付，只有当接受单位有效地承担完成生产过程的所有风险时，它们才被记录为生产单位的产出和接受单位的中间投入。

4. 实际核算中间消耗时应该注意的几个问题

（1）作为中间消耗的货物和服务都是非耐用性货物和服务，它们将一次性地或短期地运用于生产过程，其价值随之转移到产品价值之中。因此，不能把作为固定资产使用的耐用性货物消耗计入中间消耗。

（2）中间消耗要在其进入实际生产过程的时间予以记录，核算的是当期消耗使用额而不是当期购买额。对服务来说，购买额就是使用额；但对货物来说，购买额可能不等于使用额，期间差异表现为原材料储备存货变动额。

（3）要注意中间消耗和雇员报酬之间的区别。企业使用的某些货物和服务并没有直接进入生产过程，而是被在此生产过程中工作的雇员所消耗。在这种情况下，有必要确定这些货物和服务是中间消耗，还是提供给雇员的实物报酬。一般来说，雇员为直接满足自己的需要或要求、在他们自己的时间内自主使用的货物和服务，应作为实物报酬处理。但是，雇员为了完成工作而必须使用的货物和服务则应作为中间消耗处理。下列几种提供给雇员的货物和服务必须作为中间消耗处理：专门或主要在工作中使用的工具或设备；普通消费者一般不会选购或穿戴的、专门或主要在工作中穿着的衣物或鞋类，例如防护服、工作服或制服；雇员家人不能使用的、在工作场所提供的住宿服务，如军营、舱位、集体宿舍、棚屋等；特殊工作条件下所必需的专门膳食或饮料，向现役军人和其他正在执行公务的人员提供的膳食或饮料；对因公出差的雇员提供的交通和住宿服务以及伙食补助；因工作性质所需的更衣设施、厕所、淋浴、浴缸等；因工作性质所需的急救设施、医疗检查或其他健康检查。

（4）要注意中间消耗和固定资本形成总额之间的区别。中间消耗衡量的是核算期内生产过程中改变物质形态或完全消耗的那部分货物和服务的价值，它既不包含企业拥有的固定资产的使用成本，也不包含获取固定资产的支出。应注意以下几种情况：

① 小型、廉价和操作相对简单的耐用生产资料的支出可作为中间消耗处理，前提是这些支出会经常发生，且与机器和设备支出相比数额非常小。

② 保养、修理与固定资本形成之间的界限并不清晰。一般来说，对生产中所使用固定资产进行的日常定期保养和修理，应作为中间消耗处理。但对于对现有固定资产的重大更新、改造或扩建，由于其可以提高固定资产的生产效率或生产能力，或是延长其预期使用年限，因而应将这类活动作为固定资本形成来处理。

③ 研究和开发通常被视为固定资本形成，除非这项活动明确地不会给其所有者带来任何经济利益，在这种情况下它被作为中间消耗处理。

④ 矿藏勘探和评估支出不应该作为中间消耗。因为无论是否成功，这都是获得新储备所必须进行的活动，因此这些支出都应全部列入固定资本形成总额。

⑤ 包括大型军事武器系统在内的军用设备支出，都作为固定资本形成处理。炸弹、鱼雷及其零部件之类的军事耐用品支出最初记录为存货，在其被使用时记录为中间消耗和存货的减少。

（5）中间消耗核算要与总产出核算保持一致处理，以保证正确核算增加值。比如，在农业采用"产品法"计算总产出的情况下，所核算的中间消耗是指全部（外购的和自己生产的）中间产品的销售；针对按照"工厂法"计算的工业总产出，其中间消耗则仅限于来自外购的中间产品消耗。

（二）固定资本消耗核算

固定资产是可以在生产中连续或反复使用的货物和服务，其价值需要在较长时期内（1年以上）逐步转移到产品中去，为此在每一时期要按照固定资产磨损状况计算其转移价值。所谓固定资本消耗，是指在核算期内由于自然退化、正常淘汰或正常事故损坏而导致的、生产者拥有和使用的固定资产存量现期价值的下降。通常用折旧一词代替固定资本消耗，但在 SNA 中不应这样替换，因为商业会计中的折旧通常用于历史成本的核销，而 SNA 中的固定资本消耗则取决于资产的现期价值。

由于固定资本消耗价值在理论和实际核算中存在较大的困难，因而在实际核算中需要进行变通处理。核算中的主要困难有：

（1）难以客观准确地计算固定资产损耗的价值。这是因为实际生产中引起固定资产价值下降的因素较多而且比较复杂。这些因素中，既有正常使用的磨损，也有事故灾害引起的磨损；既有技术进步引起的价值变动，也有由于价格引起的价值变动。在实际计算中不易分清各种因素对固定资产价值下降各自所起的作用大小。从固定资本消耗的本身含义讲，它应该是固定资产在生产活动中的正常磨损部分，而由其他因素引起的固定资产的价值下降，则属于固定资产的损失，不能作为损耗，因为这种损耗的价值并没有转移到产品中去。

（2）难以直接利用企业会计中的有关核算资料。国民经济核算中的固定资本消耗与工商企业会计核算中的"固定资产折旧"在测算上并不完全相同。会计核算中的固定资产折旧，一般是按照"历史成本原则"计提，即：

年固定资产折旧额＝（某项固定资产历史成本价值－预计净残值）÷预计使用年限

这就给直接利用企业会计的固定资产折旧资料带来一定的困难。根据国民经济核算的"现期市场价格原则"，在进行国民经济核算时，若要采用会计核算资料，就必然存在一个核算口径和方法的转换问题。即必须将用实际成本法计提的固定资产折旧资料转换为按现期市场价格计算的固定资产折旧资料，才能满足国民经济核算的要求。

（3）固定资产使用年限是主观预计量。企业会计核算中计提固定资产折旧时所使用的"固定资产使用年限"是预先难以确定的主观预计量，这使得企业会计计提固定资产折旧的核算行为带有很大的主观性和不确定性，往往本核算期内提取的固定资产折旧并不一定能真实或相对真实地反映本期生产活动中的固定资产正常损耗值。

（4）固定资产折旧的虚拟估算问题。企业以外的其他不计提固定资产折旧的生产单位，如居民单位、机关行政事业单位，由于没有可供参考的"固定资产折旧"资料，如何根据它们的会计核算资料对其在货物和服务的生产过程中的固定资产正常磨损而减少的价值进行估算，特别是居民自有住房根本没有任何资料可供参考，如何对其在住房服务生产中的固定资本消耗价值进行合理的虚拟，这些都是值得认真思考的问题。

如前所述，在企业会计核算中，固定资产折旧一般采用直线法计算，即要将固定资产价值在其使用期限内平均分配。由于一个企业同时使用着多种固定资产，这些资产有不同的寿命期，常常难以分项计算其折旧，因此，实践中常常是分大类确定综合折旧率，分类计算当期固定资产折旧额。计算公式为：

当期固定资产折旧＝固定资产总价值÷预计使用年限
　　　　　　　　＝固定资产总价值×年综合折旧率

国民经济核算沿用了这样的计算思路。由于整个国民经济中运用的固定资产并不限于企业所使用的固定资产，还包括由于住户和其他非企业单位使用的部分，而在后一种情况下常常并不实际计提折旧，为此在国民经济核算中，除了企业会计核算的固定资产折旧以外，还需要针对那些不实际计提折旧的固定资产，按照一个统一规定的折旧率，虚拟估算其折旧。

严格说来，国民经济核算的固定资本消耗并不完全等同于企业会计核算的固定资产折旧。除了范围上的差别（住户和非企业单位所拥有的固定资产也需要计算折旧）以外，两者之间的最主要差异在于作为计算基础的固定资产计价。企业会计遵循历史成本计价原则，计算折旧的固定资产总价值是指按照当初购置价值计算的固定资产原值，而国民经济核算在整体上要求以现期价格进行估价，应该以按现期价格估价的固定资产总价值作为计算固定资本消耗的基础。由于固定资产常常使用周期较长，期间内价格变化常常较大（尤其是在出现明显通货膨胀或紧缩的时期），因此按照不同估价所得到的固定资产总价值差异有可能很大，并进而导致固定资本消耗和折旧数据之间也会有很大差异。但是，鉴于实践中难以实现按现期价格估算资产存量，这就难以实现以现价固定资产价值为基础计算固定资本消耗，因此，中国目前的核算仍然是沿用企业会计核算的思路和结果，估算实际计提的和虚拟的固定资产折旧，而不是严格意义上的固定资本消耗。

最后需要指出，无论是企业会计核算的固定资产折旧还是国民经济核算的固定资本消耗，都具有明显的主观估算色彩，是一个估算结果。其主观性不仅体现在对资产使用寿命（多少年）的预计上，也体现在对资产磨损模式（是否平均磨损）的假定上，其间不仅涉及资产物理寿命和物理磨损方式，还涉及由于技术替代、经济决策等原因决定的经济寿命和经济贬值方式。事实上，准确计算某一时期的固定资本消耗价值几乎是一个无法达成的目标。为此，固定资本消耗成为国民经济核算中的一个特殊项目，不仅涉及GDP核算，也影响到收入、投入等一系列总量核算。

五、增加值及其构成项目核算

（一）增加值的含义

从基本性质上看，增加值是各生产单位从总产出中扣除其所消耗的货物和服务价值之后的余值，代表该生产单位汇集各种生产要素在生产过程中新创造的价值。与中间投入来自其他生产过程不同，增加值在产品价值中是第一次出现，因此在投入产出分析中也将其称为最初投入。

和总产出相比，增加值在微观上不受中间消耗价值大小的影响，能够反映各单位运用各种生产要素所获得的生产活动净成果，在宏观上不存在重复计算，加总起来就可以表现整个国民经济生产的总成果。

更细致地考察，增加值可以有总增加值和净增加值两种定义，前者是总产出扣除了中间投入价值的余值，而后者则还要在总增加值基础上扣除固定资本消耗。

从理论上看，净增加值更加符合增加值的定义，因为它扣除了总产出中包含的全部转移价值，不包含任何重复计算。但是，实践中更广泛应用的却是总增加值。一般地，如果不加特别说明，增加值就是指总增加值，是在总增加值基础上加总获得国内生产总值。之所以出现此种情况，主要原因有二：

一是计算固定资本消耗的主观性和不确定性。在计算总产出、中间投入、固定资本消耗这几个要素中，总产出和中间投入是按照实际发生量（产出量和损耗量）计算出来的，是客观度量的结果，唯有固定资本消耗是根据主观确定的参数（使用寿命、磨损模式）估算出来的。由于要扣除固定资本消耗，净增加值结果就具有主观性，但总增加值则不受此影响，仍然是一个客观度量的结果。

二是在于固定资本消耗在使用上的特殊性。由于折旧代表原固定资产价值的贬值而不是实物量的减少，提取出来以后，并非像中间投入那样直接用于替换被损耗的货物和服务，而是可以用于新资产的购置，直到原资产整体替换。这样，在使用性质上，固定资本消耗与净增加值更为接近，适宜与净增加值加总起来一并作为形成收入的来源。

（二）增加值的核算方法

增加值可以从形成和分配两个角度核算，即生产法增加值和收入法增加值。

从生产法核算思路看，增加值是总产出扣除中间投入之后的结果。作为一个计算出来的余值，增加值是一个价值量，不对应哪一组特定的货物和服务的实物量。所以，增加值是一个比较抽象的概念，必须从宏观上理解才能真正体现其意义。

如果从分配角度看，增加值表现为由不同生产参与者所获得的各种收入。由此考虑，增加值由以下要素收入项目构成：体现劳动所得的劳动者报酬、体现政府管理所得的生产税净额、体现资本所得的营业盈余，以及在总增加值情况下还应该包括在其中的固定资产损耗（体现原来投入资本的回收）。通过加总这些收入项目，也可以计算某一时期的增加值，这种方法就是收入法。以下结合中国核算实际简要介绍各构成要素的定义：

（1）劳动者报酬。是指劳动者从其所在生产单位通过各种渠道得到的所有货币形式或实物形式的劳动收入。除了工资以外，劳动者报酬还包括各种奖金、福利费用、补助和补贴，以及所在生产单位替劳动者缴纳的社会保险金等。劳动者报酬代表了劳动这种生产要素从生产的价值中所获得的收入。

（2）生产税净额。是生产税与生产补贴的差额。其中，生产税是生产单位因从事销售等经营活动以及在这些经营活动中购买、进口和使用货物和服务而向国家缴纳的税金，如产品税、销售税、营业税等，但不包含任何针对企业利润、盈余及其他收入所缴纳的税收。生产补贴是指国家针对货物和服务的生产或进口对生产单位所做的补贴，可以看作一种负的生产税。所以，作为增加值组成部分之一的生产税净额，等于生产税与生产补贴的差额，代表政府参与生产单位分配所获得的收入。

（3）固定资本消耗。是指核算期内生产单位为补偿生产活动中所耗用的固定资产而提取的价值，代表固定资产在生产过程中磨损的价值。

（4）营业盈余。是生产单位总产出扣除中间消耗、劳动者报酬、生产税净额和固定资本消耗以后的余额，与生产单位当期生产经营所获得营业利润有相似之处，代表资本要素从当期生产中最初获得的报酬。

六、供给视角的国内生产总值核算方法

1. 生产法国内生产总值

前面介绍了生产法计算增加值，将国民经济各个行业按生产法计算的增加值加总，即可得到一个国家的国内生产总值，或者一个地区的地区生产总值。如果计算出全社会的总产出和中间投入，则生产法国内生产总值也可以表示为：

国内生产总值＝全社会总产出－全社会中间投入

表 2-2 列示了生产法国内生产总值表的样式。主栏按三次产业及 19 大门类排列（未包括"国际组织"）；宾栏列示了生产法国内生产总值核算关系式中的各项指标。

表 2-2 生产法国内生产总值表

行业	增加值	总产出	中间投入
合　计			
1．第一产业			
2．第二产业			
3．第三产业			
1．农、林、牧、渔业			
2．采矿业			
3．制造业			
4．电力、热力、燃气及水的生产和供应业			
5．建筑业			
6．批发和零售业			
7．交通运输、仓储和邮政业			
8．住宿和餐饮业			
9．信息传输、软件和信息技术服务业			
10．金融业			
11．房地产业			
12．租赁和商务服务业			
13．科学研究和技术服务业			
14．水利、环境和公共设施管理业			
15．居民服务、修理和其他服务业			
16．教育			
17．卫生和社会工作			
18．文化、体育和娱乐业			
19．公共管理、社会保障和社会组织			

注：采矿业，制造业，电力、热力、燃气及水的生产和供应业合称为工业。
资料来源：中国国家统计局. 中国国民经济核算体系（2016）. 北京：中国统计出版社，2017.

2．收入法国内生产总值

将收入法计算出来的国民经济各个行业的增加值加总，即可以得到一个国家的国内生产总值，或者一个地区的地区生产总值。如果分别计算全社会的劳动者报酬、生产税净额、固定资产折旧以及营业盈余，则收入法国内生产总值可以表示为：

国内生产总值＝劳动者报酬＋生产税净额＋固定资产折旧＋营业盈余

表 2-3 列示了收入法国内生产总值表的样式。主栏按三次产业及 19 大门类排列；宾栏列示了收入法国内生产总值核算关系式中的各项指标。

表 2-3　收入法国内生产总值表

行业	增加值	劳动者报酬	生产税净额	固定资产折旧	营业盈余
合　计					
1. 第一产业					
2. 第二产业					
3. 第三产业					
1. 农、林、牧、渔业					
2. 采矿业					
3. 制造业					
4. 电力、热力、燃气及水的生产和供应业					
5. 建筑业					
6. 批发和零售业					
7. 交通运输、仓储 邮政业					
8. 住宿和餐饮业					
9. 信息传输、软件和信息技术服务业					
10. 金融业					
11. 房地产业					
12. 租赁和商务服务业					
13. 科学研究和技术服务业					
14. 水利、环境和公共设施管理业					
15. 居民服务、修理和其他服务业					
16. 教育					
17. 卫生和社会工作					
18. 文化、体育和娱乐业					
19. 公共管理、社会保障和社会组织					

注：采矿业，制造业，电力、热力、燃气及水的生产和供应业合称为工业。
资料来源：中国国家统计局. 中国国民经济核算体系（2016）. 北京：中国统计出版社，2017.

值得注意的是，核算增加值只有生产法和收入法两种方法，而计算国内生产总值则有三种方法，即除了生产法和收入法之外，还有从需求视角核算的国内生产总值，即支出法。

第三节 需求视角核算国内生产总值

从一个截面观察，国民经济活动的成果，表现为中间消耗、资本形成、最终消费和出口四种方式的使用。从需求视角核算国内生产总值，就是从最终产品使用角度核算国内生产总值，它是获得国内生产总值指标的另一种方法，这就是通过支出法核算 GDP。以此为基础，可以从国民经济总需求角度展开应用分析，这就是"三驾马车"促进经济增长的分析。本节讨论的主要内容有支出法 GDP 核算的基本问题、国内生产总值表、生产账户、货物和服务账户、国内生产总值及其使用表、国内生产总值账户。

一、支出法 GDP 核算的基本问题

GDP 核算支出法是指从使用角度核算最终产品去向的方法。从使用者角度看，这样的最终使用就是最终支出。

根据最终产品的使用去向，最终支出体现为以下三个方面：为消费而花费的支出，即最终消费支出；为投资积累形成非金融资产而花费的支出，即资本形成；出口到国外的部分，即非常住单位为购买该国货物和服务而花费的支出。其中前两者属于国内最终支出，有文献称其为国内支出总值（GDE，Gross Domestic Expenditure）。鉴于使用与生产的对应关系，与生产核算的范围保持一致是最终支出所恪守的基本原则，只要是生产核算所覆盖的活动，其产品用于最终使用，就应该包含在最终使用核算范围之内。

实际上，无论是消费支出还是资本形成，都是从使用者角度记录其当期支出数额及其类别，并不考虑支出购买的对象来自国内生产还是国外进口，甚至也不考虑购买的货物和服务是否本期生产。这就是说，最终支出的核算并不一定直接对应当期生产提供的最终产品价值。为了对应于 GDP 核算，需要对最终支出核算内容进行调整，首先要从核算的消费支出、资本形成、出口中扣除其中所包含的货物和服务进口，此外还要通过资本形成中的存货净变化、资产净购买等方式，剔除不属于本期生产的部分。这样，尽管最终支出的购买对象从实物上不一定是当期生产成果，但在价值数额上却保持了两者之间的对应关系，由此得到的支出法 GDP 的核算关系式是：

$$国内生产总值＝最终消费支出＋资本形成总额\\＋货物与服务出口－货物与服务进口$$

表 2-4 列示了支出法国内生产总值表的样式。表中列示了支出法国内生产总值核算关系式中的各项指标及其价值。

表 2-4 支出法国内生产总值表

行业	金额
国内生产总值	
1．最终消费支出	
居民消费支出	
食品烟酒	
衣着	
居住	
生活用品及服务	
交通和通信	
教育、文化和娱乐	
医疗保健	
金融中介服务	
保险服务	
其他商品及服务	
为住户服务的非营利机构消费支出	
政府消费支出	
（实际最终消费）	
（居民实际最终消费）	
（为住户服务的非营利机构实际最终消费）	
（政府实际最终消费）	
2．资本形成总额	
固定资本形成总额	
住宅	
其他建筑和构筑物	
机器和设备	
培育性生物资源	
知识产权产品	
非生产资产所有权转移费用	
其他	
存货变动	
贵重物品获得减处置	
3．货物和服务净出口	
货物和服务出口	
货物出口	
服务出口	
货物和服务进口	
货物进口	
服务进口	

资料来源：中国国家统计局．中国国民经济核算体系（2016）．北京：中国统计出版社，2017．

二、国内生产总值总表

可以将国内生产总值的生产法、收入法和支出法三种计算方法集中体现在一张表中，从不同的角度反映国内生产总值及其构成。这张表也被称为国内生产总值总表，如表 2-5 所示。

表 2-5 国内生产总值总表

生产	金额	使用	金额
1. 生产法国内生产总值 　总产出 　中间投入（－） 2. 收入法国内生产总值 　劳动者报酬 　生产税净额 　　生产税 　　生产补贴（－） 　固定资产折旧 　营业盈余		1. 支出法国内生产总值 　最终消费支出 　　居民消费支出 　　为住户服务的非营利机构消费支出 　　政府消费支出 　资本形成总额 　　固定资本形成总额 　　存货变动 　　贵重物品获得减处置 　货物和服务净出口 　　货物和服务出口 　　货物和服务进口（－） 2. 统计误差	

资料来源：中国国家统计局. 中国国民经济核算体系（2016）. 北京：中国统计出版社，2017.

表 2-5 的左方称为生产方，右方称为使用方。

生产方反映生产活动的成果。其主栏由生产法和收入法的国内生产总值构成指标组成。生产法国内生产总值的构成指标包括总产出和中间投入两项。收入法国内生产总值的构成指标包括劳动者报酬、生产税净额、固定资产折旧和营业盈余四项。

使用方反映最终生产成果的使用。其主栏由支出法的构成指标，即最终消费支出、资本形成总额、货物与服务净出口组成。其中，最终消费支出细分为居民消费支出、为住户服务的非营利机构消费支出和政府消费支出；资本形成总额细分为固定资本形成总额和存货变动；货物和服务净出口下设货物与服务出口和货物与服务进口。另外，受资料来源不充分、估算方法不完善等因素的影响，实际核算结果不可避免地存在误差，因此，为了保证表中使用方和生产方的平衡，在使用方还专门设置了统计误差项。

国内生产总值总表左右两端的平衡关系体现了国民经济核算中三方等价的基本原则，可以概括为：

生产法国内生产总值＝收入法国内生产总值＝支出法国内生产总值＋统计误差

三、生产账户

生产账户是国民经济综合账户体系的第一个账户，其来源方记录各机构部门或经济总体在一定核算期内生产的总产出，使用方记录各机构部门或经济总体在生产过程中的中间消耗，总产出与中间消耗的差额即为增加值，它是生产账户的平衡项。从经济总体来看，各部门增加值的合计即是国内生产总值。原则上，每个经济部门的生产账户都应该具备形如表 2-6 所示的基本结构（不同部门的生产账户在细节上可以略有差异）。

由于账户左右两方记录不同的经济交易和项目，为了使账户保持平衡，需要特别设置一个平衡项目，其数额等于左右两方项目记录数额的差额。一般来说，交易账户的平衡项大多记录在账户的左侧。

除了平衡项外，生产账户只包括三个项目。生产活动的产出记录在账户右侧的来源方，它还可以按产出的不同类型进行分解。例如，在机构部门账户中，如果可能，应将非市场产出、市场产出和为自身最终使用的产出分开列示。使用记录在账户左侧，包括中间消耗和固定资本消耗，它们也可以进一步细分。

此外，为了排除产品税因素对产出水平的影响，SNA 在生产账户中分别列示按基本价格计算的总产出与产品税净额；进而又将总产出划分为市场产出、为自身最终使用的产出和非市场产出，以便研究其内部结构。表 2-6 给出的是国民经济总体的生产账户。

表 2-6 经济总体的生产账户

使用		来源	
中间消耗	1 883	总产出（基本价格）	3 604
		市场产出	3 077
		为自身最终使用的产出	147
		非市场产出	380
总增加值/国内生产总值	1 854	产品税净额	133
固定资本消耗	222	产品税	141
净增加值/国内生产净值	1 632	产品补贴（一）	−8

资料来源：联合国，等. 国民账户体系 2008. 北京：中国统计出版社，2012. 根据表 6.1 归纳整理。

表 2-6 可清楚地反映出，生产账户测算的目的就是计算增加值。生产账户概括地表达了增加值计算的生产法。总产出（3 604）是生产成果，也是生产收入的来源；中间消

耗（1 883）是生产的中间使用，也是转移；总增加值（1 854）是生产账户的平衡项，它是总产出（3 604）减去中间消耗（1 883）再加上产品税净额（141－8＝133）的剩余项，也就是按生产法计算的国内生产总值，它与按支出法计算得到的数值是一致的。总增加值与固定资本消耗的差额是净增加值，也就是国内生产净值。国内生产净值也可认为是雇员报酬、生产税净额和营业盈余之和。生产账户通过增加值与收入分配和使用账户相联系。

增加值既可以按总额计算，也可以按净额计算。这样，SNA 随后账户中的平衡项也可以按总额或扣除固定资本消耗后的净额来计算。

若需进一步研究生产成果的部门特点，就应编制机构部门生产综合账户，即将各机构部门的生产账户综合处理。表 2-7 是机构部门生产综合账户。该表的中间部分列示交易与平衡项，左右两侧分列使用（支出）与来源（收入）项目。

表 2-7　机构部门生产综合账户

使用							交易和平衡项	来源						
合计	国外	经济总体	NPISH	住户	一般政府	金融公司	非金融公司		非金融公司	金融公司	一般政府	住户	NPISH	经济总体	国外	合计
							总产出	2 808	146	348	270	32	3 604		3 604
							市场产出	2 808	146	0	123	0	3 077		3 077
							为自身最终使用的产出	0	0	0	147	0	147		147
							非市场产出			348		32	380		380
1 883		1 883	17	115	222	52	1 447	中间消耗								
							产品税						141		141
							产品补贴（一）						－8		－8
1 854		1 854	15	155	126	94	1 331	总增加值/国内生产总值								
222		222	3	23	27	12	157	固定资本消耗								
1 632		1 632	12	132	99	82	1 174	净增加值/国内生产净值								

资料来源：联合国，等．国民账户体系 2008．北京：中国统计出版社，2012．根据表 6.1 归纳整理。

四、货物和服务账户

在整个账户序列中,每个交易项目对应的行都是平衡的。对于那些分配和再分配交易而言,如果数据是完全协调的,这种平衡就会自动成立,因为一个单位应付款项必定是另外一个单位应收款项。然而对于同货物和服务有关的交易而言,情况并非如此。为了保持账户的平衡性,账户的每一边都要包括一个名为"货物和服务"的列。对于任何同货物和服务有关的交易,除相关机构部门在账户的某一边有相应登记外,还要在账户另外一边将货物和服务列成一个登记。

在机构部门账户中,中间消耗和最终消费作为使用出现在左边。但对于货物和服务账户来说,它们却出现在右边的列,即使右边一般用于表示来源而消费是一种使用(见表 2-8)。这种同常规账户相反的设计,可以保证货物和服务账户中每一个项目的行平衡。在表的使用方,出现在货物和服务列中的数字对应于不同机构部门和国外的使用,包括中间消耗(1 883)、最终消费支出/实际最终消费(1 399)、固定资本形成总额(376)、存货变化(28)、贵重物品获得减处置(10)和出口(540)。在表的来源方,货物和服务账户列中的数字对应于不同机构部门和国外的来源,包括产出(3 604)和进口(499),产品税减产品补贴(133)也位于来源方,直接显示在货物和服务列中,它们是货物和服务供给的组成部分,但不与任何机构部门的产出对应。

表 2-8 货物和服务账户

来源		使用	
总产出	3 604	中间消耗	1 883
货物和服务进口	499	最终消费支出	1 399
产品税	141	资本形成总额	414
产品补贴(一)	−8	固定资本形成总额	376
		存货变化	28
		贵重物品获得减处置	10
		货物和服务出口	540
总来源	4 236	总使用	4 236

资料来源:联合国,等. 国民账户体系 2008. 北京:中国统计出版社,2012. 根据表 2.15 归纳整理。

显然,根据前面的分析,供应给经济体的货物和服务总量一定等于其使用总量。令左边货物和服务列的登记等于右边相应的登记,就可以给出常见的货物和服务账户中的平衡关系:

总产出+进口+产品税−产品补贴=中间消耗+最终消费+资本形成+出口

这个等式体现了这样的思想:当前生产的货物和服务,或者用于在当期生产更多的货物和服务（中间消耗），或者用于在将来生产更多的货物和服务，或者立刻用于满足人们的需求（最终消费）。但是由于没有一个经济体是完全封闭的，因此必须考虑有经济体外供给的货物和服务（进口）以及被其他经济体使用的货物和服务（出口）。另外，货物和服务账户是总体平衡的，即在总使用和总来源之间存在着平衡关系，而不是就每种类型交易的平衡，因此它没有平衡项，这是货物和服务账户与其他经济账户所不同的特点。

货物和服务账户中各项目之间的关系是 SNA 中最基本的恒等式之一。它表达了这样一个观念：生产范围内的全部产出，加上进口，必定用于 SNA 其他两方面的基本活动：货物和服务的消费或者积累。如果没有货物和服务账户，供给使用表将无法全面阐明和列举出经济中的所有产品。整个账户序列就是在货物和服务账户基础上，通过加入那些与收入形成、分配、再分配以及储蓄有关的交易来建立的。汇总所有机构部门和国外的这些交易，总来源就等于总使用。如果对账户序列中的这些交易加以"合并"，那么最终只会剩下货物和服务账户。

五、国内生产总值及其使用表

国内生产总值及其使用表以社会产品为对象，对社会生产与使用进行全面、系统核算，集中反映国民经济运行中基本的经济总量（如生产、消费、投资和进出口等）及其相互联系和比例关系。生产是国民经济最基本的活动，因而生产与使用的核算在国民经济核算体系中居于核心地位，其他各部分核算是社会生产与使用总量的延伸和扩展。本表以国内生产总值作为衡量社会生产与使用的核心指标，对货物和服务进行统一核算，对生产核算区分为市场生产、为自身最终使用的生产和非市场生产，对使用核算区分为货物和服务两种形态。由于国内生产总值能比较全面、确切地反映生产活动的最终成果，综合反映国民经济发展的规模、速度和结构，且便于进行比较，因此为世界各国所普遍采用。

国内生产总值及其使用表的左方为生产方，右方为使用方，在左右方的宾栏分别列出货物、服务和合计三栏，合计栏核算国内生产总值及其使用，其余各栏分别核算货物和服务的生产及其使用。主栏指标的设置，根据生产法、收入法、支出法三方等值的原理，将国内生产总值的三种计算方法集中体现在一张表中，从而既可从不同的角度对国内生产总值指标进行观察，又能使其保持平衡关系。它的结构设计保证了国内生产总值指标的概念完整、逻辑关系清晰和技术方法统一，符合科学性、实用性和可行性的要求，充分体现出国民经济核算体系的主要特点（见表 2-9）。

表 2-9　国内生产总值及其使用表

生产	顺序号	市场生产	为自身最终使用的生产	非市场生产	合计	使用	顺序号	货物	服务	合计
		1	2	3	4			5	6	7
一、中间消耗	1					一、中间消耗	8			
二、总增加值	2					二、最终消费支出	9			
1. 雇员报酬	3					1. 住户	10			
2. 生产税减补贴	4					2. NPISH	11			
3. 总混合收入	5					3. 一般政府	12			
4. 总营业盈余	6					三、资本形成总额	13			
三、总产出	7					1. 固定资本形成总额	14			
						2. 存货变化	15			
						3. 贵重物品获得减处置	16			
						四、净出口	17			
						1. 出口	18			
						2. 进口（一）	19			
						五、总使用	20			

资料来源：联合国，等. 国民账户体系2008. 北京：中国统计出版社，2012. 根据表 14.9 和表 14.12 归纳整理。

国内生产总值及其使用表的左右双方反映了生产与使用、收入与支出的总的平衡关系：总产出＝总使用。

六、国内生产总值账户

国内生产总值账户反映有关生产（供给）和使用的总量平衡关系，国内生产总值是核算体系的核心指标，本账户的总量平衡关系是围绕这一指标建立的。

国内生产总值账户反映了国内生产总值的三种计算方法，即生产法、收入法和支出法。账户的右方是支出法，即居民消费支出、政府消费支出、固定资本形成总额、存货变化及货物和服务出口净额。账户的左方同时反映生产法和收入法，上半部是生产法，即总产出与中间消耗；下半部是收入法，即劳动者报酬、生产税净额、固定资本消耗和营业盈余（见表 2-10）。理论上讲，三种方法所得到的国内生产总值应该是相等的。

表 2-10 国内生产总值账户

使用		来源	
总产出	3 737	总消费	1 399
减：中间消耗	1 883	居民消费	1 230
		政府消费	169
劳动者报酬	1 150	总投资	414
生产税净额	191	固定资本形成总额	376
生产税		存货变化	28
减：生产补贴		贵重物品的获得减处置	10
固定资本消耗	222	净出口	41
营业盈余	291	出口	540
		减：进口	499
国内生产总值	1 854	国内生产总值	1 854

国内生产总值为国民经济账户提供了最重要的总量指标，如国内生产总值及其分行业增加值和支出项目，这些基本总量是编制国民经济账户的基础；而国民经济账户作为逻辑严密、协调一致的核算系统，为国内生产总值数据的修订和调整提供了一个基本框架。

第四节　国内生产总值核算的实践与应用

将国内生产总值核算理论和方法，与中国经济运行的现实情况相结合进行分析，有助于我们更好地理解和使用国内生产总值数据。

一、中国国内生产总值的计算与数据发布程序

2003 年开始，中国年度国内生产总值核算包括初步估计过程、初步核实过程、最终核实过程。随着基础资料不断增加，特别是年度财务资料陆续报送，按照各国通行做法，应当根据更加全面、可靠的基础资料适时修订 GDP 数据。为更好地服务宏观决策和适应社会需求，避免数据多次修订给使用者带来的不便，国家统计局决定对现行的 GDP 核算和数据发布制度进行精简改革，中国修订 GDP 数据从 2015 年开始改为初步核算、最终核实两个步骤。

初步核算过程一般在次年初进行。此时，初步核算所依据的主要专业资料得到核实，国家统计局其他专业统计资料、国务院有关部门的统计资料和部分会计决算和业务核算资料陆续获得，但是大多数会计决算和业务核算资料，金融保险系统、铁路系统、民航

系统、邮电运输系统等会计决算资料和财政决算资料尚不能获得。因此，相应的数据尚需进一步核实。国内生产总值初步核算数据于次年 1 月 20 日左右在年度国民经济运行情况新闻发布会上和国家统计数据库中发布。

最终核实过程一般在次年的第四季度进行。此时，国内生产总值核算所需要的和所能搜集到的各种统计资料、会计决算资料和有关业务资料基本齐备。与初步核算数据相比，依据这些更全面、更细致的资料计算出来的国内生产总值数据显然更准确些。最终核实数据于隔年 1 月份以国家统计局公告形式发布。

从以上操作过程可以看出，我国国内生产总值核算要公布二次数据，其统计精度逐步提高。所以，如 2018 年的国内生产总值最早的数据可于 2019 年初得到，而最准确的数据可以在 2020 年得到。如果查到某年的国内生产总值有几个不同的数据是很正常的，且应以最后公布的数据为准。

国内生产总值统计实践中还有一个重要问题，即历史数据调整。这种调整只有在某些影响国内生产总值数据总量或结构的特殊情况出现时才进行，这些情况包括：发现或产生新的数据来源、有关分类变化以及核算方法或核算原则发生重大变化等。比如，2004 年全国第一次经济普查过程中发现了 GDP 核算中服务业被低估的情况，经济普查之后，国家统计局就把 2004 年我国的 GDP 数据做了调整，增加了 23 000 亿元。一般对国内生产总值历史数据进行调整很少进行，而且随着统计制度的稳定，这种调整还会进一步减少。

所以，我们在查阅有关国内生产总值数据时，有可能出现某年 GDP 数据有着不同的版本，在此情况下，应以最新的数据为准。

二、国内生产总值核算结果的应用分析

国内生产总值的生产法、收入法、支出法中包含多个指标的计算，这些指标之间的关系以及结构变动可以揭示出其构成项目之间的关联信息，经常被用于经济分析。下面的具体分析数据来源于中国国民经济核算数据。

（一）产业结构分析

国民经济核算中的产业结构分析是指通过计算第一、二、三产业增加值占国内生产总值的比重来观察产业结构及各产业的贡献率。图 2-1 描述了中国 1978—2015 年产业结构的变化。中国产业结构在 1978—2015 年期间发生了巨大的变化，突出表现为第一产业由 1978 年的 27.7%下降至 2015 年的 8.83%；第二产业稳定在 40%—48%之间，一直支撑着整体经济结构的发展；第三产业占比不断提高，由 1978 年的 26.4%提高至 2015 年 50.24%，呈现出经济结构转型升级的显著特征。

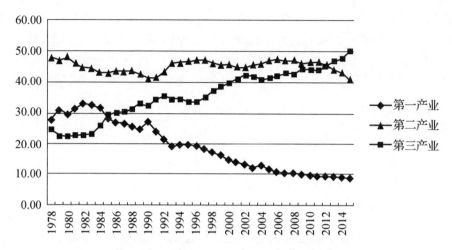

图 2-1 中国 1978—2015 年产业结构变动

各产业发展的贡献程度分析则需要在可比价国内生产总值的基础上,分析各产业可比价增加值增量占可比价国内生产总值增量的比重。其计算方法如下:

$$某产业增长贡献率 = \frac{当期某产业可比价增加值增量}{当期可比价国内生产总值增量} \times 100\%$$

某产业增长拉动率 = 该产业增长贡献率 × 国内生产总值增长率

图 2-2 描述了中国 1979—2015 年各产业对 GDP 的贡献程度。

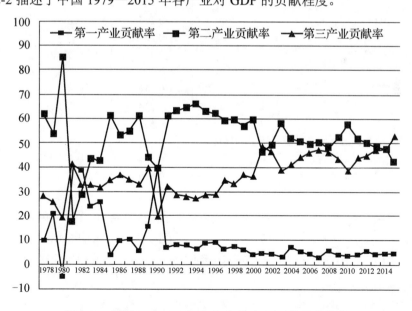

图 2-2 中国 1979—2015 年各产业对 GDP 的贡献程度

图 2-2 呈现出不同时期产业结构的显著特征。90 年代以前，各产业贡献率波动较大。90 年代以后，第一产业的贡献率逐渐稳定在 10% 以内；第二产业的贡献率一直最大，始终在 40%—65% 之间波动；第三产业的贡献率从 1978 年的 20% 提高至 2015 年的 52.9%。

（二）增加值率分析

增加值率是指增加值占总产出的比重。增加值是总产出减去中间投入的结果，是新增加的价值，这样，计算增加值率就可以反映生产过程中新追加价值的相对份额。一般来说，增加值率越高意味着生产的附加值越大。表 2-11 显示了中国 2002 年、2007 年和 2012 年各产业增加值率的现状。

表 2-11　中国 2002 年、2007 年、2012 年各产业增加值率

产业分类	2002	2007	2012
国民经济总体	0.389	0.325	0.335
第一产业：农、林、牧、渔业	0.582	0.586	0.586
第二产业	0.289	0.233	0.229
采矿业	0.578	0.473	0.490
食品、饮料制造及烟草制品业	0.311	0.244	0.235
纺织、服装及皮革产品制造业	0.247	0.207	0.200
其他制造业	0.350	0.308	0.273
电力、热力及水的生产和供应业	0.501	0.286	0.265
炼焦、燃气及石油加工业	0.174	0.179	0.188
化学工业	0.269	0.203	0.192
非金属矿物制品业	0.329	0.275	0.253
金属产品制造业	0.242	0.198	0.184
机械设备制造业	0.249	0.192	0.190
建筑业	0.234	0.231	0.266
第三产业	0.532	0.535	0.536
运输仓储邮政、信息传输、计算机服务和软件业	0.481	0.495	0.399
批发零售贸易、住宿和餐饮业	0.501	0.525	0.622
房地产业、租赁和商务服务业	0.639	0.607	0.556
金融业	0.589	0.689	0.596
其他服务业	0.521	0.489	0.537

注：增加值率＝增加值／总产出。
资料来源：2002 年数据来自《中国统计年鉴（2006）》中的投入产出表；2007 年数据来自《中国统计年鉴（2011）》中的投入产出表；2012 年数据来自《中国统计年鉴（2015）》中的投入产出表。

（三）要素收入比例分析

采用收入法核算的国内生产总值，其构成表现为四类生产要素的价值。即：

国内生产总值＝劳动者报酬＋生产税净额＋固定资本消耗＋营业盈余

等式右边四项指标分别代表劳动、资本、公共资源等生产要素对国内生产总值的贡献情况。要素收入比例分析是指在计算各项生产要素价值占国内生产总值比重的基础上，分析各要素收入所占比例及其变化趋势。

表 2-12 表明，中国近年来增加值构成基本稳定，其中劳动者报酬约占 50%，止降回升。固定资本消耗、生产税净额和营业盈余比重都略有下降。

表 2-12 中国增加值构成要素结构（%）分布

年份	固定资本消耗	劳动者报酬	生产税净额	营业盈余
2002	15.38	48.38	14.33	21.92
2007	14.00	41.36	14.48	30.15
2012	13.35	49.21	13.71	23.73

资料来源：2002 年数据来自《中国统计年鉴（2006）》中的投入产出表；2007 年数据来自《中国统计年鉴（2011）》中的投入产出表；2012 年数据来自《中国统计年鉴（2015）》中的投入产出表。

（四）最终使用结构分析

按照支出法国内生产总值计算方法，国内生产总值有三个去向：一是用于最终消费，二是用于资本形成，三是用于出口。它们分别代表了用于消费、积累、国外需求的 GDP 的构成，我们常说的消费、投资、出口对国内生产总值的拉动作用也体现了这一含义。最终使用结构分析是指在分别计算最终消费、资本形成和出口在 GDP 中所占比重的基础上对其比例与变化趋势进行的分析。其中，最终消费率是最终消费占国内生产总值的比重。它反映了最终产品中有多大的比重被用于消费，或者消费对 GDP 的拉动作用有多大；资本形成率或投资率是指资本形成占国内生产总值的比重。图 2-3 描述了中国 1978—2015 年间最终消费率和资本形成率的变化趋势。2007 年以前，最终消费率稳定在 50%，2008—2011 年低于 50%，之后提升至 50%。整体而言，满足内需依然是中国经济增长的主要动力。

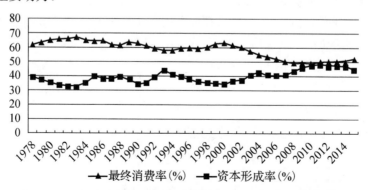

图 2-3 中国 1978—2015 年间最终消费率和资本形成率变化趋势

思 考 题

1. 被排除在生产核算范围之外的活动有哪些？
2. 核算中间消耗要注意哪些问题？
3. 国民经济生产核算的范围应该如何界定？
4. 如何理解金融业总产出的核算方法？
5. 中间产品和最终产品划分的依据是什么？
6. 住户的自给性服务生产为什么不能纳入国民经济核算的范围？
7. 如何理解固定资本消耗核算的困难之处？
8. 货物和服务账户有何特点？

练 习 题

一、填空题

1. 国民经济核算中讨论的生产是指_____。

2. 从国民经济核算来说，国内生产总值不仅是一个表述当期经济活动总量的_____，而且是一个以其为中心所形成的_____。

3. 经济生产不同于自然生产之处在于，它是在_____之下为获得产出而进行的生产。

4. 无论该单位所有权关系如何，只要属于该地的常住单位，其生产就应该包括在该地生产总值之中，这就是生产核算的_____原则。

5. 一旦核算的起止时间确定，凡在此期间发生的生产活动都应该包括在内，不属于该期间的生产活动不应该包括在内，这种做法是_____原则的具体表现。

6. 从生产核算的目的出发，应该以_____作为最小生产单位，这样将有利于为研究生产结构提供比较确切的数据资料。

7. 根据产品的外在形态，产品可以分为_____和_____；根据产品的使用去向，可以分为_____和_____。

8. 最终产品是指没有被当期生产过程消耗掉的产品，它主要有三种去向，即_____、_____和_____。

9. 从价值构成上看，国内生产总值是一国范围内各生产单位当期_____的总和；从实物构成上看，国内生产总值是某一时期一国范围内各生产单位所生产的_____的_____。

10. 总产出是指各生产单位在一定时期内所生产的_____的总价值。从实物构成看，它包括_____和_____；从价值形态看，它包括_____和_____。

11. 由于非市场性服务不能体现为营业收入，因此通常按_____来估计其总产出。

12. 工业总产出核算以工业企业总产出核算为基础，在每一个工业企业，总产出统计通常采用_____，以避免企业内产品的重复计算。

13. 中间投入又称_____，是指在生产过程中作为投入所消耗的_____的价值。

14. 增加值有总增加值和净增加值之分，两者的差异在于_____项的不同处理上。

15. 支出法 GDP 由三部分构成，分别是_____、_____和_____。

二、单项选择题

1. 国民经济生产核算的核心是（　　）。
   A．社会价值　　　　　　　　B．国民生活水平
   C．国民生产总值　　　　　　D．国内生产总值

2. 理论上说，下列不属于生产核算范围的是（　　）。
   A．企业自制设备　　　　　　B．住户自有住房服务
   C．家务活动　　　　　　　　D．毒品生产

3. 根据权责发生制原则，下列不属于当期生产核算对象的是（　　）。
   A．当期完成的成品　　　　　B．在制品中的当期生产完成部分
   C．半成品在当期完成的部分　D．上期结存用于当期销售的成品

4. 武汉一家外商投资企业在广州建立了一家分公司，从事服装生产，根据生产核算的原则，该分公司实现的增加值应计入（　　）的国内生产总值。
   A．武汉　　　　　　　　　　B．广州
   C．武汉与广州　　　　　　　D．国外

5. 根据国民经济核算关于生产活动的定义，一个企业的（　　）不计入国内生产总值之中。
   A．主要生产活动　　　　　　B．次要生产活动
   C．辅助生产活动　　　　　　D．B 和 C

6. 在当期粮食产量中，根据使用去向可以判断，不属于最终产品的是（　　）。
   A. 由粮食购销部门增加储备的粮食
   B. 用作畜牧业饲料消耗的粮食
   C. 由农户自产自用的粮食
   D. 被出口到国外的粮食
7. 生产法核算 GDP 采用的计量价格是（　　）。
   A. 生产者价格
   B. 购买者价格
   C. 总产出采用购买者价格，中间投入采用生产者价格
   D. 总产出采用生产者价格，中间投入采用购买者价格
8. 假设某地区某年份总产出为 2000 亿元，固定资本消耗和中间投入之和为 1600 亿元，生产税净额和劳动者报酬之和为 250 亿元，据此可知营业盈余应该是（　　）亿元。
   A. 150　　　　　　　　　　　B. 650
   C. 400　　　　　　　　　　　D. 300
9. 工业企业自建厂房的生产活动及其产出应该计入（　　）。
   A. 工业总产出　　　　　　　　B. 工业增加值
   C. 建筑业总产出　　　　　　　D. 房地产业总产出
10. 计算国内生产总值的三种方法，其结果应该是（　　）。
    A. 完全相等
    B. 不必相等
    C. 理论上相等，但实际上不一定相等
    D. 实际上相等，但理论上没有意义

三、多项选择题

1. 下列属于经济生产范畴的是（　　）。
   A. 解放军战士保卫边疆的巡逻活动
   B. 原始森林的生长
   C. 休产假在家抚育婴儿的活动
   D. 保姆在雇主家照看小孩的活动
   E. 农民种植粮食的活动
2. 下列属于服务产出的是（　　）。
   A. 教育　　　　　　　　　　　B. 餐饮
   C. 国防治安　　　　　　　　　D. 建筑业
   E. 咨询业

3. 下列关于国内生产总值记录时间和估价原则的说法中正确的是（　　）。
   A．以权责发生制原则作为货物和服务的记录时间
   B．以市场价格对货物和服务进行估价
   C．在没有市场交易的情况下，按往年价格进行估价
   D．在没有市场交易的情况下，按类似货物和服务的市场价格估价
   E．每笔交易都要在交易双方按相同的时间和价值记录、估价
4. 下列关于总产出表述中正确的有（　　）。
   A．总产出既包括货物产出，也包括服务产出
   B．不采用总产出衡量经济总量是因为其中间产品存在重复计算问题
   C．工业总产出的核算一般采用产品法
   D．生长周期较长的农作物的价值需在一年之中分摊，并作为在制品处理
   E．教育总产出中包含了大学生交纳的学费
5. 建筑业总产出的具体内容包括（　　）。
   A．建筑工程产出　　　　　　B．设备安装工程产出
   C．房屋建筑物修理产出　　　D．非标准件制造产出
   E．装饰装修产出
6. 下列关于中间消耗和固定资本消耗的说法中，正确的是（　　）。
   A．用作中间消耗的服务中包含了劳动的报酬部分
   B．固定资本消耗与中间消耗最主要的区别在于其价值转移的方式不同
   C．固定资本消耗体现为固定资产价值的减少，不一定表现实物上的减少
   D．国民经济核算中中间产品一般采用现价计算
   E．SNA中的固定资本消耗相当于企业会计核算中的固定资产折旧
7. 下列各项属于劳动者报酬核算对象的是（　　）。
   A．工资　　　　　　　　　　B．奖金
   C．福利费用　　　　　　　　D．补助和补贴
   E．单位代劳动者缴纳的社会保险金
8. 下列关于增加值率说法错误的是（　　）。
   A．增加值率＝增加值/总产出
   B．0≤增加值≤总产出
   C．一般情况下，第二产业的增加值率都会比第一、三产业的增加值率低
   D．长期来看，增加值率会随着社会分工的加速细化而不断升高
   E．两个产业比较，增加值率越低越好
9. 从国内生产总值及其使用表的内容看，它反映出了（　　）。
   A．生产活动的成果　　　　　B．生产成果的使用

C．资产与负债的平衡关系　　　D．使用方与生产方的平衡关系
E．总供给与总需求的平衡关系

10．下列表述正确的是（　　）。
A．国内生产总值＝最终消费＋资本形成＋净出口
B．国内生产总值＝总产出－中间投入－固定资本消耗
C．国内生产总值＝劳动者报酬＋生产税净额＋营业盈余
D．无论是否存在统计误差，生产法 GDP 都等于支出法 GDP
E．有误差情况下，生产法国内生产总值不等于支出法国内生产总值

四、判断题

1．原始森林的自然生长应该包括在经济生产的范围之内，因为具有造纸等经济用途。（　　）
2．发生在住户内部的、由家庭成员所完成的家务活动，不计入生产核算范围内。（　　）
3．某商品房的建筑工程于去年完成但今年实现销售，因此应按照销售金额计入今年的 GDP。（　　）
4．农民生产的粮食，其中拿到市场上销售的部分应该计入国内生产总值，而自用的部分不计入国内生产总值。（　　）
5．服务与货物的主要区别在于，服务产出没有发生实物形态的根本改变，但使用价值发生了改变。（　　）
6．用生产法计算产出一般要采用基本价格；用支出法计算国内生产总值，则需要采用购买者价格。（　　）
7．由于生产的目的是为了出售，且企业产品销售额资料容易收集到，因此可以使用当期销售额资料来代替当期总产出。（　　）
8．金融业总产出是指直接收取的佣金、手续费等服务收入。（　　）
9．在固定资本形成核算中，对于房屋、建筑物这些需要较长生产建设周期的产品，核算记录以固定资产所有权发生变化时间为标准，并且一般采用购买者价格计价。（　　）
10．在中国，城市居民购买的住房按固定资本形成计入当期住户部门的增加值。（　　）
11．用支出法计算国内生产总值时，不需要计算营业盈余，因为后者只是国内生产总值收入项目中的一个剩余项。（　　）
12．公共消费支出主要是指政府消费支出，它一般在两种情况下发生，一是针对居民住户提供的部分；二是针对公共服务的提供而发生的。（　　）

13. 某农户购买了一件小型农具,价格 300 元,预期使用期限超过一年,则在核算中它应该计入固定资本形成项目中。   （ ）

14. 消费和投资代表了对 GDP 的主要需求因素,因此,刺激消费和投资的诸多措施,其结果必然拉动本国 GDP,从而带动当地经济增长。   （ ）

15. 在国民经济核算中的固定资本消耗与企业的固定资产折旧是相同的含义,因而核算方法相同。   （ ）

五、计算题

1. 某汽车制造厂报告期资料如下:
（1）外购钢材价值 5 500 万元;
（2）售出不符合生产所需规格的积压钢材 600 万元;
（3）机加工车间生产汽车零部件 18 000 万元,其中 8 000 万元售出,其余用于装配成品;
（4）生产某型号小轿车 1 200 辆,验收合格入库,每辆价格 15 万元,其中售出 800 辆,其余存入成品库;
（5）为某装配厂生产零件 500 万元,其中来料价值 300 万元;
（6）机修车间维修汽车 50 辆,每台维修费 2 000 元,期末全部完成,对方验收合格;
（7）修理车间为本厂机械设备经常修理 200 万元;
（8）处理废品 50 万元。

要求：计算该汽车制造厂报告期工业总产值。

2. 某农村地区报告年按现行价格计算的农业总产出 450 000 元。当年各项支出如下：种子费 7 500 元,饲料饲草费 3 800 元,化肥支出 27 000 元,农药费 320 元,小型农机购置费 5 000 元,支付农业生产用电 25 000 元,支付当年农业贷款利息 6 000 元。该村共有固定资产原值 280 000 元,其中农业生产性固定资产原值 145 000 元,按年综合折旧率 10%提取折旧。另外,当年修路投资 28 000 元,其他农业生产性物质消耗 26 000 元,农业生产对其他服务部门的劳务支出 4 500 元。

要求：使用生产法计算农业增加值（按总增加值计算）。

3. 2015 年中国对外贸易进出口总额高达 252 632.9 亿元,对外贸易依存度为 36.27%,政府和居民最终消费为 359 516 亿元,货物和服务的进出口差额为 35 464.7 亿元。

要求：根据以上数据计算 2015 年中国的国内生产总值和资本形成总额。（注：对外贸易依存度＝对外贸易进出口总额/国内生产总值）

4. 已知中国 2010—2015 年实际统计数据资料如下：

单位：亿元

年份	最终消费	资本形成总额	货物和服务净出口
2010	198 998.1	196 653.1	15 057.1
2011	241 022.1	233 327.2	11 688.5
2012	271 112.8	255 240.0	14 636.0
2013	300 337.8	282 073.0	14 552.1
2014	328 312.6	302 717.5	16 151.6
2015	362 266.5	312 835.7	24 007.2

要求：

（1）计算各年度的国内生产总值，并分析中国近年来的经济发展状况。
（2）计算各年度的最终消费率，并做具体分析。
（3）计算各年度的资本形成率，并做具体分析。

第三章 收入分配与使用核算

与传统西方经济学相比,凯恩斯把国民收入作为宏观经济研究的中心问题,通过总供给与总需求的均衡来分析国民收入的决定,并建立了以总需求为核心的宏观经济学体系。国民收入作为宏观经济分析中最为重要的经济总量,也使收入分配与使用核算成为国民经济核算中最基本且最重要的核算内容之一。国民经济核算体系中通过收入形成账户、收入再分配账户、可支配收入使用账户系统描述了经济循环过程中生产、收入分配与使用三者之间互相制约,同时又是紧密相连的重要关系。

第一节 收入分配与使用核算的基本问题

生产核算主要是对生产活动的成果(增加值或国内生产总值)进行核算,随后进入分配与使用核算阶段,核算生产成果如何在生产活动参与者之间进行分配,以及可支配收入如何被使用。本节主要讨论收入分配和使用核算与生产核算的关系、收入分配与使用核算的概念及其账户体系,以及账户中相关指标的特殊处理原则。

一、与生产核算的关系

生产核算是对生产过程的总投入和总产出的总量和构成予以考核和计量,以反映国民经济总体及各个部门(机构部门或产业部门)在社会再生产过程中取得的成果。收入分配核算主要考察作为生产活动的成果——增加值或国内生产总值如何在生产要素所有者之间进行分配。收入分配核算既要核算收入的初次分配,也要核算收入的再分配。收入初次分配和再分配后得到的可支配收入用来购买货物和服务从而实现消费的支出活动。收入使用核算就是对可支配收入的使用去向——最终消费支出和储蓄的总量及其构成进行测度,以反映国民经济总体和各个机构部门的可支配收入的使用情况。

生产活动、收入分配活动和使用活动三者之间具有密切联系。生产是消费使用的基础和前提,没有产品的生产,也就无所谓消费和使用。而生产的目的又是为了满足消费使用的需要。当生产过程结束,价值被创造出来后,必然面临价值分配活动。分配的对象是当期生产的成果,分配的依据是参与生产过程的各生产要素所作的贡献,以及生产要素所有者拥有的生产要素的多寡。收入分配后形成各部门的可支配收入,这是各部门进行消费和使用的前提。

根据社会再生产理论,生产活动决定收入分配活动和使用活动,同时,分配活动和使用活动又对生产活动具有反作用。在国民经济核算中,生产核算的范围决定了分配和使用的核算范围。因为,生产核算范围一经确定,分配核算的范围也就基本上得到了确定。使用核算一方面从价值上反映国民可支配收入的使用去向,另一方面还要从实物上反映社会最终产品的使用去向,而这些核算都受生产核算范围的限制。

二、收入分配与使用核算的概念

收入分配是将当期生产新创造的价值进行分配所产生的系列收支活动。收入分配可分为两个层次或阶段:第一个层次(阶段)被称为收入初次分配,它实现增加值在生产领域内的直接分配,生产过程中投入的生产要素,能否参与初次分配以及获取多少收入取决于是否参与了生产过程以及对生产成果的贡献大小。因此,初次分配使生产过程的各类参与者均获取了相应的收入。机构单位或因参与生产过程,或将资产交由生产者支配而获得收入,并以雇员报酬、生产税净额、营业盈余、财产收入等收入形式体现初始收入或初始收入的结构与水平。第二个层次(阶段)被称为再分配,即在收入初次分配基础上的再分配,是全社会性的分配。机构单位基于相关法律的规定或自身意愿,将其所获收入的一部分无偿分配给其他收入主体,形成转移性收入,其主要形式包括现期所得税和财产税、社会缴款与社会福利以及其他经常转移等。收入再分配所产生的分配性流量,其数额大小取决于相关政策法律的规定以及自身意愿的强弱程度。

必须注意的是,尽管从理论上可将收入分配区分为两个阶段,但从经济总体来看,收入初次分配与再分配并无严格的时间先后顺序,而呈现出一种连续且交替进行的态势。综合来看,两个阶段所涉及的分配性交易不同,发生在收入初次分配环节的经济交易多为交换式交易,而发生在收入再分配环节的经济交易属于单方面转移,表明收入分配不同环节体现了不同的价值取向。收入初次分配体现的是效率,而收入再分配凸显的是公平。就一国收入分配政策而言,若能较好地兼顾公平与效率,则能有效提高全社会的福利水平。

收入使用是指消费活动,即消费主体将当期可支配收入用于消费性货物与服务的购买,以满足住户个人以及全社会的物质和精神需求。如果考虑实物社会转移,则收入使用的起点为调整后可支配收入,所对应的消费概念为实际最终消费。不论是可支配收入还是调整后可支配收入,扣除最终消费支出或实际最终消费之后的节余部分均为储蓄,成为积累的自有资金来源。

在收入使用核算中,消费主体仅包括住户、一般政府和为住户服务的非营利机构。

按国民经济核算的文本诠释，公司购买的货物与服务或者用于中间消耗，或者提供给雇员作为实物报酬，自身没有消费功能，其可支配收入直接转化为储蓄。

在收入分配核算中，微观行为主体是具有经济决策权的机构单位，如非金融公司、金融公司、一般政府、住户和为住户服务的非营利机构，宏观主体则是上述机构单位组成的机构部门。因此，进行收入分配与使用分析的单位是机构单位而不是基层单位。

三、收入分配与使用核算的账户

基于分配与使用环节的基本流程，国民经济核算体系采取账户或表格的形式来展现该过程的数量关系（见表 3-1）。

按照收入初次分配、收入再分配、收入使用全过程的特点，依次设置账户及其所对应的核算指标。首先设置了收入初次分配账户描述各机构部门增加值是如何转化为初始收入的，然后通过收入再分配账户展现经常转移是如何将初始收入转化为可支配收入（调整后可支配收入），最后通过两个收入使用账户反映可支配收入（调整后可支配收入）在最终消费支出（实际最终消费）和储蓄之间的分配关系。账户的具体内容将在后续第二至第四节中详细介绍。

表 3-1 收入分配与使用核算的账户设置

按流程设置的账户	细分账户	使用方	来源方
收入初次分配账户	收入形成账户	雇员报酬 生产税净额 营业盈余/混合收入	增加值
	初始收入分配账户	财产收入支付 初始收入	营业盈余/混合收入 财产收入获得
收入再分配账户	收入再分配账户	经常转移支出 可支配收入	初始收入 经常转移收入
	实物收入再分配账户	实物社会转移支出 调整后可支配收入	可支配收入 实物社会转移收入
收入使用账户	可支配收入使用账户	最终消费支出 储蓄	可支配收入
	调整后可支配收入使用账户	实际最终消费 储蓄	调整后可支配收入

四、账户中相关指标的特殊处理原则

为了确保生产、收入分配与使用核算的前后一致与完整可比，核算时应遵循以下处理原则：

（一）实物收支流量的虚拟处理

收入分配与使用表现为一系列收支活动，既包括货币性交易收支，也包括非货币性实物收支。例如，雇员报酬既有现金形式，也有实物形式；在转移收支中，既包括现金赠予也包括实物捐赠。上述实物交易，核算时采用虚拟估价的方式，即依据实物在市场上的交易价格或类比价格估算其价值。同时在交易记录时采用改道的方式，体现其交易的经济关系。例如实物雇员报酬，核算时首先要虚拟雇员与生产者之间的交换式交易，即生产者向雇员支付现金雇员报酬，之后雇员再用这笔收入购买消费性货物或服务，前者属于收入分配，后者属于收入使用。如此处理，可将隐藏于实物雇员报酬中的收入分配与收入使用流量完整地展现出来，确保生产、收入分配与收入使用核算的前后一致。

（二）按权责发生制记录收支流量

在一定时期内，经济总体各机构部门之间的收支流量保持着对应关系，如雇员报酬是生产者（公司、政府和非营利机构等）的支出，是住户部门的收入。在实际中，常常发生收支延期的情况，因此收支流量登录的时期确定也是一个需要注意的问题。为确保收支流量在时期上的对应性，国民经济核算体系要求按权责发生制记录这些流量，即对同一笔交易收支按权利与责任发生的同一时间进行登录，如按纳税义务产生的时间记录税收，按应该支付的时间记录劳动报酬等。与收付实现制不同，权责发生制会产生应收、应付流量，而这些流量体现在金融交易核算内容中。

第二节　收入初次分配核算

生产核算完成以后，进入收入分配核算阶段。收入分配包括收入初次分配和收入再分配。本节在概述收入初次分配核算的基础上，讨论收入形成账户、初始收入分配账户和业主收入账户的基本内容。

一、收入初次分配核算概述

收入初次分配核算以初次分配中的各类交易流量为核算对象，通过计算初次分配中的各种收入指标，即雇员报酬、生产税净额和财产收入，编制收入初次分配账户，以反映生产过程的新创价值在各机构部门的分配数量及构成。由于参与生产过程的行为主体既有常住单位也有非常住单位，因此收入初次分配的主体也包括常住单位和非常住单位。

在这一环节，国民经济核算体系设置了收入形成和初始收入分配账户，这两个账户的平衡项是营业盈余与初始收入。SNA2008建议对非金融公司与金融公司部门的初始收入分配账户进行细分,即将其拆分为业主收入和其他初始收入分配两个子账户,由此可得到一个与企业会计核算的"利润"相似的重要分析指标:业主收入。根据这些收入初次分配流量指标可以分析非金融公司与金融公司的市场活动效率。

二、收入形成账户

(一)收入形成中分配性流量指标设置

收入形成环节所涉及的分配性流量设置了雇员报酬、生产税净额、营业盈余和混合收入等指标。

1. 雇员报酬

雇员报酬指雇员在核算期内因为劳动投入而应该获取的收入,其流量大小取决于雇员所提供劳动的数量、质量以及劳动工作环境等。雇员报酬是生产单位的应付,是住户部门的应收。在雇员报酬核算中,除应关注实物报酬与中间消耗的区别之外,还需注意雇员报酬与社会福利的区别。雇员报酬的获取与雇员所付出的劳动有关,但雇员得到的某些收入或与疾病、意外伤害和生育有关,或与裁员、丧失工作能力和意外死亡有关。这些收入与雇员的劳动数量和质量均无关系,因此不能计入雇员报酬,而应归属为社会福利,是收入再分配核算的内容。

2. 生产税净额

生产税净额是生产单位缴纳的生产税扣除政府发放的生产补贴之后的余额。具体而言,生产税可分为产品税和其他生产税两类,其中产品税是生产、销售、转移、出租或交付货物与服务而征收的税,或因自身消费、资本形成而使用货物与服务所征收的税,如增值税、营业税和进口税等;其他生产税或是针对生产中所使用的土地、建筑、其他资产等生产要素的所有权或使用而征收的税,或是针对雇佣劳动力或支付雇员报酬而征收的税,如工薪或劳力税、土地房屋或其他建筑物定期税、营业和执业执照税、固定资产使用或其他活动税、印花税、污染税和跨国交易税等。生产税是生产单位的应付,是政府部门的应收,可以看作是政府宏观管理活动的回报。生产补贴是政府对货物与服务的生产或进口而向生产单位所做的无偿支付,可视为负的生产税,但不包括消费目的的补贴,同时还应注意税收与收费之间的区别,其判断准则主要是观察支出与所得是否对称,若支出远远大于所接受的服务价值则应归类为税收的缴纳,反之则可能属于收费。

3. 营业盈余/混合收入

营业盈余是总产出扣减中间消耗、固定资本消耗、雇员报酬和生产税净额之后的剩余部分,体现了劳动之外的其他生产要素(如土地与资本等)在生产过程中的新创价值,同时也是生产者用于支付利息和地租等财产收入的主要来源。营业盈余是生产活动所获得的盈余，它既是生产者追求的目标，也是企业经营绩效的体现。

混合收入流量指标源于在个体或非法人企业单位中劳动报酬与营业盈余的无法分离而特别设置。在住户成员个别所有或与他人合伙拥有的非法人企业中，住户成员像公司雇员一样投入了劳动，但非法人企业也许未向其支付劳动报酬；由于住户非法人企业一般没有单独计算住户成员的劳动报酬，因而大多与企业的营业盈余混合在一起而无法分离出来，实践中一般将两者合并作为混合收入处理。

（二）收入形成账户的基本形式

收入形成账户描述与生产过程直接相关的收入分配活动，即各机构部门增加值的要素分配过程。因此，它是收入分配系列账户的起点，且奠定了收入分配的初始格局。

收入形成账户（见表3-2）的起始项是由生产账户结转而来的增加值（来源方），所涉及的支出流量包括支付给住户部门的雇员报酬和支付给政府部门的生产税净额（使用方），扣除上述两类支出之后的结余部分即为生产者所获得的收益，即营业盈余或混合收入，记录在使用方并使账户保持平衡，构成了账户的平衡项。收入形成账户描述了各机构单位、部门对收入形成的贡献，体现了新创价值在国家（政府）、集体（企业）和个人（住户）之间的分配态势，可为国家收入分配方面的宏观调控政策制定与调整提供数据支撑。

表3-2 经济总体的收入形成账户

使 用		来 源	
雇员报酬	1 150	国内生产总值	1 854
生产税和进口税	235	固定资本消耗（—）	222
产品税	141	国内生产净值	1 632
其他生产税	94		
补贴	−44		
产品补贴	−8		
其他生产补贴	−36		
营业盈余总额	452		
混合收入总额	61		
营业盈余总额中的固定资本消耗	214		
混合收入总额中的固定资本消耗	8		
营业盈余净额	238		
混合收入净额	53		

资料来源：联合国，等. 国民账户体系 2008. 北京：中国统计出版社，2012. 根据表 7.1 归纳整理。

在收入形成账户中，不论是起始项还是平衡项，均有总额与净额之分，如总增加值和净增加值、总营业盈余与净营业盈余等，两者之间的差额是固定资本消耗。从理论上看，收入分配的对象是净增加值，即新创价值，而固定资本消耗是转移价值，本不属于分配的范畴，但为了获取净增加值必须先测算固定资本消耗，而固定资本消耗的计算具有一定的主观性，较难得到客观真实的结果，进而无法获取令人满意的净增加值。基于此，收入形成账户将总增加值与净增加值一并列出，在平衡项中同时列出营业盈余总额/混合总收入和净营业盈余/混合净收入，如此处理使固定资本消耗"参与"或"流经"了收入分配与使用的各个环节，一直到资本账户作为"折旧基金"被提取使用为止，这时总额与净额并列的现象不复存在。由于账户平衡项有总额与净额两种类型，故收入形成账户的平衡关系也有两种，如：

总额平衡：雇员报酬（1 150）+生产税净额（191）+营业盈余总额/混合总收入（452+61）=总增加值（1 854）；

净额平衡：雇员报酬（1 150）+生产税净额（191）+营业盈余净额/混合净收入（238+53）=净增加值（1 632）。

若需进一步研究收入形成的部门特点，就应编制收入形成部门综合账户（见表3-3），表的中间为交易和平衡项，两侧分列使用（支出）与来源（收入）项目。在住户部门收入形成账户中，所记录的雇员报酬（11）是住户非法人企业的应付，不同于初始收入分配账户中的应收雇员报酬。

表 3-3　收入形成综合部门账户

使用								交易和平衡项	来源							
合计	国外	经济总体	NPISH	住户	一般政府	金融公司	非金融公司		非金融公司	金融公司	一般政府	住户	NPISH	经济总体	国外	合计
								总增加值	1 331	94	126	155	15	1 854		1 854
								固定资本消耗（—）	157	12	27	23	3	222		222
								净增加值	1 174	82	99	132	12	1 632		1 632
1 156	6	1 150	11	11	98	44	986	雇员报酬								
191	0	191						生产税净额								
133	0	133						产品税净额								
58	0	58	1	−1	1	4	53	其他生产税净额								
452		452	3	84	27	46	292	营业盈余总额								
61				61				混合收入总额								
238		238	0	69	0	34	135	营业盈余净额								
53				53				混合收入净额								

资料来源：联合国，等. 国民账户体系 2008. 北京：中国统计出版社，2012. 根据表 7.1 归纳整理。

观察表 3-3 可知，各机构部门的总增加值与净增加值合计与经济总体的合计数并不相等，如各机构部门总增加值合计为 1 721（1 331＋94＋126＋155＋15），净增加值合计为 1 499（1 174＋82＋99＋132＋12），与经济总体合计数 1 854、1 632 均相差 133。这一现象的产生与增加值核算的计价基础有关，表现为基本价格、生产者价格之间的关系为：

$$生产者价格＝基本价格＋产品税－产品补贴$$

如果产出估价使用生产者价格，就需在基本价格估算的基础上加上全部产品税减产品补贴之后才能得到国内生产总值或国内生产净值。

由于进口税、进口补贴、增值税等项目并未出现在机构单位或机构部门的收入形成账户之中，但必须出现在经济总体的收入形成账户之中，因此在表 3-3 中，产品税净额直接列入来源方总增加值、净增加值的经济总体合计之中；在使用方，列入生产税净额所对应的经济总体一列，故与其他生产税净额不同，不在各机构部门中列示。

三、初始收入分配账户

（一）初始收入分配中的流量指标

在收入形成账户中，增加值被分割为雇员报酬、生产税净额和营业盈余/混合收入三个部分，构成了收入初次分配的第一阶段。但是，除了劳动这种生产要素获取了雇员报酬之外，其他生产要素还未得到相应的回报，如由于资金借贷而应付的利息，租用自然资源而应付的地租等，因此需对留存在生产单位的营业盈余/混合收入进行分配，即为收入初次分配的第二阶段，其分配手段为财产收入。在本阶段设置的流量和平衡项指标有财产收入、初始收入、国民总收入等。

1. 财产收入

依据 SNA2008 的定义，财产收入是一机构单位将金融资产或自然资源交由另一机构单位支配时所应得到的回报，即机构单位通过资产使用权的出让参与其他单位的生产过程而获取的收入，因而也属于生产性收入。机构单位可能使用其他单位的资产，也可能将资产提供给其他单位使用，因此财产收入既是应收项目也是应付项目。财产收入包括投资收入与地租，其中投资收入包括利息、公司已分配收入、外国直接投资的再投资收益和其他投资收入。而公司已分配收入分为红利和准公司收入提取；其他投资收入分为属于投保人的投资收入、对养老金权益的应付投资收入，以及属于投资基金股东集体的投资收入。地租包括土地地租以及地下资产地租两个分项。

（1）投资收入。

① 利息。产生于存款、债务性证券、贷款和其他应收账款等类型的金融资产的财产收入，是由于资金借贷而形成的收支流量。利息是债权方的应收，债务方的应付。

② 公司已分配收入。

红利产生于股票这种金融资产的财产收入，是股东的应收，公司的应付。

准公司收入提取是指准公司所有者从准公司收益中的提取，是准公司所有者的投资报酬。准公司与其所有者之间的关系类似于公司与股东，所以准公司收入的提取与公司支付给股东的红利非常相似，因此也被称为"准红利"。

③ 外国直接投资的再投资收益。是指外国直接投资企业的留存收益，在核算时需虚拟处理：首先，按照外国直接投资者的权益比例对留存收益进行分配，且假定"汇给"外国直接投资者，然后外国直接投资者将其"汇回"到外国直接投资企业进行再投资。因此，外国直接投资企业的留存收益在核算时需作两笔登录处理，其中的虚拟汇出视作分配给外国直接投资者的财产收入，即外国直接投资企业的应付财产收入和外国直接投资者的应收财产收入，然后再处理为留存收益的虚拟再投资，记录在金融账户之中。

④ 其他投资收入。

属于投保人的投资收入又称为属于投保人的财产收入。在保险业中，保险准备金是保险人为履行其承担的保险责任或未来赔款的应付，从收取的保险费或资产中提留的一项基金，因而是投保人的资产，是保险人的负债。由于在不测事件发生到保险索赔之间一般存在一段较长的时滞，因此保险人可以利用保险准备金进行金融或非金融投资活动，如购买债券、股票，或购买房地产然后出租等，从而获得投资收入。尽管该投资收入的所有者应该为投保人，但核算时需做虚拟处理，即首先假定保险人将投资收入支付给投保人，作为财产收入记录在初始收入分配账户之中，然后再由投保人返还给保险人作为追加保费，记录在收入再分配账户之中。

对养老金权益的应付投资收入具体可分为两种情况：在定额缴款计划下，应付投资收入等于基金投资收入加上基金出租其拥有的土地或建筑物所获得的全部营业盈余净额；在定额福利计划下，应付投资收入需采用公式计算，即最终薪金或特定时期内平均薪金的函数。

属于投资基金股东集体的投资收入应分列两项来记录：第一项是已分配给投资基金股东的红利，其记录方式与前述红利的记录方式完全一致；第二项为属于投资基金股东的留存收益，其记录方式类似于外国直接投资的再投资收益，即首先将留存收益视作已分配给股东的财产收入，然后通过金融交易重新进入基金。

（2）地租。

包括土地地租和地下资产地租（特许权使用费）两种形式，均为出租人将自然资源交由承租人支配而产生的财产收入。其中，自然资源包括土地、内陆水域与河流，也涉及地下资产，如矿石与化石燃料（煤、石油和天然气等），从支付形式上看，包括现金地租和实物地租。

2．初始收入

初始收入又称为原始收入，一个机构单位或部门的初始收入表现为收入初次分配中应获收入减应付支出的余额。由于各机构部门所掌握的生产要素的差异以及经济功能的不同，因此其初始收入在构成上也存在一定的差异，如生产税净额是政府部门的收入，雇员报酬是住户部门的收入，由于为住户服务的非营利机构属于非市场非营利机构，因此其营业盈余规定为零，等等。综合来看，各机构部门初始收入的计算公式如下：

$$非金融公司与金融公司部门的初始收入＝营业盈余＋应收财产收入－应付财产收入$$
$$＝营业盈余＋财产收入净额$$
$$一般政府部门的初始收入＝营业盈余＋生产税净额$$
$$＋应收财产收入－应付财产收入$$
$$住户部门初始收入＝营业盈余＋混合收入＋雇员报酬$$
$$＋应收财产收入－应付财产收入$$
$$为住户服务的非营利机构部门的初始收入＝应收财产收入－应付财产收入。$$

与增加值类似，初始收入也有总额与净额之分，包含固定资本消耗的初始收入被称为初始总收入，剔除固定资本消耗的初始收入被称为初始净收入。必须注意的是，初始收入是收入初次分配的最终结果，如果将收入初次分配的两个阶段综合处理，则各机构部门的初始收入起源于增加值的分配，以公司部门为例：

$$非金融公司与金融公司部门的初始收入＝营业盈余＋应收财产收入－应付财产收入$$
$$＝增加值－雇员报酬－生产税净额$$
$$＋应收财产收入－应付财产收入$$

由此可知，初始收入是增加值在收入初次分配阶段的最终结果，且构成了初始收入分配账户的平衡项，而基于国民经济总体的初始收入被称为国民收入。

3. 国民总收入

将一国各机构部门的初始收入加总即为一国的国民总收入，扣除固定资本消耗之后为国民净收入。国民总收入是国内生产总值经过初次分配的结果，但一经济体所获取的初始收入不仅来自国内也可能来自国外。同理，本国的初次分配支出既包括国内也包括国外，这取决于生产要素的国际流动。在一个开放的经济体中，初次分配过程不仅涉及常住单位也涉及非常住单位。若将一国各机构部门的初次分配收支加总处理，则常住单位之间的收支流量抵消，无法抵消的是常住单位与非常住单位之间的收支流量。国内生产总值与国民总收入两个总量之间关系如下：

$$国民总收入＝国内生产总值＋来自非常住单位的初次分配收入$$
$$－对非常住单位的初次分配支出$$
$$＝国内生产总值＋来自国外的净要素收入$$

在联合国 SNA1993 之前的版本中，国民总收入被称为国民生产总值（GNP，Gross National Product），用于描述一国常住单位当期获得的初始收入的总和，是一个收入概念或指标。而国内生产总值是一国常住单位当期生产的最终产品的价值，描述的是生产总量或生产指标。两者所对应的总体范围一致，由于国民生产总值是国内生产总值在常住与非常住单位之间进行初次分配的最终结果，因而两者的差别仅在于来自国外的净要素收入。出于上述考虑，SNA1993 将国民生产总值改称为国民总收入，以避免可能出现的混淆使用。

（二）初始收入分配账户的基本形式

初始收入分配账户的起始项是营业盈余/混合收入。与收入形成账户不同的是，该账户侧重描述各机构单位、部门从收入初次分配中所得到的收入，即应收项目，如应收雇员报酬和生产税净额，再加上各机构单位或部门的应收及应付财产收入，最终形成初始收入。因此，初始收入分配账户阐述了营业盈余/混合收入是如何转化为初始收入的分配过程，也由此得到收入初次分配的最终结果。

表 3-4 经济总体的初始收入分配账户

使用		来源	
财产收入	391	总营业盈余/混合总收入	513
初始总收入	1 864	固定资本消耗（一）	222
固定资本消耗（一）	222	净营业盈余/混合净收入	291
		雇员报酬（住户部门）	1 154
		生产税净额（政府部门）	191
		财产收入	397
初始净收入	1 642		

资料来源：联合国，等. 国民账户体系 2008. 北京：中国统计出版社，2012. 根据表 7.2 归纳整理。

通过收入形成（见表 3-3）和初始收入分配部门综合账户（见表 3-5）可完整地反映雇员报酬、生产税净额与财产收入在常住与非常住单位之间的分配状况。例如应付财产收入合计为 435，其中经济总体应付 391，国外应付 44；应收财产收入合计也是 435，其中经济总体应收 397，国外应收 38。对于经济总体而言，国外的应付即为国内的应收，国外的应收即为国内的应付。因此，经济总体应收的财产收入 397 减去应付的财产收入 391，说明来自国外的净财产收入为 6；国外应收的财产收入 38 减去应付的财产收入 44，说明国外对国内的财产收入净支付为 6。无论从国外还是从国内的角度计算，其财产收入净额的数据相等，但方向相反。因此，将表 3-3、表 3-5 综合起来，可以看出该国国内生产总值是如何转化为国民总收入的，即：

国民总收入＝国内生产总值＋来自国外的初次分配收入－对外的初次分配支出
　　　　　＝1 854＋（397－391－2）－（38－44）＝ 1 864

表 3-5 初始收入分配部门综合账户

使用								交易和平衡项	来源							
合计	国外	经济总体	NPISH	住户	一般政府	金融公司	非金融公司		非金融公司	金融公司	一般政府	住户	NPISH	经济总体	国外	合计
								总营业盈余/混合总收入	292	46	27	145	3	513		513
								固定资本消耗(一)	157	12	27	23	3	222		222
								净营业盈余/混合净收入	135	34	0	122	0	291		291
								雇员报酬				1 154		1 154	2	1 156
								生产税净额			191			191		191
435	44	391	6	41	42	168	134	财产收入	96	149	22	123	7	397	38	435
1 864		1 864	4	1 381	198	27	254	初始总收入								
1 642		1 642	1	1 358	171	15	97	初始净收入								

资料来源：联合国，等.国民账户体系 2008. 北京：中国统计出版社，2012. 根据表 7.2 归纳整理。

四、业主收入账户

（一）业主收入指标设置

业主收入是一个针对市场生产者的收入概念。市场生产者是以显著意义的价格销售其全部或大部分产出的生产者，包括非金融公司、金融公司和住户部门的非法人企业等。但是，SNA2008 的业主收入核算仅涉及公司部门，至于住户部门非法人企业这样的市场生产者，实践中很难识别其用于市场生产的资产存量，也无法分离由此而产生的财产收入；反之，若能识别，则住户非法人企业就应处理为准公司而转入公司部门了。

业主收入是一个与工商企业会计中的"利润"相当的概念，等于市场生产者的营业盈余加上应收财产收入减去应付利息、地租和投资收入之后的余额，或可理解为在红利支付、准公司收入的提取以及外国直接投资的再投资收益支付之前的公司收入。这意味着将公司应付财产收入区分为两个部分，即"对外支付"和"对内支付"。但是，业主收入与企业会计核算的"利润"还是存在一些区别的，如业主收入是按当期市场价格测算的收入概念，而企业利润是基于历史成本测度的，因此后者可能包括了名义持有损益，如果存在较为严重的通货膨胀，则两者之间的差异可能非常大。

（二）业主收入账户的基本形式

为描述市场生产者的业主收入，有必要将非金融与金融公司部门的初始收入分配账户拆分为两个子账户，即业主收入子账户和其他初始收入分配子账户。

1. 业主收入子账户

与初始收入分配账户类似，业主收入子账户的起始项为营业盈余，来源方记录市场生产者的应收财产收入，使用方记录市场生产者的应付利息、投资收入和地租，平衡项为市场生产者的业主收入。

在表 3-6 中，非金融公司和金融公司部门的营业盈余经过财产收入的调整，最终转化为业主收入，如非金融公司部门的业主收入总额等于 292+96−87=301。由于业主收入核算不涉及其他部门，因而经济总体的业主收入仅为非金融公司和金融公司部门的合计，即 343（301+42）。

表 3-6　业主收入分配部门综合账户

使用								交易和平衡项	来源							
合计	国外	经济总体	NPISH	住户	一般政府	金融公司	非金融公司		非金融公司	金融公司	一般政府	住户	NPISH	经济总体	国外	合计
								总营业盈余/混合总收入	292	46	27	145	3	513		513
								固定资本消耗（−）	157	12	27	23	3	222		222
								净营业盈余/混合净收入	135	34	0	122	0	291		291
40		240				153	87	财产收入	96	149				245		245
162		162				106	56	利息	33	106				139		139
								红利	10	25				35		35
								外国直接投资的再投资收益	4	7				11		11
47		47				47		投资收入支付	8	8				16		16
31		31				0	31	地租	41	3				44		44
343		343				42	301	业主收入总额								
174		174				30	144	业主收入净额								

资料来源：联合国，等. 国民账户体系 2008. 北京：中国统计出版社，2012. 根据表 7.3 归纳整理。

2. 其他初始收入分配子账户

业主收入子账户和其他初始收入分配子账户所描述的财产收入分配可以分解为两

个部分，即业主收入子账户描述了业主收入的形成，而其他初始收入分配子账户则反映了余下的分配过程，如红利、准公司收入提取和外国直接投资的再投资收益，最终形成市场生产者的初始收入。由于业主收入子账户仅核算了市场生产者的财产收入分配，因此其他机构部门的财产收入分配就集中体现在其他初始收入分配子账户中，即在业主收入子账户之营业盈余/混合收入的基础上完整地记录其应收雇员报酬、生产税净额和财产收入（来源方）以及应付财产收入（使用方），最终得到其他机构部门的初始收入。综合来看，该账户中各机构部门的平衡项（初始收入）与初始收入分配账户中的平衡项（初始收入）完全一致。

表 3-7　其他初始收入分配部门综合账户

			使用					交易和平衡项			来源					
合计	国外	经济总体	NPISH	住户	一般政府	金融公司	非金融公司		非金融公司	金融公司	一般政府	住户	NPISH	经济总体	国外	合计
								业主收入总额	301	42				343		343
								业主收入净额	144	30				174		171
6	6							雇员报酬				1 154		1 154	2	1 156
								生产税净额			191			191		191
214	63	151	6	41	42	15	47	财产收入	22		123		7	152	38	190
68	13	55	6	14	35			利息	14		49		7	70	21	91
								红利								
14	14	0						外国直接投资的再投资收益	0		3		0	3	0	3
34		34	0	27	7			地租	0		21		0	21		21
1 864		1 864	4	1 381	198	27	254	初始总收入								
1 642		1 642	1	1 358	171	15	97	初始净收入								

资料来源：联合国，等. 国民账户体系 2008. 北京：中国统计出版社，2012. 根据表 7.3 归纳整理。

第三节　收入再分配核算

收入再分配是在收入初次分配的基础上通过现金或实物转移所实现的收入分配活动。经过收入初次分配以后形成的初始收入还不是各部门可以自由支配用于消费和储蓄的收入，需要在初次分配的基础上进行再次分配。本节在概述收入再分配核算的基础上，讨论收入再分配账户和实物收入再分配账户的基本内容。

一、收入再分配核算概述

尽管收入初次分配使生产过程的参与者获得了初次分配收入,但从国民经济整体来看,还有相当部分的机构单位未获得收入,例如那些没有参与生产过程的机构单位。此外,出于全社会共同发展的需要,尚需建立完备的社会保障与后备基金以调整收入差距,因此有必要在收入初次分配的基础上进行收入再分配。

(一) 转移

与经济学理论不同的是,国民经济核算将收入再分配区分为两个层次,即以经常转移为核算对象的收入再分配核算和以实物社会转移为核算对象的实物收入再分配核算,并且两类核算所涉及的主体范围不同。与收入初次分配不同,收入再分配所涉及的分配性交易是各种转移。所谓转移,是这样一种形式的交易:在交易中,一个机构单位向另一个单位提供货物、服务或资产但又不向后者索取任何货物、服务或资产作为与之直接对应的回报。转移是单方面的交易,不同于交换式交易。依据转移的目的和性质不同,可将其区分为经常转移与资本转移(关于资本转移的详细内容参见资本形成核算的有关章节)。

(二) 经常转移

所谓经常转移,是这样一种形式的交易:在交易中,一个机构单位向另一个单位提供货物、服务或资产但又不向后者索取任何货物、服务或资产作为与之直接对应的回报,并且交易的一方或双方无须获得或处置资产。经常转移会影响交易双方的现期收入,进而影响其消费水平,因而又被称为现期转移。经常转移一般频繁且有规律地发生。

经常转移可能发生在常住单位之间或发生在常住单位与非常住单位之间,可将其进一步区分为现金转移与实物转移。如果转移的对象是现金或其他金融资产则属于现金转移,若转移对象是货物、服务或非金融资产则属于实物转移。

经常转移流量应该记录在收入再分配的有关账户之中,在核算实物转移时需做两笔处理,即首先将其视作现金转移,然后做"购物"处理,如支付方向接受方提供了一笔收入或现金资本,接受方再以此购买消费物或进行投资。因此,如果实物转移属于经常转移,则先在收入再分配账户中记录支付方的经常转移支出和接受方的经常转移收入,然后在收入使用账户中记录接受方的最终消费支出。从上述处理可以看出,将实物转移分解为两笔交易可确保收入分配与使用核算的一致性。

二、收入再分配账户

(一) 收入再分配流量指标

收入再分配核算中的转移仅限于除实物社会转移之外的所有经常转移,主要包括所得、财产等经常税以及社会缴款和社会福利,余下的部分被合并处理为其他经常转移。收入再分配核算环节设置的流量和平衡项指标主要如下:

1. 所得税、财产税等经常税

所得税、财产税等经常税是各机构单位依据当前所得而应支付的税金,涉及收入、利润和资本收益等;若根据财产、土地或不动产来确定收入时,还包括定期支付的财产税等。所得税、财产税等经常税是住户、非金融公司、金融公司和非营利机构的转移支出,是政府部门的转移收入。

2. 社会缴款和社会福利

相当部分的社会缴款和社会福利之间存在一定的联系,但两者的方向相反。社会缴款是住户部门为在未来的某个时期能够获取社会福利而向政府组织实施的社会保险计划(如失业保险、退休保险、医疗卫生保险和生育保险等)或各机构单位建立的相关基金缴纳的款项,包括实际或虚拟的支付。缴纳的方式有两种:一是由雇员、自雇者等住户单位直接缴纳;二是由雇主代其雇员间接缴纳。对于雇主代雇员缴纳的社会缴款,核算时应改变交易流程(或称为"改道"原则),即首先将其视作雇主以雇员报酬的形式支付给雇员,然后再由雇员缴纳社会保险计划。如此处理一方面准确描述了交易的实施过程,即社会缴款的缴纳决策并非雇主所为,而是雇员自己的决策结果;另一方面可准确描述流量的性质,如雇员报酬对应的是交换式交易,应计入初次分配账户;社会缴款对应的是经常转移,应计入收入再分配账户。经过上述处理之后,社会缴款均表现为住户部门的转移支出,政府和其他部门的转移收入。

社会福利是住户部门从政府部门或其他部门获取的经常转移,因而是政府和其他部门的转移支出,是住户部门的转移收入。社会福利可分为社会保险福利和社会救济福利两类,其中社会保险福利是政府通过社会保险计划向住户提供的福利,如失业金、退休养老金、生育津贴和抚恤金等,但获取社会保险福利的前提是必须参加社会保险计划并定期缴款。社会救济福利是社会保险计划之外由政府和其他机构部门向住户提供的福利,如困难补助、救济金和助学金等,由于这类福利没有纳入社会保险计划,故不受之前支付社会缴款的条件限制。综合来看,社会福利的获取与一些特定事件有关,如突发事件或失业、退休、疾病和生育等。

必须注意的是,社会福利包括现金与实物两种形式,要区分政府和为住户服务的非营利机构部门提供给住户的实物社会福利的核算处理，即现金社会福利以及非金融公司、金融公司提供的实物社会福利均记入收入再分配账户，而政府和为住户服务的非营利机构部门提供给住户的实物社会福利被处理为实物社会转移，记录在实物收入再分配账户之中，因为这一转移性流量更多地体现的是社会公平和国民福利。

3. 其他经常转移

扣除以上转移之后所余下的各种经常转移合并处理为其他经常转移，包括非人寿保险费净额、非人寿保险索赔、一般政府间的经常转移、国际经常性合作、向为住户服务的非营利机构的转移、住户间的经常转移、罚款和其他罚没收入、抽彩和赌博以及补偿转移等。

4. 可支配收入

机构单位或部门在收入初次分配中所获取的初始收入经过收入再分配的收支调整后转化为可支配收入，即：

$$可支配收入＝初始收入＋再分配收入－再分配支出$$

从来源与使用分别来看，可支配收入是机构单位或部门参与收入初次分配与再分配之后的最终结果，也是住户、政府和非市场非营利机构在期初资产负债存量不变的情况下，当期可用于消费的最大数额，或者公司、市场非营利机构等市场生产者可用于积累的自有资金来源，因此在国民核算和经济分析中是一个非常重要的总量。与增加值、营业盈余/混合收入和初始收入一样，可支配收入也有总额与净额之分，差别仍在于固定资本消耗；核算时还应注意，不能将资产负债的存量变动计入可支配收入。

（二）收入再分配账户的基本形式

与初始收入分配账户保持衔接，收入再分配账户（见表3-8）的起始项为初始收入，来源方记录经常转移收入，使用方记录经常转移支出，平衡项为可支配收入，记录在经常转移支出的下方。由于收入再分配账户描述了除实物社会转移之外的所有经常转移，因此构成了收入再分配系列账户中的主要账户，涉及收入再分配过程中的主要收支流量。

表 3-8　经济总体的收入再分配账户

使用		来源	
经常转移	1 212	初始总收入	1 864
可支配总收入	1 826	固定资本消耗（－）	222
固定资本消耗（－）	222	初始净收入	1 642
可支配净收入	1 604	经常转移	1 174

资料来源：联合国，等．国民账户体系 2008．北京：中国统计出版社，2012．根据表 8.1 归纳整理。

由收入再分配部门综合账户（见表3-9）可深入了解各机构部门的收支流量与流向。收入再分配所涉及的流量种类不多，一些流量的流动方向是固定的，如所得税、财产税等经常税是政府部门的收入，是其他部门的支出；社会缴款是住户部门的支出，是其他部门的收入，而社会福利正好相反；只有其他经常转移既是机构部门的来源又是机构部门的使用。与初始收入一样，可支配收入也有总额与净额之分，如将各机构部门的可支配总（净）收入综合即可得到国民可支配总（净）收入。在综合的过程中，各常住单位之间的经常转移收支流量相互抵消，影响一国国民可支配收入数额大小的因素只有常住单位与非常住单位之间的再分配收支流量。国民可支配收入表述为：

国民可支配收入＝国民收入＋来自国外的经常转移收入
　　　　　　　－支付给国外的经常转移支出
　　　　　　＝国民收入＋来自国外的再分配收支净额

观察表3-9，在区分本国与国外之间的收支流量时须注意，国外的经常转移支出（17）即为本国的收入，而国外的经常转移收入（55）却是本国的支出。因此，该经济体的国民可支配总收入为：

国民可支配总收入＝1864＋（1＋0＋0＋16）－（0＋0＋0＋55）
　　　　　　　　＝1864＋（1－0）＋（16－55）
　　　　　　　　＝1826

表3-9 收入再分配部门综合账户

使用							交易和平衡项	来源						
合计	国外	经济总体	NPISH	住户	一般政府	金融公司	非金融公司		非金融公司	金融公司	一般政府	住户	NPISH	经济总体	国外	合计
							初始总收入	254	27	198	1 381	4	1 864		1 864
							固定资本消耗（一）	157	12	27	23	3	222		222
							初始净收入	97	15	171	1 358	1	1 642		1 642
1 229	17	1 212	7	582	248	277	98	经常转移	72	275	367	420	40	1 174	55	1 229
213	1	212	0	178	0	10	24	所得税、财产税等			213			213		213
333	0	333		333				社会缴款	66	213	50	0	4	333	0	333
384	0	384	5	0	112	205	62	社会福利				384		384	0	384
299	16	283	2	71	136	62	12	其他经常转移	6	62	104	36	36	244	55	299
1 826		1 826	37	1 219	317	25	228	可支配总收入								
1 604		1 604	34	1 196	290	13	71	可支配净收入								

资料来源：联合国，等. 国民账户体系2008. 北京：中国统计出版社，2012. 根据表8.1归纳整理。

三、实物收入再分配账户

(一) 实物收入再分配流量指标

设置实物收入再分配账户的目的在于核算实物社会转移的收支流量及其对可支配收入的影响。实物社会转移是政府和为住户服务的非营利机构部门向个别住户提供的个人货物与服务,具体包括:

1. 个人非市场货物与服务

个人非市场货物与服务是指政府或为住户服务的非营利机构以免费或无经济意义的价格向单个住户提供的货物与服务,主要包括教育与保健服务。这些受益者是单个住户,因此称为个人服务而区别于一般的公共服务。

2. 实物社会福利

实物社会福利包括实物社会保险福利和实物社会救济福利,前者以住户参与且定期缴款的社会保险计划为前提,后者不受是否参与社会保险计划的限制。因此,前者是由社会保险计划提供的,后者是由社会保险计划之外的项目提供的。住户在享用实物社会福利时,可能先购买后报销,如药费、治疗费和住院费等,也可能直接享用。

实物社会转移的资金来源或者来自政府税收,或者源于社会捐赠等,而受益者为住户部门中的特定群体。从提供方式来看,住户享用的实物社会转移可能是政府或为住户服务的非营利机构通过市场购买后免费或以无经济意义的价格提供,或者由政府部门或为住户服务的非营利机构部门的非市场生产者提供,具体转移数额可由实际金额(实际购买额或产出)扣减住户的名义支出得到,或者通过报销金额直接获取。由于实物社会转移仅涉及三个机构部门,因此是政府和为住户服务的非营利机构部门的支出,是住户部门的收入,最终导致上述三个部门的可支配收入发生变化,即转化为调整后可支配收入。即:

政府及为住户服务的非营利机构部门调整后可支配收入=可支配收入-实物社会转移

住户部门调整后可支配收入=可支配收入+实物社会转移

由于实物社会转移与非金融公司和金融公司部门无关,因此两个公司部门的可支配收入直接转化为调整后可支配收入。

SNA2008 认为,实物社会转移可能发生在常住单位与非常住单位之间,如本国政府部门的医疗机构向外国住户(如游客等)提供的紧急医疗服务,本国住户也可能接受外国政府的类似服务。但在现实生活中,常住单位与非常住单位之间的实物社会转移所占比重较小,因此按惯例假定实物社会转移仅发生在常住单位之间,这意味着从经济总体来看,一国的国民可支配收入等于调整后可支配收入,但政府和为住户服务的非营利机构部门的调整后可支配收入小于可支配收入,住户部门的调整后可支配收入大于可支配收入,即两个收入总量相等,但部门分量发生了变化。

(二)实物收入再分配账户的基本形式

作为收入再分配账户的后续账户,实物收入再分配账户(见表 3-10)的起始项是可支配收入,来源方记录住户部门获取的实物社会转移收入,使用方记录政府和为住户服务的非营利机构部门的实物社会转移支出,其平衡项为调整后可支配收入。

表 3-10 经济总体的实物收入再分配账户

使 用		来 源	
实物社会转移	215	可支配总收入	1 826
调整后可支配总收入	1 826	固定资本消耗(一)	222
固定资本消耗(一)	222	可支配净收入	1 604
调整后可支配净收入	1 604	实物社会转移	215

资料来源:联合国,等.国民账户体系 2008.北京:中国统计出版社,2012.根据表 8.2 归纳整理。

尽管实物社会转移是政府和为住户服务的非营利机构部门向住户部门提供的实物转移,但应理解为政府和为住户服务的非营利机构部门的"支出"与住户部门的"收入",以确保收入分配与使用核算的一致性。因此,可将住户部门的调整后可支配收入定义为在住户部门资产负债存量不变的情况下,当期可用于实际最终消费的最大数额,这一数额不仅取决于住户部门的消费支出,而且与政府和为住户服务的非营利机构部门所提供的消费性货物与服务的价值有关。政府和为住户服务的非营利机构部门的调整后可支配收入是在部门资产负债存量不变的情况下,可用于公共实际消费的最大数额(详见收入使用核算)。尽管将实物社会转移看作"收入",但"收入"的获取者却无法按照自己的意愿自由支配,需依据提供者的意图进行消费。实物社会转移不仅体现了政策制定者、转移支出方的兴趣,而且反映了社会经济政策所希望达成的目标。

表 3-11 实物收入再分配部门综合账户

使用								交易和平衡项	来源							
合计	国外	经济总体	NPISH	住户	一般政府	金融公司	非金融公司		非金融公司	金融公司	一般政府	住户	NPISH	经济总体	国外	合计
								可支配总收入	228	25	317	1 219	37	1 826		1 826
								固定资本消耗（-）	157	12	27	23	3	222		222
								可支配净收入	71	13	290	1 196	34	1 604		1 604
215		215	31		184			实物社会转移				215		215		215
211		211	31		180			实物社会转移-非市场产出				211		211		211
4		4	0		4			实物社会转移-从市场购买产品				4		4		4
1 826		1 826	6	1 434	133	25	228	调整后可支配总收入								
1 604		1 604	3	1 411	106	13	71	调整后可支配净收入								

资料来源：联合国，等. 国民账户体系 2008. 北京：中国统计出版社，2012. 根据表 8.2 归纳整理。

由表 3-11 可知，政府和为住户服务的非营利机构部门的调整后可支配总收入分别为 133 和 6，相对其可支配总收入减少了 184 和 31；住户部门的调整后可支配总收入上升至 1 434，比其可支配总收入增加了 215，导致其变动的原因就是实物社会转移。将收入分配部门综合账户联结起来，可深入探讨各机构部门增加值、初始收入、可支配收入和调整后可支配收入的变动态势（见表 3-12）。

表 3-12 各机构部门收入分配部门的变动趋势

流量	非金融公司部门	金融公司部门	一般政府部门	住户部门	NPISH
总增加值	1 331	94	126	155	15
初始总收入	254	27	198	1 381	4
可支配总收入	228	25	317	1 219	37
调整后可支配总收入	228	25	133	1 434	6

表 3-12 表明，从总增加值到调整后可支配总收入流量的变动上，非金融公司与金融公司部门呈下降态势，这是因为成立公司的目的就是为了市场生产，并且公司是生产要素的使用者和增加值的主要创造者；又因为公司的生产目的是为其所有者获得利润或其他财务收益，因此又是生产价值的重要出让者。与公司部门相反，住户部门则呈上升

态势，因为在市场经济体制下住户部门是生产要素的主要拥有者，同时也直接从事市场生产（如住户部门中的非法人企业），当然也就成了生产价值的主要获取者。至于政府部门，其变动态势是先上升（如从收入形成环节到收入再分配环节）后下降（如实物收入再分配环节），即政府部门通过征税或强制转移的方式获取资金，导致政府部门的收入上升，但政府部门获取收入的主要目的是生产公共服务，免费或以无经济意义的价格向住户部门提供个人货物与服务以及收入再分配等，即"取之于民、用之于民"。因此，政府部门既是收入的拥有者也是收入的出让者。为住户服务的非营利机构类似于政府，只不过所获取的收入中，有相当部分来自其他部门的自愿赠予。

利用表 3-12 可以进行各种分析。若研究目的是要素收入分配格局，可测算初始收入的部门占有份额；如果研究重点是政府收入分配政策的作用则可测算可支配收入的部门占有份额；如果研究国民福利则可计算调整后可支配收入的部门占有份额。

第四节 收入使用核算

收入使用就是有关部门获得的可支配收入用于满足最终消费需要和储蓄的一种活动。从国民经济循环过程来看，经过收入的初次分配和再分配后，接下来就是收入的使用。本节主要讨论收入使用核算的基本概念以及收入使用账户的基本内容。

一、收入使用核算概述

国民经济核算体系中的收入使用是指可支配收入用于消费方面的支出，这说明收入使用核算与消费核算相关，而消费是机构单位通过货物与服务的使用以满足自身或公众需要的一种经济行为。因此，收入使用核算所需解决的问题包括消费主体、受益方、消费结构和消费目的的明确，以及消费与收入的关系等等。

由于人类经济活动的最终目的就是满足住户以及社会公众的各种欲望，因而收入使用核算具有特别重要的意义。依据 SNA2008 的诠释，非金融公司和金融公司没有消费功能，所购买的货物与服务或者用于中间消耗、资本形成，或者用于实物报酬。因此，其可支配收入直接转化为储蓄，收入使用的主体仅为住户、政府和为住户服务的非营利机构。值得一提的是，SNA1993 将为住户服务的非营利机构部门划分为会员型非营利机构和慈善救济类非营利机构两个子部门，事实上假定了为住户服务的非营利机构部门以实物社会转移的方式向单个住户提供了货物与服务，故具有最终消费支出却不具有实际最终消费的功能。但在 SNA2008 中，新增了提供公共服务的非营利机构子部门（如无偿提供成果的研究机构和环保组织等），这一处理意味着为住户服务的非营利机构同时兼具最终消费支出与实际最终消费的功能。

此外，各消费主体消费流量的大小还取决于消费核算的标准：若以消费物的购销行为为标准进行核算，所得到的流量为最终消费支出；若以消费物的实际获得为标准进行核算，所得到的流量是实际最终消费。机构部门实际获取的消费物与通过购销行为所得到的消费物，其价值大小一般是不同的，这一差异主要体现在住户与政府、为住户服务的非营利机构之间。当然，最接近实际生活的消费概念是使用，但从获取到使用仅仅对货物消费是有意义的，而从服务角度来看没有多大的实际价值，因此收入使用核算通常由"支出"和"获得"入手测算消费流量。

以上分析可知，收入使用核算应特别关注收入与消费的关系。例如，可支配收入是在资产负债存量不变的情况下，当期可用于最终消费支出的最大数额；调整后可支配收入是在资产负债存量不变的情况下，当期可用于实际最终消费的最大数额。两种不同的收入概念对应两种不同的消费概念。因此，收入使用核算有必要设置两个并列的账户来反映可支配收入和调整后可支配收入的使用，即可支配收入使用账户和调整后可支配收入使用账户，这两个账户分别与收入再分配账户和实物收入再分配账户保持衔接关系。

二、收入使用账户

（一）收入使用流量指标

机构单位获得相应收入后进入消费或投资环节，即收入使用环节。在该环节设置的主要流量及平衡项指标如下：

1. 最终消费支出

最终消费支出是常住机构单位为购买消费性货物与服务而发生的支出，是按支出衡量的消费流量。从消费的主体来看，具体可分为住户个人消费支出和政府、为住户服务的非营利机构的公共消费支出。

（1）个人消费支出。个人消费是住户个人为满足自己的需要和欲望而形成的消费，是依据最终承担支出的原则所定义的消费流量，并且是消费总量的主要组成部分。在分类上，SNA2008将住户个人消费区分为14个主要类别（按个人消费目的分类，COICOP），包括食品和非酒精饮料；酒精饮料、烟草和麻醉品；服装和鞋类；住房、水、电、气和其他燃料；家具、家用设备和家庭日常维修；健康；运输；通信；娱乐和文化；教育；餐饮和住宿；其他货物和服务；NPISH的个人消费支出；一般政府的个人消费支出等。依据消费性货物的使用次数与年限的不同还可将其区分为耐用与非耐用消费品，其中耐用消费品是指在一年以上的时期内可反复或连续使用的货物，反之则为非耐用消费品。

在住户个人消费支出核算中，应注意以下问题：

① 消费支出与中间消耗的区别。尽管两者均为货物与服务的使用，但中间消耗是生产过程中的使用，消费是非生产过程中的使用。因此，应特别关注拥有非法人企业的住户支出，尤其当某一货物与服务既可用于生产经营又可用于最终消费时需特别慎重，如家用汽车既可用于生产运输也可用于生活娱乐，因此对汽油的消耗，前者属于中间消耗，后者属于消费支出。此外，如果购买诸如车辆、家具或电子设备等耐用消费品时，若用于生产经营目的则属于固定资本形成，反之则属于最终消费。至于住房是生产住房服务的货物，贵重物品是保值增值的货物，并不像消费品那样被消费掉，因此不应计入最终消费支出而应计入资本形成。

② 个人消费支出既包括实际购买支出，也包括虚拟购买支出。如易货交易、实物报酬、自产自用的货物与服务、自有住宅提供的住房服务、付酬家庭雇员提供的个人服务和金融中介服务等。

③ 住户在获取汽车、船只或飞机的保有或使用牌照，以及狩猎、射击或钓鱼许可证方面的支出均作为税收处理；反之，若领取其他种类的牌照、许可证、证书、护照等花费的支出作为服务购买而计入住户部门的消费支出。

（2）公共消费支出。公共消费是政府和为住户服务的非营利机构所提供的由全社会共同享用的消费。按"政府职能分类（COFOG）"，政府部门公共消费包括：一般公共服务；国防；公共秩序和安全；经济事务；环境保护；住房和社区设施；卫生；娱乐、文化和宗教；教育和社会保障等服务。按"为住户服务的非营利机构目的分类（COPNI）"，为住户服务的非营利机构公共消费包括：住房；卫生保健；娱乐和文化；教育；社会保障；宗教；政治团体、劳工和专业组织提供的服务等。与个人消费不同的是，公共消费的消费物只是服务，无法经由市场交易获得，所需的资金来源于政府税收、捐赠、财产收入和其他来源。

不论是 COFOG 还是 COPNI，其中的教育、医疗保健、社会保险和福利、体育与娱乐、文化等消费物，其受益对象是住户部门中的某类人群，如接受救济的灾民、生活困难的住户或者接受义务教育的学生等，因此可将这一部分消费支出称为用于住户个人的公共消费支出，即住户个人获取了消费物，但政府或为住户服务的非营利机构承担支出，这一支出与收入再分配中的实物社会转移相对应。扣除用于住户个人的公共消费支出之后所余下的部分包括国防、公共秩序和安全、公共卫生的维护和环境保护等方面的支出，其受益对象为全体社会成员，因此这一部分公共消费支出被称为用于公共服务的公共消费支出。至于公共消费支出的提供方式，主要包括市场购买后免费提供，以及政府和为住户服务的非营利机构自己生产，然后将该非市场产出免费或以无经济意义的价格提供给住户或者社会公众。可以看出，这些提供方式与实物社会转移非常相似。

2. 实际最终消费

基于支出的消费核算，其不足之处在于住户部门获取的消费物，对应的支出主体不仅包括住户而且涉及政府和为住户服务的非营利机构，而承担最终支出的部门并不一定就是消费物的实际获取部门。实际最终消费是常住机构单位最终获取的消费物的价值，即按"获得标准"核算的消费流量。与消费支出类似，实际最终消费也可区分为个人实际消费与公共实际消费两个分量。

个人实际消费指住户个人实际获取的消费物价值，因此不仅包括通过个人消费支出获取的消费物，而且包括与实物社会转移相对应的用于住户个人的最终消费支出的价值。

公共实际消费是指社会公众获取的消费物价值，等于公共消费支出减去用于住户个人的公共消费支出（或实物社会转移），也就是用于公共服务的公共消费支出。因此，从宏观上看，最终消费支出与实际最终消费总额相等，差别体现在分量上，即住户实际消费大于住户消费支出，公共实际消费小于公共消费支出，之间的差额就是用于住户个人的公共消费支出。

3. 住户养老金权益变化的调整

住户养老金权益变化的调整是一个调整项，等于住户向养老金计划缴纳的社会缴款加上由属于投保人的财产收入引致的追加缴款，减去相关服务费用和由养老金计划支付的养老金（即社会保险福利）。

SNA2008 认为，养老金计划所持有的养老准备金本质上是住户的金融资产，是养老金计划的负债，因此，其变动及存量应该分别计入金融账户和资产负债表中。但国民经济核算为了更有效地分析住户部门的收入情况，同时又将住户对养老金计划的缴款和从养老金计划获取的养老金处理为社会缴款与社会福利，计入了收入再分配账户，作为经常转移必将影响住户部门的可支配收入。为了使整体核算保持一致，SNA2008 在收入使用账户中进行了冲抵处理，即在住户部门加上养老金权益变化的调整，同时在养老金计划所在部门进行反向调整，以冲抵收入再分配账户中的相应流量。如此处理之后，似乎养老金计划的社会缴款和社会福利没有发生，相关的流量仍然记录在金融账户当中。

4. 储蓄

可支配收入用于消费后的余额就是储蓄。它是收入使用账户的平衡项，即可支配收入或调整后可支配收入没有用于消费的结余，具体为：

储蓄＝可支配收入－最终消费支出

储蓄＝调整后可支配收入－实际最终消费

通过以上两种方式计算的储蓄结果是一致的。以住户部门为例，其调整后可支配收入等于可支配收入加上实物社会转移,其实际最终消费等于最终消费支出加上用于住户个人的公共消费支出,而实物社会转移与用于住户个人的公共消费支出数额相等。因此,两种方式计算的储蓄结果相同,同样可理解政府部门和为住户服务的非营利机构部门的储蓄。至于非金融公司和金融公司部门,由于没有消费功能,其最终消费支出和实际最终消费均为0,其可支配收入或调整后可支配收入直接转化为储蓄。

储蓄的经济意义在于:若储蓄为正,说明该部门存在未用完的收入,因此可用于增加非金融或金融资产,或者减少本部门的负债;若储蓄为负,意味着本部门的可支配收入尚无法满足消费的资金需求,必然会通过减少资产或增加负债来筹措资金以满足当期的消费。储蓄将收入使用账户与资本账户联结起来,从更宏观的角度来看,将经常账户与积累账户联系起来,因而成为经济分析的重要切入点。

(二)可支配收入使用账户

可支配收入使用账户描述可支配收入在最终消费支出和储蓄之间的分配。其起始项是可支配总收入,源于收入再分配账户的平衡项,使用方记录最终消费支出,储蓄作为平衡项记录在最终消费支出的下方(见表3-13),最终消费支出包括个人消费支出和公共消费支出两个分量,与前述平衡项一样,储蓄也有总额与净额之分。此外,账户左右两方还包括养老金权益变化调整这一调整项,也同样可见于调整后可支配收入使用账户。

表3-13 经济总体的可支配收入使用账户

使　　用		来　　源	
最终消费支出	1 399	可支配总收入	1 826
个人消费支出	1 230	固定资本消耗(一)	222
公共消费支出	169	可支配净收入	1 604
养老金权益变化调整	11	养老金权益变化调整	11
总储蓄	427		
固定资本消耗(一)	222		
净储蓄	205		

资料来源:联合国,等. 国民账户体系2008. 北京:中国统计出版社,2012. 根据表9.1归纳整理。

将各部门可支配收入使用账户归集在一起即形成可支配收入使用部门综合账户(见表3-14)。只有住户、政府和为住户服务的非营利机构部门有消费支出,非金融公司和金融公司部门的可支配收入才可直接转化为储蓄,因而对这两个部门而言,可支配收入使用账户是一个虚设账户,同样可理解调整后可支配收入使用账户。

表 3-14　可支配收入使用部门综合账户

使用								交易和平衡项	来源							
合计	国外	经济总体	NPISH	住户	一般政府	金融公司	非金融公司		非金融公司	金融公司	一般政府	住户	NPISH	经济总体	国外	合计
								可支配总收入	228	25	317	1 219	37	1 826		1 826
								固定资本消耗（－）	157	12	27	23	3	222		222
								可支配净收入	71	13	290	1 196	34	1 604		1 604
1 399		1 399	32	1 015	352			最终消费支出								
1 230		1 230	31	1 015	184			个人消费支出								
169		169	1		168			公共消费支出								
11	0	11	0		0	11	0	养老金权益变化调整				11		11	0	11
427		427	5	215	−35	14	228	总储蓄								
205		205	2	192	−62	2	71	净储蓄								

资料来源：联合国，等．国民账户体系 2008．北京：中国统计出版社，2012．根据表 9.1 归纳整理。

调整后可支配使用账户（见表 3-15）的起始项源于实物收入再分配账户的平衡项，使用方记录实际最终消费，包括个人实际消费与公共实际消费两个分量，与可支配收入使用账户一样，其平衡项为储蓄。由于 SNA2008 界定为住户服务的非营利机构部门既能提供个人货物与服务也能提供公共服务，因而与政府一样也具有实际最终消费的功能。

表 3-15　经济总体的调整后可支配收入使用账户

使用		来源	
实际最终消费	1 399	调整后可支配总收入	1 826
个人实际消费	1 230	固定资本消耗（－）	222
公共实际消费	169	调整后可支配净收入	1 604
养老金权益变化调整	11	养老金权益变化调整	11
总储蓄	427		
固定资本消耗（－）	222		
净储蓄	205		

资料来源：联合国，等．国民账户体系 2008．北京：中国统计出版社，2012．根据表 9.2 归纳整理。

将调整后可支配收入使用部门综合账户（见表 3-16）与可支配收入使用部门综合账户对比可知，住户、一般政府和为住户服务的非营利机构部门在收入与消费方面的差异是相同的。例如住户部门：

调整后可支配收入－可支配收入＝1 434－1 219＝215，即住户部门应收的实物社会转移；

个人实际消费－个人消费支出＝1 230－1 015＝215，即用于住户个人的公共消费支出。

又如一般政府部门：

调整后可支配收入－可支配收入＝133－317＝－184，即政府部门应付的实物社会转移；

公共实际消费－公共消费支出＝168－352＝－184，即政府部门用于住户个人的公共消费支出。

再如为住户服务的非营利机构部门：

调整后可支配收入－可支配收入＝6－37＝－31，即为住户服务的非营利机构部门应付的实物社会转移；

公共实际消费－公共消费支出＝1－32＝－31，即为住户服务的非营利机构部门用于住户个人的公共消费支出。

由此可知，两个账户所描述的住户、政府和为住户服务的非营利机构部门在消费方面的差异就是收入方面的差异，而这一差异体现了一国住户所享用的福利水平的高低。例如，对住户部门的实际最终消费进行分解对比，得出个人消费支出与用于住户个人的公共消费支出的比值为1 015∶215＝4.72∶1，即该经济体的住户部门所获取的4.72个单位的消费物中，就有1个单位的消费物是政府或为住户服务的非营利机构部门提供的。将这一比值进行静态或动态分析，一方面可以反映各经济体在福利水平方面的差异，另一方面可以折射一国福利政策的变动态势。相对最终消费支出而言，实际最终消费能够更完整地描述住户的生活水平，尤其是那些实施高福利政策的国家。因此，调整后可支配收入使用账户提供了更多的消费与福利信息。

表 3-16 调整后可支配收入使用部门综合账户

使用							交易和平衡项	来源						
合计	国外	经济总体	NPISH	住户	一般政府	金融公司	非金融公司		非金融公司	金融公司	一般政府	住户	NPISH	经济总体	国外	合计
								调整后可支配总收入	228	25	133	1 434	6	1 826		1 826
								固定资本消耗（－）	157	12	27	23	3	222		222
								调整后可支配净收入	71	13	106	1 411	3	1 604		1 604
1 399		1 399	1	1 230	168			实际最终消费								
1 230		1 230		1 230				个人实际消费								
169		169	1		168			公共实际消费								
11	0	11	0	0	0	11	0	养老金权益变化调整				11		11	0	11
427		427	5	215	－35	14	228	总储蓄								
205		205	2	192	－62	2	71	净储蓄								

资料来源：联合国，等. 国民账户体系 2008. 北京：中国统计出版社，2012. 根据表 9.2 归纳整理。

第五节　收入分配与使用核算数据的应用分析

收入分配与使用核算的应用分析一般侧重于结构分析，如部门占有结构、各种分配性流量结构以及各种使用结构等。其数据可以来源于账户体系，也可以来源于本书第四章的资金流量表。本节的分析基于前述账户体系的相关数据。

一、收入分配的结构分析

（一）收入分配的部门占有结构

收入分配的部门占有结构又称为收入分配主体结构，指各机构部门所获取的收入占国民经济总收入的份额，如各机构部门的总增加值、初始总收入、可支配总收入、调整后可支配总收入占国内生产总值、国民总收入、国民可支配总收入以及调整后国民可支配总收入的比重，其计算公式为：

$$部门收入份额 = \frac{部门收入}{国民经济该项收入总量} \times 100\%$$

表 3-17　收入分配的部门占有结构　　　　　　　　　　　　单位：%

份　　额	非金融公司部门	金融公司部门	一般政府部门	住户部门	NPISH
总增加值	77.34	5.46	7.32	9.01	0.87
初始总收入	13.63	1.45	10.62	74.09	0.21
可支配总收入	12.49	1.37	17.36	66.76	2.02
调整后可支配总收入	12.49	1.37	7.28	78.53	0.33

依据表 3-12 可分别计算各机构部门的收入占有结构，结果见表 3-17。在总增加值的构成中，非金融公司的贡献超过 3/4；住户部门获得了初始总收入的接近 3/4 的比例，经过再分配，在可支配收入中的份额减少至 2/3，经过实物收入调整，在调整后可支配收入中的份额增加至 78.53%。

若进一步测算机构部门内各子部门的收入分配份额，即可得到规模分配格局，如一般政府部门中的中央政府、省级政府和地方政府的收入分配格局；住户部门中的雇主、自雇工作者、雇员与财产收入和转移收入接受者的收入分配格局等。

也可在表 3-17 的基础上对机构部门进行整合（见表 3-18）。如将非金融公司与金融公司部门合并为企业部门，将一般政府与为住户服务的非营利机构部门合并为政府部门。尽管国民经济核算体系将为住户服务的非营利机构单列为一个机构部门，但各国基于本国的国情可能有不同的处理,如《中国国民经济核算体系(2002)》将为住户服务的非营利机构并入政府部门,而《中国国民经济核算体系(2016)》中则单独设置了为住户服务的非营利机构部门;还有一些国家因该部门的规模较小以及与住户部门的密切关系而将其并入住户部门。若将为住户服务的非营利机构并入一般政府部门,则可进一步描述国家、集体和个人之间的收入分配格局,动态考察还可反映分配政策变化引致的格局变动态势。

表 3-18 收入分配的部门占有结构　　　　　　　　　　　单位:%

份　　额	企业部门	政府部门	住户部门
总增加值	80.20	8.19	9.01
初始总收入	15.08	10.83	74.09
可支配总收入	13.86	19.38	66.76
调整后可支配总收入	13.86	7.61	78.53

(二)收入分配的渠道结构

收入分配的渠道指不同的分配手段,如收入初次分配中的雇员报酬、生产税净额和财产收入。在收入分配的渠道结构分析中,分别测算部门初次分配的支出流量占部门增加值的比重,以及部门再分配的支出流量占部门初始收入的比重,可反映各种分配手段所起作用的强弱程度,进而为宏观调控政策的制定以及分配格局的调整提供数据基础。

在收入初次分配中,渠道结构的分析指标如下:

(1)雇员报酬分配系数,即各机构部门应付雇员报酬占本部门增加值比重;

(2)生产税分配系数,即各机构部门应付生产税净额占本部门增加值比重;

(3)营业盈余分配系数,即各机构部门营业盈余占本部门增加值比重;

(4)财产收入分配系数,即各机构部门应付财产收入占本部门增加值比重。

财产收入分配系数与其他分配系数的不同之处在于:支付的财产收入不一定完全来自本部门的增加值,因此该指标是一个强度相对数而非结构相对数。

在收入再分配中,渠道结构的分析指标包括:

(1)现期所得税等再分配系数,即各机构部门应付(应收)的现期所得税等与本部门初始收入的比值;

(2)社会缴款再分配系数,即各机构部门应付(应收)的社会缴款与本部门初始收入的比值;

(3)社会福利再分配系数,即各机构部门应付(应收)的社会福利与本部门初始收入的比值;

(4) 其他经常转移再分配系数,即各机构部门应付(应收)的其他经常转移与本部门初始收入的比值。

表 3-19 依据收入再分配账户的数据测算了再分配系数,均以支出流量(使用方数据)计算。从经济总体来看,社会福利与社会缴款的再分配系数较大,其调节作用较强,是非常重要的再分配手段。此外,收入分配核算的应用分析还包括公平程度分析,如洛伦兹曲线、基尼系数和财富分配系数等。

表 3-19 收入再分配的渠道结构分析

流量		非金融公司	金融公司	一般政府	住户	NPISH	国民经济
初始净收入		97	15	171	1 358	1	1 642
现期所得税等		24	10	0	178	0	212
社会缴款					333		333
社会福利		62	205	112	0	5	384
其他经常转移		12	62	136	71	2	283
系数(%)	现期所得税等	24.74	66.67		13.11		12.91
	社会缴款				24.52		20.28
	社会福利	63.92	1 366.67	65.50		500	23.39
	其他经常转移	12.37	413.33	79.53	5.23	200	17.24

二、收入使用的结构分析

收入使用指可支配收入中最终消费支出与储蓄之间的分配,或者在调整后可支配收入中实际最终消费与储蓄之间的分配,其结构分析指标包括:

$$消费率 = \frac{最终消费支出}{可支配收入} \times 100\% \quad 或 \quad 消费率 = \frac{实际最终消费}{调整后可支配收入} \times 100\%$$

$$储蓄率 = \frac{储蓄}{可支配收入} \times 100\% \quad 或 \quad 储蓄率 = \frac{储蓄}{调整后可支配收入} \times 100\%$$

在上述指标的计算中,要注意以下几点:

一是收入与消费指标的概念要对应。如最终消费支出对应可支配收入,实际最终消费对应调整后可支配收入。若分析目的侧重于费用承担宜选择最终消费支出,若为实际获取的消费物则应选用实际最终消费。

二是分母的选择。即不论是可支配收入还是调整后可支配收入,均可选择总额或净额,但只有选择同一口径的分母时消费率与储蓄率才可能形成互补关系。

由于储蓄也有总额与净额之分,因此储蓄率的计算应保持分子分母的对应关系。从长期来看，一经济体的储蓄水平高低必将影响其资产存量的多寡，进而决定其未来的生产水平。若储蓄率较低，增加的资本存量较少，国民生产将在某个低水平上运行；若储蓄率较高，则增加的资本存量较多，国民生产将在某个较高的水平上运行。

表 3-20 收入使用的结构分析

流量	非金融公司	金融公司	一般政府	住户	NPISH	国民经济
可支配总收入	228	25（-11）	317	1219（+11）	37	1826
最终消费支出	—	—	352	1015	32	1399
总储蓄	228	14	-35	215	5	427
消费率（%）	—	—	111.04	82.52	86.49	76.62
储蓄率（%）	100.00	100.00	-11.04	17.48	13.51	23.38
调整后可支配总收入	228	25（-11）	133	1434（+11）	6	1826
实际最终消费	—	—	168	1230	1	1399
总储蓄	228	14	-35	215	5	427
消费率（%）	—	—	126.32	85.12	16.67	76.62
储蓄率（%）	100.00	100.00	-26.32	14.88	83.33	23.38

表 3-20 依据收入使用核算的数据资料测算了该经济体各机构部门的消费率与储蓄率。在计算金融公司与住户部门的消费率与储蓄率时，首先对两个部门的可支配总收入与调整后可支配总收入进行调整，即在住户养老金权益变化的基础上，将金融公司部门的可支配总收入调整为 14（25-11），住户部门的可支配总收入调整为 1 230（1 219+11），这一处理使金融公司与非金融公司一样，其储蓄率均为 100%。

观察可知，不同部门的消费率和储蓄率差别较大，如政府部门的消费率超过了 100%，故其储蓄率为负数，表明政府部门当期的可支配收入无法满足最终消费的资金需求，需通过减少资产或发生负债来维持当前消费。从国民经济总体来看，其消费率为 76.62%，低于一般政府、住户和为住户服务的非营利机构部门的消费率（依据可支配收入计算）；由于两个公司部门的消费率均被处理为 0，因此，国民经济总体的消费率实质上就是各机构部门消费率的加权平均。令 C 为经济总体的消费率，c_i 为各机构部门的消费率，q_i 为各机构部门的可支配总收入，则：

$$C = \frac{\sum_{i=1}^{n} c_i q_i}{\sum_{i=1}^{n} q_i} = \sum_{i=1}^{n} c_i \frac{q_i}{\sum_{i=1}^{n} q_i}$$

上式表明，国民经济总体的消费率不仅与各机构部门的消费率水平有关，而且与可支配收入的部门构成有关。若一般政府、住户和为住户服务的非营利机构部门的可支配收入份额越高，则经济总体的消费率水平亦越高；若两个公司部门的可支配收入比重越大，则国民经济总体的储蓄率越高，说明可通过可支配收入的部门占有结构调整来提高或降低一国的消费率。此外，还可计算住户部门的消费结构，即核算住户家庭或个人消费中各类消费支出占住户消费支出的比重。其中，食品消费支出所占比重即为国际通行的恩格尔（E. Engel）系数，其计算公式为：

$$\text{恩格尔系数} = \frac{\text{食品消费支出}}{\text{居民消费支出总额}} \times 100\%$$

研究表明，住户的收入水平越低，则食品类支出所占的比重越大，或恩格尔系数越高。从宏观上看，一个国家越贫穷，其恩格尔系数越高，反之越低，此即著名的恩格尔定律。在住户消费支出中，食品类支出具有较为明显的刚性，其变动速度一般慢于收入与消费总量的变动速度。当住户收入和消费水平提高时，恩格尔系数一般会呈现下降态势。国际上将恩格尔系数在 60%以上定义为生活贫困，50%—60%为温饱，40%—50%为小康水平，30%—40%为富裕水平，30%以下为最富裕。

思 考 题

1. 简述收入分配与使用核算的思路与框架，它与生产核算的关系是什么？
2. 什么是混合收入？它与雇员报酬和营业盈余相比有何区别与联系？
3. 简述初始收入分配账户的基本结构及其与收入形成账户的联系与区别。
4. 简述财产收入及其类别。
5. 简述国民总（净）收入与国内生产总（净）值的联系与区别。
6. 什么是转移？经常转移的内容包括什么？
7. 简述现金转移与实物转移在记账方式上的区别。
8. 什么是社会缴款与社会福利，各有哪些表现形式？
9. 什么是实物社会转移？与可支配收入及调整后可支配收入的关系如何？
10. 什么是最终消费支出与实际最终消费，两者之间的关系如何？
11. 什么是可支配收入？如何计算国民可支配收入？
12. 什么是个人消费与公共消费？
13. 简述储蓄及其经济含义。

练 习 题

一、填空题

1．收入分配核算以_____为核算对象，以_____为核算起点，包括_____和_____两个层次，前一层次形成初始收入，而后一层次形成_____。

2．机构单位或因参与生产过程或将资产交由生产者支配而获得收入，并以_____、生产税净额、营业盈余、_____等收入形式体现初始收入或初始收入的结构与水平。

3．初始收入分配环节所涉及的各种收支活动均以参与_____活动为依据，因此它是一种_____收入。

4．发生在收入初次分配环节的经济交易多为_____，而发生在收入再分配环节的经济交易属于_____，表明收入分配不同环节体现了不同的价值取向。

5．国民经济核算中区分了两种类型的转移，一种是_____，另一种是_____。

6．在收入再分配核算中，经常转移主要区分为_____、_____、_____等不同收支流量。

7．国民总收入（GNI）和国内生产总值（GDP）的含义截然不同，前者度量_____，后者度量_____。从核算关系上看，GNI＝GDP＋_____。

8．可支配收入对应最终消费支出，调整后可支配收入对应的消费概念则是_____。从特定部门（主要是政府部门和住户部门）看，两个可支配收入概念和两个最终消费概念之间并不相等，其间差别在于_____。

9．不论是可支配收入还是调整后可支配收入，扣除最终消费支出或实际最终消费之后的节余部分均为_____，成为积累的自有资金来源。

10．按国民经济核算的文本诠释，公司购买的货物与服务或者用于中间消耗，或者提供给雇员作为实物报酬，自身没有_____，其可支配收入直接转化为储蓄。

11．在收入分配与使用核算中，按流程设置的账户分别是_____、_____和_____。

12．实物交易核算时采用_____的方式，即依据实物在市场上的交易价格或类比价格估算其价值。同时在交易记录时采用_____的方式，体现其交易的经济关系。

13．与收付实现制不同，权责发生制会产生应收、应付流量，而这些流量体现在_____核算内容中。

14. 地租包括_____地租以及_____地租两个分项。
15. 由于为住户服务的非营利机构属于非市场非营利机构，因此其营业盈余规定为_____。

二、单项选择题

1. 从增加值到原始收入，占有份额明显加大的部门是（   ）。
   A. 非金融企业   B. 金融机构
   C. 政府   D. 住户
2. 下列经济行为属于收入分配内容的是（   ）。
   A. 单位为员工缴纳社会保障款项   B. 购买固定资产
   C. 购买消费品   D. 出售价格上涨的股票
3. 当一国国民可支配收入大于国民总收入时影响因素是（   ）。
   A. 对国外净劳务输出增多   B. 对外投资规模扩大
   C. 来自国外的资本转移   D. 接受来自国外的经常转移
4. 下列关于储蓄的说法中不正确的是（   ）。
   A. 储蓄＝可支配收入－最终消费支出
   B. 储蓄＝调整后可支配收入－实际最终消费
   C. 储蓄额＝资本形成总额＋资本转移净额
   D. 总储蓄＋资本转移净额－资本形成总额＝净贷出/净借入
5. 下列不属于财产收入的是（   ）。
   A. 利息   B. 房屋租金
   C. 外资企业的再投资收益   D. 红利
6. 在收入分配核算中，下列总量平衡关系正确的是（   ）。
   A. 原始收入余额＝初次分配收入－初次分配支出
   B. 国民总收入＝国内生产总值＋来自国外的净原始收入
   C. 储蓄＝原始收入余额－最终消费
   D. 可支配收入＝增加值＋经常转移净额
7. 国民收入再分配的方式不包括（   ）。
   A. 所得、财产等经常税   B. 社会缴款
   C. 企业处置固定资产   D. 社会福利
8. 可支配总收入与可支配净收入两者之差是（   ）。
   A. 固定资本消耗   B. 调整后可支配收入
   C. 实物社会转移   D. 资本转移

9. 下列表述不正确的是（ ）。
   A. 从一国经济总体看，国民可支配收入＝国民调整后可支配收入
   B. 企业部门的调整后可支配收入＝可支配收入－实物社会转移
   C. 政府部门的调整后可支配收入＝可支配收入－实物社会转移
   D. 住户部门的调整后可支配收入＝可支配收入＋实物社会转移

10. 下列项目中不属于经常转移的是（ ）。
    A. 所得税等经常税   B. 寿险保费与索赔
    C. 社会救济福利   D. 社会保障缴款

三、多项选择题

1. 下列属于收入分配和使用核算范围的有（ ）。
   A. 农民自产自用的粮食
   B. 自给性家务劳动中所耗用的材料
   C. 股票交易中所获得的红利
   D. 企业向学校的捐款
   E. 野生动植物的生长变化

2. 收入分配核算的对象包括（ ）。
   A. 货物和服务交易
   B. 收入初次分配交易
   C. 收入使用交易
   D. 收入再分配交易
   E. 金融交易

3. 下列项目中属于劳动者报酬的是（ ）。
   A. 对员工支付奖金和津贴
   B. 为员工缴纳的保险金
   C. 发放给部分员工的困难补助
   D. 提取的住房公积金
   E. 发放给职工的购物卡

4. 下列项目中属于收入分配从而计入可支配收入的有（ ）。
   A. 劳动收入
   B. 经常性转移收入
   C. 财产收入
   D. 处置财产所得的款项
   E. 持有资产获得的收益

5. 下列项目中属于财产收入的是（   ）。
   A. 利息红利
   B. 企业出售厂房获得的收入
   C. 企业出租厂房获得的租金
   D. 政府拍卖土地使用权（70年）所获得收入
   E. 保险专门准备金的投资收益
6. 区分资本转移和经常转移的标准有（   ）。
   A. 如果转移的对象是资产，则为资本转移，否则为经常转移
   B. 规模大、频率低、无规律的往往是资本转移
   C. 资本转移的对象不包括实物，都是现金
   D. 只影响接受转移一方的投资水平，而不影响其消费水平的是资本转移
   E. 即使转移的对象本身不是资产，但只要接受转移一方以形成资产为目的使用所获得的转移，也应归入资本转移
7. 下列关于收入形成账户表述正确的是（   ）。
   A. 描述与生产过程直接相关的收入分配活动
   B. 其起始项是由生产账户结转而来的增加值
   C. 账户的平衡项是营业盈余或混合收入
   D. 体现了新创造价值在政府、企业和个人之间的分配态势
   E. 不论起始项还是平衡项，均有总额与净额之分
8. 根据收入分配核算原理，下列说法正确的是（   ）。
   A. 资本转移一般只影响交易者的投资水平而不是消费水平，因此属于非金融投资资金筹集核算的内容
   B. 政府在社会保障中充当中介，使收入从经济有保障者手中转移到经济无保障者手中，因此属于收入再分配核算的内容
   C. 各部门的非金融投资汇总到国民经济层次上即为本期资本形成
   D. 个人消费支出是指购买消费性货物和服务所花费的支出，因此是货币性支出
   E. 经常转移是在交换前提下发生的收入分配，因此属于收入初次分配核算的内容
9. 下列等式中可以成立的是（   ）。
   A. 调整后的可支配收入－实物社会转移＝可支配收入
   B. 公共消费支出－公共实际消费＝个人实际消费－个人消费支出
   C. 总储蓄＋资本转移净额＝非金融投资＋净金融投资
   D. 国民总收入＋来自国外的经常转移收入净额＝国民可支配收入
   E. 总储蓄＋最终消费＝国民可支配收入

10. 下列关于国内生产总值与国民总收入之间关系的说法中正确的是（　　）。
    A．GNI＝GDP＋来自国外的初次收入净额
    B．对于一个封闭经济体而言，GDP＝GNI
    C．GNI衡量收入水平，GDP衡量生产能力
    D．GDP是一国范围内常住单位当期所创造增加值的总和
    E．GNI是一经济体当前从国内生产和国外生产中获得的生产性收入总额

四、判断题

1. 收入形成核算就是收入分配核算，它直接反映了各机构部门获得的收入。（　　）
2. 劳动者报酬不仅包括工资、奖金、社会保障缴款以及其他劳务收入，还包括劳动者接受的困难补助、救济等收入。（　　）
3. 产生财产收入的资产只是让渡了使用权，没有转移所有权，因此不影响资本存量。（　　）
4. 收入使用核算中的储蓄项目，就是日常生活中所说的"储蓄存款"。（　　）
5. 金融中介机构从借款方收取的利息收入中包含了隐含的服务收费，向存款方支付的利息收入已经扣除了隐含的服务收费，因此，不能简单地将金融中介机构的实际利息收入或支付作为财产收入获得和支付记录。（　　）
6. 对于发达国家，一般GNI大于GDP，而发展中国家则相反，GNI小于GDP。（　　）
7. 某居民从银行中提取储蓄存款1500元，应计入当期的收入分配与使用核算。（　　）
8. 国民经济核算与会计核算有很多相通之处。比如，国民经济核算中的劳动者报酬可以等同于会计核算中的应付工资。（　　）
9. 某企业出租机器设备，由于机器设备是该企业的固定资产，因此其租金应记为财产收入。（　　）
10. 所得税收入是政府提供公共服务的重要资金来源，但是缴纳所得税与享受公共服务之间没有必然的数量关系，因此所得税不应作为与公共服务的交换行为看待，而应视为经常转移。（　　）
11. 从经济总体来看，收入初次分配与再分配有着严格的时间先后顺序。（　　）
12. 进行收入分配与使用分析的单位是机构单位而不是基层单位。（　　）
13. 增加值指标一般设置在收入形成账户的使用方。（　　）
14. 可支配收入指标设置在收入再分配账户的使用方。（　　）

15. 机构单位或部门在收入初次分配中所获取的初始收入经过收入再分配的收支调整后转化为可支配收入。   ( )

五、计算题

1. 已知企业增加值 360 亿元，支付劳动报酬 120 亿元，支付生产税 20 亿元，政府生产补贴 0.4 亿元，上缴政府所得税 60 亿元，支付财产收入（包括分红、利息等）40 亿元，补贴医疗、食堂、学校等相关部门 10 亿元，支援灾区捐款 0.2 亿元，国库券兑现收入 20 亿元，利息收入 2.6 亿元。

要求计算企业部门的初始收入和可支配收入。

2. 已知住户部门的相关资料如下：

相关收入资料：营业盈余和混合收入为 840 亿元，劳动报酬 1 116 亿元，储蓄利息收入 136 亿元，国库券兑现收入 126 亿元，其中利息收入 14 亿元，其他债券、股票利息和红利收入 10 亿元，政府救济收入 6 亿元，从企业获得各种免费实物折价 3 亿元；

相关支出资料：上缴所得税 10 亿元，最终消费支出 1 520 亿元，支付社会保险缴款 10 亿元，其他罚没支出 2 亿元。

要求据此计算住户部门的初始收入、可支配收入和总储蓄。

3. 已知某国当年国内生产总值 2 708 亿元，对国外支付雇员报酬 4 亿元，支付财产收入 76 亿元，支付经常性转移 78 亿元，来自国外的雇员报酬 12 亿元，财产收入 126 亿元，所得税 2 亿元，其他经常转移收入 18 亿元，又知该国该时期最终消费支出 2050 亿元。

要求据此计算

（1）该时期该国国民总收入和国民可支配总收入；

（2）消费率和储蓄率。

4. 已知某一时期居民消费率为 75%，政府消费率为 90%，又知该时期可支配收入中，非金融公司和金融机构为 1 800 亿元，住户为 5 000 亿元，政府为 1 600 亿元。试计算整个经济的消费率和储蓄率。假定可支配收入的部门占有份额有变化，分别为企业的金融机构占 30%，政府占 20%，居民占 50%，则整个经济的消费率将为多少？计算条件和结果的变化说明了什么？

第四章 资本形成与金融交易核算

国民可支配收入中除去满足最终消费需要以后的剩余部分则为各部门的储蓄，储蓄的使用去向主要用于投资，国民经济核算通过设置积累账户对投资过程予以反映。由于投资有非金融投资和金融投资之分，积累账户体系中又具体设置资本账户和金融账户两个子账户分别对非金融投资和金融投资进行核算，在 SNA2008 中对应于资本形成核算和金融交易核算。

第一节 资本形成与金融交易核算的基本问题

各机构单位通过经济交易获得或处置生产资产的行为，在国民经济核算中称为资本形成，主要反映经济过程中用于积累从而增加生产资产的货物和服务价值。而金融交易是指常住单位之间、常住单位与非常住单位之间发生的能引起金融资产所有权变化的交易。本节主要介绍经济资产的概念及种类、资本形成的概念及核算原则、金融交易的概念及核算原则。

一、经济资产的概念及种类

（一）经济资产的概念

经济资产是指其所有者在一定时期内通过持有或使用能够产生一次性或连续性经济利益的资产。或者是指机构单位个别或共同持有，能够为其带来经济利益的实体。每笔经济资产都必须作为一种价值贮藏手段行使职能，其所有者在一段时间内持有或使用它们能获得经济利益，而且经济资产的价值大小取决于所获经济利益的总量。

根据 SNA2008 的定义，经济资产是一种价值储备，代表经济所有者在一定时期内通过持有或使用该资产所产生的一次性或连续性经济利益。它是价值从一个核算期向另一个核算期结转的载体。

SNA2008 将对经济资产的所有权区分为法定所有权和经济所有权，相应地，有法定所有者和经济所有者之分。法定所有者是指具有法律资格，依法享有与货物服务、自然资源、金融资产和负债等实体有关的经济利益的机构单位。所有经济活动都会涉及经济利益和风险两个方面，两个时期之间经济利益转换也会涉及转换风险，如可能选择风险低但未来经济利益比较确定的转换，而不选择经济利益比较高但确定性较低的转换。因此，经济所有者是指由于承担了有关风险而有权享有货物服务、自然资源、金融资产和负债等实体在经济活动期间内运作带来的经济利益的机构单位。

每项经济资产都有一个法定所有者和经济所有者，在很多情况下这项经济资产的经济所有者和法定所有者是相同的。当两者不相同时，法定所有者会把承担在经济活动中使用这些资产之相关风险的责任和获取相关收益的权利转交给经济所有者。作为回报，法定所有者会接受来自经济所有者的另一组相关收益和风险。一般而言，在 SNA2008 中，若提到"所有权"或"所有人"等词语且法定所有者和经济所有者不同时，应理解为经济所有者，而且当二者不一致时，通常资产记录在经济所有者而非法定所有者的资产负债表上。

界定经济资产范围的基本原则，一是该资产是否在一定时期内能够为其经济所有者带来经济利益；二是经济所有者能否对该资产行使所有权，或者说该资产的所有权是否明确。由于资产范围限定为经济活动中使用和拥有所有权的资产，因此耐用消费品、人力资本以及部分自然资源就不属于 SNA 中的资产。因为耐用消费品提供的服务不属于生产范围中界定的服务；而人力资本不属于资产是因为其依附的主体"人"的所有权难以确定；我们周围的空气以及公海中的自然资源不属于资产，是因为无法对其行使所有权。

（二）经济资产的种类

经济资产按其内容性质不同可以分为非金融资产和金融资产。

非金融资产是指各种生产资产和非生产资产。其中，生产资产既包括住宅、其他建筑和构筑物、机器和设备、武器系统、培育性生物资源，也包括研究与开发、矿藏勘探和评估、计算机软件和数据库、娱乐和文学及艺术品原件等知识产权产品，还包括材料和用品、在制品、制成品、军事存货及供转售的货物等存货，以及贵金属和宝石、古董和其他艺术品等贵重物品；非生产资产既包括土地、矿藏和能源资源、水资源等自然资源和无线电频谱等其他自然资源，也包括合同、租约和许可以及商誉与营销资产等。

金融资产是以货币、黄金、特别提款权以及各种金融债权（如通货、存款、贷款、股票等）形式出现的经济资产，是一种与金融交易相联系的特殊经济资产。金融资产是一种权益，在一定时期内持有或使用这种资产能为其所有者带来经济利益。金融资产是机构单位之间通过合同所创造的经济资产，这些合同界定了机构单位的债权和债务关系。机构单位之间债权与债务的关系有两个方面：一是债权，即金融资产；二是债务，即金融负债。金融债权具体表现为一个机构单位向另一个机构单位提供资金时所缔结的契约关系;金融负债是一种使债权人能够依据与债务人之间所规定的契约条款,获得债务人一次或连续付款合同义务。除了货币黄金之外,金融资产与金融负债具有对称性。

金融资产包括所有金融债权、公司股票或公司其他权益,以及被货币当局持有作为储备资产的黄金。作为一种权利,金融资产往往借助于一些载体即金融工具而存在。金融工具是证明金融资产所有权的单据,如现金、存单、债券、股票等。金融工具本身没有价值,作为金融资产权利的象征,其价值是金融资产的价值。金融资产与其他经济资产有显著的区别:一是绝大多数金融资产都创造了债权和债务的关系,使得一个机构单位获得了对另外一个机构单位经济资产的债权;二是金融资产并不会直接提供货物与服务;三是金融资产以利息收入、持有损益以及价值贮藏等形式提供利益。

二、资本形成的概念及核算原则

(一)资本形成的概念

资本形成是指各机构单位通过经济交易获得或处置生产资产的行为,反映经济过程中用于积累从而增加生产资产的货物和服务价值。获得包括购入、自己生产和接受赠予等形式;处置则包括出售、报废、磨损、捐赠等形式。资本形成核算就是通过编制资本账户或资金流量表的方式对由储蓄和资本转移引起的净值变化以及固定资本形成总额、存货变化和贵重物品净获得等非金融投资活动进行记录和描述。

值得注意的是,非金融投资包括用于生产资产的投资和非生产资产的投资,前者对应于资本形成,后者主要对应于自然资源的净获得、合约和租约与许可净获得、商誉和营销资产净购买等非生产资产净获得。但与资本形成相比,非生产资产净获得一般数额很小,而且从一国总体来看,各部门的非生产资产净获得相抵后为零,非金融投资在量上与资本形成相等,因此,讨论非金融投资,一般以资本形成为其主要内容。

(二)资本形成核算的原则

1. 记录时间原则

资本形成核算的记录时间,应以交易者获得资源所有权的时间为准。在购入方式下应以购入时间为准,自产方式(如自建房屋和机械设备)下应以生产时间为准,赠予转移方式下应以交接时间为准。

2. 估价原则

资本形成核算的估价应按现期实际价格计算。通过购买而获得的新固定资产按生产者价格估价,该价格不仅包括一切运费和安装费,而且包括所有权转移时以酬金形式支付给测量员、工程师、建筑师、律师、房地产中间商等人的所有费用，以及应付的资产转移税。通过易货贸易或实物转移获得的新固定资产，应按基本价格加上税款、运费、安装费和所有权转移的其他费用估价。自产自用的固定资产一般按基本价格估价，若无法估计基本价格，则按生产成本加上按成本利润率计算的营业盈余来估价。对购买的现有固定资产估价应包括一切运费、安装费和购买者支付的其他所有权转移费用，而对出售的现有固定资产估价则应扣除出售者支付的所有权转移费用。

三、金融交易的概念与核算原则

（一）金融交易的概念

金融交易是指常住单位之间、常住单位与非常住单位之间发生的能引起金融资产所有权变化的交易，包括金融债权和负债的产生与清偿。机构单位在一个核算期内获得的金融资产减去发生的金融负债，即为净金融投资。

根据 SNA2008 对金融交易的理解，金融交易包含所有的货币性交易，即涉及货币支付或金融资产的产生或消失的交易。货币性交易包括严格的金融交易和其他非货币性交易，即货币性实物交易两类。狭义的金融交易概念就是指严格的金融交易，广义的金融交易既包括严格的金融交易，也包括货币性实物交易。

严格的金融交易是指机构单位交易的对象仅限于金融资产而不涉及实物的交易。如住户提取存款购买股票或债券，存款资产减少的同时，股票或债券资产等额增加；企业划转银行存款清偿应付账款，则存款资产减少的同时，应付账款项负债等额减少。此类交易，所有的流量都被分别记录在交易双方的金融账户上，无论如何变化，只能表现为一种资产（或负债）转换为另一种资产（或负债），或者资产与负债同时产生或同时减少，或者一种资产减少与另一种负债同时减少；账户登录结果可能影响金融资产或负债的形式组合，也可能改变金融资产和负债的数量，但不会影响金融资产和负债之间的平衡关系。

货币性实物交易是指交易中的一个流量是金融性的，另一个流量是非金融性的，也可以说是金融工具与非金融工具之间的交易。金融资产所有权的变化是为了充当实物交换的媒介。如企业利用存款（或贷款）向员工支付劳动报酬，从而引起企业存款资产的减少或者贷款负债的增加；住户以现金购买消费品，会引起现金资产的减少。对于货币性实物交易，由交易引起的实际资源流量，如货物和非金融资产所有权转手或要素收入支付等将分别进入生产账户、收入及使用账户和资本账户等，对应的货币流量引起的金融资产与负债变动则记入金融账户。可见，货币性实物交易改变了各部门金融账户上资产与负债的平衡关系，同时涉及各部门金融账户的平衡与非金融账户的平衡。

(二) 金融交易核算原则

金融交易核算就是根据相关的规则利用金融账户形式对机构部门及国民经济总体的金融交易情况进行系统的描述，以反映各类金融交易项目的总量与结构状况。

不论是严格的金融交易还是货币性实物交易，核算时既要遵循国民经济核算体系的一般原则，又要满足有关金融交易方面的具体要求。需要遵循的原则主要有以下几点：

1. 估价原则

交易双方应按资产获得或处置时的同一价格记录。但这种价格应剔除两类成分，一是手续费、佣金和其他在交易中提供服务的类似付款，这些费用应作为服务付款记录；二是金融交易税，它应作为产品税范围内的服务税处理，交易双方应作同样的记录。

当金融交易涉及新发行的负债时，债权人和债务人均应按发生的负债额记录。这种负债额也不包括手续费和佣金，以及可能包含在价格中的任何预付利息。同样，当负债减少时，金融账户上债权人和债务人所作的登录必须与减少的负债一致。

当证券折价发行时，应以发行者出售时的实际收入，而不能以票面价值记入金融账户。发行价格与票面价值之间的差额作为该证券有效期内发放的利息处理。当证券通过证券承销商推销，然后以较高价格出售给最终投资者时，资产和负债应以最终投资者支付的价值记录。投资者支付的金额与发行人收取的金额的差额应作为发行人对证券承销商的服务付款处理。

2. 记录时间

金融交易原则上应由交易双方在同一时点记录。具体来说，可按照交易登录的性质分两种情况处理：

第一，对于严格的金融交易，交易双方应在金融资产所有权转移时记录。这一时点对一笔金融资产交易而言是清楚的。如果是发生一笔负债（对方取得相应的金融资产），或偿还一笔负债（对方变现相应的金融资产），双方应在负债发生或者偿还时记录这笔交易。一般而言，货币或其他金融资产由债权人支付给债务人，或由债务人偿还给债权人的时间就是交易时间。

第二，对于货币性实物交易，金融交易的记录时间应与非金融流量的记录时间保持一致。例如，货物和服务的买卖产生商业信用时，金融账户应在转移货物所有权或提供服务时进行登录，即与有关非金融账户同时进行登录。与此类似，由雇员报酬、财产收入、税金等所形成的应收/应付账款，金融账户也应与有关非金融账户同时进行登录。

3. 记录基础——取净值和合并

金融账户的记录基础是取净值与合并。取净值是将同一交易项目和同一机构单位账户两方的登录互相抵消的过程。通常情况下，SNA 倾向于尽可能避免取净值。在金融账户中，只记录金融资产的净获得与负债的净获得，其中金融资产净获得是获得总额与处置总额相抵以后的差额,负债的净获得则是发生总额与清偿总额相抵以后的净额。例如,股票资产的净获得等于当期获得的股票资产减去当期处置的股票资产的净额;住户部门存款净获得是当期新增加的存款减去当期提取的存款之后的净额。

金融交易核算中的合并,是指把某一组机构单位的资产交易与同一组机构单位对应的负债交易相抵消的过程。合并可在经济总体、机构部门及子部门等层次上进行,不同类的分析需要采用不同层次上的合并。如在经济总体层次上的合并,重点描述该经济总体与国外的金融交易状况;机构部门层次上的合并,有助于描述净借出部门与净借入部门之间的资金流动情况。

第二节 资本形成核算

资本形成核算主要是指对各机构单位储蓄和资本转移,以及通过经济交易获得或处置生产资产的行为进行系统记录和描述。本节主要讨论储蓄与资本转移的概念及种类、资本账户基本形式、资本形成总额核算内容以及资本形成核算应注意的问题。

一、储蓄与资本转移

筹集资金用于资本形成的主要渠道有 4 个:一是储蓄,二是固定资本消耗准备,三是资本转移,这三种渠道的资金构成投资者的自有资金;四是借入资金,它是通过各种金融工具获得的资金。自有资金的筹集过程比较简单,直接在资本账户中予以反映。借入资金与金融交易有关,而金融交易本身又十分复杂,是一个单独的核算领域,需要通过金融账户反映借入资金的筹集过程。

(一)储蓄

储蓄是各部门可支配收入扣除最终消费支出后的余额,作为可支配收入使用账户的平衡项列在该账户的左方。在资本账户中,储蓄代表了各部门进行投资活动的自有资金,是投资的主要资金来源,其数据直接来自可支配收入使用账户。储蓄有总储蓄和净储蓄之分,但影响各部门净值变化的是净储蓄。储蓄在国民经济核算体系中是一个十分重要的概念,一方面,它是分配过程和积累过程的联结点,即分配过程的终点和积累过程的起点;另一方面,它具有重要的分析用途,是研究总供给和总需求平衡关系以及消费和积累关系的基本指标。

(二)资本转移的概念与种类

1. 资本转移的概念

资本转移是一个机构单位无偿地向另一个机构单位提供用于固定资本形成的资金

或实物，而不从后者获得任何对应物作为回报的交易。资本转移具有不同于经常转移的三个特征：一是出于投资目的，资金往往是巨额的和不经常的；二是资产所有权的转移，涉及交易一方或双方对资产的获得或处置；三是资本转移来自支付方的资产，同时增加接受方的投资来源，它能影响交易双方或一方资产负债存量变化，但不改变任何一方的可支配收入和储蓄额。

资本转移可以是现金转移，也可以是实物转移。作为资本转移的现金通常是转出方（付款人）通过处置一笔或几笔存货以外的资产所筹集的资金，产生现金资本转移的条件是转入方（收款人）必须利用所得现金购置资产。实物资本转移是指存货和现金以外的资产所有权的转移或债权人取消债务而没有接受任何对应物作为回报。实物资本转移被视为两笔交易的合并：先由转出方对转入方转移资本，再由转入方购买资本品。

2．资本转移与经常转移的区别

区别资本转移和经常转移的主要标准有三个：一是转移额的使用目的，是积累还是消费。经常转移能够提高接受方在核算期的消费水平，资本转移则影响接受转移一方的投资水平。二是转移支付的基础和来源，即转移额是否与现期收入有关。经常转移会减少一方收入和消费的可能性，增加另一方收入和消费的可能性。三是转移的频率是否具有经常性和规律性。如果转移的目的是增加接受方的投资和积累，不增加其现期收入，而且不是经常发生，那么这种转移就是资本转移。有时候，各部门之间，特别是在一般政府和其他部门之间，会发生一种混合性质的转移支付，即转移的一方把转移看作是经常转移，而转移的另一方则视其为资本转移。比如，遗产税的支付，住户可能认为是资本转移，而政府却认为是经常转移。出现这种不一致时，只要这种转移明显地涉及交易一方的资产转移，那么就应该视其为双方的资本转移。如果确实难以判断一项转移应该是经常转移还是资本转移，那就将其视为经常转移。

3．资本转移的种类

资本转移的主要类别分为资本税、投资补助和其他资本转移。

（1）资本税。指针对机构单位所拥有的资产的价值或净值，或针对机构单位之间作为遗产、生者之间的赠予或其他转移物所转移的资产价值，不定期或间隔相当长时间而征收的税。具体包括资本税和资本转移税。资本税是指针对机构单位所拥有资产或净值的价值，不定期或间隔相当长时间征收的税；资本税由住户或企业缴纳，有关单位和政府都将其作为不常发生的事情处理。资本转移税是指针对机构单位之间所转移资产的价值而征收的税，主要包括遗产继承税或遗产税，以及赠予税。

（2）投资补助。是指政府部门向常住或非常住机构单位提供的、全部或部分用作获得固定资产的资金。接受者必须将所收到的投资补助用于固定资本形成，并且补助金往往是与具体投资项目（如大型建筑项目）联系在一起的。如果投资项目要持续很长一段时间，现金补助可能要分期支付。分期支付仍然归类为资本转移，只是可能要分别记录在相连的几个核算期内。实物投资补助是指由政府向常住或非常住单位转移的交通设备、机器和其他设备，以及向常住或非常住单位直接提供的房屋或其他构筑物。在这种情况下，通常要先记录一笔现金资本转移，然后记录购买了这个实际上由实物转移获得的项目。

（3）其他资本转移。包括除资本税和投资补助以外的一切资本转移。例如债权人和债务人经共同协议对债务的取消，这种取消作为债权人对债务人的资本转移处理，其价值等于债务取消时未清偿债务的价值。它包括非常住单位与常住单位之间债务的取消。

资本转移还可能采取其他形式：为补偿保险单未包括的大规模损坏或严重损伤而支付的大笔款项；灾难过后特别巨大的保险赔付；为弥补在两年或更长的时间里积累的巨额营业亏损，由政府单位向公有或私有企业的转移；用作固定资本形成的部分或全部费用，或弥补多年（两年或更长的时间）累积的巨额支出赤字，由中央政府向下级政府机构的转移；遗产或生者之间的巨额赠予，其中包括捐给非营利机构的遗产；住户或企业对非营利机构的特大捐赠，为固定资本形成提供资金。例如，赠予大学用于修建新的供寄宿的学院、图书馆、实验室等的费用；对应领养老金的责任转移，例如当一般政府承担了本应由雇主承担的提供养老金的责任；由政府或 NPISH 承担维护责任的集体建造资产。

二、资本账户基本形式

资本账户是指记录各机构单位由经济交易而获得或处置的非金融资产价值以及与此有关的储蓄、资本转移活动的账户，其中的交易可以是涉及其他单位的外部交易，也可以是机构单位保留自产自用资产而发生的内部交易。其基本形式如表 4-1 所示。

表 4-1 经济总体资本账户

资产变化		负债和净值变化	
资本形成总额	414	净储蓄	205
资本形成净额	192	应收资本转移	62
固定资本形成总额	376	资本税	2
固定资本消耗	−222	投资补助	23
存货变化	28	其他资本转移	37
贵重物品获得减处置	10	应付资本转移	−65
非生产资产获得减处置	0	资本税	−2
		投资补助	−27
		其他资本转移	−36
净贷出（＋）/净借入（−）	10		

资料来源：联合国，等. 国民账户体系 2008. 北京：中国统计出版社，2012. 根据表 10.3 和 10.5 归纳整理。

资本账户的右方记录负债和资产净值的变化，包括净储蓄和资本转移。第一项是从可支配收入使用账户转来的平衡项——净储蓄；应收资本转移表示资产净值增加，应付资本转移表示资产净值减少。净储蓄加上应收资本转移再减去应付资本转移，即可以用于购买非金融资产和金融资产的资本筹集额。

资本账户的左方记录由储蓄和资本转移引起的资产净值变化中有多少用于获得非金融资产以及还有多少剩余，剩余部分将会体现在金融账户的金融资产获得或负债发生上。经济交易中各种非金融资产的当期变化量，按照资产分类包括固定资本形成总额、存货变化、贵重物品的获得减处置以及非生产资产的获得减处置等具体项目，其中前三项为资本形成的内容。非生产资产净获得包括自然资源的净获得、合约和租约与许可净获得以及商誉和营销资产净购买等。表 4-1 是简化的资本账户，对于详细的资本账户，各项目还可以进一步细分，如固定资本形成总额下的固定资产获得减处置不仅可以区分为新固定资产的获得减处置和现有固定资产的获得减处置，还可以按资产分类核算的固定资产形成总额。

账户右方的资本筹集额减去左方的非金融投资，差额表现为净借出（＋）或净借入（－），作为平衡项记录在资本账户的左方。由表 4-1 可知，该经济总体的资本筹集额为 202（205＋62－65），非金融投资额为 192（414－222＋0），差额为 10（202－192），即平衡项为净贷出，表明该经济总体还有剩余资金可供贷出。

将各个机构部门的资本账户合并在一起，即得到部门综合资本账户，如表 4-2 所示。

表 4-2　部门综合资本账户

资产变化								交易和平衡项	负债和净值变化							
合计	国外	经济总体	NPISH	住户	一般政府	金融公司	非金融公司		非金融公司	金融公司	一般政府	住户	NPISH	经济总体	国外	合计
								净储蓄	71	2	−62	192	2	205		205
								对外经常差额							−13	−13
414		414	5	55	38	8	308	资本形成总额								
192		192	2	32	11	−4	151	资本形成净额								
376		376	5	48	35	8	280	固定资本形成总额								
−222		−222	−3	−23	−27	−12	−157	固定资本消耗								
28		28	0	2	0	0	26	存货变化								
10		10	0	5	3	0	2	贵重物品获得减处置								
0		0	1	4	2	0	−7	非生产资产获得减处置								
								应收资本转移	33	0	6	23	0	62	4	66

(续表)

资产变化							交易和平衡项	负债和净值变化						
合计	国外	经济总体	NPISH	住户	一般政府	金融公司	非金融公司		非金融公司	金融公司	一般政府	住户	NPISH	经济总体	国外	合计
								应付资本转移	−16	−7	−34	−5	−3	−65	−1	−66
								储蓄和资本转移引起的资产净值变化	88	−5	−90	210	−1	202	−10	192
0	−10	10	−4	174	−103	−1	−56	净贷出（+）/净借入（−）								

资料来源：联合国，等．国民账户体系 2008．北京：中国统计出版社，2012．根据表 10.3 和 10.5 归纳整理。

从表 4-2 可以看出，部门综合资本账户中间为各交易项目和平衡项目，右方为各个机构部门的负债和净值变化，左方为各个机构部门的资产变化。从该账户可以更加全面了解各个机构部门负债与净值以及非金融投资的详细特征。从右方的负债与净值可以看出，净储蓄最多的是住户部门（192），其次是非金融公司部门（71），金融公司部门（2）和为住户服务的非营利机构部门（2）的净储蓄比较小，政府部门的净储蓄为负数（−62），属于赤字部门；再看资本转移，应收资本转移部门主要是非金融公司部门（33）和住户部门（23），应付资本转移的部门主要是政府部门（34）和非金融公司部门（16）。从账户左方的资产变化不难看出，固定资本形成（376）和存货变化（26）是主要的非金融投资项目，而贵重物品获得减处置以及非生产资产获得减处置数额都很小。非金融公司部门是非金融投资的主要部门（308），其次是一般政府部门（38）和住户部门（55），金融公司和为住户服务的非营利机构部门所占有的非金融投资份额比较小；用于存货变化方面的非金融投资几乎都属于非金融公司部门。从平衡项净贷出/净借入可知，住户部门是资金盈余部门，其储蓄和资本转移引起的净值变化 210，除了用于非金融投资外，还有 174 的剩余资金可以贷出；非金融公司和政府部门都是净借入部门，其通过储蓄和资本转移引起的净值变化（自有资金）不能满足非金融投资的需要，缺口需要从外借入资金。金融公司部门和为住户服务的非营利机构部门虽然也是净借入部门，但数额相对较小。

表 4-2 部门综合资本账户中，国外部门的"对外经常差额（−13）"，是初始收入和经常转移对外账户的平衡项，反映了本国与国外所发生的各种经常交易（货物与服务进出口、收入初次分配与再分配）的最终差额。从功能上看，类似于国内机构部门账户的储蓄，若差额为正，表示国外对本国的经常性交易为盈余；若差额为负，表示国外逆差。

本例中，对外经常差额加上应收资本转移净额，即为国外部门的储蓄与资本转移引起的净值变化（-10）。国外部门净借入（-10），说明国外部门需要从本国借入资金（10）。

三、资本形成总额核算

SNA2008 中，资本形成总额包括固定资本形成总额、存货变化和贵重物品获得减处置三个项目。

（一）固定资本形成总额

固定资产是生产过程中被反复或连续使用一年以上的生产资产。固定资产的显著特征并不在于其具备某种物理意义上的耐用性，而是它可以在一段超过一年的长时期里反复或连续地用于生产。固定资产不仅包括构筑物、机器和设备，也包括可反复或连续用于生产水果或奶制品等其他产品的树木或牲畜等培育性资产。固定资产还包括在生产中使用的诸如软件或艺术品原件等无形资产（知识产权产品）。

固定资本形成是指核算期内通过经济交易在固定资产上发生的积累，也可以指生产者对耐用性资本货物的支出价值。固定资本形成总额等于生产者在核算期内获得的固定资产价值减处置的固定资产价值，加上生产活动实现的非生产资产价值的某些增加部分。获得的固定资产价值包括购入和易货贸易中获得的固定资产、实物资本转移获得的固定资产以及生产者自产自用的固定资产；处置固定资产视同为负资本形成，包括出售和易货贸易中付出的固定资产、实物资本转移出去的固定资产，以及所有者报废清理的固定资产。获得的固定资产既包括新固定资产，也包括现有固定资产，而处置的固定资产仅限于现有固定资产。固定资本形成具体包括以下内容：

（1）住宅。是指完全或基本作为居住使用的房屋或房屋的指定部分，包括各种附属结构，如车库和在住所中习惯安装的所有永久性固定装置。作为住户主要居住场所的居住船只、移动设施和大篷车也包括在内。基本可视为住宅的公共纪念物同样也包括在内。

（2）其他建筑和构筑物。由非住宅建筑、其他构筑物和土地改良组成。非住宅建筑是指住宅之外的整个或部分建筑物，以及固定装置、设施和设备等建筑物的组成部分，如仓库和工业用房、商业用房、用于公共娱乐的房屋、旅馆、餐馆、学校、医院、监狱等。其他构筑物是指除房屋以外的构筑物，如公路、街道、道路、铁路和机场跑道；桥梁、高架公路、隧道和地铁；水路、港口、大坝和其他水上设施；长途管道、通讯和电力线；地下管道和电缆、辅助设施；还包括不能归为住宅或非居住房屋的公共纪念物，与采掘地下矿藏和能源有关的隧道和其他构筑物，海堤、堤坝、防洪障碍物等意在改进相邻土地质量和增加其数量的构筑物，以及养鱼场和贝类养殖场。土地改良是指能够极大改良土地的数量、质量或生产率，或者防止土地退化的行为。与该土地结合在一起的活动都可视为土地改良，如土地清理、土地修筑、修筑水井和灌溉水渠等。土地在改良之前属于非生产资产,土地改良则代表了一类与之不同的固定资产。

（3）机器和设备。是指用于生产和运输的机器设备,包括交通设备,用于信息、通讯和电信的机器,以及其他机器和设备。运输设备如机动车辆、拖车和半挂车、船舶；铁路和有轨机车、铁路货车和客车、飞机和太空船；摩托车和自行车等等。信息、计算机和通信设备包括使用电子控制装置的设备和组成这些设备的电子零部件,如计算机硬件和通信设备。其他机器和设备是指没有包含在其他类别中的机器和设备,如机床、锅炉、医疗器具、精密仪器和光学仪器等。

（4）武器系统。包括诸如军舰、潜艇、军用飞机、坦克、导弹运载工具和发射架等交通设备和其他设备。而武器如弹药、导弹、火箭、炸弹等一般视为军用存货。

（5）培育性生物资源。是指在机构单位的直接控制、负责和管理下,能重复提供产品的动物资源和能重复产果的树木、庄稼和植物资源。重复提供产品的动物资源是指其自然生长和繁殖都在机构单位的直接控制、负责和管理之下的动物,包括种畜、奶牛、役使动物,用于产毛的动物,用于运输、比赛和娱乐的动物。重复提供产品的林木、作物和植物资源是指其自然生长和繁殖都在机构单位的直接控制、负责和管理之下的植物,包括为生产水果和坚果、树汁或树脂、树皮和树叶而培育的林木。

（6）知识产权产品。是研究、开发、调查或者创新的成果,这些行为会产生知识,由于使用这些知识受到法律或者其他保护措施的限制,其开发者能够在市场上销售这些知识或者在生产中使用这些知识来获得利益。知识可以作为一种独立的产品存在,也可以包含到其他某项产品中。知识产权产品包括研究和开发的成果、矿藏勘探和评估、计算机软件和数据库以及娱乐、文学或艺术品原件。研究与开发支出是指为了增加知识储备（包括有关人类、文化和社会的知识）并利用这种知识储备开发新的应用,系统性地从事创造性工作而支出的价值。SNA2008 明确规定,除非很明显地知道研究与开发活动不能为其生产者（或所有者）带来未来收益时,可以将研究与开发支出视为中间消耗,否则应该作为固定资本形成处理。矿藏勘探和评估支出是指对石油、天然气和非石油矿藏进行勘探,并随后对这些发现进行评估所支出的价值。计算机软件包括计算机程序、程序描述和上述系统与应用软件的支持材料。计算机软件开发属于知识产权产品的开发,开发者预期在生产中使用一年以上的计算机软件应被视为资产。数据库是指以某种允许高效访问和使用数据的方式组织起来的数据文件。娱乐、文学或艺术品原件是指记录或体现有戏剧表演、广播电视节目、音乐表演、体育比赛、文学和艺术作品等的影片、录音、手稿、磁带、模型等。其他知识产权产品包括除上述具体项目之外的、属于固定资产的其他一切产品。

（二）存货变化

存货是指生产者持有的、当期或前期产生的用于销售、生产使用或其他使用的货物与服务的存量。SNA2008中的存货包括材料和用品、在制品（培育性生物资产的在制品和其他在制品）、制成品、军事存货、供转售的货物。

存货变化是指核算期期末与期初相比，各机构单位所拥有的存货资产的净变化，即存货变化的价值既等于期末存货价值减期初存货价值，也等于本期获得的存货价值减本期处置的存货价值，主要包括以下几个方面的存货变化的价值：

（1）材料和用品存货变化。指企业存在仓库里打算作为中间投入用于生产的所有货物，如燃料、工业原料、农业原料、半加工品、供组装的部件、包装材料、粮食、办公用品等。

（2）在制品存货变化。是指企业生产的、加工尚且不够充分的产品，它们还未达到能被其他机构单位使用时的正常状态。在制品可以具有各种不同的形式，如还在加工的设备，正在生长的庄稼，部分摄制完成的电影产品或者编制了一部分的计算机程序。在制品包括培育性生物资源在制品和其他在制品。培育性生物资源在制品是指尚未达到能供其他机构单位正常使用的状态、未完全成熟的产品。需要区分一次性使用的植物、树木和牲畜（当树木被砍伐、拔掉或牲畜被宰杀时）与在一年以上的时间里反复或连续用来生产水果、坚果、橡胶、牛奶、羊毛、动力、运输和娱乐等产出的树木和牲畜，对于一次性使用的资源应记作在制品，对于重复产出的资源其生长应该算作固定资本形成，而不是存货。其他在制品是指除培育性生物资源之外的尚未达到能供其他机构单位正常使用的状态、未完全成熟的产品。

（3）制成品存货变化。指作为产出而生产的货物，生产者将其提供给其他机构单位，在此之前不再打算做进一步的加工货物。

（4）军事存货变化。是指武器或武器系统中的一次性使用的物品，如弹药、导弹、火箭、炸弹等。

（5）供转售的货物存货变化。是指诸如批发商或零售商等企业购买的货物，目的是为了将其转卖给顾客。

（三）贵重物品获得减处置

贵重物品是指主要不是用于生产或消费，而是在一段时间内作为价值贮藏手段持有的、价值相当高的生产性货物，包括贵金属和宝石、古董和其他艺术品以及其他贵重物品。

贵重物品获得减处置的价值等于获得的贵重物品价值减去处置的贵重物品价值。获得的贵重物品包括新的和现有的资产，处置的贵重物品仅限于现有资产。

（1）贵金属和宝石。是指企业不是为了销售或作为生产过程的投入而持有，也不是作为货币黄金而持有和不是以未分配金属形式作为金融资产而持有的贵金属和宝石，如非货币黄金、白金、钻石、银等。

（2）古董和其他艺术品。是指企业不是为了销售而持有的、被公认为艺术品和古董的绘画、雕塑等贵重物品。原则上博物馆的展品属于贵重物品。

(3) 其他贵重物品。不属于上述分类中的贵重物品，包括有公认市场价值的邮票、硬币、瓷器、书籍等收藏品，以及精美的首饰、时尚的宝石和有重大可实现价值的金属。

四、资本形成核算应注意的问题

1. 区分资本形成与消费支出

资本形成不论是购买机器设备还是增加原材料储备，也不论是建造厂房住宅还是改良土地，都是为了通过持有或使用这些资产而获得经济利益和增加产出，都具有生产性，与此相应的资源通常被称为资本品。而消费支出不论是购买土豆粮食还是衣服鞋帽，抑或日常生活用品等非耐用消费品，也不论是购买彩电冰箱还是摩托车抑或汽车等耐用消费品，都是为了满足人们的生活需要，这类资源通常被称为消费品。区分资本形成和消费支出的主要标志是持有这些资源的主体和持有的目的。凡是被生产者持有并准备用作生产的手段或中间投入的物品，都是资本品。用于这些物品的投资支出则为资本形成，否则就是消费品，相应的支出则为消费支出。比如，居民个人为了满足工作（方便上班）和生活需要购买小汽车属于购买耐用消费品支出，而为了成为出租车司机获得营运收入购买小汽车则属于资本形成；同样是煤炭，火力发电厂购买煤炭增加库存是一种资本形成，而住户为了过冬取暖购买煤炭则是消费支出。值得注意的是，国民经济核算中住宅被视为提供住房服务的手段，居民个人不论是用于购买还是建造住宅方面的支出都被视为资本形成。

2. 区分资本形成与中间消耗

资本形成是经济资源在当期的积累，是未来进行生产的基础；中间消耗则是经济资源在当期生产过程中的耗减。企业购买的原材料、燃料、零配件等非金融资产在投入生产过程使用之前都是资本形成核算的对象，一旦投入生产过程则成为中间消耗核算的对象。大多数资源的支出是资本形成还是中间消耗一般都容易区分，但有些特例值得注意。如生产者使用的某些耐用品，如锯、铲、电工刀、起子、扳手、斧子、锤子等小工具，这些物品可能在许多年内被反复或连续用于生产，但它们的价值小，如果视同固定资产管理，无疑会增加许多工作量，因此为了简化管理工作，将生产过程中对这类小工具的消耗视为中间消耗。

3. 区分固定资本形成总额与净额

计算固定资本形成时，如果只从固定资产完整形态上测算当期获得与处置的固定资本形成价值，并将前者减去后者得到的是固定资本形成总额。从该总额中扣减当期的固定资本消耗则得到固定资本形成净额。从理论上说，固定资本形成净额较之总额更能准确反映期内固定资产因经济交易而发生的全部价值变化。但是，固定资本形成总额是从固定资产完整形态上反映其增减变化量，对应于资产的实物变化量。而固定资本消耗只反映全部固定资产的价值损耗量，不能反映完整的资产形态及其实物变化量，加上固定资本消耗计算上的局限性,在核算固定资本形成时更加注重固定资本形成总额的核算。如果关注固定资产价值量的变化也可以计算固定资本形成净额,为此在资本账户的左方列出了固定资本消耗。

第三节 金融交易核算

金融交易核算就是根据相关的原则利用金融账户形式对机构部门及国民经济总体的金融交易情况进行系统的描述,以反映与金融投资活动相关的各类金融交易项目的总量与结构状况。本节主要介绍金融账户的基本形式以及金融交易核算的主要项目。

一、金融账户

金融交易账户记录所有发生在各机构部门之间、国民经济总体,以及与国外之间的金融交易所引起的金融资产和负债的变动,其基本形式如表4-3所示。该账户的左方记录金融资产获得减处置,右方记录负债发生减偿还,左右方项目按照金融手段进行相同排列。金融资产净获得减负债净获得后的差额作为资金净贷出(+)/净借入(-)记录在账户右方,使账户左右方保持平衡,该项目在价值上等于资本账户的平衡项——净贷出/净借入。金融账户中所列的金融手段只是一级分类手段,这些一级分类手段还可根据需要进一步分解成若干二级分类手段,如通货和存款可分解为通货、可转让存款和其他存款。

表4-3 经济总体的金融账户

资产的变化		负债和净值的变化	
		净贷出(+)/净借入(-)	10
金融资产净获得	436	负债净获得	426
货币黄金和特别提款权	−1	货币黄金和特别提款权	—
通货和存款	89	通货和存款	102
债务性证券	86	债务性证券	74
贷款	78	贷款	47
股权和投资基金份额	107	股权和投资基金份额	105
保险、养老金和标准化担保计划	48	保险、养老金和标准化担保计划	83
金融衍生工具与雇员股票期权	14	金融衍生工具与雇员股票期权	11
其他应收款	15	其他应付款	39

资料来源:联合国,等. 国民账户体系2008. 北京:中国统计出版社,2012. 根据表11.1归纳整理。

将各机构部门的金融账户合并在一起即为金融交易部门综合账户,如表 4-4 所示。通过合并,抵消了部门内部的金融流量,以展现部门之间以及本国与外国之间的金融流量。金融交易部门综合账户一方面可以反映那些存在资金缺口的部门如何通过金融交易筹集资金,完成金融投资与非金融投资;另一方面可以描述资金盈余部门如何通过金融交易贷出资金以增加本部门的金融资产或者减少负债。上述金融交易所导致的金融资产与负债变动以及资金流入流出侧重体现在金融账户的两种平衡关系中,即机构部门内部的平衡关系和机构部门之间的平衡关系。

表 4-4 部门综合金融账户

资产变化							交易和平衡项	负债和净值变化						
合计	国外	经济总体	NPISH	住户	一般政府	金融公司	非金融公司		非金融公司	金融公司	一般政府	住户	NPISH	经济总体	国外	合计
							净贷出(+)/净借入(−)	−56	−1	−103	174	−4	10	−10	0
483	47	436	2	189	−10	172	83	金融资产净获得								
								负债净获得	139	173	93	15	6	426	57	483
0	1	−1						货币黄金和特别提款权								
100	11	89	2	64	−26	10	39	通货和存款		65	37			102	−2	100
95	9	86	−1	10	4	66	7	债务性证券	6	30	38	0	0	74	21	95
82	4	78	0	3	3	53	19	贷款	21	0	9	11	6	47	35	82
119	12	107	0	66	3	28	10	股权和投资基金份额	83	22				105	14	119
48	0	48	0	39	1	7	1	保险、养老金和标准化担保计划	48	0				48	0	48
14	0	14	0	3	0	8	3	金融衍生工具与雇员股票期权	3	8	0	0	0	11	3	14
25	10	15	1	4	5	1	4	其他应收/应付款	26		0	9	0	39	−14	25

资料来源:联合国,等. 国民账户体系 2008. 北京:中国统计出版社,2012. 根据表 11.1 归纳整理。

机构部门内部的平衡关系表现为单个机构部门在金融资产净获得与负债净获得之间的平衡关系,即:

金融资产净获得=负债净获得+净贷出(+)/净借入(−)

如非金融公司部门金融资产净获得(83)=负债净获得(139)+净借入(−56);

结合表 4-2 部门综合资本账户可以看出,非金融公司通过净储蓄和资本转移收付筹集的资金为 88,但其非金融投资需要资金 144 [308−157+(−7)],资金缺口 56;从

表 4-4 金融账户部门综合表可知,非金融公司部门通过负债筹集了资金 139,其中的 56 用于弥补非金融投资的资金缺口 56,余下的 83 用于增加金融资产。

同样根据表 4-2 和表 4-4,对国民经济总体而言,通过储蓄与资本转移筹集的资金为 202,非金融投资所需资金 192(414－222＋0),资金盈余 10,即净贷出 10,可以贷给国外部门;经济总体通过负债筹集了资金 426,加上资金盈余 10,金融资产增加 436。由于国内机构部门之间的金融资产净获得等于负债净获得,经济总体的金融资产净获得与负债净获得差额则表现为本国与国外之间的净贷出或净借入。

由此说明,资本账户的平衡项无论是净贷出还是净借入,都需要在国内外金融市场通过增加金融资产或减少负债,或者通过减少金融资产增加负债的方式来解决资金余缺问题。

在 SNA 的所有账户中,金融账户是记录机构单位(部门)之间经济交易的最后一个账户。与其他账户不同,金融账户没有可以结转到后续账户的平衡项,这种特殊性是由货币交易的性质所决定的。金融账户反映的是实际资源流量(使用价值流量)的货币性(价值流量)对应记录,通过对货币流量的记录,金融账户完成了实际资源流量与货币流量的封闭流程,而且,由于金融资产与负债的对应关系,金融交易所涉及的金融资产所有权的变化都在金融账户中得以反映。

二、金融交易核算项目

根据 SNA2008 中关于金融资产的分类,金融交易核算主要有以下项目:

(1)货币黄金和特别提款权(SDR)。货币黄金是指由货币当局(或受货币当局有效控制的其他机构)所拥有的,并作为储备资产而持有的黄金,它包括金块(包括在分配黄金账户里持有的黄金)和非分配黄金账户,后者是非常住单位授予的黄金交割要求权。所有的货币黄金都是储备资产,或由国际金融组织持有。只有作为金融资产和外汇储备组成部分持有的黄金才是货币黄金。作为储备资产的金块是唯一没有对应负债的金融资产。SDR 是指由国际货币基金组织(IMF)创立并分配给会员以补充现有储备资产的国际储备资产。持有 SDR 代表了每一持有者能够从 IMF 其他会员那里获得其他储备资产(尤其是外汇)的一种有保证的、无条件的权利。SDR 是有对应负债的资产,但是它代表的是对参加国全体而不是对 IMF 的债权。一参加国可将其持有的部分或全部 SDR 出售给其他参加国,并收到其他储备资产(特别是外汇)作为回报。

(2)通货和存款。通货指那些由中央银行或中央政府发行或授权的具有固定面值的纸币和硬币,包括本币和外币。存款是金融机构接受客户存入的货币款项,包括可转让存款和其他存款。可转让存款包括没有违约金或限制、按面值即期兑现的存款,和以支票、汇票、直接转账单、直接借/贷或其他直接支付方式等直接进行支付的存款。其他存款包括除可转让存款以外的,由存款证明所代表的所有债权,如储蓄存款、定期存款和不可转让存款证。通货是发行机构的负债，持有者的资产；存款是持有者的资产，存款机构的负债。

（3）债务性证券。债务性证券是作为债务证明的可转让工具。它们包括票据、债券、可转让存款证、商业票据、债权证、资产支持证券和通常可在金融市场交易的类似工具。票据是赋予持有者在约定日期收取预先声明的固定数额的无条件权利的证券；国库券、可转让存款证、银行承兑汇票和商业票据都是短期证券；债券和债权证是赋予持有者收取固定付款或合约规定的可变付款的无条件权利的证券。

（4）贷款。贷款是指金融机构将所吸收的资金，按照一定的利率贷放给客户并按约定的日期归还的信用业务。既包括短期贷款和长期贷款，还包括透支、分期付款贷款、分期付款购物信用和商业信用融资贷款。

（5）股权和投资基金份额。股权和投资基金份额的显著特征是持有者对发行单位的资产有剩余索取权。股权包括证明对清偿了债权人全部债权后的公司或准法人公司的剩余价值有索取权的所有票据和记录。股权可分为上市股票、非上市股票和其他股权。上市股票和未上市股票都是可转让的权益性证券。

投资基金是将投资者的资金集中起来投资于金融或非金融资产的集体投资。投资基金包括共同基金和单位信托基金，可分为货币市场基金和非货币市场基金两种。投资基金采用公司结构时，发行基金份额；采用信托结构时，发行基金单位。投资基金份额指的是共同基金发行的股份，而不是共同基金持有的股份。

（6）保险、养老金和标准化担保计划。保险、养老金和标准化担保计划都是金融机构进行财富调节或收入再分配的形式，包括非寿险专门准备金、寿险和年金权益、养老金权益、养老金经理人的养老基金债权和标准化担保代偿准备金。非寿险专门准备金包括预付的用于非寿险未决索赔的保费和准备金净额；寿险和年金权益显示了投保人对提供寿险或年金的企业所拥有的金融债权；养老金权益反映了现有和未来的养老金领取者对其雇主或雇主指定的到期支付养老金的基金所拥有的金融债权；标准化担保代偿准备金包括预付的用于标准化担保未付代偿的费用和准备金净额。

（7）金融衍生工具和雇员股票期权。金融衍生工具是与某种特定金融工具或特定指标或特定商品挂钩的金融工具，通过金融衍生工具，特定的金融风险本身就可以在金融市场上交易。金融衍生工具可分为期权合约和远期合约两大类。在每一类里，均可按市场风险类别细分为外汇、单一货币利率、股票、商品、信用和其他。雇员股票期权是雇主与雇员在某日（授权日）签订的一种协议，根据协议，在未来约定时间（含权日）或紧接着的一段时间（行权期）内，雇员能以约定价格（执行价格）购买约定数量的雇主股票。

（8）其他应收/应付款。其他应收/应付款包括商业信用和预付款以及其他各种应收/应付款项。商业信用和预付款包括提供给公司、政府、为住户服务的非营利机构、住户和国外的货物和服务的商业信用、在建工程或拟建工程的预付款；其他各种应收/应付款项包括与税收、红利、证券买卖、租金、工资和薪金、社会保障缴款有关的应收和应付款。

第四节　资金流量核算

资本形成核算和金融交易核算主要是通过编制资本账户和金融账户来反映机构部门及国民经济总体的非金融投资和金融交易情况，资金流量核算则主要是通过编制资金流量表来反映机构部门和国民经济总体的资金来源与使用情况。本节介绍资金流量核算的概念及其种类、资金流量表的标准表式与平衡关系、中国资金流量表基本表式以及中国资金流量表实例。

一、资金流量核算的概念及其种类

资金流量核算也称为资金循环核算或资金流量统计，是以国民经济总体资金运动为对象，核算各机构部门资金的来源和使用、流量大小与流动方向、资金结构及余缺调剂情况。资金流量核算可以将一经济体的实物运动与资金运动有机地联系起来，从而更好地描述国民经济的运动状况。资金流量核算是金融交易核算的细化，其核算工具是资金流量表，资金流量表则是金融账户的延伸与扩展。

资金流量核算中的资金流量概念有狭义与广义之分。狭义的资金流量主要是指金融交易流量，即以现金、信用、证券等金融资产和负债为交易对象所形成的流量；广义的资金流量，则将其范围从金融流量扩大到所有价值的收支流量，是指整个社会资金的循环过程，体现了与实物循环对应的价值循环。

基于资金流量的不同定义，资金流量核算因范围不同而有三种类型。

一是基于狭义资金流量概念的资金流量核算，即仅核算严格的金融交易，是范围最小最严格意义上的资金流量核算，其交易项目主要由金融交易组成，核算的起点是净金融投资。

二是基于广义资金流量概念的资金流量核算，即在严格金融交易的基础上，将储蓄和非金融投资包括进来。严格的金融交易是相对独立于实物运动的资金运动，纳入储蓄和非金融投资之后，则将实物运动与资金运动联系起来了，有利于揭示两种不同类型经济活动之间的联系和作用。这一类型资金流量核算的起点是总储蓄，其交易项目包括非金融交易项目和金融交易项目两部分，其中的非金融交易项目包括总储蓄、资本转移和资本形成总额。

三是以国内生产总值作为核算起点，则核算范围进一步扩展到收入分配与使用，是范围最大的资金流量核算。不仅包括以现金、信用、证券等金融资产和负债为交易对象的金融交易,也包括与货物和服务生产和使用,以及与收入分配有关的实物交易,还包括与非金融投资相关的资本交易项目,其核算起点是增加值。

我国资金流量核算采用的是第三种类型。根据第三种类型资金流量核算的需要,我国的资金流量表有两种形式,一是核算实物交易的资金流量表,二是核算金融交易的资金流量表。基于第三种类型的完整的国民经济资金流量表的标准表式如表 4-5 所示。

二、资金流量表的标准表式与平衡关系

(一)资金流量表的标准表式

资金流量表的标准表式采取交易项目×机构部门的矩阵形式。主栏是交易和平衡项目,涵盖了收入初次分配、收入再分配、收入使用、资本交易和金融交易的主要内容,基本形式如表 4-5 所示。

从表 4-5 可以看出:

国内各机构部门的起始项是增加值,依次经过收入初次分配、收入再分配、收入使用到资本交易和金融交易几个环节。如非金融公司部门,其来源方为生产活动的成果增加值 1 331,扣除雇员报酬 986,生产税净额 53,应付财产收入 134,再加上应收财产收入 96,得到初始总收入 254,这是初次分配的结果,也是收入初次分配账户的平衡项,该平衡项构成收入再分配的来源项。类似可以得到其他机构部门的初始总收入:金融公司 27、政府部门 198、住户部门 1 381、为住户服务的非营利机构 4,国民总收入为 1 864。非金融公司部门的初始总收入加上净社会缴款 66 和其他经常转移收入 6,再减去所得和财产税等经常税 24,实物社会转移以外的社会福利 62,以及应付其他经常转移 12,即为其可支配总收入 228,这是收入再分配的结果,也是收入再分配账户的平衡项;类似可以得到其他机构部门的可支配总收入:金融公司 25、政府部门 317、住户部门 1 219、为住户服务的非营利机构 37,国民可支配总收入为 1 826。

资金流量表的收入使用部分,主要反映住户、政府和为住户服务的非营利机构三个部门的最终消费支出,分别为 1 015、352 和 32,国民总消费则为 1 399。从核算原理上说,各部门或经济总体的可支配总收入减去相应的最终消费支出就是其总储蓄。但在 SNA 的收入使用核算中,还需要考虑"养老金权益变化调整"这一特殊的分配交易流量(参阅 SNA2008 的 9.20 至 9.25 段)。表 4-5 给出的是经过调整以后的总储蓄。由于非金融公司和金融公司不存在最终消费,其可支配总收入分别减去养老金权益变化调整 0 和 11,即得到的总储蓄分别为 228 和 14;政府部门的可支配收入(317)减去最终消费支出(352)和养老金权益变化调整(0),其总储蓄为−35;住户部门的可支配总收入(1 219)加上养老金权益变化调整(11),再减去最终消费支出(1 915),其总储蓄为 215。

表 4-5 国民经济资金流量表（标准式）

	交易类别和平衡项	非金融公司 运用	非金融公司 来源	金融公司 运用	金融公司 来源	广义政府 运用	广义政府 来源	住户 运用	住户 来源	非营利机构 运用	非营利机构 来源	国民经济总体 运用	国民经济总体 来源	国外 运用	国外 来源	总计 运用	总计 来源
收入初次分配	增加值/进出口差额	986	1 331		94	98	126		155		15		1 854		−41	1 813	1 813
	劳动者报酬	53		44		1	191	11	1 154	11		1 150	1 154	6	2	1 156	1 156
	生产税净额			4			191	−1		1		191	191	0	0	191	191
	财产收入	134	96	168	149	42	22	41	123	6	7	391	397	44	38	435	435
	初始总收入	254	254	27	27	198	198	1 381	1 381	4	4	1 864	1 864	−51		1 813	1 813
收入再分配	收入税	24		10		0	213	178				212	213	1	0	213	213
	净社会缴款		66	205	213	112	50	333		5		333	333	0	0	333	333
	实物社会转移以外的社会福利	62		62	62	136		0	384	2		384	384	0	0	384	384
	其他经常转移	12	6	62		136	104	71	36	37	36	283	244	16	55	299	299
	可支配总收入	228	228	25	228	317	317	1 219	1 219	37	37	1 826	1 826	−13	−13	1 813	1 813
收入使用	最终消费支出	0				352		1 015		32		1 399		0		1 399	1 399
	养老基金权益变化调整			11		0			11	0		11	11			11	11
	总储蓄国外经常差额	228		14		−35		215		5		427		−13	414	414	414

第四章 资本形成与金融交易核算   143

（续表）

交易类别和平衡项	非金融公司 运用	非金融公司 来源	金融公司 运用	金融公司 来源	广义政府 运用	广义政府 来源	住户 运用	住户 来源	非营利机构 运用	非营利机构 来源	国民经济总体 运用	国民经济总体 来源	国外 运用	国外 来源	总计 运用	总计 来源
资本交易																
总储蓄/国外经常差额		228		14		−35		215		5		427		−13		414
资本转移	16	33	7		34	6	5	23	3	0	65	62	1	4	66	66
资本形成总额	308		8		38		55		5		414				414	
非生产资产获得减处置	−7		0		2		4		1		0		0		0	
净贷出或净借入	−56		−1		−103		174		−4		10		−10		0	0
金融交易																
净金融投资或净融负债	83	−56	172	−1	−10	−103	189	174	2	−4	436	426	47	57	483	483
金融资产净获得/负债净获得	139	139	173		93		15		6		−1	10	1			
货币黄金和特别提款权															0	0
通货和存款	39	6	10	65	−26	37	64		2	0	89	102	11	−2	100	100
债务性证券	7	21	66	30	4	38	10	0	−1	0	86	74	9	21	95	95
贷款	19	83	53	0	3	9	3	11	0	6	78	47	4	35	82	82
股权和投资基金份额	10		28	22	3	0	66	0	0	0	107	105	12	14	119	119
保险、养老金和标准化担保计划	1	3	7	48	1	0	39	0	0	0	48	0	0	48	48	
金融衍生工具和雇员股票期权	3		8	8	0	0	3	0	0	0	14	11	3		14	14
其他应收和应付账款	4	26	1		5	9	4	4	0	0	15	39	10	−14	25	25

注：（1）此处的增加值不含产品税净额 133，即为"基本价格的增加值"，GDP=各部门市场价格增加值之和=各部门基本价格增加值之和+产品税净额。"基本价格净额"未包含产品税净额（仅为其他生产税净额）。
（2）限于基础数据来源，各机构部门支付的生产税净额，各相关账户。表中数据来自《国民账户体系 2008》各相关账户。（见参考文献[10]。）

资金流量表的资本交易部分全面反映各部门的资本转移和非金融投资情况。其中，资本转移可以发生在本国各部门之间，也可以发生在常住单位与非常住单位之间；作为生产资产净获得的资本形成则都是由常住单位进行的。非金融公司、金融公司、政府、住户和为住户服务的非营利机构等部门，其资本形成总额分别为308、8、38、55和5，经济总体的资本形成总额为414；土地等非生产资产的交易通常发生在常住单位之间，一方的购入或获得同时就是另一方的售出或处置，因而所有部门的净获得之和恒为零。各部门的总储蓄加上资本转移净获得，再减去资本形成总额和其他非金融投资，就得到反映其资金余缺状况的净贷出（正值）或净借入（负值）。表中显示，非金融公司和政府部门是主要的资金短缺部门，其净借入依次为－56和－103，而住户则是主要的资金盈余部门，净贷出为174，此外金融公司和非营利机构部门也有少量的资金短缺或盈余；经济总体内各部门相互调剂资金余缺之后，仍然剩余资金10，这就是国民经济总体对国外的净贷出，也即国外自本国的净借入。

资金流量表的金融交易部分全面反映各部门的金融交易情况。金融交易不仅仅是资本交易的补充，也即并不仅仅是为了调剂资金余缺而存在的，除此之外，它本身也是一种相对独立于资本交易的投资方式，因此，金融交易的实际规模比单纯补充资本交易、调剂资金余缺所需的规模要大得多。各部门参与融资和投资的途径、方式和规模在表中已经清楚地体现出来。每一部门在所有金融工具上的资产净获得减去负债净获得，就是它的净金融投资（或净金融负债），若没有统计误差，这与相应部门的净贷出（或净借入）是等值的，表中给出的数据可以具体验证。应该注意到，在各种金融工具中，关于黄金和特别提款权的金融交易都记录在资产方，而且，这类交易通常都是发生在常住单位（货币当局）与非常住单位之间的，一方的资产获得，必然就是另一方的资产处置，因而，在总计栏中，所有部门（含国外）在该类项目上的净获得之和恒为零。但是，由于黄金货币化和非货币化而引起的黄金储备变化，以及由于特别提款权的分配或撤销而引起的特别提款权变化，这些都不属于交易流量的范畴，在资产核算上也不具有"获得"与"处置"的对等关系和平衡性质。

（二）资金流量表的主要平衡关系

资金流量表是一张纵横交错的核算表，表内数据彼此关联、相互制约，存在着两种类型的平衡关系。

1. 资金来源和资金运用的纵向平衡或内部平衡

对于任何一个机构部门、整个经济总体或国外，只要有资金来源就必然有其运用，有资金运用也必须有其来源，因而，它们各自的资金来源总额与运用总额应该是总量平衡的。不仅如此，如果我们对全部交易划分类别或层次，并引入相应的平衡项，还可以进一步考察其内部平衡结构，也即不同核算层次之间的衔接平衡关系（最终表现为非金融交易差额与金融交易差额的对等关系）。这些平衡关系前面已经通过表 4-5 给予显示和说明。

2. 资金来源和资金运用的横向平衡或外部平衡

这种平衡关系只存在于所有部门（即国民经济总体和国外）的合计水平上，具体包括以下三个方面：

（1）对于每一种纯粹的资金流量（不包括消费支出和非金融投资等与实物流量直接联系的资金流量），其资金来源合计恒等于资金运用合计；尽管对于单个机构部门、整个经济总体或国外，每一类交易上的来源与运用通常都是不平衡的。例如，在"劳动者报酬"这一交易上，国民经济总体和国外的收入总计是 1 156，支出总计也是 1 156；但国民经济总体在该项目上的收与支分别为 1 154 和 1 150，而国外在该项目上的收与支分别为 2 和 6，单个机构部门的情形也与此类似。又如，在"金融资产与负债"这一交易上，国民经济总体和国外的金融资产净获得共计 483，负债净获得同样也是 483；但国民经济总体在该项目上的资产净获得与负债净获得分别为 436 和 426，而国外在该项目上的资产净获得与负债净获得则分别为 47 和 57。

（2）对于那些与实物流量直接联系的资金流量，在国民经济总体和国外的总计水平上，也存在着一定的平衡关系。例如，虽然国民总储蓄（427）与经济总体的资本形成（414）一般不会相等，国外的经常差额也没有对应的资本形成，但国民总储蓄与国外经常差额的总计（414）恒等于资本形成总计。这是因为，在经济总体和国外的总计水平上，获得的资本转移与支付的资本转移恒等，金融资产净获得与负债净获得也恒等，储蓄就成为非金融投资的唯一资金来源；又由于非生产资产的净获得之和恒为零，资本形成就成为非金融积累的唯一资金运用，因而，在这一水平上，"储蓄"恒等于"投资"。这也使得经济总体的净贷出（10）与国外的净借入（－10）互为相反数，两者的合计恒为零，这就意味着：在国民经济总体与国外的合计水平上，既没有资金剩余，也没有资金短缺，它们的非金融交易资金来源与资金运用是恒等的。

(3) 至于那些不属于交易流量的核算平衡项，尽管不存在来源与运用的对应平衡，但在不同环节、不同层次的总计水平上，仍然存在严格的核算衔接关系。这主要体现为：所有部门的初始流量（包括增加值与进出口差额）之和（1 813）恒等于初始总收入之和（1 813）以及可支配总收入之和（1 813），这是因为：所有部门的初次分配收入与支出是恒等的，再分配收入与支出也是恒等的。应该指出，这里的"国外初始总收入"和"国外可支配总收入"两个项目本身并没有独立的经济分析意义，但它们在资金流量表中起着衔接平衡的作用，因而也是不可缺少的。

由此可见，资金流量表作为一种严谨的核算形式，它既受制于各部门内部的平衡关系，又受制于各部门之间的平衡关系。表中任何一项数据的变动，都会在纵横两个方向上引起牵一发而动全身的连锁反应。这就是通常所谓"资金流量表的连锁特性"。

三、中国资金流量表基本表式

中国资金流量表采用标准式矩阵表，基本结构是交易项目×机构部门的矩阵表式，包括非金融交易和金融交易两部分。主栏为资金流量的交易项目，宾栏为机构部门；每个机构部门分列两栏，"运用"栏记录各部门应付的资金（流出），即非金融交易下的支出、金融交易下的金融资产净获得；"来源"栏记录各部门应收的资金（流入），即非金融交易下的收入、金融交易下的负债净增加。中国现行的资金流量表分为两张表，即资金流量表（非金融交易）和资金流量表（金融交易），前者由国家统计局国民经济核算司编制，后者由中国人民银行调查统计司编制。

（一）中国资金流量表基本表式（非金融交易）

根据《中国国民经济核算体系（2016）》设置的资金流量表，其非金融交易部分的基本形式如表 4-6 所示。

表 4-6 中各指标项目如前所述，不再赘述。

（二）中国资金流量表基本表式（金融交易）

中国资金流量表金融交易部分与资金流量表标准表式的后半部分一致，记录了所有机构部门金融资产的净获得与负债的净获得。通过资金流量表的金融交易部分，不仅可以了解各个机构部门为筹集资金而发生的负债以及该部门获得的金融资产，还能掌握各个机构部门之间负债的来源以及资产的使用去向。根据《中国国民经济核算体系（2016）》设置的资金流量表，其金融交易部分的基本形式如表 4-7 所示。

表 4-6 中国资金流量表（非金融交易）

交易项目	非金融企业部门		金融机构部门		广义政府部门		NPISH部门		住户部门		经济总体		国外		合计	
	运用	来源	运用	来源	运用	来源	运用	来源	运用	来源	运用	来源	运用	来源	运用	来源
1. 净出口																
2. 增加值																
3. 劳动者报酬																
工资及工资性收入																
单位社会保险付款																
4. 生产税净额																
生产税																
生产补贴																
5. 财产收入																
利息																
红利																
地租																
其他																
6. 初次分配总收入																
7. 经常转移																
所得税、财产税等经常税																
社会保险缴费																
社会保险支出																
社会保障补助																

(续表)

交易项目	非金融企业部门		金融机构部门		广义政府部门		NPISH部门		住户部门		经济总体		国外		合计	
	运用	来源	运用	来源	运用	来源	运用	来源	运用	来源	运用	来源	运用	来源	运用	来源
其他经常转移																
8. 可支配总收入																
9. 实物社会转移																
10. 调整后可支配总收入																
11. 实际最终消费																
12. 总储蓄/对外经常差额																
13. 资本转移																
资本税																
投资性补助																
其他																
14. 资本形成总额																
固定资本形成总额																
存货变动																
贵重物品获得减处置																
15. 非生产非金融资产获得减处置																
16. 净金融投资																

资料来源：中国国家统计局. 中国国民经济核算体系（2016）. 北京：中国统计出版社，2017.

表 4-7 中国资金流量表（金融交易）

交易项目	非金融企业部门		金融机构部门		广义政府部门		NPISH 部门		住户部门		经济总体		国外		合计	
	运用	来源	运用	来源	运用	来源	运用	来源	运用	来源	运用	来源	运用	来源	运用	来源
1. 净金融投资																
2. 通货																
3. 存款																
4. 贷款																
5. 股权和投资基金份额																
股权																
投资基金份额																
其他																
6. 债务性证券																
债券																
未贴现银行承兑汇票																
其他债务性证券																
7. 保险准备金和社会保险基金权益																
保险准备金																
社会保险基金权益																
8. 金融衍生品和雇员股票期权																
期权																
其他金融衍生品																
雇员股票期权																
9. 国际储备																
货币黄金、特别提款权																
在国际货币基金组织储备头寸																
外汇																
其他																
10. 其他																
11. 资金运用合计																
12. 资金来源合计																

资料来源：中国国家统计局. 中国国民经济核算体系（2016）. 北京：中国统计出版社，2017.

中国资金流量表中的各项指标基本采用了 SNA2008 中金融交易项目的分类，指标的含义大致相同，具体表述及细分类方面结合中国实际，有所差异：

(1) 通货。是指以现金形式存在于市场流通领域中的货币，包括纸币和硬币。通货是持有者的金融资产、中央银行的负债。

(2) 存款。是指金融机构接受客户存入的货币款项，存款人可随时或按约定时间支取款项的信用业务，主要包括活期存款、定期存款、财政存款、外汇存款、委托存款、信托存款、证券公司客户保证金、其他存款和金融机构往来，其中金融机构往来包括中央银行与商业银行、商业银行之间的资金往来，如存款准备金、库存现金等。存款是存款者的金融资产、金融机构的负债。

(3) 贷款。贷款指金融机构将其吸收的资金，按一定的利率贷放给客户并约期归还的信用业务，主要包括短期贷款及票据融资、中长期贷款、外汇贷款、委托贷款和其他贷款。贷款是金融机构的金融资产、贷入者的负债。

(4) 股权和投资基金份额。股权是指对清偿债权人全部债权后的公司或准法人公司的剩余财产有索取权的所有票据或证明记录，包括上市股票、非上市股票和其他股权。股权是持有者的金融资产、发行机构单位的负债。投资基金份额是将投资者的资金集中起来投资于金融或非金融资产的集体投资时，证明投资人持有的基金单位数量的受益凭证。投资基金份额是基金持有者的金融资产、金融机构的负债。

(5) 债务性证券。债务性证券是作为债务证明的可转让工具，包括票据、债券、资产支持证券和通常可在金融市场交易的类似工具。其中，债券指机构单位为筹措资金而发行，并且承诺按约定条件偿还的有价证券，主要包括国债、金融债券、中央银行债券、企业债券等。债务性证券是持有者的金融资产、发行单位的负债。

(6) 保险准备金和社会保险基金权益。保险准备金和社会保险基金权益指社会保险和商业保险基金的净权益、保险费预付款和未决索赔准备金，包括人身保险准备金和其他保险准备金。保险准备金和社会保险基金权益是投保人的金融资产、金融机构的负债。

(7) 金融衍生品和雇员股票期权。金融衍生品指以货币、债券、股票等传统金融产品为基础，以杠杆性的信用交易为特征的金融产品。通常与某种特定金融产品、特定指标或特定商品挂钩，对特定的金融风险本身进行交易。金融衍生品是持有者的金融资产、金融机构的负债。雇员股票期权是一种劳动者报酬形式，是企业向其雇员提供的一种购买企业股权的期权，即雇主与雇员在某日（授权日）签订的一种协议，根据协议，在未来约定时间（含权日）或紧接着的一段时间（行权期）内，雇员能以约定价格（执行价格）购买约定数量的雇主股票。雇员股票期权是雇员的金融资产、发行企业的负债。

（8）国际储备。是指中央银行拥有的、可以随时动用并有效控制的对外资产，包括货币黄金、特别提款权、外汇储备、在国际货币基金组织的储备头寸和其他债权。国际储备是中央银行的金融资产、国外的负债（作为储备资产的金块除外）。

（9）其他。是指除上述8类金融交易以外的其他金融交易，主要为其他应收或应付款，包括商业信用、在建工程或拟建工程的预付款等。其中，其他应收应付款是应收方的金融资产、应付方的负债。

（10）净金融投资。上述各项目，作为金融资产净获得记入表中对应机构部门的"运用"，作为负债净获得记入表中对应机构部门的"来源"。分别把来源和运用合计起来，得到对应各机构部门的"资金来源合计"和"资金运用合计"，前者反映该部门的资金流出，后者反映其资金流入。净金融投资是"资金运用合计"与"资金来源合计"相减之差额。作为一个平衡项目，该差额为正，代表该部门当期发生资金净流出，有正投资；差额为负，代表该部门当期发生资金净流入，有负投资。计算公式为：

$$部门净金融投资 = 部门资金运用合计 - 部门资金来源合计$$

$$经济总体净金融投资 = \sum 部门净金融投资$$
$$= 经济总体资金运用合计 - 经济总体资金来源合计$$

理论上讲，非金融交易表和金融交易表中同一机构部门的净金融投资是相等的，但由于基础资料和编制方法不同，实际核算结果通常存在差异。

四、中国资金流量表实例

（一）中国资金流量表（非金融交易）实例

前述中国资金流量表的基本表式是最新版《中国国民经济核算体系（2016）》中设置的表式。由于2017年7月才发布《中国国民经济核算体系（2016）》，因此，中国统计年鉴上能够获得的中国资金流量表实例，其基本内容源于《中国国民经济核算体系（2002）》，但有些项目没有细分。如《中国国民经济核算体系（2002）》中的"劳动者报酬"项目只细分为"工资及工资性收入"和"单位社会保险付款"2项；"生产税净额"项目细分为"生产税"和"生产补贴"；"经常转移"项目下的"收入税"修改为"所得税、财产税等经常税"。其他交易项目没有变化。

中国资金流量表（非金融交易）如表4-8所示。

表 4-8 中国资金流量表（非金融交易，2014 年）

单位：亿元

交易项目	非金融企业部门		金融机构部门		政府部门		住户部门		国内合计		国外部门		合计	
	运用	来源	运用	来源	运用	来源	运用	来源	运用	来源	运用	来源	运用	来源
一、净出口												−16 151.6		−16 151.6
二、增加值		392 751.1		46 665.2		47 757.3		156 800.4		643 974.0				
三、劳动者报酬	162 388.2		13 687.5		41 014.1		109 675.1	328 347.4	326 764.9	328 347.4	1 837.9	255.4	328 602.8	328 602.8
四、生产税净额	69 823.0		5 366.8		305.0	78 643.1	3 148.3		78 643.1	78 643.1			78 643.1	78 643.1
五、财产收入	50 388.7	26 991.2	54 602.9	48 901.3	6 313.1	19 498.3	9 360.1	24 508.8	120 664.7	119 899.3	12 868.5	13 633.9	133 533.2	133 533.2
（一）利息	25 099.4	22 932.7	50 599.0	47 897.4	6 313.1	8 057.4	9 301.5	20 255.4	91 312.9	99 142.9	8 912.8	1 082.8	100 225.7	100 225.7
（二）红利	18 131.2	3 955.7	1 628.8	1 003.9		4 224.0		1 980.9	19 760.0	11 164.6	3 955.7	12 551.1	23 715.7	23 715.7
（三）地租	5 810.8					5 869.4	58.6		5 869.4	5 869.4			5 869.4	5 869.4
（四）其他	1 347.3	102.7	2 375.1			1 347.3		2 272.4	3 722.4	3 722.4			3 722.4	3 722.4
六、初次分配总收入	137 142.3		21 909.3		98 266.4		387 473.1		644 791.1		2 525.2	2 437.1	133 643.0	133 643.0
七、经常转移	22 113.2	1 233.2	10 642.0	4 665.6	52 827.7	76 135.6	45 534.8	49 171.6	131 117.8	131 205.9				
（一）所得税、财产税等经常税	17 627.4		7 014.8			32 362.8	7 720.6			32 362.8			32 362.8	32 362.8
（二）社会保险缴款				40 438.8	8 446.7		31 992.1		40 438.8	40 438.8			40 438.8	40 438.8
（三）社会保险福利					33 680.6			33 680.6	33 680.6	33 680.6			33 680.6	33 680.6

（续表）

交易项目	非金融企业部门 运用	非金融企业部门 来源	金融机构部门 运用	金融机构部门 来源	政府部门 运用	政府部门 来源	住户部门 运用	住户部门 来源	国内合计 运用	国内合计 来源	国外部门 运用	国外部门 来源	合计 运用	合计 来源
（四）社会补助	253.0				10 419.2			10 672.2	10 672.2	10 672.2			10 672.2	10 672.2
（五）其他	4 232.8	1 233.2	3 627.2	4 665.6	281.3	3 333.9	5 822.0	4 818.8	13 963.3	14 051.5	2 525.2	2 437.1	16 488.6	16 488.6
八、可支配总收入		116 262.3		15 932.8		121 574.2		391 110.0		644 879.3				644 879.3
九、最终消费					85 773.0		242 540.0		328 313.0				328 313.0	
（一）居民消费							242 540.0		242 540.0				242 540.0	
（二）政府消费					85 773.0				85 773.0				85 773.0	
十、总储蓄	3 816.0	116 262.3		15 932.8		35 801.2		148 570.0	316 566.3		−17 056.8		299 509.5	
十一、资本转移	3 816.0	8 161.9			8 283.1	4 033.8	98.7		12 197.8	12 195.7	119.1	121.3	12 316.9	12 316.9
（一）投资性补助		8 161.9			8 161.9				8 161.9	8 161.9			8 161.9	8 161.9
（二）其他	3 816.0				121.3	4 033.8	98.7		4 035.9	4 033.8	119.1	121.3	4 155.0	4 155.0
十二、资本形成总额	191 859.1		673.0		33 577.3		76 607.9		302 717.4				302 717.4	
（一）固定资本形成总额	182 738.2		673.0		33 142.4		73 499.4		290 053.0				290 053.0	
（二）存货增加	9 120.9				434.9		3 108.5		12 664.4				12 664.4	
十三、其他非金融资产获得减处置	23 924.2				−6 444.1		−17 480.2							
十四、净金融投资	−95 175.2		15 259.9		4 418.7		89 343.5		13 846.7		−17 054.7		−3 207.9	

资料来源：《中国统计年鉴 2016》，http://www.stats.gov.cn/tjsj/ndsj/2016/indexch.htm（访问时间：2019.7.28）。

比较表 4-5 与表 4-8，可以看出，中国资金流量表（非金融交易）与资金流量表标准表式前半部分一样，只是少数交易项目与 SNA2008 有差异。资金流量表的非金融交易部分主要包括收入分配（初次分配与再分配）、收入使用和非金融投资三个方面，记录了所有机构部门关于收入分配与实物交易的资金来源与资金运用情况，以及收入分配与实物交易在各机构部门之间的资金运动情况。

净出口和增加值是各个机构部门的初始资金来源；劳动者报酬、生产税净额和财产收入属于收入初次分配项目，其分配结果形成初次分配总收入（初始总收入）；通过收入税、社会保险缴款、社会保险福利、社会补助、其他经常转移等方式进行收入再分配，其结果形成可支配总收入；最终消费是收入使用的一部分，可支配总收入减去最终消费即得到总储蓄，这是经常交易账户的平衡项；总储蓄加上资本转移净额则构成各个部门的投资资金来源。资本形成总额也是收入使用的一部分。总储蓄加上应收资本转移再减去应付资本转移之后，进行非金融投资，即用于资本形成总额和其他非金融资产获得减处置，剩余部分为净金融投资（净贷出/净借入），这是资金流量表实物交易部分的平衡项。

与本书前文介绍的收入初次分配账户、再分配账户、收入使用账户和资本账户中各交易项目之间的逻辑关系一样，资金流量表各机构部门的资金来源与资金运用交易项目存在如下关系：

初次分配总收入＝增加值＋来源方的劳动者报酬－运用方的劳动者报酬＋来源方生产税净额－运用方生产税净额＋来源方财产收入－运用方财产收入；

可支配总收入＝初次分配总收入＋经常转移收入－经常转移支出；

总储蓄＝可支配总收入－最终消费；

净金融投资＝（总储蓄＋资本转移净额）－（资本形成总额＋其他非金融资产获得减处置）；

以住户部门为例：

初次分配总收入＝156 800.4＋328 347.4－109 675.1－3 148.3＋24 508.8－9 360.1＝387 472.7（亿元）（因四舍五入的原因，与表中的 387 473.1 略有差异）；

可支配总收入＝387 473.1＋49 171.6－45 534.8＝391 109.9（亿元）（因四舍五入的原因，与表中的 391 110.0 略有差异）；

总储蓄＝391 110.0－242 540.0＝148 570.0（亿元）；

净金融投资＝148 570.0－98.7－76 607.9－（－17 480.2）＝89 343.6（亿元）（因四舍五入的原因，与表中的 89 343.5 略有差异）。

与中国资金流量表（非金融交易，2014 年）比较，《中国国民经济核算体系（2016）》中的资金流量表（非金融交易），机构部门的名称和分类有所变化：（1）"政府部门"修订为"广义政府部门"；（2）增加了为住户服务的非营利机构部门"NPISH 部门"；

(3)"国内合计"修订为"经济总体";(4)"国外部门"修订为"国外"。

交易项目中的变化主要是:(1)"劳动者报酬"项目细分为"工资及工资性收入"和"单位社会保险付款"2项;(2)"生产税净额"项目细分为"生产税"和"生产补贴"2项;(3)增设了"实物社会转移"和"调整后可支配收入"2个交易项目;(4)"最终消费"修订为"实际最终消费",取消"居民消费"和"政府消费"2个子项目;(5)"总储蓄"修订为"总储蓄/对外经常差额";(6)"资本转移"项目下增设了"资本税";(6)"资本形成总额"项目下的"存货增加"修订为"存货变动",并增设了"贵重物品获得减处置";(7)"其他非金融资产获得减处置"修订为"非生产性非金融资产获得减处置"。

(二)中国资金流量表(金融交易)实例

从表4-9可以看出,金融交易活动包括国内金融交易和国外金融交易。国内金融交易包括通货、存款、证券公司客户保证金、贷款、未贴现的银行承兑汇票、保险准备金、金融机构往来、准备金、证券、证券投资基金份额、库存现金、中央银行贷款、其他(净)等13项。其中存款还细分为活期存款、定期存款、财政存款、外汇存款和其他存款;贷款细分为短期贷款与票据融资、中长期贷款、外汇贷款、委托贷款和其他贷款;证券细分为债券和股票,其中债券又细分为国债、金融债券、中央银行债券和企业债券。国外金融交易是中国与国外经济往来中发生的金融活动,包括直接投资、其他对外债权债务、国际储备资产和国际收支错误与遗漏等4项内容。在表4-9中:

(1)通货。是指以现金形式存在于市场流通中的货币,包括居民手存现金和企事业单位的库存现金。通货是金融部门的负债、其他机构部门的资产。

(2)存款。是指金融机构接受客户存入的货币款项,存款人可随时或按约定时间支取款项的信用业务,主要包括活期存款和定期存款。存款是金融部门的负债、其他机构部门的资产。

(3)贷款。是指金融机构将其所吸收的资金按一定的利率贷放给客户并按约期归还的信用业务,包括短期贷款和长期贷款。贷款是金融部门的资产、其他机构部门的负债。

(4)保险准备金。是指对人寿保险准备金和养恤基金的净权益、保险费预付款和未决索赔准备金。

(5)金融机构往来。是指各金融机构之间的资金往来,包括同业存放款和同业拆借款。

(6)准备金。是指各金融机构在中央银行的存款及缴存中央银行的法定准备金。

(7)证券。包括债券和股票,是发行者的负债、认购者的资产。债券是指由债券购买者承购的或者因销售产品而拥有的、可在金融市场上交易并代表一定债券的书面证明;股票是指股份公司签发的证明股东投资并按其所持股份享有权益和承担义务的权益性证券。

表 4-9 中国资金流量表（金融交易，2014年）

单位：亿元

交易项目	非金融企业部门		金融机构部门		政府部门		住户部门		国内合计		国外部门		合计	
	运用	来源	运用	来源	运用	来源	运用	来源	运用	来源	运用	来源	运用	来源
净金融投资	−64 014		8 918		20 393		50 328		15 624		−15 624			
资金运用合计	78 893		316 636		39 895		88 407		523 831		15 592		539 423	
资金来源合计		142 908		307 717		19 502		38 079		508 207		31 216		539 423
1. 通货	152		269	1 688		34	1 132		1 587	1 688	101		1 688	1 688
2. 存款	42 993		13 828	130 364	31 870		44 788		133 478	130 364	2 220	5 334	135 698	135 698
活期存款	−255			12 364	7 668		4 952		12 364	12 364			12 364	12 364
定期存款	19 994			74 886	15 523		39 369		74 886	74 886			74 886	74 886
财政存款				5 531	5 531				5 531	5 531			5 531	5 531
外汇存款	8 894		1 443	6 608	17		309		10 663	6 608	1 279	5 334	11 942	11 942
其他存款	14 359		12 385	30 975	3 131		159		30 034	30 975	941		30 975	30 975
3. 证券公司客户保证金	3 267		1 115	8 169	1 603		2 045		8 029	8 169	140		8 169	8 169
4. 贷款		101 873	139 435			−43		38 079	139 435	139 909	2 777	2 303	142 212	142 212
短期贷款与票据融资		23 544	38 520					14 976	38 520	38 520			38 520	38 520
中长期贷款		38 308	60 644			−43		22 336	60 644	60 644			60 644	60 644
外汇贷款		4 063	3 548						3 548	4 022	2 777	2 303	6 326	6 326
委托贷款		25 070	25 070					766	25 070	25 070			25 070	25 070
其他贷款		10 887	11 654						11 654	11 654			11 654	11 654
5. 未贴现的银行承兑汇票	−1 198	−1 198	−1 198						−1 198	−2 396			−2 396	−2 396
6. 保险准备金	986		7 488				13 262		14 248	14 248			14 248	14 248
7. 金融机构往来			38 876	28 153	6 760				38 876	28 153	−4 688	6 035	34 188	34 188

第四章 资本形成与金融交易核算 157

（续表）

交易项目	非金融企业部门 运用	非金融企业部门 来源	金融机构部门 运用	金融机构部门 来源	政府部门 运用	政府部门 来源	住户部门 运用	住户部门 来源	国内合计 运用	国内合计 来源	国外部门 运用	国外部门 来源	合计 运用	合计 来源
8. 准备金	384		21 112	20 834					21 112	20 834	−279		20 834	20 834
9. 证券	−3 054	33 300	53 772	19 177	4 174	11 804	2 720		61 050	64 281	3 316	85	64 366	64 366
债券	−431	24 329	52 842	17 931	3 002	11 804	1 224		54 015	54 064	49		54 064	54 064
国债			11 732		−6	11 804			11 804	11 804			11 804	11 804
金融债券	−2 490		19 034	19 171	2 627		509		19 171	19 171			19 171	19 171
中央银行债券			−1 240	−1 240					−1 240	−1 240			−1 240	−1 240
企业债券	−133	24 329	23 317		381		715		24 280	24 329	49		24 329	24 329
股票	3 438	8 971	929	1 246	1 172		1 496		7 035	10 217	3 267	85	10 303	10 303
10. 证券投资基金份额	6 129		2 093	15 328	3 007		3 837		15 066	15 328	262		15 328	15 328
11. 库存现金			742	482					742	482		260	742	742
12. 中央银行贷款		12	15 665	15 654					15 665	15 665			15 665	15 665
13. 其他（净）	16 513		23 395	59 777	−793		20 624		59 740	59 777	37		59 777	59 777
14. 直接投资	4 903	17 626							4 903		17 626	4 903	22 529	22 529
15. 其他对外债权债务	4 765	−160	350	1 802		981			5 115	2 623	2 623	5 115	7 738	7 738
16. 国际储备资产			7 181						7 181			7 181	7 181	7 181
17. 国际收支错误与遗漏		−8 544								−8 544	−8 544		−8 544	−8 544

资料来源：《中国统计年鉴 2016》，http://www.stats.gov.cn/tjsj/ndsj/2016/indexch.htm（访问时间：2019.7.28）。

（8）证券投资基金份额。是指基金发起人向投资者公开发行的，表示持有人按其所持份额对基金财产享有收益分配权、清算后剩余财产取得权和其他相关权利，并承担相应义务的凭证。

（9）库存现金。是指各金融机构法定准备金之外的库存现金。

（10）中央银行贷款。是指中央银行对各金融机构的贷款。

（11）其他（净）。是指上述资产以外的其他金融资产净额，为金融机构部门的负债、企业部门的资产。

（12）直接投资。是指外国在中国、港澳台地区在内地和中国在外国、内地在港澳台地区以独资、合资、合作及合作勘探开发方式进行的投资。

（13）国际储备资产。是指中央银行拥有的可以随时动用并有效控制的对外资产，包括货币黄金、特别提款权、外汇储备、在基金组织的储备头寸和其他债权等，其数据为国际收支综合差额，包括经常账户、资本账户、平衡账户的差额，国际收支平衡表中储备资产变动，正号表示储备资产增加，负号表示储备资产减少。

（14）国际收支错误与遗漏。是指在国际收支统计中由于资料不完整、统计时间、统计口径、统计分类、计价标准和汇率折算办法不一致等原因造成的误差与遗漏，它等于国际收支平衡表中的经常账户差额加资本账户及金融账户差额，再减储备资产增减额。

净金融投资是金融交易的起始项，也是金融交易账户中的一个重要项目。净金融投资为正的部门，资金以储蓄存款、购买股票证券等形式流向金融市场，净金融投资为负的部门，则是通过借贷、发行或出售股票证券等形式从金融市场筹集资金。在金融交易账户中，净金融投资等于金融资产的增加额减去金融负债的增加额，也等于资金运用合计减资金来源合计。

值得注意的是，资金流量表的实物交易部分和金融交易部分都设置了净金融投资项目，从理论上说，这两个净金融投资指标的数据应该完全一致，但由于国家统计局和中国人民银行分别编制实物交易资金流量表和金融交易资金流量时，所依据的资料来源不同，还有许多数据不能直接满足编表的需要，只能进行推算，因此，形成了两个大小不同的净金融投资，其差额通常记作统计误差。

金融交易部分资金流量表各机构部门内部的纵向平衡关系为：

负债净增加（资金来源合计）＋净金融投资＝金融资产净增加（资金运用合计）；

净金融投资＝金融资产净增加（资金运用合计）－负债净增加（资金来源合计）；

如住户部门的净金融投资＝88 407－38 079＝50 328（亿元）。

金融交易部分资金流量表各机构部门之间的平衡关系，表现为每一个交易项目的各个部门来源方合计等于各个部门运用方合计。

以存款为例，运用方合计＝42 993＋13 828＋31 870＋44 788＋2 220＝135 699（亿元）；

来源方合计＝130 364＋5 334＝135 698（亿元）（由于四舍五入，运用方合计与来源方合计存在略微差异）。

与中国资金流量表（金融交易，2014 年）比较，《中国国民经济核算体系（2016）》中的资金流量表（金融交易），机构部门的名称和分类变化与非金融交易部分的资金流量表一样：即（1）"政府部门"修订为"广义政府部门"；（2）增加了为住户服务的非营利机构部门"NPISH 部门"；（3）"国内合计"修订为"经济总体"；（4）"国外部门"修订为"国外"。

金融交易项目，除了"通货""存款""贷款"以外，其他的项目基本都采用了 SNA2008 中的项目名称和主要分类，如表 4-7 所示。此处不再赘述。

第五节 资金流量核算数据的应用分析

从前面各节可知，资本形成核算主要是通过编制资本账户描述非金融投资活动，金融交易核算是通过编制金融交易账户描述金融交易活动。资金流量表则是通过矩阵表的方式描述机构部门内部、机构部门之间以及国民经济总体的资金运动情况。中国国民经济核算实践中只发布了非金融交易资金流量表和金融交易资金流量表，并没有发布资本账户和金融账户，而资金流量表非金融交易部分涵盖了收入分配与使用、资本形成核算的主要内容，资金流量表金融交易部分则包括了金融交易核算的全部内容，因此，资本形成与金融交易核算数据应用分析，对中国而言，也就是根据其资金流量表提供的数据进行应用分析。

根据中国资金流量表，不仅可以分析资本形成和金融交易相关的问题，而且可以分析收入初次分配与再分配以及收入使用相关的问题。限于篇幅本节主要根据 2014 年中国资金流量表中的相关数据进行结构分析，在实证研究中，可以根据历年中国资金流量表提供的数据，对资金运动相关的总量变动以及结构变化进行动态分析，可以系统地研究收入分配格局变化规律、消费率与投资率变化趋势、金融市场融资结构和筹资结构变化轨迹等。

一、资金流量表实物交易数据分析

（一）劳动者报酬来源与使用结构分析

根据资金流量表实物交易部分的相关数据，可以整理得到劳动者报酬来源与使用结构表，如表 4-10 所示。

表 4-10 劳动者报酬来源与使用结构

机构部门	劳动者报酬运用		劳动者报酬来源
	金额（亿元）	比重（%）	金额（亿元）
非金融企业部门	162 388.2	49.70	——
金融机构部门	13 687.5	4.19	——
政府部门	41 014.1	12.55	——
住户部门	109 675.1	33.56	328 347.4
国内合计	326 764.9	100.00	328 347.4
国外部门	1 837.9	——	255.4

表 4-10 中，各部门应付劳动者报酬除以住户部门应得劳动者报酬，近似反映各部门应付劳动者报酬占住户劳动者报酬的比重。因为各个机构部门应付的劳动者报酬中，既包括应付国内常住单位的劳动者报酬 326 509.5 亿元（326 764.9－255.4），也包括应付非常住单位的劳动者报酬 255.4 亿元，但无法具体分解到各个机构部门；同样，住户部门应得的劳动者报酬为 328 347.4 亿元，其中有 326 509.5 亿元（328 347.4－1 837.9）来自国内各机构部门，还有 1 582.5 亿元（1 837.9－255.4）来自国外非常住单位。因此，用各个机构部门应付的劳动者报酬除以住户部门应得的劳动者报酬 328 347.4 亿元，近似反映各机构部门对劳动者报酬的贡献份额。

从表 4-10 可以看出：(1)2014 年中国住户部门应得的劳动者报酬为 328 347.4 亿元，其中有 49.46% 来自非金融企业部门，表明非金融企业部门是最大的劳动者报酬支付部门；(2) 金融机构部门和政府部门应付的劳动者报酬分别占 4.17% 和 12.49%；(3) 住户部门应付劳动者报酬占 33.4%，属于第二大劳动者报酬支付部门，原因在于住户部门包含了广大城乡居民，也包含了大量的从事经营活动的个体户，个体户的经营收入作为混合收入一并计入了劳动者报酬总额；(4) 来自国外的劳动者报酬净额 1 582.5 亿元，相当于住户部门应得劳动者报酬总额的 0.48%，说明中国的劳务输出大于劳务输入。

(二) 财产收入部门结构分析

根据资金流量表（非金融交易）相关内容整理得到财产收入分配情况如表 4-11 所示。

表 4-11 财产收入分配部门结构

机构部门	财产收入运用		财产收入来源		财产收入净额
	金额（亿元）	比重（%）	金额（亿元）	比重（%）	金额（亿元）
非金融企业部门	50 388.7	41.76	26 991.2	22.51	−23 397.5
金融机构部门	54 602.9	45.25	48 901.3	40.79	−5 701.6
政府部门	6 313.1	5.23	19 498.0	16.26	13 184.9

（续表）

机构部门	财产收入运用		财产收入来源		财产收入净额
	金额（亿元）	比重（%）	金额（亿元）	比重（%）	金额（亿元）
住户部门	9 360.1	7.76	24 508.8	20.44	15 148.7
国内合计	120 664.8	100.00	119 899.3	100.00	−765.5
国外部门	12 868.5		13 633.8		765.4

从表 4-11 可以看出：(1) 2014 年中国国内各部门应得财产收入 119 899.3 亿元，应付财产收入 120 664.8 亿元，财产收入净额为−765.5 亿元，国外部门的财产收入净额 765.4 亿元，两者应该相等，因四舍五入而略有差别。本国的财产收入净额为负，表明其资本输入大于资本输出。(2) 非金融企业部门是最大的资金赤字部门，需要从其他部门借入大量资金，使其成为财产收入净支付部门，其财产收入净额为−23 397.5 亿元。虽然其应付财产收入占国内应付财产收入总额的 41.76%，低于金融机构部门的 45.25%，但其应得财产收入占比为 22.51%，远远低于金融机构部门的 40.79%；(3) 金融机构部门的主要职能是从事金融中介服务，利用存款发放贷款，从中获得存贷款利差，因此虽然金融机构部门的应得财产收入占比和应付财产收入占比都是最高的部门，但 2014 年其财产收入净额却为−5 701.6 亿元，说明其贷款经济效益需要进一步提高；(4) 政府部门应收财产收入占比和应付财产收入占比是四个国内机构部门最低的，分别为 16.26% 和 5.23%，但其财产收入净额为 13 184.9 亿元；(5) 众所周知，住户部门通常是最大的资金盈余部门，故虽然其应得财产收入占比 20.44%，低于非金融企业部门的 22.51%，但其应付财产收入占比为 7.76%，远远低于非金融企业部门的 41.76%，使得住户部门成为财产收入净额最大的部门。

（三）经常转移部门结构分析

根据资金流量表（非金融交易）相关内容整理得到经常转移收支情况如表 4-12 所示。

表 4-12　经常转移收支部门结构

机构部门	经常转移支出		经常转移收入		经常转移净额
	金额（亿元）	比重（%）	金额（亿元）	比重（%）	金额（亿元）
非金融企业部门	22 113.2	16.87	1 233.2	0.94	−20 880.0
金融机构部门	10 642.0	8.12	4 665.6	3.56	−5 976.4
政府部门	52 827.7	40.29	76 135.6	58.03	23 307.9
住户部门	45 534.8	34.73	49 171.6	37.48	3 636.8
国内合计	131 117.8	100.00	131 205.9	100.00	88.1
国外部门	2 525.2		2 437.1		−88.1

从表 4-12 的收入再分配结果可以看出：(1) 国内机构部门经常转移收入总额 131 205.9 亿元，经常转移支出 131 117.8 亿元，经常转移净额为 88.1 亿元，刚好等于国外部门的经常转移净额－88.1 亿元，表明国内常住机构部门从国外部门获得的经常转移大于支付的经常转移；(2) 因为非金融企业部门是缴纳所得税、财产税等经常税最大的部门，虽然其经常转移支出占比为 16.87%，远远低于政府部门和住户部门，但其经常转移收入占比却只有 0.94%，使其成为最大的经常转移净支出部门，经常转移净额为－20 880 亿元；(3) 金融机构部门也属于企业部门，需要缴纳所得税、财产税等经常税，经常转移支出大于经常转移收入，经常转移净额为－5 976.4 亿元；(4) 政府部门既是所得税、财产税等经常税的获得者，也是社会保险缴款的获得者，故其经常转移收入占比为 58.03%，同时是社会福利和社会补助的主要支付者，使其经常转移支出占比也是最高的，为 40.29%，收支相抵以后，经常转移净额达 23 307.9 亿元；(5) 住户部门主要向政府部门缴纳所得税、财产税等经常税以及社会保险，并从政府部门获得社会保险福利和社会补助，其经常转移收入大于经常转移支出，经常转移净额为 3 636.8 亿元。

(四) 收入分配部门结构分析

根据资金流量表（非金融交易）相关内容整理得到收入分配部门结构如表 4-13 所示。

表 4-13 收入分配部门结构

机构部门	增加值		初次分配总收入		可支配总收入	
	金额（亿元）	比重（%）	金额（亿元）	比重（%）	金额（亿元）	比重（%）
非金融企业部门	392 751.1	60.99	137 142.3	21.27	116 262.3	18.03
金融机构部门	46 665.2	7.25	21 909.3	3.40	15 932.8	2.47
政府部门	47 757.3	7.42	98 266.4	15.24	121 574.2	18.85
住户部门	156 800.4	24.35	387 473.1	60.09	391 110.0	60.65
国内合计	6 43974	100.00	644 791.1	100.00	644 879.3	100.00
国外部门	——	——	817.1			

从表 4-13 可以看出，2014 年中国国内生产总值为 643 974 亿元，其中非金融企业部门是增加值的主要创造者，其增加值占国内生产总值的比重为 60.99%；其次是住户部门，占比为 24.35%；金融机构部门和政府部门分别为 7.25% 和 7.42%。

经过收入初次分配，与增加值的部门结构相比，初次分配总收入的部门结构发生了很大变化。(1) 国民总收入为 644 791.1 亿元，比国内生产总值 643 974 亿元多 817.1 亿元，约等于来自国外的劳动者报酬净额与财产收入净额之和 817 亿元 [1 582.5＋(－765.5)]（由于四舍五入，略有误差）。(2) 非金融企业部门创造的增加值最多，但支付了劳动者报酬、生产税净额以及财产收入之后,其初次分配总收入占比只有 21.27%;类似地,金融机构部门的初次分配总收入占比为 3.4%,也明显低于其增加值占比 7.25%。(3) 政府部门由于得到了大量的生产税净额,因此其初次分配总收入占比为 15.24%,远远高于其增加值占比 7.42%。(4) 住户部门因得到大量的劳动者报酬和财产收入,使其成为初次分配总收入最大的部门,占国民总收入的比重达到 60.09%。2014 年中国收入初次分配结果表现为个人、企业、国家三者所得的占比为 60.09∶24.67∶15.24。

经过收入再分配之后,可支配总收入的部门结果发生了一些变化。国民可支配总收入为 644 879.3 亿元,比国民总收入增加 88.2 亿元,近似等于来自国外的经常转移净额 88.1 亿元(两者应该相等,因四舍五入略有差异)。非金融企业部门和金融机构部门的可支配总收入占比有所下降,非金融企业部门所得减少 3.24 个百分点,只有 18.03%;金融机构部门减少了 0.93 个百分点,只有 2.47%;政府部门的可支配总收入增加了 3.61 个百分点,达到 18.85%;住户部门的可支配总收入变化不大,只增加了 0.56 个百分点,占比为 60.65%,依然是可支配总收入最大部门,但并不显著。

(五) 非金融投资与净金融投资部门结构分析

根据资金流量表(实物交易)相关内容整理得到资本转移与资本形成部门结构如表 4-14 所示。

表 4-14 资本转移与资本形成部门结构

机构部门	总储蓄		资本转移净额	资本形成总额		净金融投资
	金额(亿元)	比重(%)	金额(亿元)	金额(亿元)	比重(%)	金额(亿元)
非金融企业部门	116 262.3	36.73	4 345.9	191 859.1	63.38	−95 175.2
金融机构部门	15 932.8	5.03	0.0	673.0	0.22	15 259.9
政府部门	35 801.2	11.31	−4 249.3	33 577.3	11.09	4 418.7
住户部门	148 570.0	46.93	−98.7	76 607.9	25.31	89 343.5
国内合计	316 566.3	100.00	−2.1	302 717.4	100.00	13 846.7
国外部门	——		2.2			−17 054.7

从表 4-14 可以看出,2014 年国民总储蓄为 316 566.3 亿元,其中,住户部门的总储蓄最大,占 46.93%;非金融企业部门次之,占 36.73%;政府部门只占 11.31%;金融机构部门所占比例最低,只有 5.03%。资本转移主要发生在非金融企业部门与政府部门之间,非金融企业部门的资本转移净额为 4 345.9 亿元,政府部门的资本转移净额则为 −4 249.3 亿元,后者相当于前者的 97.78%。全国的资本形成总额为 302 717.4 亿元,进行非金融投资的主要部门是非金融企业部门和住户部门。资本形成总额中,非金融企业

部门的占比为63.38%，住户部门的占比为25.31%；政府部门的占比为11.09%，而金融机构部门只占0.22%。

2014年中国对外净金融投资为13 846.7亿元，表明从经济总体来看，中国2014年的国内非金融投资资金来源充足，除了满足国内非金融投资需要外，还有13 846.7亿元的剩余资金投资于国际金融市场。从净金融投资部门结构来看，非金融企业部门的非金融投资资金缺口高达95 175.2亿元，为最大的资金赤字部门。住户部门是最大的资金盈余部门，其净金融投资为89 343.5亿元；其次是金融机构部门，其净金融投资为15 259.9亿元；政府部门也是资金盈余部门，其净金融投资为4 418.7亿元。可见，从中国资金流量表实物交易部分可以清楚了解总储蓄、资本转移、资本形成总额的部门构成，能把握哪些是资金盈余部门，哪些是资金赤字部门。资金盈余部门如何寻求投资渠道，资金赤字部门如何筹借资金，需要通过资金流量表金融交易部分予以反映。

二、资金流量表金融交易数据分析

（一）金融资产净增加与金融负债净增加部门结构分析

根据资金流量表（金融交易）相关内容整理可得金融资产净增加与负债净增加部门结构，如表4-15所示。

表4-15　金融资产净增加与负债净增加部门结构

机构部门	金融资产净增加		金融负债净增加		净金融投资
	金额（亿元）	比重（%）	金额（亿元）	比重（%）	金额（亿元）
非金融企业部门	78 893	15.06	142 908	28.12	−64 014
金融机构部门	316 636	60.45	307 717	60.55	8 918
政府部门	39 895	7.62	19 502	3.84	20 393
住户部门	88 407	16.88	38 079	7.49	50 328
国内合计	523 831	100.00	508 207	100.00	15 624
国外部门	15 592	——	31 216	——	−15 624

从表4-15可以看出，2014年中国国内各部门的金融资产净增加为523 831亿元，金融负债净增加为508 207亿元，两者相差15 624亿元，而国外部门的金融资产净增加与金融负债净增加之差为−15 624亿元，可见差额相等，符号相反。从部门结构看，金融机构作为金融中介部门，不仅其金融资产净增加占国内各部门金融资产净增加总额的比重达60.45%，而且其金融负债净增加的占比也达到60.55%，占比都是最大的部门，净金融投资为8 918亿元；非金融企业部门作为非金融投资的主要部门以及资金赤字部门，其金融资产净增加占比为15.06%，但金融负债净增加占比达到28.12%，净金融投

资为 -64 014 亿元；政府部门金融资产净增加占比为 7.62%，金融负债净增加占比为 3.84%，属于资金盈余部门，净金融投资为 20 393 亿元；住户部门金融资产净增加占比为 16.88%，略高于非金融企业部门，但其金融负债净增加占比只有 7.49%，净金融投资为 50 328 亿元，属于资金盈余部门。

值得注意的是，从理论上讲，资金流量表实物交易部分的净金融投资与资金流量表金融交易部分的净金融投资，不仅总量应该相等，而且各个部门的数值也应该相等。但由于编制部门不同，数据来源不同，造成了两张表上的相同指标"净金融投资"不相等。

（二）金融投资的资产结构分析

根据资金流量表（金融交易）相关内容整理可得金融投资的资产结构如表 4-16 所示。

表 4-16 2014 年中国金融投资的资产结构

交易项目	金融资产净增加（亿元）	比重（%）
通货	1 587	0.30
存款	133 478	25.48
证券公司客户保证金	8 029	1.53
贷款	139 435	26.62
未贴现的银行承兑汇票	-2 396	-0.46
保险准备金	14 248	2.72
金融机构往来	38 876	7.42
准备金	21 112	4.03
证券	61 050	11.65
证券投资基金份额	15 066	2.88
库存现金	742	0.14
中央银行贷款	15 665	2.99
其他（净）	59 740	11.40
直接投资	4 903	0.94
其他对外债权债务	5 115	0.98
国际储备资产	7 181	1.37
资金运用合计	523 831	100.00

从表 4-16 可以看出 2014 年中国金融投资的资产结构，贷款净增加占金融资产净增加的比重最高，为 26.62%，存款占比也达到了 25.48%，两者合计 52.1%，占了一半以上；证券资产净增加占比为 11.65%，证券投资基金份额资产净增加占比只有 2.88%，两者合计为 14.53%，表明我国目前的金融结构仍然以间接融资为主。其他（净）金融资产净增加占比仅次于证券，为 11.4%；金融机构往来资产净增加占比 7.42%，也属于比较重要的交易项目。

（三）非金融企业部门融资结构分析

从前文的分析得知,非金融企业部门是最大的资金短缺部门,必然需要从其他部门融资。2014 年中国非金融企业部门的资金来源如表 4-17 所示。

表 4-17 非金融企业部门融资结构

交易项目	非金融企业部门资金来源	
	金额（亿元）	比重（%）
贷款	101 873	67.31
未贴现的银行承兑汇票	−1 198	−0.79
证券	33 300	22.00
中央银行贷款	12	0.01
直接投资	17 626	11.65
其他对外债权债务	−160	−0.11
合　计	151 453	100.07

注：未考虑误差与遗漏项 8 544 亿元。

从表 4-17 可以看出,融资方式中的未贴现银行承兑汇票、中央银行贷款、其他对外债权债务的占比都很小,均低于 1%,可以忽略不计。其主要融资方式是贷款,占其融资总额的比重达 67.31%,证券投资占比为 22%,这种融资结构反映出中国非金融企业以间接融资方式为主的特点。此外,从国际市场融资也已经成为中国非金融企业部门融资的重要途径,其中直接投资是重要的融资渠道,占该部门融资总额的 11.65%。

（四）住户部门投资结构分析

如前所述,住户部门是最大的资金盈余部门,其金融投资结构如表 4-18 所示。

表 4-18 住户部门金融投资结构

交易项目	住户部门资金运用	
	金额（亿元）	比重（%）
通货	1 132	1.28
存款	44 788	50.66
证券公司客户保证金	2 045	2.31
保险准备金	13 262	15.00
证券	2 720	3.08
证券投资基金份额	3 837	4.34
其他（净）	20 624	23.33
合　计	88 408	100

从表 4-18 可以看出，住户将盈余资金调剂出去的主要方式是存款，占金融投资总额的 50.66%。随着保险业的发展，投保也逐渐成为住户部门金融投资的一种重要方式，占金融投资总额的 15%；证券投资规模仍然比较低，证券及证券投资基金份额两者合计占金融投资总额的 7.42%，其他（净）金融投资占 23.33%。这种投资结构说明中国住户以间接投资为主的投资特点。

思 考 题

1. 试述经济资产及其分类。
2. 界定经济资产范围的基本原则是什么？
3. 什么是非金融资产，它有哪些类型？
4. 什么是金融资产，SNA2008 中金融资产有哪些分类？
5. 金融资产与其他经济资产有何区别？
6. 试述资本形成的概念及其核算原则。
7. 资本形成核算应注意哪些问题？
8. 试述资本筹集项目的主要内容。
9. 如何区别资本转移和经常转移？
10. 相对于经常转移而言，资本转移具有什么特征？
11. 简述金融交易及其核算规则。
12. 什么是资本转移，它有哪些种类？
13. 简述资本账户的基本结构。
14. 简述金融账户的基本结构。
15. 什么是资金流量核算？从其核算范围看有哪些种类？

练 习 题

一、填空题

1. _____是指其所有者在一定时期内通过持有或使用能够产生一次性或连续性经济利益的资产。

2. 每笔经济资产都必须作为一种_____手段行使职能。

3. SNA2008 将对经济资产的所有权区分为_____和_____两种。

4. _____是指具有法律资格，依法享有与货物服务、自然资源、金融资产和负债等实体有关的经济利益的机构单位。

5. ＿＿＿＿＿是指由于承担了有关风险而有权享有货物服务、自然资源、金融资产和负债等实体在经济活动期间内运作带来的经济利益的机构单位。

6. 经济资产按其内容性质不同可以分为＿＿＿＿＿和＿＿＿＿＿。

7. ＿＿＿＿＿是指各种生产资产和非生产资产。

8. ＿＿＿＿＿是以货币黄金、特别提款权以及各种金融债权形式出现的经济资产。

9. ＿＿＿＿＿是指各机构单位通过经济交易获得或处置生产资产的行为，反映经济过程中用于积累从而增加生产资产的货物和服务价值。

10. 资本形成核算的估价应按＿＿＿＿＿计算。

11. ＿＿＿＿＿是指交易中的一个流量是金融性的，另一个流量是非金融性的交易。

12. 当证券折价发行时，应以发行者出售时的＿＿＿＿＿，而不能以＿＿＿＿＿记入金融账户。

13. 资金流量表的资本交易部分全面反映各部门的＿＿＿＿＿和＿＿＿＿＿情况。

14. 一个机构单位无偿地向另一个机构单位提供用于固定资本形成的资金或实物，而不从后者获得任何对应物作为回报的交易称为＿＿＿＿＿。

15. 中国资金流量表采用标准式矩阵表，基本结构是＿＿＿＿＿的矩阵表式。

二、单项选择题

1. 具有法律资格，依法享有与货物服务、自然资源、金融资产和负债等实体有关的经济利益的机构单位，称为（　　）。
   A．法定所有者　　　　　　　B．经济所有者
   C．实际所有者　　　　　　　D．名义所有者

2. 由于承担了有关风险而有权享有货物服务、自然资源、金融资产和负债等实体在经济活动期间内运作带来的经济利益的机构单位，称为（　　）。
   A．法定所有者　　　　　　　B．经济所有者
   C．实际所有者　　　　　　　D．名义所有者

3. 经济资产区分为非金融资产和金融资产的依据是（　　）。
   A．计量单位　　　　　　　　B．经济功能
   C．生产过程　　　　　　　　D．内容性质

4. 常住单位之间、常住单位与非常住单位之间发生的能引起金融资产所有权变化的交易，称为（　　）。
   A．非金融交易　　　　　　　B．金融交易
   C．实物交易　　　　　　　　D．货币交易

5. 机构单位交易的对象仅限于金融资产而不涉及实物的交易，称为（　　）。
   A．广义的金融交易　　　　　B．货币性实物交易
   C．严格的金融交易　　　　　D．分配交易

6. 以现金、信用、证券等金融资产和负债为交易对象所形成的流量，称为（　　）。
　　A. 广义的资金流量　　　　　　B. 狭义的资金流量
　　C. 广义的金融交易　　　　　　D. 货币性实物交易

7. 一个机构单位无偿地向另一个机构单位提供用于固定资本形成的资金或实物，而不从后者获得任何对应物作为回报的交易，称为（　　）。
　　A. 经常转移　　　　　　　　　B. 收入转移
　　C. 支出转移　　　　　　　　　D. 资本转移

8. 资金流量表的实物交易部分和金融交易部分都设置了的共同项目是（　　）。
　　A. 金融投资　　　　　　　　　B. 非金融投资
　　C. 实物投资　　　　　　　　　D. 净金融投资

9. 进行金融交易核算要遵循若干具体原则，以下所列原则中不属于此类原则的是（　　）。
　　A. 权责发生制　　　　　　　　B. 取净额
　　C. 历史成本价　　　　　　　　D. 合并原则

10. 下列说法中，正确的是（　　）。
　　A. 上市公司发行股票是公司的资产
　　B. 上市公司购买股票是公司的负债
　　C. 投资基金是发行者的负债、持有者的资产
　　D. 发行股票应记录在该部门的使用方

三、多项选择题

1. SNA2008 将对经济资产的所有权区分为法定所有权和经济所有权，相应地，其所有者可以区分为（　　）。
　　A. 法定所有者　　　　　　　　B. 法定所有权
　　C. 经济所有权　　　　　　　　D. 实际所有者
　　E. 经济所有者

2. 筹集资金用于资本形成的主要渠道有（　　）。
　　A. 储蓄　　　　　　　　　　　B. 计提固定资本消耗
　　C. 资本转移　　　　　　　　　D. 借入资金
　　E. 经常转移

3. 下列属于知识产权产品的资产包括（　　）。
　　A. 研究和开发的成果　　　　　B. 矿藏勘探和评估
　　C. 计算机软件和数据库　　　　D. 娱乐、文学或艺术品原件
　　E. 贵重物品

4. 资本转移的主要类别有（　　）。
   A. 资本税
   B. 所得税
   D. 生产税
   D. 投资补助
   E. 其他资本转移

5. 资本形成总额的主要项目包括（　　）。
   A. 固定资本形成总额
   B. 存货变化
   C. 贵重物品获得减处置
   D. 金融投资
   E. 资本转移

6. 中国资金流量表采用标准式矩阵表，基本结构是交易项目×机构部门的矩阵表式，其组成部分包括（　　）。
   A. 非金融交易
   B. 实物交易
   C. 虚拟交易
   D. 分配交易
   E. 金融交易

7. 以下各项目中不属于金融资产类别的有（　　）。
   A. 通货和存款
   B. 虚拟货币
   C. 知识产权产品
   D. 贷款
   E. 存货

8. 金融资产所具有的性质包括（　　）。
   A. 与负债的对称性
   B. 具有明确的所有权
   C. 收益性
   D. 可流通性
   E. 可转让性

9. 有两类金融交易，它们对于交易者部门的净金融投资具有不同影响。据此判断下列情况中可以在部门层面引起净金融投资的是（　　）。
   A. 用银行存款购买股票
   B. 企业产品销售中形成的应收款项
   C. 住户按揭购买汽车
   D. 企业提取固定资产折旧
   E. 用银行存款购买住房

10. 以下所列项目中属于由货币性实物交易引起的金融交易包括（　　）。
    A. 企业以存款支付税款
    B. 住户提取存款购买股票
    C. 企业划转银行存款清偿应付账款
    D. 企业以现金向员工支付劳动者报酬
    E. 政府发行新债偿还到期国债

四、判断题

1. 资本形成核算的记录时间，应以交易者获得资源所有权的时间为准。（   ）
2. 狭义的金融交易概念既包括严格的金融交易，也包括货币性实物交易。（   ）
3. 严格的金融交易是指机构单位交易的对象仅限于金融资产而不涉及实物的交易。（   ）
4. 货币性实物交易是指交易中的一个流量是金融性的，另一个流量是非金融性的交易。（   ）
5. 合并是将同一交易项目和同一机构单位账户两方的登录互相抵消的过程。（   ）
6. 把某一组机构单位的资产交易与同一组机构单位对应的负债交易相抵消的过程称为合并。（   ）
7. 固定资本形成是指核算期内通过经济交易在固定资产上发生的积累，也可以指生产者对耐用性资本货物的支出价值。（   ）
8. 资本转移只能是现金转移，经常转移只能是实物转移。（   ）
9. 固定资产是生产过程中被反复或连续使用一年以上的生产资产和非生产资产。（   ）
10. 资金流量表的标准表式采取机构部门×交易项目的矩阵形式。（   ）
11. 中国资金流量表包括非金融交易和金融交易两部分。（   ）
12. 资金流量表的实物交易部分和金融交易部分都设置了净金融投资项目，从理论上说，这两个净金融投资指标的数据应该完全一致。（   ）
13. 所有的金融资产都和金融负债具有对称性，一方的金融资产必然对应另一方的金融负债。（   ）
14. 政府征税不属于严格的金融交易，属于货币性实物交易。（   ）
15. 国内金融资产净增加等于国内负债净增加与对国外净金融投资之和。（   ）

五、计算题

1. 2017 年某国涉及资本形成的核算资料如下：总储蓄 854 亿元，固定资本消耗 444 亿元；应收资本转移 124 亿元，其中：资本税 4 亿元，投资补助 46 亿元，其他资本转移 74 亿元；应付资本转移 130 亿元，其中：资本税 4 亿元，投资补助 54 亿元，其他资本转移 72 亿元；资本形成总额 828 亿元，其中：固定资本形成总额 752 亿元，存货变化 56 亿元，贵重物品获得减处置 20 亿元。要求：试计算该经济总体的净贷出或净借入。

2. 2017年某地区有如下核算数据：净储蓄615亿元，固定资本消耗666亿元；应收资本转移186亿元，其中：资本税6亿元，投资补助69亿元，其他资本转移111亿元；应付资本转移195亿元，其中：资本税6亿元，投资补助81亿元，其他资本转移108亿元；资本形成总额1 242亿元，其中：固定资本形成总额1 128亿元，存货变化84亿元，贵重物品获得减处置30亿元。要求：试编制该地区的资本账户。

3. 某国2017年金融交易核算资料如下：

金融资产净获得872亿元，其中：货币黄金和特别提款权－2亿元，通货和存款178亿元，债务性证券172亿元，贷款156亿元，股权和投资基金份额214亿元，保险、养老金和标准化担保计划96亿元，金融衍生工具与雇员股票期权28亿元，其他应收款30亿元；净贷出（＋）/净借入（－）20亿元；负债净获得852亿元，其中：货币黄金和特别提款权0亿元，通货和存款204亿元，债务性证券148亿元，贷款94亿元，股权和投资基金份额210亿元，保险、养老金和标准化担保计划166亿元，金融衍生工具与雇员股票期权22亿元，其他应付款8亿元。要求：试编制该国的金融账户。

4. 2017年某国非金融公司经济核算数据如下：

交易类别和平衡项	非金融公司	
	运用	来源
增加值/进出口差额		2 662
劳动者报酬	1 972	
生产税净额	106	
财产收入	268	192
初始总收入	A	
收入税	48	
净社会缴款		132
实物社会转移以外的社会福利	124	
其他经常转移	24	12
可支配总收入	B	
最终消费支出		
养老基金权益变化调整		
总储蓄/国外经常差额	456	
资本转移	32	66
资本形成总额	616	
非生产资产获得减处置	－14	
净贷出或净借入	C	

要求：试根据表中数据计算非金融公司的：(1) 初始总收入；(2) 可支配总收入；(3) 净贷出或净借入。

5. 假设有如下核算资料：非金融企业部门当期发行股票 3 000 亿元，债券 2 500 亿元，从银行获得贷款 2 250 亿元，在银行存款 1 000 亿元；住户部门购买股票 400 亿元，购买债券 300 亿元，在银行存款 5 000 亿元，从银行获得贷款 175 亿元。

要求计算：(1) 非金融企业部门的负债总额；(2) 住户部门的金融资产总额；(3) 银行部门（金融机构）的净金融投资。

第五章 资产负债核算

前面几章内容都属于流量核算，涉及对核算期内连续发生的经济运行过程的记录和描述。本章将对一国机构部门和经济总体在期初、期末所拥有的资产与负债状况进行系统描述。一个时期的国民经济运行过程，总是以期初资产负债存量作为初始条件，经过生产、分配、使用、投资等系列活动后，当期经济运行结果会引起资产负债发生变化，并形成期末资产负债存量。资产负债核算是国民经济核算体系不可缺少的重要内容。没有资产负债核算，国民经济核算体系就不完整。

第一节 资产负债核算的基本问题

利用资产负债表或者账户对国民经济总体、地区或部门等经济主体所拥有的资产、负债与净值存量规模和结构进行系统的记录与描述，就是资产负债核算。本节主要介绍资产负债核算的概念、意义以及资产负债的估价原则与方法。

一、资产负债核算的概念

资产，如前所述，指的是经济资产，也就是机构单位已经确定对它们的所有权，其所有者由于在一定时期内对它们的有效使用、持有或者处置，可以从中获得经济利益的那部分资产。负债是指除货币黄金以外金融资产的对应物。

资产负债核算是指利用资产负债表或者账户对国民经济总体、地区或部门等经济主体所拥有的资产、负债与净值存量规模和结构进行系统的记录与描述。资产负债核算既包括资产和负债的存量核算，也包括资产和负债变动的流量核算。资产负债存量核算是指对经济主体在一定时点上（期初或期末）拥有的资产和承担的负债进行的核算；资产负债存量核算主要是编制期初资产负债表与期末资产负债表两张表。资产负债流量核算是指对经济主体在两个不同时点之间拥有资产与承担负债的变动情况进行的核算，也就是对因积累而引起的资产负债变动进行的核算。引起资产负债变动的原因主要分为物量因素和价格因素，其中物量因素又分为交易因素和非交易因素。相应地，在积累账户体系中，一是通过编制资本账户与金融账户对交易因素引起的资产负债变动流量进行核算;二是通过编制资产物量其他变化账户对非交易因素引起的资产负债变动流量进行核算;三是通过编制重估价账户对价格因素引起的资产负债变动流量进行核算。

从不同角度看,资产负债核算具有不同的类型。从核算时点看,有期初资产负债核算和期末资产负债核算;从核算主体看,有国民资产负债核算、地区(部门)资产负债核算、机构单位资产负债核算、企业资产负债核算等。本章的资产负债核算是以一个国家的经济总体以及机构部门为核算主体的资产负债核算。

二、资产负债核算的意义

众所周知,资产(包括生产资产和非生产资产)是进行生产活动、创造收入的基础,生产活动的价值创造和收入分配构成了资产扩大的基本来源,各部门依据当期获得的可支配收入,在满足当期消费之后,剩余部分即储蓄用于投资,从而积累新的资产,扩大未来时期的创造价值和获得收入的能力,并形成期末的资产。期末资产构成下一个生产周期的基础,从而使经济运行过程不断循环,经济不断发展。只有将资产负债核算纳入国民经济核算体系,并与国内生产总值核算、投入产出核算、资金流量核算、国际收支核算四个流量核算子体系相结合才能全面系统地反映国民经济运行全过程及其所产生的综合效果。在期初资产负债核算的基础上,本期经济交易会导致资产负债存量变动,此外由于价格变化以及非交易因素(如地下资源的发现与耗减、战争或其他政治事件的破坏、自然灾害的破坏等)也会导致资产负债存量变动。因此,资产负债存量核算与经济流量核算存在如下的逻辑关系:

期初资产负债核算→生产核算(国内生产总值核算、投入产出核算)→收入分配、使用与资本交易核算[资金流量核算(实物交易)]→金融交易核算[资金流量核算(金融交易部分)]→对外经济核算(国际收支核算)→资产物量其他变化与重估价核算→期末资产负债核算。

只有通过这样一个完整的国民经济核算体系才能完整反映国民经济运行全过程,如果缺少资产负债核算,国民经济核算体系就是不完整的核算体系。

三、资产负债的估价原则与方法

(一)资产负债估价的一般原则

资产负债核算作为国民经济核算体系的一个组成部分,其估价原则与整个体系所确定的估价原则应该一致,即采用对资产负债进行核算时的现行市场价格估价,只有这样才能使流量核算与存量核算资料相互衔接,统一可比。而且对发生交易的一笔特定资产,交易双方应采用同一价格估价，保证国民资产负债核算中非金融资产与金融资产、金融债权与负债的增减变化数额保持一致。对于在市场上进行交易的某些资产，现行市场价格是指交易时的实际买卖价格；对于没有在市场上进行交易的某些资产，现行市场价格就是同类相关资产的估算价格。对于以外币标价的资产和负债则应按现行市场汇率折换成本国货币进行估价。

从某个时点来看，全社会所拥有的各种资产和负债都是在不同时期形成的，并经过一段时期的经营和使用。在其经营和使用过程中，由于市场价格、利率、汇率以及技术进步等各种因素的影响，这些资产和负债的市场价格会发生变动。这种变动会使得资产负债的账面价值背离甚至严重背离其实际价值，从而难以准确反映一个国家或部门拥有的资产和负债的实际状况，进而影响资产负债核算资料的应用价值。因此，在核算某一时点资产负债价值时有必要对资产负债进行重新估价，即重估价，以掌握资产负债的实际价值。

(二) 资产负债的估价方法

对资产负债进行估价或重估价的方法主要有现行市价法、重置成本法、物价指数法、未来收益现值法、汇率调整法以及永续盘存法。前五种方法比较简单，容易理解，后一种方法计算比较烦琐。故此处仅简要介绍前五种方法的含义，重点介绍永续盘存法的应用。

(1) 现行市价法。是指通过比较需要估算的资产负债与其他同类资产负债的市场价格来确定被估资产价值的一种估价方法。在实际应用中，现行市价法又有市场测定价值法、市场价格参照法和市场折余法三种。市场测定价值法是直接根据资产负债在市场上的成交价格来估算其价值；市场价格参照法是以市场上相同的或类似的交易价格为参照物来确定需要核算的各个资产负债项目的价值；市场折余法是以同样资产在全新条件下，按现行市场价格核算的价值量，减去已使用年限且按现行市场价格核算的累计折旧后的余额，作为被估计资产的价值。这三种方法都是通过销售价格比较来确定价值，较多考虑了市场变动因素，应用较为灵活，操作起来具有一定的随意性，难以掌握统一标准。该类方法适用于各种固定资产、存货和负债的价值估算。

(2) 重置成本法。是指将过去购建形成的资产按现在市场上交易价格重新核算该资产价值的一种估价方法。重置成本法又可以分为复原重置成本法和更新重置成本法。复原重置成本法是按照现行市场价格购置与原资产技术、质量完全相同的资产所需要成本来估算资产的价值；更新重置成本法是按照现行市场价格购置与原资产相似和功能相同但采用新技术、新材料制造的资产所需成本来估算资产的价值。虽然使用更新重置成本法更有利于技术进步，估算的资产价值与实际价值比较接近，但由于估算时需要较多的经济数据，实际操作有一定难度。

（3）物价指数法。是以各类资产购建年度的资产价格为定基价格，计算出反映一定时期该类资产价格变动的定基指数，再依此指数对资产价值进行重新估算。该方法的关键在于准确编制各类资产价格指数，但构造较长时期的合适价格指数有一定难度。物价指数法适用于无法获取当期价格指数，但拥有该资产的完整价格序列的情形。

（4）未来收益现值法。是指通过测算出被估算资产的未来预测收益，并按照一定折现率估算出资产的现值。采用该方法，未来预期收益和贴现率是确定资产估算价值的两个基本因素。未来预期收益需要依据该项资产在运行寿命期限内发展变化的诸多影响因素来综合考虑确定，贴现率是把未来资产折算成现在价值的比率，可以根据一般市场利率加上一定的风险收益率来确定。未来收益现值法通常适用于生产资产中的固定资产和其他非金融资产。

（5）汇率调整法。是以原资产实际购入价格为定基价格，按外币汇率变动指数来估算资产的价值。外币汇率指数是以资产重估时的汇率与资产购置时的汇率对比的相对数。汇率调整法适用于少数的、以外汇进口的技术设备及受汇率影响较大的一些资产的估价问题。

（6）永续盘存法。是联合国在 1971 年提出的对固定资产进行重估价的一种方法。SNA2008 依然推荐采用该方法对固定资产存量、固定资产折旧以及固定资产残余净值进行估价。这种方法的基本思路是对历年投资形成的且界定了使用年限的固定资产进行重估价，然后选用合适的折旧方法确定固定资本消耗，最后同时考虑固定资本消耗和资产报废，逐年推算得到编表时点的资本存量、固定资本消耗和资本存量净额，实质是从固定资产形成总额的流量数据出发，用各类资产货物的物价指数或固定资产投资价格指数等，对固定资产的投资额及累计折旧逐年进行调整，从而得到编表时点的固定资产存量价值。

应用永续盘存法需要有固定资本形成总额、固定资产价格指数、固定资本消耗、固定资产使用年限等数据，还要考虑资产磨损和退役，进行两次价格转换，最后才能得到核算期当期价格的固定资产净值。现引用联合国统计处的例子说明永续盘存法在固定资产估价中的应用。例如，某类固定资产历年（共 8 年）投资总额如表 5-1 所示。固定资产使用年限为 4 年，采用直线折旧法计提折旧。为简化起见，假设第一年以前存量为 0，从流量到存量的估价过程见表 5-1。

表 5-1 从流量数据推算固定资产存量的永续盘存法

行次	项目	价格基础	年度 1	2	3	4	5	6	7	8
a	固定资产形成总额	现行价格	500	735	848	920	1 150	1 560	2 600	2 700
b	价格指数（第一年为100）		100	105	106	115	115	120	130	150
c	固定资产形成总额	第一年价格	500	700	800	800	1 000	1 300	2 000	1 800
d	年末固定资产存量（原值）	第一年价格	500	1 200	2 000	2 800	3 300	3 900	5 100	6 100
e	资本消耗	第一年价格	125	300	500	700	825	975	1 275	1 525
f	固定资产净值年度增加额	第一年价格	375	400	300	100	175	325	725	275
g	年末固定资产存量（净值）	第一年价格	375	775	1 075	1 175	1 350	1 675	2 400	2 675
h	年末固定资产存量（净值）	现行价格	375	814	1 140	1 351	1 552	2 010	3 120	4 013
i	年初存量	现行价格	0	375	814	1 140	1 351	1 552	2 010	3 120
j	固定资产形成总额	现行价格	500	735	848	920	1 150	1 560	2 600	2 700
k	资本消耗	现行价格	125	315	530	805	949	1 170	1 658	2 288
l	重估价	现行价格	—	19	8	96	—	68	168	481
m	年末固定资产存量（净值）	现行价格	375	814	1 140	1 351	1 552	2 010	3 120	4 013

资料来源：联合国统计处于 1977 年发布的《关于国民经济核算体系的国民和部门资产负债表及协调账户的临时国际指导》第 112 页。

上表各行的计算方法说明如下：

（1）第 a 行：为按当年现行价格计算的固定资产投资总额；

（2）第 b 行：为投资品的价格指数；

（3）第 c 行：先把历年按现价计算的固定资产形成总额统一换算为按基年（第一年）价格计算的固定资产形成总额：$c_t = a_t \div b_t$；

（4）第 d 行：求按第一年价格（不变价）计算的年末固定资产存量。因为假定固定资产使用年限为 4 年，故第 5 年就应该将之前连续 4 个年份不变价计算的固定资产形成总额相加：$d_t = c_{t-3} + c_{t-2} + c_{t-1} + c_t$；

（5）第 e 行：将按不变价格计算的年末固定资产存量除以固定资产使用年限（本例为 4 年），求得不变价计算的固定资本消耗：$e_t = d_t \div 4$；

（6）第 f 行：以某年的固定资产形成总额减该年资本消耗，求得按不变价计算的固定资产存量净额年度增加额：$f_t = c_t - e_t$；

（7）第 g 行：由上年度的年末固定资产存量净额加上该年年末资产存量净额年度增加额，则得按不变价计算的年末固定资产存量净额：$g_t = g_{t-1} + f_t$；

（8）第 h 行：利用某年年末固定资产存量净额乘以该年价格指数，则可推算出按现行价格计算的年末固定资产存量净额：$h_t = g_t \times b_t$；

（9）第 i 行：为年初固定资产存量：$i_t = h_{t-1}$；

（10）第 j 行：与第 a 行相同，为现价固定资产形成总额：$j_t = a_t$；

（11）第 k 行：利用按不变价计算的某年固定资本消耗乘以该年的价格指数，可以推算按现行价格计算的固定资本消耗：$k_t = e_t \times b_t$；

（12）第 l 行：利用按现价计算的年末固定资产净额减去年末资产存量总额与现价固定资本消耗之差，则可推算重估价以后资产持有损益：$l_t = m_t - [(i_t + j_t) - k_t]$。

第二节　资产负债其他变化核算

前文已述，资产负债流量核算是指对经济主体在两个不同时点之间拥有资产与承担负债的变动情况进行的核算，引起资产负债变动的原因主要分为物量因素和价格因素，其中物量因素又分为交易因素引起的物量变化和非交易因素引起的物量变化。相应地，第四章资本形成与金融交易核算就是通过编制资本账户与金融账户对交易因素引起的资产负债变动流量进行核算；本节通过编制资产物量其他变化账户对非交易因素引起的资产负债变动流量进行核算，以及通过编制重估价账户对价格因素引起的资产负债变动流量进行核算。

一、资产物量其他变化账户

资产物量其他变化是指由于机构单位无法控制的外生因素或事件发生而导致的资产和负债的数量变化。诸如新的资源的发现、战争或其他政治事件、自然灾害的破坏，资产所属机构单位变化，资产分类的变化以及机构部门结构变化等因素引起的资产数量的增减变动。因此，资产物量其他变化账户是指为了记录由意外事件等非交易因素引起的资产和负债数量变化而设置的账户，其目的在于对期末资产负债存量数据进行调整。尽管相对于交易因素导致的资产负债变化而言，资产物量其他变化的规模要小一些，但从国民经济核算体系的完整性看，资产物量其他变化账户核算是不可或缺的内容之一，具有重要意义。

资产物量其他变化账户具有三个方面的作用：一是允许某些资产不通过交易进入和退出国民账户体系，进入和退出资产负债表的行为被分别称为经济出现和经济消失。一旦自然形成的资产如地下资产获得了经济价值或者变得没有经济价值，就产生了"进入"和"退出"。二是记录那些意外的、不可预测的事件给来自资产（和相应的负债）的经济利益所产生的后果。这类意外事件属于外部事件影响，包括一个机构单位未经资产所有者同意，便从资产所有者那里实际取走资产的行为，如无偿没收，此外还包括那些诸如自然灾害或战争等损坏资产的事件。三是记录因机构单位和资产的分类变化以及机构单位结构变化而引起的资产变化。经济总体资产物量其他变化账户基本形式如表 5-2 所示。

表 5-2 经济总体资产物量其他变化账户

资产变化		负债和净值变化	
资产的经济出现	33	未另分类的物量其他变化	1
生产性非金融资产	3	生产性非金融资产	0
非生产性非金融资产	30	非生产性非金融资产	0
非生产性非金融资产的经济消失	−11	金融负债	1
巨灾损失	−11	分类变化	2
无偿没收	0	物量其他变化总计	3
未另分类的物量其他变化	2	生产性非金融资产	0
分类变化	0	非生产性非金融资产	0
物量其他变化总计	13	金融负债	3
生产性非金融资产	−7	资产物量其他变化引起的资产净值变化	10
非生产性非金融资产	17		
金融资产	3		
合　　计	13	合　　计	13

资料来源：联合国，等．国民账户体系 2008．北京：中国统计出版社，2012．根据表 12.2 和表 12.3 归纳整理。

将各个机构部门的资产物量其他变化账户合并，即可得到资产物量其他变化部门综合账户，如表 5-3 所示。

表 5-3 资产物量其他变化部门综合账户

资产变化						交易和项目	负债和净值变化						
合计	国外	经济总体	NPISH	住户	一般政府	金融公司	非金融公司		非金融公司	金融公司	一般政府	住户	NPISH	经济总体	国外	合计
33		33	0	0	7	0	26	资产的经济出现								
3		3	0	0		3	0	生产性非金融资产								
30		30	0	0	4	0	26	非生产性非金融资产								
−11		−11	0	0	−2	0	−9	非生产性非金融资产的经济消失								
−11		−11	0	0	−6	0	−5	巨灾损失								
−9		−9			−4	0	−5	生产性非金融资产								

（续表）

资产变化								交易和项目	负债和净值变化							
合计	国外	经济总体	NPISH	住户	一般政府	金融公司	非金融公司		非金融公司	金融公司	一般政府	住户	NPISH	经济总体	国外	合计
−2		−2			−2			非生产性非金融资产								
0		0						金融资产/负债								
0	0	0	0	0	5	0	−5	无偿没收								
0		0			1		−1	生产性非金融资产								
0		0			4		−4	非生产性非金融资产								
0		0						金融资产/负债								
2		2	0	0	0	1	1	未另分类的物量其他变化	0	0	0	1	0	1		1
1		1					1	生产性非金融资产								
0		0						非生产性非金融资产								
1		1				1		金融资产/负债	0	0	0	1	0	1		1
0		0	0	−4	−2	6		分类变化	0	0	2	0	0	2		2
2		2	0	−4	0	6		部门分类和结构变化	0	0	2	0	0	2		2
−2		−2	0	0	−2	0		资产和负债分类变化								
13		13	0	0	0	−1	14	物量其他变化合计	0	0	2	1	0	3		3
−7		−7	0	−3	−2	−2		生产性非金融资产								
17		17	0	0	3	0	14	非生产性非金融资产								
3		3	0	0	0	1	2	金融资产/负债	0	0	2	1	0	3		3
								由资产物量变化引起的净值变化	14	−1	−2	−1	0	10		

资料来源：联合国，等. 国民账户体系 2008. 北京：中国统计出版社，2012. 根据表 12.2 和表 12.3 归纳整理。

从表 5-3 可以看出，经济总体的资产的经济出现价值 33，其中，非金融公司 26，一般政府部门 7；生产性非金融资产 3，非生产性非金融资产 30，主要是自然资源的新发现或储量的增加；非生产性金融资产的经济消失 −11，主要归属于非金融公司和一般政府部门；巨灾损失 −11，也主要属于非金融公司和一般政府部门；非金融公司被政府部门无偿没收的资产价值为 5，未另分类的物量其他变化为 2；分类变化总计 6，即非金融公司增加 6，金融公司和一般政府分别减少 2 和 4，增加额与减少额抵消，经济总体的分类变化合计为 0；物量其他变化合计 13，其中生产性非金融资产减少 7，非生产性非金融资产增加 17，金融资产增加 3，关联部门主要是非金融公司、金融公司和一般政府部门；由资产物量变化引起的净值变化为 10，其中非金融公司增加 14，金融公司、一般政府部门和住户部门分别减少 1、2 和 1。

二、资产物量其他变化的主要项目

1. 资产的经济出现

资产的经济出现是指某种不是生产过程产出的物品第一次被列入资产范围而出现在资产负债表中，以及曾经是生产过程的产物但从未被列入资产范围的公共纪念物和贵重物品。前者是非生产性非金融资产的经济出现，后者是生产性非金融资产的经济出现。

2. 非生产性非金融资产的经济出现

非生产性非金融资产的经济出现，包括自然资源的经济出现，合约、租约和许可的订立，以及商誉和营销资产的价值变化。其中，自然资源进入资产范围，包括地下资源的发现，非培育性生物资源的自然增长、其他自然资源向经济活动的转移（如荒地开垦为耕地，原始森林的商业开发、地下水的大规模采集等）、经济用途变化引起的自然资源质量变化（将耕地重新划归为建筑用地，不仅会引起分类的变化，还可能引起价值的变化）。非培育生物资源的自然增长，是指不受机构单位控制、负责和管理的自然林木和生物资源的自然生长。

3. 生产性非金融资产的经济出现

生产性非金融资产的经济出现，如贵重物品或公共纪念物（如古迹）的首次被发现或承认。现有贵重物品和公共纪念物可能会由于种种原因没有记入资产负债表中，或者其存在可能早于账户覆盖的核算期，或者可能最初是按消费品记录的，或者已经被注销掉了。譬如一座尚未记录在资产负债中的构筑物或者场所，一旦其所具有的特殊的考古学、历史或文化意义被首次认定，它就要作为经济出现处理。

4. 非生产性非金融资产的经济消失

非生产性非金融资产的经济消失是指非生产资产存量在资产负债表中的减少，如在资产负债核算中，经济活动对非生产性非金融资产的使用无法在中间消耗、最终消费和非金融投资这些环节得到记录，只能作为经济消失记录在资产物量变化账户中。如开采造成的地下资产储量减少，砍伐造成的森林耗减，由于经济活动引起的土地或水源质量退化，由于经济用途变化引起的非生产性非金融资产质量下降，购买的商誉、可转让合同等的注销和撤销以及专利保护的结束等。

5. 巨灾损失

巨灾损失是指可能毁灭所有类型资产的、大规模的、偶然发生的事件造成的资产损失。巨灾损失涉及生产性非金融资产、非生产性非金融资产以及金融资产/负债方面的损失。造成巨灾损失的事件包括地震、火山爆发、海啸、特大飓风、旱灾和其他自然灾害；战争、骚乱和其他政治事件；诸如有毒物质大量溢漏或放射性颗粒释放到空气中等技术事故；异常洪灾或风灾造成的土地质量的恶化；旱灾或疾病流行造成培育性资产的毁坏；因森林火灾或地震造成建筑物、设备或贵重物品的毁坏，以及货币或无记名证券的毁坏。

6. 无偿没收

无偿没收是指政府或其他机构单位以纳税和罚款之外的理由，占有包括非常住单位在内的机构单位的资产而不予以全额赔偿。如果补偿额大大低于资产负债表上所列资产的价值，则其差额也应当记录在无偿没收项目中。纳税和罚款属于强制性转移的交易行为，应在生产核算和收入分配核算中予以记录。无偿没收的资产包括生产性非金融资产、非生产性非金融资产以及金融资产/负债方面的损失。

7. 未另分类的物量其他变化

未另分类的物量其他变化是指除了以上类别以外的资产物量其他变化。未另分类的非金融资产物量变化，包括固定资产的意外淘汰，固定资本消耗中的正常损坏补偿金与实际损失之间的差额，在完工或投入使用之前被废弃的生产设施，存货的异常损失等。未另分类的金融资产物量变化，包括国际货币基金组织特别提款权的分配和取消，由于债务人破产或其他原因出现的债权人注销坏账等。

8. 分类变化

分类变化主要分为两种情形：一是部门分类和结构变化导致的资产和负债变化，如将某个机构单位从一个部门重新归类到另一个部门，一个住户从一个经济体迁移到另一个经济体等；二是由于资产和负债分类变化导致的资产和负债变化，如黄金的货币化和非货币化、土地用途变化等。无论哪种情形，均可细分为生产性非金融资产、非生产性非金融资产以及金融资产/负债方面的变化。

资产和负债都可能经历上述各种物量变化。如果核算期内资产物量其他变化和负债其他物量变化不相等，则两者的差额就是由资产物量其他变化引起的净值变化。

三、重估价账户

根据国民经济核算原则，经济交易核算采用交易发生时的市场价格进行估价，对于资产和负债，则应按编制资产负债表时的市场价格或重置价格进行估价。据此估价原则，从期初到期末任何价格的变动都会引起有关资产或负债的价值量发生增减变动，从而给其持有者带来一定的收益或损失。由于价格水平引起的资产和负债价值的变化与核算期间资产和负债在数量和质量上的任何改变无关，故将这类资产和负债价值的变化视为持有损益。

(一)持有损益的基本概念

持有损益是指资产或负债的所有者并未采取任何加工或转换行为,单纯由于受价格变动影响而导致持有的资产或负债的价值增加或减少产生的收益或损失。

正确理解持有损益的概念需要注意以下几点:(1)持有损益是针对特定资产而计算的,计算每一笔资产或负债的持有损益的前提是该资产或负债的数量和质量保持不变。由于固定资本消耗引起的资产价值变化、债券折价或溢价发行造成的差额、资产储存过程中因质量变化而造成的价值变化等,都不属于持有损益。(2)在核算期间的任何时段持有的资产都可能产生持有损益,包括:在整个核算期内一直持有的资产、核算期期初持有并在此期间内出售的资产、核算期内购置而且到期末仍持有的资产、核算期内购置并予以处置的资产。(3)持有损益只是理论值,不一定是实际实现的收益,只有当资产和负债在市场上变现时,收益才能得到真正地实现。(4)"持有损益",这一术语被用来涵盖持有收益和持有损失两种情况,其确切的理解是,持有损益可为正数,也可为负数,当然也可以为零。

(二)持有损益的三种含义及其关系

1. 名义持有损益

名义持有损益是指由于价格变化引起的资产全部持有损益。非金融资产的名义持有损益是指因资产价格随时间发生变化而对资产所有者产生的收益价值。金融资产的名义持有损益是指该项资产在交易(包括利息随时间发生的自然增长)和资产物量其他变化之外发生的价值增加。负债的名义持有损益是指该项负债在交易或者其他物量变化之外发生的价值减少。负的名义持有损益被称作持有损失。正的持有损益,不管是特定资产价值的上升所引起,还是特定负债价值的降低而引起,都会增加有关单位的净值。相反,持有损失会减少有关单位的净值,无论是特定资产价值的下降而引起的,还是特定负债价值的提高而引起的。

按照资产的价格变化幅度与一般物价水平的变化幅度是否相同,名义持有损益又可以分解为中性持有损益和实际持有损益。

2. 中性持有损益

中性持有损益是指一段时期内在不发生交易和资产物量其他变化情况下,一笔资产为保持其能够交换到与期初相同数量的货物服务而增加的价值。也可以是指资产价格与一般物价水平变化幅度相同,即仅仅与一般通货膨胀率或通货紧缩率保持同步时所产生的持有资产收益的价值,这是在一段时期内为使有关资产实际价值保持不变应持有损益的价值。如果资产价格按照与其他平均物价相同的幅度变化,其实际价值,即它所能换取的其他货物和服务的数量,既不增加也不减少。

3. 实际持有损益

实际持有损益是指一段时期内在不发生交易和资产物量其他变化前提下，一项资产价值增加超过中性持有损益的量。也就是同一资产在给定时期内发生的名义持有损益和其中性持有损益之间的差额。如果该资产价值上升速度比中性持有损益快，那么就存在实际持有损益；如果慢于总体价格增长速度，那么该资产的所有者就要记录一项实际持有损失。

4. 三种持有损益之间的关系

从上述定义中可以看出三种持有损益之间存在密切联系。名义持有损益是按持有资产的特定价格变化计算的货币收益，中性持有损益是按一般物价水平变化计算的"虚拟"收益，而实际持有损益是特定物价变化与一般物价水平变化之间的差异所产生的实际收益。

$$名义持有损益＝中性持有损益＋实际持有损益$$

就某类资产而言，三种持有损益之间的关系具有不同的表现：

（1）在一般物价水平保持不变的情况下，中性持有损益为 0，实际持有损益则等于名义持有损益。如一般物价指数为 0，A 类资产价格上涨 5%，则实际持有损益和名义持有损益均为 5%；

（2）当一般物价水平发生变化时，如果某类资产的特定物价变化方向幅度与一般物价水平变化方向幅度相同，中性持有损益则等于名义持有损益。如一般物价指数为 10%，A 类资产价格上涨 10%，名义持有损益与中性持有损益均为 10%，实际持有损益为 0；

（3）当物价呈上涨趋势时，如果特定物价上涨幅度大于一般物价上涨幅度，则中性持有损益小于名义持有损益，从而获得实际持有损益。如一般物价指数为 10%，A 类资产价格上涨 15%，名义持有损益 15%，中性持有损益为 10%，实际持有损益为 5%。

（4）当物价呈上涨趋势时，如果特定物价上涨幅度小于一般物价上涨幅度，则中性持有损益大于名义持有损益，从而实际持有损益为负，即产生持有资产损失。如一般物价指数为 15%，A 类资产价格上涨 10%，名义持有损益 10%，中性持有损益为 15%，实际持有损益为－5%。

当物价呈下降趋势时，三种持有损益的关系则与上述相反。

（三）持有损益的估算方法

1. 直接法

直接法，就是对于一个机构单位（部门），直接计算其拥有的不同类型资产和负债的持有损益，然后再将其所有结果加总以得到全部资产负债持有损益的方法。以一笔特定的资产为例，在时间 0 和 t 之间的持有损益可以简单表示如下：

$$HG = (p_t - p_0)q \tag{5-1}$$

式中 HG 表示名义持有损益（Nominal Holding Gains），p_0 和 p_t 分别为期初和 t 时间的资产价格，q 为资产数量。应用直接法核算持有损益，需要具备资产分类型的期初、期末以及各资产购置、处置时点的价格和数量资料，计算工作量非常大，详细的数据难以获得，因此，直接法核算持有损益在国民经济核算实务中不常用。

2．间接法

间接法就是根据期初、期末资产负债存量以及交易因素导致的资产变化和资产物量其他变化来间接推算持有损益的方法。

$$HG =（期末资产存量 - 期初资产存量） \\ -（交易导致的资产变化 + 资产物量其他变化） \tag{5-2}$$

3．分解法

分解法就是将名义持有损益分解为中性持有损益和实际持有损益后，再分别进行估算的方法。

中性持有损益的计算。设 r 为国民经济一般物价水平，r_t/r_0 表示全社会一般价格指数，通常采用综合物价指数，中性持有损益记为 NG（Neutral Holding Gains），则有

$$NG = \left(\frac{r_t}{r_0} - 1\right)p_0 q \tag{5-3}$$

中性持有损益的大小取决于当期国民经济一般价格水平的变化。当发生通货膨胀时，即整个国民经济一般物价指数大于 1 时，所有资产的中性持有损益都为正值，则其资产所有者获得持有损益，相应的债务人承担持有损失；当发生通货紧缩时，情况正好相反。而且无论是何种资产，其中性持有损益相对于资产期初价值的比值都相等。

实际持有损益的计算。如果名义持有损益和中性持有损益已经推算出来，用名义持有损益减去中性持有损益即可得到。实际持有损益记为 RG（Real Holding Gains），则有

$$\begin{aligned} RG &= HG - NG \\ &= (p_t - p_0)q - \left(\frac{r_t}{r_0} - 1\right)p_0 q \\ &= \left(p_t - \frac{r_t}{r_0}p_0\right)q \\ &= \left(\frac{p_t}{p_0} - \frac{r_t}{r_0}\right)p_0 q \end{aligned} \tag{5-4}$$

式中 p_t/p_0 是某资产自身的价格指数，r_t/r_0 为全社会一般价格指数，其他字母及下标与公式相同。

容易看出，实际持有损益的数值取决于特定资产（或资产组合）价格变化相对于国民经济一般物价水平变化的高低幅度，其取值有正数、零和负数三种可能。如果该资产（或资产组合）价格上涨幅度大于国民经济一般物价水平的上涨幅度，或者该资产（或资产组合）价格下降幅度小于国民经济一般物价水平的下降幅度，则实际持有损益为正，资产所有者获得持有损益，相应的债务人则承受持有损失。

（四）重估价账户

重估价账户是指为了记录和反映一定时期内资产负债完全由于价格变化而形成的持有资产或负债的收益或损失所设立的账户。该账户左方记录持有资产所发生的收益（可为正值，也可为负值，负值即损失，下同），右方记录持有负债所发生的收益以及名义持有损益引起的净值变化。重估价账户的基本形式如表 5-4 所示。

表 5-4　经济总体重估价账户

资产变化		负债和净值变化	
非金融资产	280	金融负债	76
生产性非金融资产	126	货币黄金和特别提款权	
固定资产	111	通货和存款	
存货	7	债务性证券	42
贵重物品	8	贷款	
非生产性非金融资产	154	股票和投资基金份额/单位	34
自然资源	152	保险、养老金和标准化担保计划	
合约、租约和许可	2	金融衍生工具和雇员股票期权	
商誉和营销资产		其他应收/应付款	
金融资产	84		
货币黄金和特别提款权	12		
通货和存款			
债务性证券	40		
贷款			
股票和投资基金份额/单位	32		
保险、养老金和标准化担保计划			
金融衍生工具和雇员股票期权			
其他应收/应付款		名义持有损益引起的净值变化	288
合　　计	364	合　　计	364

资料来源：联合国，等. 国民账户体系 2008. 北京：中国统计出版社，2012. 根据表 12.6 归纳整理。

从表 5-4 可以看出，经济总体的名义资产持有损益为 364，其中非金融资产持有损益 280，金融资产持有损益 84；非金融资产持有损益中，生产性非金融资产持有损益 126，非生产性非金融资产持有损益 154；金融资产持有损益主要来自货币黄金和特别提款权、债务性证券以及股票和投资基金份额，分别为 12、40 和 32；金融负债持有损失 76，其中债务性证券持有损失 42，股票和投资基金份额持有损失 34。资产和负债名义持有损益与持有损失相减之后，得到名义持有损益引起的资产净值变化为 288。

将各个机构部门的重估价账户合并，则可得到重估价部门综合账户。限于篇幅的大小，省去了生产性非金融资产、非生产性非金融资产以及金融资产的细分类，并将名义持有损益、中性持有损益和实际持有损益分别列出，如表 5-5 所示。

表 5-5 重估价部门综合账户

资产变化								交易和平衡项目	负债和净值变化							
合计	国外	经济总体	NPISH	住户	一般政府	金融公司	非金融公司		非金融公司	金融公司	一般政府	住户	NPISH	经济总体	国外	合计
								名义持有损益								
280		280	8	80	44	4	144	非金融资产								
126		126	5	35	21	2	63	生产性非金融资产								
154		154	3	45	23	2	81	非生产性非金融资产								
91	7	84	2	16	1	57	8	金融资产/负债	18	51	7	0	0	76	15	91
								名义持有损益引起的净值变化	134	10	38	96	10	288	−8	280
								中性持有损益								
198		198	6	56	32	3	101	非金融资产								
121		121	5	34	20	2	60	生产性非金融资产								
77		77	1	22	12	1	41	非生产性非金融资产								
148	12	136	3	36	8	71	18	金融资产/负债	37	68	13	5	3	126	22	48
								中性持有损益引起的净值变化	82	6	27	87	6	208	−10	214
								实际持有损益								
82		82	2	24	12	1	43	非金融资产								
5		5	0	1	1	0	3	生产性非金融资产								
77		77	2	23	11	1	40	非生产性非金融资产								
−57	−5	−52	−1	−20	−7	−14	−10	金融资产/负债	−19	−17	−6	−5	−3	−50	−7	−57
								实际持有损益引起的净值变化	52	4	11	9	4	80	2	66

资料来源：联合国，等. 国民账户体系 2008. 北京：中国统计出版社，2012. 根据表 12.6 归纳整理。

表 5-5 横向数据反映了资产持有损益的部门结构。例如,非金融资产名义持有损益 280,其中非金融公司 144、金融公司 4、一般政府 44、住户部门 80、为住户服务的非营利机构部门 8;非金融公司的非金融资产持有损益 144 中,生产性非金融资产 63、非生产性非金融资产 81、金融资产 8;经济总体的金融负债持有损失 76,其中非金融公司、金融公司和一般政府部门的金融负债持有损失分别为 18、51 和 7。经济总体因名义持有损益引起的净值变化为 288,其中非金融公司、金融公司、一般政府、住户部门及 NPISH 部门因名义持有损益引起的净值变化分别为 134、10、38、96 和 10。另外,国外部门的资产持有损益为 7,负债持有损失为 15,名义持有损益引起的净值变化为 −8;

表 5-5 纵向反映了名义持有损益、中性持有损益和实际持有损益的构成以及按资产类别持有的收益。从纵向看,经济总体非金融资产名义持有损益 280,其中中性持有损益 198,实际持有损益 82;金融资产名义持有损益 84,其中中性持有损益 136,实际持有损益 −52;经济总体金融负债名义持有损失 76,其中中性持有损失 126,实际持有损失 −50。名义持有损益引起的净值变化 288,其中中性持有损益引起的净值变化 208,实际持有损益引起的净值变化 80。

第三节 资产负债存量核算

资产负债核算既包括资产负债流量核算,也包括资产负债变化存量核算。本节主要讨论资产负债存量核算的基本内容。

一、资产负债账户

资产负债账户,也叫资产负债表,是在某一特定时点编制的、记录一个机构单位、机构部门或一个经济总体所拥有的资产价值和承担的负债价值的账户。

资产负债账户通常采用 T 字账户形式,左边记录资产项目,反映机构单位、机构部门或整个国民经济总体的各种非金融资产和金融资产;右边记录负债和净值项目,反映机构单位、机构部门或整个国民经济总体的各种负债和净值。经济总体期初资产负债账户如表 5-6 所示。

表 5-6 经济总体期初资产负债账户

资产		负债与净值	
非金融资产	4 621	负债	9 036
生产性非金融资产	2 818	国内金融负债	7 762

（续表）

资　产		负债与净值	
固定资产	2 579	国外金融负债	1 274
存货	114		
贵重物品	125		
非生产性非金融资产	1 803		
金融资产	9 036	净值	4 621
国内金融资产	8 231	国内净值	5 090
国外金融资产	805	国外净值	−469
合计	13 657	合计	13 657

资料来源：联合国，等．国民账户体系2008．北京：中国统计出版社，2012．根据表13.1归纳整理。

表5-6中的数据反映了经济总体期初资产、负债和净值状况，其中的资产负债项目还可以进一步细分。期初总资产为13 657，其中非金融资产4 621，包括2 818的生产性非金融资产和1 803的非生产性非金融资产；金融资产9 036，其中国内金融资产（国内机构部门合计）8 231，国外金融资产（国内机构部门对国外部门的负债）805。期初总负债9 036，其中国内金融资产7 762，国外金融负债（国内机构部门拥有的国外部门的资产）1 274。当考虑国外部门之后，国内部门与国外部门的金融资产总额9 036，等于金融负债总额9 036。净值总额4 621，其中国内净值5 090，国外净值−469，等于国外金融资产805减国外金融负债1 274。

资产负债账户可以针对机构单位编制，也可以针对机构部门或经济总体编制，还可以针对非常住单位编制类似的账户，以反映其所持有的来自该经济总体的资产和负债存量，以及常住单位所持有的国外资产和负债存量。在《国际收支与国际投资头寸表》（BPM6，Balance of Payments Manual 6）中将这一账户式报表称作国际投资头寸表（IIP，International Investment Position）。净值，就是习惯上所说的资产负债差额，对于机构单位或机构部门而言，净值反映了供其支配的非金融资产和金融资产；对经济总体而言，净值就是国民财产或国民财富的价值表现。

将各机构部门及整个国民经济总体的资产负债账户合并，即为资产负债部门综合账户，如表5-7所示。资产负债项目在T字账户中间，左边为各机构部门的资产方，右边为各机构部门的负债与净值方。资产负债部门综合账户不仅反映了各机构部门即国民经济总体的资产、负债和净值总量，而且可以反映整个国民经济的资产与负债和净值的结构，以及资产与负债的部门结构和项目结构。

表 5-7 资产负债部门综合账户

资产							交易项目	负债和净值						
合计	国外	经济总体	NPISH	住户	一般政府	金融公司	非金融公司		非金融公司	金融公司	一般政府	住户	NPISH	经济总体	国外	合计
4 621		4 621	159	1 429	789	93	2 151	非金融资产								
2 818		2 818	124	856	497	67	1 274	生产性非金融资产								
2 579		2 579	121	713	467	52	1 226	固定资产								
114		114	1	48	22		43	存货								
125		125	2	95	8	15	5	贵重物品								
1 803		1 803	35	573	292	26	877	非生产性非金融资产								
1 781		1 781	35	573	286	23	864	自然资源								
22		22			6	3	13	合约、租约和许可								
								商誉与营销资产								
9 036	805	8 231	172	3 260	396	3 421	982	金融资产/负债	3 221	3 544	687	189	121	7762	1 274	9 036
770		770			80	690		货币黄金和特别提款权						0	770	770
1 587	105	1 482	110	840	150		382	通货和存款	40	1 281	102	10	38	1 471	116	1 587
1 388	125	1 263	25	198	4	950	90	债务性证券	44	1 053	212	2		1 311	77	1 388
1 454	70	1 384	8	24	115	1 187	50	贷款	897		328	169	43	1 437	17	1 454
2 959	345	2 614	22	1 749	12	551	280	股权和投资基金份额	1 987	765	4			2 756	203	2 959
496	26	470	4	391	20	30	25	保险、养老金和标准化担保计划	12	435	19		5	471	25	496
21	0	21	0	3	0	13	5	金融衍生工具与雇员股票期权	4	10				14	7	21
361	134	227	3	55	19		150	其他应收/应付款	237		22	8	35	302	59	361
								资产净值	-88	-30	498	4 500	210	5 090	-469	4 621

资料来源：联合国，等．国民账户体系 2008．北京：中国统计出版社，2012．根据表 13.1 归纳整理。

从表 5-7 可以看出，非金融公司的非金融资产 2 151，其中生产性非金融资产 1 274，非生产性非金融资产 877；金融资产 982，金融负债 3 221，资产减负债以后，非金融公司的净值为 -88，说明非金融公司部门是资金赤字部门；依次类推，可以看出，金融公司的净值为 -30，也是资金赤字部门；政府部门净值为 498，住户部门净值为 4 500，为住户服务的非营利机构部门净值为 210，这三个机构部门均为资金盈余部门。国民经济总体的非金融资产 4 621，其中生产性非金融资产 2 818，非生产性非金融资产 1 803，金融资产 8 231，金融负债 7 762，资产负债相减，净值为 5 090，说明该国的国民财产或国民财富为 5 090。国内各机构部门的金融资产为 8 231，金融负债 7 762，两者相减 469；国外部门的金融资产 805，金融负债 1 274，两者相减为 -469，表明国内部门的金融资产和负债差额与国外部门的金融资产和负债差额，数额相等，符号相反。

二、资产负债流量核算与存量核算的衔接

在国民经济核算中，资产负债流量核算通过编制资本账户、金融账户、资产物量其他变化账户和重估价账户组成的积累账户体系，反映从期初到期末两个时点之间由于交易因素和非交易因素引起的资产负债变动量。而资产负债存量核算则是通过编制期初和期末资产负债账户来反映核算主体在期初和期末两个时点上所拥有的资产状况和承担的负债状况。两者之间存在一定的对应衔接关系，即期初资产负债表中的资产、负债和净值加上期内所有积累账户上的相应项目变动总额，就分别得到期末资产负债表中的资产、负债与净值。为了概括地反映在整个核算期内各种资产负债存量的总变动，以便在期初资产负债账户和期末资产负债账户之间建立直观的联系，将资本交易账户、金融交易账户、资产物量其他变化账户和重估价账户中的项目归并设置资产负债变动账户。资产负债变动部门综合账户的基本结构如表 5-8 所示，左边按经济资产的主要分类列示资产的总变动，右边相应地列示负债的总变动，以及不同原因引起的净值变动。

表 5-8 资产负债变动部门综合账户

资产变化							交易项目	负债和净值变化						
合计	国外	经济总体	NPISH	住户	一般政府	金融公司	非金融公司		非金融公司	金融公司	一般政府	住户	NPISH	经济总体	国外	合计
482		482	11	116	57	-2	300	非金融资产								
294		294	7	67	29	-4	195	生产性非金融资产								
246		246	7	53	23	-2	165	固定资产								
32		32	0	4	1	0	27	存货								
16		16	0	10	5	-2	3	贵重物品								
188		188	4	49	28	2	105	非生产性非金融资产								
180		180	4	48	26	1	101	自然资源								
8		8	0	1	2	1	4	合约、租约和许可								
0		0	0	0	0	0	0	商誉与营销资产								
577	54	523	3	205	-9	230	93	金融资产/负债	157	224	102	16	6	505	72	577

(续表)

资产变化							交易项目	负债和净值变化						
合计	国外	经济总体	NPISH	住户	一般政府	金融公司	非金融公司		非金融公司	金融公司	一般政府	住户	NPISH	经济总体	国外	合计
12	1	11	0	0	1	10	0	货币黄金和特别提款权							12	12
100	11	89	2	64	−26	10	39	通货和存款	0	65	37	0	0	102	−2	100
139	13	126	0	16	4	96	10	债务性证券	7	64	45	0	0	116	23	139
82	4	78	0	3	3	53	19	贷款	21	0	9	11	6	47	35	82
156	15	141	1	76	3	44	17	股权和投资基金份额	100	39	2	0	0	141	15	156
49	0	49	0	39	1	8	1	保险、养老金和标准化担保计划	0	48	0	1	0	49	0	49
14	0	0	0	3	0	8	3	金融衍生工具与雇员股票期权	3	8	0	0	0	11	3	14
25	10	15	1	4	5	1	4	其他应收/应付款	26	0	9	4	0	39	−14	25
								资产净值变化合计	236	4	−54	305	9	500	−18	482
								储蓄和资本转移	88	−5	−90	210	−1	202	−10	192
								资产物量其他变化	14	−1	−2	−1	0	10		10
								名义持有损益	134	10	38	96	10	288	−8	280
								中性持有损益	82	6	27	87	6	208	−10	198
								实际持有损益	52	4	11	9	4	80	2	82

资料来源：联合国，等. 国民账户体系 2008. 北京：中国统计出版社，2012. 根据表 13.1 归纳整理。

表 5-8 资产负债变动部门综合账户反映了资本账户、金融账户、资产物量其他变动账户以及重估价账户中所记录的内容的总和，并按照资产类别分别列示。例如，固定资产 246 包括资本账户和金融账户中的 137，资产物量其他变化账户中的 −2，以及重估价账户中的名义持有损益 111。在这些记录下有一个细分类，反映资产净值变化中有多少是由于储蓄和资本转移、资产物量其他变化以及持有损益所导致的。因为由储蓄和资本转移引起的资产净值变化被金融资产和非金融资产交易中的变化所抵消，故没有来自金融账户中的项目。

根据期初资产负债部门综合账户和资产负债变化部门综合账户中相应的项目加总，即可得到期末资产负债部门综合账户。如表 5-9 所示。

表 5-9 期末资产负债部门综合账户

资产							交易项目	负债和净值						
合计	国外	经济总体	NPISH	住户	一般政府	金融公司	非金融公司		非金融公司	金融公司	一般政府	住户	NPISH	经济总体	国外	合计
5 103		5 103	170	1 545	846	91	2 451	非金融资产								
3 112		3 112	131	923	526	63	1 469	生产性非金融资产								
2 825		2 825	128	766	490	50	1 391	固定资产								
146		146	1	52	23	0	70	存货								
141		141	2	105	13	13	8	贵重物品								
1 991		1 991	39	622	320	28	982	非生产性非金融资产								
1 961		1 961	39	621	312	24	965	自然资源								
30		30	0	1	8	4	17	合约、租约和许可								
0		0	0	0	0	0	0	商誉与营销资产								
9 613	859	8 754	176	3 465	387	3 651	1 075	金融资产/负债	3 378	3 768	789	205	127	8 267	1 346	9 613
782	1	781	0	0	81	700	0	货币黄金和特别提款权							782	
1 687	116	1 571	112	904	124	10	421	通货和存款	40	1 346	139	10	38	1 573	114	1 687
1 527	138	1 389	25	214	4	1 046	100	债务性证券	51	1 117	257	2	0	1 427	100	1 527
1 536	74	1 462	8	27	118	1 240	69	贷款	918	0	337	180	49	1 484	52	1 536
3 115	360	2 755	23	1 825	15	595	297	股权和投资基金份额	2 087	804	6	0	0	2 897	218	3 115
545	26	519	4	430	21	38	26	保险、养老金和标准化担保计划	12	483	19	1	5	520	25	545
35	0	35	0	6	0	21	8	金融衍生工具与雇员股票期权	7	18	0	0	0	25	10	35
386	144	242	4	59	24	1	154	其他应收/应付款	263	0	31	12	35	341	45	386
								资产净值	148	−26	444	4 805	219	5 590	−487	5 103

资料来源：联合国，等. 国民账户体系 2008. 北京：中国统计出版社，2012. 根据表 13.1 归纳整理。

结合表 5-7、表 5-8 和表 5-9，不仅可以看出经济总体资产负债项目从期初到期末的数量关系，也可以看出各个机构部门资产负债项目从期初到期末的数量关系。从经济总体来看，期初非金融资产 4 621，加上期间非金融资产变化 482，等于期末非金融资产 5 103；期初金融资产 8 231，加上期间金融资产变化 523，等于期末金融资产 8 754；期初金融负债 7 762，加上期间金融负债变化 505，等于期末金融负债 8 267；期初资产净值 5 090，加上期间资产净值变化 500，等于期末资产净值 5 590。各个机构部门的资产、负债与净值也存在相同的数量关系。

三、资产负债综合表

为了更详细反映资产、负债与净值各个项目从期初到期末的变化关系,将期初资产负债账户、资本和金融账户、资产物量其他变化账户、重估价账户以及期末资产负债账户合并在一个表上,即得到资产负债综合表。如表 5-10 所示。

表 5-10　经济总体资产负债综合表

交易项目	期初资产负债账户	资本和金融账户	资产物量其他变化账户	名义持有损益	中性持有损益	实际持有损益	期末资产负债账户
非金融资产	4 621	192	10	280	198	82	5 103
生产性非金融资产	2 818	175	−7	126	121	5	3 112
固定资产	2 579	137	−2	111	111	0	2 825
存货	114	28	−3	7	4	3	146
贵重物品	125	10	−2	8	6	2	141
非生产性非金融资产	1 803	17	17	154	77	77	1 991
自然资源	1 781	17	11	152	76	76	1 961
合约、租约和许可	22	0	6	2	1	1	30
商誉与营销资产	0	0	0	0	0	0	0
金融资产	8 231	436	3	84	136	−52	8 754
货币黄金和特别提款权	770	−1	0	12	16	−4	781
通货和存款	1 482	89	0	0	30	−30	1 571
债务性证券	1 263	86	0	40	25	15	1 389
贷款	1 384	78	0	0	28	−28	1 462
股权和投资基金份额	2 614	107	2	32	26	6	2 755
保险、养老金和标准化担保计划	470	48	1	0	7	−7	519
金融衍生工具与雇员股票期权	21	14	0	0	0	0	25
其他应收/应付款	227	15	0	0	4	−4	242
金融负债	7 762	426	3	76	126	−50	8 267
货币黄金和特别提款权	0	0	0	0	0	0	0
通货和存款	1 471	102	0	0	30	−30	1 573
债务性证券	1 311	74	0	42	26	16	1 427
贷款	1 437	47	0	0	29	−29	1 484
股权和投资基金份额	2 756	105	2	34	28	6	2 897
保险、养老金和标准化担保计划	471	48	1	0	7	−7	520
金融衍生工具与雇员股票期权	14	11	0	0	0	0	25
其他应收/应付款	302	39	0	0	6	−6	341
资产净值	5 090	202	10	288	208	80	5 590

资料来源:联合国,等. 国民账户体系 2008. 北京:中国统计出版社,2012. 根据表 13.2 归纳整理。

表 5-10 所示的资产负债综合表，既可以针对经济总体编制，也可以针对机构部门编制。从经济总体资产负债综合表可以清楚地了解一个国家期初资产、负债以及净值状况，还可以了解资本交易和金融交易引起的资产、负债与净值变化量，以及资产物量其他变化和价格变化导致的资产、负债与净值变化量。

资产负债综合表的行平衡关系：

期初资产负债账户中的存量＋资本和金融账户中的流量
＋资产物量其他变化账户中的流量＋重估价账户中的名义持有损益
＝期末资产负债账户中的存量

例如，非金融资产平衡关系：$4\,621+192+10+280=5\,103$；

金融资产平衡关系：$8\,231+436+3+84=8\,754$；

金融负债平衡关系：$7\,762+426+3+76=8\,267$；

资产净值：$5\,090+202+10+288=5\,590$。

资产负债综合表的列平衡关系：

非金融资产＋金融资产＝金融负债＋资产净值

期初资产负债账户：$4\,621+8\,231=7\,762+5\,090$；

资本和金融账户：$192+436=426+202$；

资产物量其他变化账户：$10+3=3+10$；

重估价账户名义持有损益：$280+84=76+288$；

期末资产负债账户：$5\,103+8\,754=8\,267+5\,590$。

与表 5-7、表 5-8 和表 5-9 不同，表 5-10 只反映常住单位所持有的特定的资产和负债，没有包括国外部门持有的资产，但是，通过比较相同金融工具下的金融资产和负债数据，就可以推算出外国部门的资产负债差额。例如，在期初资产负债账户数据中，对应通货和存款的金融资产是 1 482，负债是 1 471，说明国外部门对本国的净负债为 11。在表 5-7 中可以看出，国外通货和存款的金融资产存量是 105，金融负债存量是 116，净负债为 11。

四、中国资产负债表

根据《中国国民经济核算体系（2016）》，中国的资产负债表包括期初资产负债表、资产负债交易变化表、资产负债其他变化表和期末资产负债表。这 4 个表的主栏交易项目分类和宾栏的机构部门分类完全相同，只是表的名称有所不同，故只列出期初（期末）资产负债表的表示。

（一）期初（期末）资产负债表

期初资产负债表与期末资产负债表的结构与内容相同，只是记录时点不同。资产负债表采用交易×部门的矩阵结构，主栏按资产和负债项目分列，主要包括三个部分：一是资产,包括非金融资产和金融资产,其中非金融资产分为生产资产和非生产资产,前者细分为固定资产、存货和贵重物品,后者细分为自然资源、合约、租约和许可、商誉与营销资产;金融资产细分为通货和存款、贷款、股权和投资基金份额、债务性证券、保险准备金和社会保险基金权益、金融衍生品与雇员股票期权、国际储备和其他等,其分类与 SNA2008 基本一致。二是负债,即金融负债,其交易项目与金融资产项目一一对应。三是资产净值,即资产总额与负债总额相抵后的余额。宾栏按机构部门和国外分列。如表 5-11 所示。

表 5-11 期初(期末)资产负债表

交易项目	非金融企业部门	金融机构部门	广义政府部门	NPISH部门	住户部门	经济总体	国外
1. 资产							
非金融资产							
生产资产							
固定资产							
住宅							
其他建筑和构筑物							
机器和设备							
培育性生物资源							
知识产权产品							
存货							
贵重物品							
非生产资产							
金融资产							
通货							
存款							
贷款							
股权和投资基金份额							
债务性证券							
保险准备金和社会保险基金权益							
金融衍生品与雇员股票期权							
国际储备							
其他							
2. 负债							
通货							
存款							
贷款							
股权和投资基金份额							
债务性证券							

（续表）

交易项目	非金融企业部门	金融机构部门	广义政府部门	NPISH部门	住户部门	经济总体	国外
保险准备金和社会保险基金权益							
金融衍生品与雇员股票期权							
国际储备							
其他							
3. 资产净值							

资料来源：中国国家统计局. 中国国民经济核算体系（2016）. 北京：中国统计出版社，2017.

资产负债表中各个交易项目的含义已经在第四章资本形成与金融交易核算中进行了详细阐述，此处不再赘述。

资产负债表的平衡关系：

从纵列看，对每一个部门以及经济总体内部：

$$资产合计＝负债＋资产净值$$

$$非金融资产＋金融资产＝负债＋资产净值$$

从经济总体来看，资产净值代表国民财富，可以从国民资产负债表的不同角度计算，分别体现着不同的经济关系；从与国内各机构部门关系看，国民财富等于国内各机构部门净值之和；从一国整体及其与国外对应关系看，国民财富等于国内非金融资产与对外金融净资产的合计，对外金融净资产是对外金融资产（包括储备资产）减对外负债的净值。

（二）资产负债交易变化表

反映由非金融资产交易（资本交易）和金融资产负债交易（金融交易）引起的资产负债变化，这些交易是导致资产负债从期初到期末变化的主要原因。交易引起的净值变化，是资产负债交易变化表的平衡项，反映交易引起的资产变化与负债变化对资产净值的影响。指标间关系是：

$$交易引起的净值变化＝交易引起的资产变化－交易引起的负债变化$$

（三）资产负债其他变化表

记录由重估价和其他非交易因素引起的资产物量其他变化。

资产负债重估价指核算期内由于价格变化引起的资产、负债和资产净值的变化。重估价引起的资产、负债价值变化，又称持有损益，如前所述，是指核算期内由于价格变化而给持有者带来的收益或损失。对资产而言，价格上升会带来收益，下降则带来损失；对负债而言则相反，价格上升引起损失，价格下降带来收益。

资产物量其他变化指核算期内除持有损益之外的所有非交易因素引起的资产、负债和资产净值的变化,包括经济出现和经济消失、外部事件、分类变化等因素引起资产、负债和资产净值的变化。其中,经济出现指某些资产不通过交易进入资产负债表的行为,比如自然资源的发现、非培育性生物资源的自然增长、合约的订立等;经济消失指某些资产不通过交易退出资产负债表的行为,比如自然资源的开采、非培育性生物资源的收获、合约的解除等;外部事件指地震、火灾、海啸、洪灾、飓风、旱灾、战争、骚乱等巨灾损失和无偿没收等事件;分类变化包括机构部门分类归属变化、资产和负债分类归属变化等。

期初资产负债表、资产负债交易变化表、资产负债其他变化表和期末资产负债表4张表之间的关系:

期末资产(负债)存量＝期初资产(负债)存量＋资产(负债)交易变化
＋资产(负债)其他变化

第四节 资产负债核算数据分析

资产负债核算记录了核算主体资产负债存量、结构与变化状况,应用资产负债核算数据可以直接研究国民财产达到的规模水平、部门结构以及资产负债项目内部结构,能为国民经济宏观管理提供重要参考依据。由于中国尚未公布国民资产负债数据,只能从理论方法上说明资产负债核算数据的应用分析内容,主要从以下几个方面进行:

一、资产负债总量分析

一个国家的国民财富总量是这个国家最基本的核算指标,是国情国力的主要标志。研究资产负债总量规模,看其拥有多少资产、承担多少债务,可以全面分析一个国家或地区的国民财富、经济实力和生产能力,摸清"家底",了解综合国力和基本国情。将资产负债总量按机构部门、地区、城乡分组,便于比较各部门、各地区、城乡间的经济发展水平的差异程度及发展趋势。

把国民财富总量和人口数量联系起来,可以算出每人平均的国民财富水平;将固定资产总量和劳动力数量联系起来,可以得出劳动力的技术装备程度指标;把这些指标进行不同国家、国内不同地区对比,可以了解本国在国际经济或某地区在一国经济中的实力与所处的位置。

利用不同时期的国民资产负债表,还可以从动态上分析国民财富的变动情况。将上述总量水平指标列成时间数列,计算定基增长速度和环比增长速度,可反映国民财富在某一时期内的增长情况。用价格指数去除这些增长率就得出扣除通货膨胀影响的国民财富增长率。

二、资产负债项目结构分析

在存量核算中，资产的结构分析通常是根据资产、负债的各具体项目指标计算一些比率来进行的。经常计算的比例有：

1. 固定资产与存货的比率

固定资产投资增长必然要有相应的存货准备增长相适应，通过计算此指标，可以分析国家、地区和部门的固定资产与存货规模与结构，制定正确的生产、流通和投资政策，防止经济中出现固定资产投资增长与存货规模不相适应的状况。

2. 金融资产的各种比率

通过计算各机构部门、经济总体金融资产的各种比率，可了解通货、存款、贷款、股票和证券的分布和规模；结合资金流量表，可以分析金融资产与负债在各机构部门中的流量与流向、来源和使用，为国家抑制通胀、制定正确的信贷货币政策提供依据。若结合其他有关经济指标，还可从存量的角度分析储蓄与消费、投资的关系，研究资金的调剂融通状况，正确把握资金循环通畅的合理比例关系；还可计算对国外金融资产与负债的比例，了解外债偿还规模及结构以及偿还期限，正确制定利用外资计划、合理安排使用外资。

3. 流动比率

即流动资产与全部资产之比。它可用于分析资产的流动性，衡量各机构部门的短期偿债能力。流动资产主要指通货、存款、短期投资、短期票据、存货、其他短期债权等流动性较强的资产。

4. 负债比率（净值比率）

即负债与资产总值的比率（负债与净值的比率）。这两个指标反映一国的债务负担。与国外金融资产与负债资料结合起来，可了解一国的举债偿债能力。

三、国民资产负债部门结构分析

（1）各机构部门全部资产价值的大小反映了该部门的经济实力；各机构部门的资产结构（非金融资产部门比例、金融资产部门比例、金融负债部门比例）反映各机构部门在国民经济中的地位及对经济的影响程度；各机构部门金融资产对全部资产的比率，反映出各机构部门的财务状况、各部门相对的经济和金融地位。

（2）对经济总体按产业部门分类，有利于把资产作为生产资源和生产活动直接联系起来。根据国民经济各行业资产负债的来源、使用、构成状况，可对各行业的生产能力做充分分析，观察该行业现有生产能力和生产发展前景需求是否相符，并按产业重点发展顺序来制定产业政策，从资产角度调整国民经济产业结构。

（3）对经济总体按经济类型分类，通过对各种不同经济类型的资产负债表的分析，以研究资产所有权结构、资产拥有量及其变动，了解社会财力、物力在各种所有制类型之间的分布，摸清国有资产的存量、结构、运营效益情况，加强国有资产管理工作，确保国有资产保值增值。

四、国民资产负债的经济效益分析

在利用资产负债核算资料进行经济效益分析中，主要是对国民经济存量和流量的关系进行分析。主要指标有以下几种：

1. 亿元国民财产创造的国内生产总值

$$亿元国民财产创造的国内生产总值 = \frac{国内生产总值（亿元）}{国民财产总计（亿元）}$$

这是最综合的经济效益指标，也是衡量一个国家经济发展水平的重要指标。其中国民财产包括全部非金融资产和对外净债权，是参加生产的基本物质条件。

2. 国内资金综合使用效益

$$国内资金综合使用效益 = \frac{国民财产总额（亿元）}{国内金融资产总额（亿元）}$$

可用来分析国内资金使用效益。与此类似，还可建立若干个综合经济效益指标，如固定资产利税率、固定资产贷款率等。

3. 国外资金利税率

$$国外资金利税率 = \frac{国外资金创造的利税(亿元)}{使用国外资金总额(亿元)}$$

该指标可用以分析国外资金使用效益。

另外，利用国民经济资产负债表，可以测算科技进步的经济效益。知识产权产品中有很大一部分直接体现科技进步，资本形成中的开发与研究等项目也可体现科技进步成果，把直接体现科技进步的国民资产的增量与有关产出量进行对比，就是科技进步所产生的经济效益。

思 考 题

1. 简述资产负债核算的概念及其基本内容。
2. 简述资产负债估价的一般原则。

3. 资产负债的估价方法有哪些？
4. 资产负债其他变化账户有哪些作用？
5. 资产物量其他变化核算的主要项目是什么？
6. 什么是持有损益？
7. 简述资产持有损益三种含义之间的关系。
8. 简述重估价账户及其基本结构。
9. 简述资产负债流量核算及其存量核算之间的关系。

练 习 题

一、填空题

1. 资产负债核算既包括资产和负债的_____核算，也包括资产和负债变动的_____核算。
2. 在积累账户体系中，一般是通过编制_____对交易因素引起的资产负债变动流量进行核算。
3. 在积累账户体系中，通过编制_____对非交易因素引起的资产负债变动流量进行核算。
4. 在积累账户体系中，对价格因素引起的资产负债变动流量进行核算需要编制_____。
5. 资产负债核算中通常采用_____对资产负债进行估价。
6. 通过比较需要估算的资产负债与其他同类资产负债的市场价格来确定被估资产价值的一种估价方法，称为_____。
7. 将过去购建形成的资产按现在市场上交易价格重新核算该资产价值的一种估价方法，称为_____。
8. 通过测算出被估算资产的未来预测收益，并按照一定折现率估算出资产现值的方法，称为_____。
9. 以原资产实际购入价格为定基价格，按外币汇率变动指数来估算资产价值的方法，称为_____。
10. 引起资产负债变动的原因主要分为_____和_____。
11. 引起资产负债变动的物量因素可以分为_____和_____。
12. _____是指可能毁灭所有类型资产的、大规模的、偶然发生的事件造成的资产损失。
13. _____是指由于价格变化引起的资产全部持有损益。

14. 为了记录和反映一定时期内资产负债完全由于价格变化而形成的持有资产或负债的收益或损失所设立的账户，称为_____。

15. 资产负债表采用交易×部门的矩阵结构，主栏按资产和负债项目分列，主要包括_____、_____和_____三个部分。

二、单项选择题

1. 由于机构单位无法控制的外生因素或事件发生而导致的资产和负债的数量变化，称为（   ）。
    A. 资产物量其他变化　　　　B. 资本交易变化
    C. 价格变量　　　　　　　　D. 质量变化

2. 在积累账户体系中，对交易因素引起的资产负债变动流量进行核算通常设置（   ）。
    A. 资产物量其他变化账户　　B. 重估价账户
    C. 资本账户与金融账户　　　D. 资产负债账户

3. 在积累账户体系中，对非交易因素引起的资产负债变动流量进行核算通常设置（   ）。
    A. 资本账户与金融账户　　　B. 重估价账户
    C. 资产物量其他变化账户　　D. 资产负债账户

4. 在积累账户体系中，对价格因素引起的资产负债变动流量进行核算通常设置（   ）。
    A. 资产负债账户　　　　　　B. 重估价账户
    C. 资本账户与金融账户　　　D. 资产物量其他变化账户

5. 通过比较需要估算的资产负债与其他同类资产负债的市场价格来确定被估资产价值的一种估价方法，称为（   ）。
    A. 现行市价法　　　　　　　B. 重置成本法
    C. 物价指数法　　　　　　　D. 汇率调整法

6. 将过去购建形成的资产按现在市场上交易价格重新核算该资产价值的一种估价方法，称为（   ）。
    A. 物价指数法　　　　　　　B. 汇率调整法
    C. 现行市价法　　　　　　　D. 重置成本法

7. 一段时期内在不发生交易和资产物量其他变化情况下，一笔资产为保持其能够交换到与期初相同数量的货物服务而增加的价值，称为（   ）。
    A. 名义持有收益　　　　　　B. 中性持有收益
    C. 实际持有收益　　　　　　D. 虚拟收益

8. 一段时期内在不发生交易和资产物量其他变化前提下，一项资产价值增加超过中性持有损益的量，称为（   ）。
   A．中性持有收益 B．名义持有收益
   C．实际持有收益 D．虚拟收益

9. 由于价格变化引起的资产全部持有损益，通常称为（   ）。
   A．实际持有收益 B．虚拟收益
   C．中性持有收益 D．名义持有收益

10. 如果一般物价指数为10%，甲类资产价格上涨15%，名义持有损益为15%，中性持有损益为10%，实际持有损益为（   ）。
    A．10% B．15%
    C．20% D．5%

三、多项选择题

1. 下列账户中，属于积累账户的有（   ）。
   A．资本账户 B．金融账户
   C．资产物量其他变化账户 D．重估价账户
   E．收入分配账户

2. 对资产负债进行估价或重估价的方法主要有（   ）。
   A．现行市价法 B．重置成本法
   C．物价指数法 D．未来收益现值法
   E．永续盘存法

3. 下列因素中属于引起资产物量其他变化的非交易因素包括（   ）。
   A．资产的经济出现 B．非生产性非金融资产的经济消失
   C．巨灾损失 D．无偿没收
   E．分类变化

4. 持有损益的估算方法有（   ）。
   A．直接法 B．间接法
   C．分解法 D．物价指数法
   E．算术平均法

5. 资产负债表采用交易×部门的矩阵结构，主栏按资产和负债项目分列，主要包括（   ）。
   A．增加值 B．初次分配收入
   C．资产 D．负债
   E．资产净值

6. 持有损益是指资产或负债的所有者并未采取任何加工或转换行为，单纯由于受价格变动影响而导致持有的资产或负债的价值增加或减少产生的收益或损失，相应的概念有（　　）。

　　A．实际持有损益　　　　　　B．名义持有损益
　　C．虚拟损益　　　　　　　　D．中性持有损益
　　E．资产净值

7. 非生产性非金融资产的经济出现包括（　　）。

　　A．自然资源的经济出现　　　B．合约、租约和许可的订立
　　C．无偿没收　　　　　　　　D．巨灾损失
　　E．商誉和营销资产的价值变化

8. 资产负债核算中，编制的主要核算表有（　　）。

　　A．期初资产负债表　　　　　B．资产负债交易变化表
　　C．资产负债其他变化表　　　D．期末资产负债表
　　E．资金流量表

9. 下列属于经济资产的是（　　）。

　　A．大兴安岭的新鲜空气
　　B．克拉玛依地区已探明的可开采的石油和天然气
　　C．山西某地区有一段煤层，但预期尚没有成熟的技术加以开采
　　D．中国在国际货币基金组织的特别提款权
　　E．购买的企业商誉

10. 下列属于生产资产的有（　　）。

　　A．厂房　　　　　　　　　　B．天然林
　　C．数据库与计算机软件　　　D．商誉
　　E．果园

四、判断题

1. 资产物量其他变化是指由于机构单位无法控制的外生因素或事件发生而导致的资产和负债的数量变化。（　　）
2. 资产负债核算仅仅包括资产和负债的存量核算。（　　）
3. 根据资产负债核算估价原则，应采用对资产负债进行核算时的现行市场价格估价。（　　）
4. 非生产性非金融资产的经济出现不包括自然资源的经济出现。（　　）
5. 纳税和罚款属于强制性转移的交易行为，应在生产核算和收入分配核算中予以记录。（　　）

6．以原资产实际购入价格为定基价格，按外币汇率变动指数来估算资产价值的方法称为物价指数法。（　　）

7．资产负债表采用交易×部门的矩阵结构，主栏按资产和负债项目分列，宾栏按机构部门和国外分列。（　　）

8．编制重估价账户的目的在于核算由价格因素引起的资产负债变动流量。（　　）

9．引起资产负债变动的原因主要分为交易因素和非交易因素。（　　）

10．资产的经济出现既包括非生产性非金融资产的经济出现，也包括生产性非金融资产的经济出现。（　　）

11．固定资本消耗引起的资产价值下降属于持有损益。（　　）

12．在物价水平不断提高的经济环境下，以现价计价的固定资产价值要高于以历史成本计价的固定资产价值。（　　）

13．资产价格变化不仅能引起资产价值量变化，而且会影响到资产实际数量变化。（　　）

14．资产净值变化是资产变化与负债变化的差额，其来源可以分为四部分：储蓄、资本转移、资产其他物量变化、重估价引起的持有损益。（　　）

15．持有损益只是理论值，不一定是实际实现的收益，只有当资产和负债在市场上变现时，收益才能得到真正地实现。（　　）

五、计算题

1．2017 年某国资产物量其他变化资料如下：

（1）资产的经济出现 66 亿元，其中：生产性非金融资产 6 亿元，非生产性非金融资产 60 亿元；（2）非生产性非金融资产的经济消失－22 亿元；（3）巨灾损失－22 亿元；（4）无偿没收 0；（5）未另分类的物量其他变化 4 亿元；（6）分类变化 0；（7）负债物量其他变化总额 6 亿元，其中生产性非金融资产 0，非生产性非金融资产 0，金融负债 6 亿元。

要求计算：（1）资产物量其他变化总额；（2）资产物量其他变化引起的资产净值变化额。

2．2017 年某单位持有 A 产品的数量为 5 000 吨，期初价格为 10 元/吨，期末价格为 12 元/吨；另已知同期物价指数下跌了 5%。试计算该单位的中性持有损益、实际持有损益以及名义持有损益。

3．2017 年某国期初资产规模为 2 000 亿美元；当期固定资产增加 400 亿美元，存货减少 100 亿美元，新发现勘探可采石油储量价值 100 亿美元，一笔对外国政府提供的 40 亿美元贷款到期，因政治原因而注销；当期该国政府还由于进行了严格的金融控制，大批银行资本流入实业部门，使企业部门资产增加 480 亿美元。

要求：根据上述资料计算该国期末的资产价值。

4．2017年年末某国对资产负债进行重估价，资产负债变化情况如下：非金融资产560亿美元，其中生产性非金融资产252亿美元，非生产性非金融资产308亿美元，金融资产168亿美元，其中货币黄金和特别提款权24亿美元，债务性证券80亿美元，股票和投资基金份额64亿美元；金融负债152亿美元，其中债务性证券84亿美元，股票和投资基金份额68亿美元。

要求：根据上述资料计算该国名义持有损益引起的资产净值变化。

第六章 对外经济核算

在开放经济下，任何国家的常住单位都要与非常住单位之间发生经济往来，进行交易是客观存在的。国民经济核算体系要准确、全面、系统地核算一国在一定时期内的经济流量和存量，就必须设立一个称之为"国外"的部门，以反映常住单位与非常住单位之间发生的货物与服务、收入与经常转移、资本转移、资产、金融资产与负债交易等全部经济往来，从而使整个国民经济核算体系趋于完备。可见，对外经济核算是国民经济核算体系中的一个不可或缺的重要组成部分。

第一节 对外经济核算的基本问题

通过账户或平衡表的形式对一国在一定时期内的对外经济活动及其结果所做的系统记录，就是对外经济核算。本节主要介绍对外经济活动与对外经济核算的概念、国际收支与国际收支核算的概念、对外经济核算的基本原则。

一、对外经济活动与对外经济核算

对外经济活动是相对一个特定经济主体而存在的概念。对外经济统计核算的范围随着核算的经济主体变化而有所不同，经济主体可以是一个国家，也可以是一个地区，由此而形成两个不同范围的对外经济核算。当核算体系以一个国家为经济主体时，对外经济是指该国与国外发生的经济关系；当核算体系以一个地区为经济主体时，对外经济则是指该地区与该地区以外地区发生的经济往来。

本章所讨论的对外经济活动是指常住单位（国内）与非常住单位（国外）之间发生的一切经济往来活动，包括对外货物贸易和服务贸易活动、对外直接投资与间接投资活动、对外投资收益分配活动和劳动报酬分配活动、对外经常转移活动与资本转移活动等，以及伴随这些活动而发生的资金流入流出、外汇收支结算等。当核算体系以一个国家为经济主体时，对外经济核算又称国际收支核算。

对外经济活动中的国外是指一国经济领土之外的全部交易主体，是与常住单位进行交易，或与常住单位有经济联系的非常住单位。有时为了讨论问题的方便，将国外作为部门，但它与通常的部门并不完全相同，它并不一定要编制整套账户。通常国外部门账户只限记录常住单位与非常住单位之间的交易。

对外经济核算是指通过账户或平衡表的形式对一国在一定时期内的对外经济活动及其结果所做的系统记录。对外经济核算的对象是全部对外经济活动，既包括以交换形式发生（如贸易）往来活动，也包括以转移形式（如国际捐赠）发生的往来活动。同时还包括一些非交易性质的对外经济流量，如各种原因引起的对外资产物量其他变化和重估价。

进行对外经济核算的常用方法有两种：一是在国民经济核算的账户体系中，通过设置"国外"账户的形式来核算常住单位与非常住单位之间的经济往来活动，"国外"则被视为与本国非金融企业部门、金融机构部门、政府部门和住户部门等国内机构部门具有同样地位的机构部门，其账户体系与国内部门账户体系基本类似。二是通过编制国际收支平衡表，将一国所有对外经济活动结果按照借贷记账方法归纳到一个平衡表中，借以系统记录一国的对外经济状况，这也是世界各国通用传统方法。

二、国际收支与国际收支核算

国际收支的概念，最早出现在 17 世纪初期。当时，国际收支差额只是简单地解释为一个国家的对外贸易差额，即进口与出口的对比。经过较长一段时期资本主义经济的发展以后，国际经济交易的内容和范围也不断扩大，到国际金本位制崩溃后，国际收支就被定义为一国在一定时期的外汇收支。因此，狭义的国际收支是指国际间商品、劳务和资本往来等外汇收支。广义的国际收支是指一个国家与世界其他国家（地区）之间，由于进行各种经济往来而发生的收入和支出。它既包括涉及外汇收支的经济往来，也包括不涉及外汇收支的国际经济往来。

第二次世界大战以后，成立了国际货币基金组织（IMF，International Monetary Fund）。国际货币基金组织的《国际收支手册》（1977 年第四版）对"国际收支"的定义是：国际收支是一种统计报表，它反映：（1）一个经济体和其他经济体之间的商品、劳务和收益的交易；（2）该经济体的货币、黄金、特别提款权等所有权及经济体间债权债务的变动；（3）无偿转移从会计意义上说，是为了平衡前面不能相互抵冲的交易和变动所必需的对应分录。

1993 年第五版《国际收支手册》的定义是：国际收支是一特定时间的统计报表，它系统地记载了某经济体与世界其他地方的各项经济交易，包括国际收支平衡表所表现的各个项目的实际变化情况。其特征是：第一，所有交易都必须具有经济价值，凡不能测定其价值的，在国际收支统计中不认为是交易；第二，交易必须是在常住单位和非常住单位之间进行，否则，进行交易的双方即便使用外汇，也不能列入国际收支统计。

2008 年第六版《国际收支与国际投资头寸手册》（BPM6）的定义是：国际收支是某

个时期内居民与非居民之间的交易汇总统计表,组成部分有:货物和服务账户、初次收入账户、二次收入账户、资本账户和金融账户。

国际收支核算是对一个国家与其他国家在经济往来过程中实际发生的商品、劳务、利息、股利、援助、直接投资和证券投资以及储备资产等交易结果进行系统的记录和分析,其主要方法是编制国际收支平衡表。国际收支核算是国民经济核算体系的组成部分,与国内生产总值核算、资金流量核算等具有对应性,在内容和方法上保持了一致。但由于国际收支核算主要关注一国与他国的经济往来情况,关注货物贸易的收益情况,而不关注这些货物的具体用途和具体生产过程,对消费品和有形生产资产不做区分,因此相对于国内交易核算而言,国际收支核算既不核算生产,也不核算消费,对非金融投资的核算也仅限于知识产权产品的核算。

三、对外经济核算基本原则

为了保证对外经济核算统计资料的准确性、可比性,减少编表的误差,在对外经济核算过程中应遵循以下原则:

(一)记录时间原则

一国常住单位与非常住单位之间交易的记录时间原则是权责发生制,即以经济价值被创造、转移、交换、消亡的时间为准。这一原则也被称为所有权变更原则。例如,货物的出口,一般应在货物的所有权由常住单位转移至非常住单位的那个时间记录,进口一般在货物的所有权由非常住单位转移至常住单位的那个时间记录;服务交易的记录时间是提供服务过程结束的时间;不需要偿还的单方面转移的记录时间是其资产改变所有权的时间。

(二)估价原则

对外经济核算的估价原则与整个国民经济核算体系的估价原则一致,采用市场价格或者等值作为各种交易估价的基础。在对外经济核算中,市场价格就是按常住单位与非常住单位交易双方商定的实际价格计价。若不存在实际交易市场价格时,如捐赠,应以类似交易的市场价格为基础,确定一个相应的价格。

(三)记账单位和换算原则

一国常住单位与非常住单位的经济往来在实际中是用各种不同的货币单位进行的,为了便于资料的汇总处理,必须按统一的货币计价,一般是以本国货币或换算成统一的外币进行汇总。我国目前采用美元作为国际收支核算的记账单位,而欧盟各国则采用欧元作为其国际收支核算的记账单位。

将各种货币折算成国际收支平衡表中规定的统一货币记账单位，原则上要求按交易时外汇市场的即时汇率进行换算，以消除汇率变动对计价的影响。若无此汇率，则采用最短时期的平均汇率，即使用买入和卖出汇率的中间值进行换算。

第二节 国外账户体系

为了系统记录一国常住单位与非常住单位之间"来源"和"使用"流量变化。SNA2008设置了四大类国外账户：货物与服务对外账户、初始收入和经常转移对外账户、对外积累账户、对外资产和负债账户。

一、国外账户的特点

国外账户系统反映一国与国外所有非常住单位间的经济关系，它包括常住单位和非常住单位之间的交易及有关的资产和负债的存量变化。它有以下特点：

（1）国外账户是立足于国外来设置，但交易项目则是从国内角度来表述。国外账户用来反映一国对外交易状况，其账户来源方与使用方，或资产获得方和负债发生方的意义与国内账户正好相反。国外的来源则是本国的使用，国外的使用则是本国的来源。平衡项为正值所表示的国外盈余或顺差，反映的是本国的亏损或逆差；平衡项为负值，情况正好相反。如"货物和服务对外账户"中，来源方的"货物和服务进口"，表示的是本国从外国的"进口"，反映国外向本国"出口"获得外汇收入，构成国外部门外汇收入的"来源"；使用方的"货物和服务出口"表示的是本国向国外的"出口"，反映国外从本国进口货物发生了外汇支出，构成国外部门外汇的"使用"。

（2）国外账户只记录一国常住单位与非常住单位之间发生的各类经济交易，它并不与生产、消费、资本形成等特定的经济活动相联系；

（3）国外部门在核算体系中起着类似国内一个机构部门的作用，比如，在常住单位的收入初次分配账户中，有关财产收入的流量包括来自国外应收的财产收入和对国外应付的财产收入支出，这些收入或支出反映在初始收入和经常转移对外账户中。

二、货物和服务对外账户

（一）账户的内容与结构

货物和服务对外账户是记录一国常住单位与非常住单位之间货物与服务往来的经常账户。其内容与结构如表 6-1 所示。

表 6-1　货物和服务对外账户

使用		来源	
货物和服务出口	540	货物和服务进口	499
货物出口	462	货物进口	392
服务出口	78	服务进口	107
货物和服务的对外差额	−41		

货物和服务对外账户在来源方（右方）列有货物的进口和服务的进口两种流量，以分别反映经济总体所获得的国外货物和服务。账户使用方（左方）则反映经济总体提供给国外的货物和服务。货物和服务的对外差额是货物和服务对外账户中的平衡项。如果差额为正值，它表示国外在货物和服务交易方面有盈余，国内有赤字；如果差额为负值，它表示国外在货物和服务交易方面有赤字，国内有盈余。从表 6-1 可以看出，本国货物与服务出口总值 540，大于进口总值 499，形成国外的逆差 41，以负值记录在账户的使用方，同时反映本国的对外货物与服务交易顺差为 41。

（二）货物进出口核算

货物进出口核算的范围是根据所有权变更原则而确定。货物主要包括一般商品、转手买卖货物和非货币黄金。

货物的进口和出口在统一计价地点（货物出口国的边境）按离岸价格（FOB，Free on Board）计价。离岸价格是指货物在出口国边境，为货物支付了任何出口税或获得任何退税后，货物被装载到进口方自己的运载工具或其他运载工具后，由进口方收取货物所支付的购买者价格，包括货物的价值和直到出口国边境的有关运输和销售服务的价值。即使由生产地到出口国边境的运输费是由进口者支付的，但其运输费用仍应该包括在出口货物的价值中。

（三）服务进出口核算

服务进出口是指一国所有常住单位与非常住单位之间提供和使用服务的活动。服务是无形的，服务的进出口是在生产时发生的，服务生产出来就直接提供给使用者。因此需要常住单位和非常住单位之间事先有某种形式的联系。

服务进出口核算包括：加工服务；别处未包括的保养和维修服务；运输服务、旅游服务、建筑服务、保险和养老金服务、金融服务；别处未包括的知识产权使用费用；通信及计算机和信息服务、其他商业服务；个人及文化和娱乐服务；别处未包括的政府货物和服务。

服务进出口按实际协议的价格计价。其中，国际保险服务按支付服务费的金额计价，而不是按保险费总额计价；国际金融服务包括佣金、服务费和金融中介服务，而金融中介服务则按实际的存贷利息差额估算。

三、初始收入和经常转移对外账户

初始收入和经常转移对外账户是记录一国常住单位与非常住单位之间收入分配流量的经常账户。其内容和结构如表 6-2 所示。

表 6-2 初始收入和经常转移对外账户

使用		来源	
雇员报酬	6	货物和服务的对外差额	−41
生产和进口税减补贴	0	雇员报酬	2
财产收入	44	生产和进口税减补贴	0
所得、财产等经常税	1	财产收入	38
社会缴款和福利	0	所得、财产等经常税	0
其他经常转移	16	社会缴款和福利	0
对外经常交易差额	−13	其他经常转移	55

从表 6-2 可以看出，该账户来源方列示国外的应收项目，使用方列示国外的应付项目。该账户的初始项是前一个货物与服务账户的平衡项"货物和服务的对外差额"，列在本账户的来源方，平衡项是对外经常交易差额，列在使用方，反映国外对国内经常性交易的盈余或赤字。本例中，国外部门应收雇员报酬为 2，应收生产和进口税减补贴、所得与财产等经常税、社会缴款和福利均为 0，应收财产收入为 38，应收其他经常转移为 55，来源方合计为 54；国外部门应付的初始收入和经常转移为 67，来源与使用相减后所得对外经常交易差额为−13，反映了国外部门的逆差，也就是本国经常交易的盈余额。

初始收入和经常转移对外账户有以下几个特点：(1) 该账户中的雇员报酬、财产收入、生产和进口税减补贴三项作为国外初始收入分配流量反映在国内机构部门和经济总体账户的收入初次分配账户中。(2) 该账户中的所得、财产等经常税、社会缴款与福利及其他经常转移作为国外经常转移反映在国内机构部门和经济总体账户的收入再分配账户中。(3) 将该账户的平衡项对外经常交易差额与货物和服务的对外差额相加，如果总差额为正值，表示国外有盈余，国内经济总体有赤字；如果总差额为负值，则相反。

四、对外积累账户

对外积累账户是反映由对外交易而引起的对外资产、负债和净值变化情况的账户，可以分为两类：一类是资本账户和金融账户；另一类是其他资产变化账户，包括对外资产物量其他变化账户和重估价账户。

（一）对外资本账户

对外资本账户记录一国常住单位与国外之间通过交易获得的或处置的非生产性非金融资产的价值，并反映由于对外经常差额和资本转移而发生的净值变化。对外资本账户的内容和结构如表 6-3 所示。

表 6-3 对外资本账户

资产变化		负债和净值的变化	
非生产性非金融资产的获得减处置	0	对外经常交易差额	−13
		应收资本转移（＋）	4
		应付资本转移（−）	−1
净贷出（＋）/净借入（−）	−10		

在对外资本账户左方记录的获得减处置由在核算期内国外获得的非生产性非金融资产的全部价值减去处置的这类资产的全部价值构成，反映了非常住单位和常住单位之间的交易所引起的这类资产的变化。账户的右方合计反映由于对外经常差额和资本转移引起的（国外的）净值变化，其中，应收资本转移记为正，应付资本转移记为负。净借出或净借入为平衡项，若有盈余称为国外的净贷出，若有赤字称为国外的净贷入。本例中，国外部门对外经常交易差额为−13，来自初始收入和经常转移对外账户的平衡项，资本转移净额为3，合计为−10；非生产性非金融资产的获得减处置为0，国外部门净借入为−10。

（二）对外金融账户

对外金融账户是对外积累账户的第二个账户，用于记录常住单位与非常住单位之间所有金融资产与负债的交易。账户的内容与结构如表 6-4 所示。

表 6-4 对外金融账户

资产变化		负债和净值变化	
货币黄金和特别提款权	1	货币黄金和特别提款权	0
通货和存款	11	通货和存款	−2
股票以外的证券	9	股票以外的证券	21
贷款	4	贷款	35
股票和其他权益	12	股票和其他权益	14
保险专门准备金	0	保险专门准备金	3
其他应收款	10	其他应付款	−14
		净贷出（＋）/净借入（−）	−10

从表 6-4 可知，账户左方为资产变化，记录国外对本国的金融资产的购买金额，即非常住单位对常住单位的金融资产的获得减处置；账户右方为负债与净值变化，记录国

外对本国负债的净获得,即非常住单位对常住单位负债的发生减偿付。资产变化与负债和净值变化之差,则为国外对本国的净贷出(+)/净借入(-),是对外金融账户的平衡项,它等于对外资本账户的平衡项。

本例中,国外负债与净值变化为57,资产变化为47,两者相减得净借入为-10,表明国外从本国净借入资金为10,即本国向国外净贷出资金为10,这与前面对外资本账户的结果一致。

(三)对外资产其他变化账户

对外资产其他变化账户是对外积累账户的一部分,用于反映因非经济交易引起的期初、期末资产和负债及净值的变化,具体包括对外资产物量其他变化账户和对外重估价账户。

1. 对外资产物量其他变化账户

对外资产物量其他变化账户的内容和功能与国民经济账户体系中的资产物量变化账户相似,只是它专门用于记录一国常住单位与非常住单位之间由于非经济交易因素引起的资产、负债和净值等存量变化,其基本形式如表6-5所示。

表6-5 对外资产物量其他变化账户

资产变化		负债和净值变化	
无偿没收	0	无偿没收	0
未另分类的物量其他变化	0	未另分类的物量其他变化	0
分类和结构的变化	0	分类和结构的变化	0
		资产物量其他变化引起的净值变化	0
合计	0	合计	0

对外资产物量其他变化账户的左方资产变化与右方负债和净值变化分别记录包括各种知识产权产品如专利、软件等的无偿没收,金融资产和负债的无偿没收,未另分类的金融资产和负债的其他物量变化(如坏账注销),以及与机构合并引起的分类和结构变化等内容。资产变化与负债和净值变化之差,则为该账户的平衡项——资产物量其他变化引起的净值变化,记录在账户的右方。

2. 对外重估价账户

对外重估价账户是专门用于记录国外对该国金融资产和负债重估价结果的账户。该账户除了反映价格的变化外,还包括汇率变化对折算成本国货币的影响。与国内机构部门及经济总体的重估价账户有所不同,对外重估价账户只记录金融资产和负债的变化,不记录非金融资产的重估价。与国民资产负债核算中重估价账户设置一样,反映名义持有损益账户的重估价账户,又分成中性持有损益账户和实际持有损益账户两个子账户。如表6-6、表6-7和表6-8所示。

表6-6 重估价账户

资产变化		负债和净值变化	
货币黄金和特别提款权	0	货币黄金和特别提款权	12
通货和存款	0	通货和存款	0
股票以外的证券	4	股票以外的证券	2
贷款	0	贷款	0
股票和其他权益	3	股票和其他权益	1
保险专门准备金	0	保险专门准备金	0
其他应收款	0	其他应付款	0
		名义持有损益引起的净值变化	−8
合计	7	合计	7

表6-7 中性持有损益账户

资产变化		负债和净值变化	
货币黄金和特别提款权	0	货币黄金和特别提款权	16
通货和存款	2	通货和存款	2
股票以外的证券	3	股票以外的证券	2
贷款	1	贷款	0
股票和其他权益	2	股票和其他权益	0
保险专门准备金	1	保险专门准备金	1
其他应收款	3	其他应付款	1
		中性持有损益引起的净值变化	−10
合计	12	合计	12

表6-8 实际持有损益账户

资产变化		负债和净值变化	
货币黄金和特别提款权	0	货币黄金和特别提款权	−4
通货和存款	−2	通货和存款	−2
股票以外的证券	1	股票以外的证券	0
贷款	−1	贷款	0
股票和其他权益	1	股票和其他权益	1
保险专门准备金	−1	保险专门准备金	−1
其他应收款	−3	其他应付款	−1
		实际持有损益引起的净值变化	2
合计	−5	合计	−5

名义持有损益是指从核算期初到期末，在非常住单位债权人和债务人所持有期间，由于资产或负债货币价值的变化所增值的价值；中性持有损益是指在所涉外一段时期内为保持资产的购买力（以本国货币表示的）所需持有损益的价值；实际持有损益则是指由名义持有损益和中性持有损益之差额所产生的资产价值。本例中，名义持有资产收益为 7，名义持有负债增加 15，由名义持有损益变化引起的净值变化为-8；其中，中性持有资产变化（收益）为 12，中性持有负债变化（增加）22，由中性持有损益引起的净值变化为-10；实际持有资产变化（损失）为-5，实际持有负债变化（减少）为-7，由实际持有损益变化引起的净值变化为 2。

五、对外资产负债账户

对外资产负债账户反映由对外交易引起的对外金融资产和负债在一定时点上的存量规模。因为是从国外角度设置的账户，账户中的数据表明期初和期末非常住单位对常住单位拥有的金融资产和承担的金融负债。某一国经济中由对外交易账户和积累账户所带来的对外金融资产及负债存量规模和构成的账户，如表 6-9、表 6-10 和表 6-11 所示。

表 6-9 对外期初资产负债账户

资产		负债和净值	
金融资产	805	负债	1 274
货币黄金和特别提款权	0	货币黄金和特别提款权	770
通货和存款	105	通货和存款	116
股票以外的证券	125	股票以外的证券	77
贷款	70	贷款	17
股票和其他权益	345	股票和其他权益	203
保险专门准备金	26	保险专门准备金	25
金融衍生工具和雇员股票期权	0	金融衍生工具和雇员股票期权	7
其他应收款	134	其他应付款	59
		净值	-469
合计	805	合计	805

表 6-10 对外资产负债变化账户

资产变化		负债和净值变化	
金融资产	54	负债	72
货币黄金和特别提款权	1	货币黄金和特别提款权	12
通货和存款	11	通货和存款	−2
股票以外的证券	13	股票以外的证券	23
贷款	4	贷款	35
股票和其他权益	15	股票和其他权益	15
保险专门准备金	0	保险专门准备金	0
金融衍生工具和雇员股票期权	0	金融衍生工具和雇员股票期权	3
其他应收款	10	其他应付款	−14
		净值变化	
		储蓄和资本转移引起的净值变化	−10
		资产物量其他变化引起的净值变化	0
		名义持有损益引起的净值变化	−8
		中性持有损益引起的净值变化	−10
		实际持有损益引起的净值变化	2
合　计	54	合　计	54

表 6-11 对外期末资产负债账户

资　产		负债和净值	
金融资产	859	负债	1 346
货币黄金和特别提款权	1	货币黄金和特别提款权	782
通货和存款	116	通货和存款	114
股票以外的证券	138	股票以外的证券	100
贷款	74	贷款	52
股票和其他权益	360	股票和其他权益	218
保险专门准备金	26	保险专门准备金	25
金融衍生工具和雇员股票期权	0	金融衍生工具和雇员股票期权	10
其他应收款	144	其他应付款	45
		净值	−487
合　计	859	合　计	859

与国民资产负债账户相比，期初或期末对外资产负债账户基本类似，前者包含了非金融资产和金融资产，后者仅限于金融资产。从表 6-9、表 6-10 和表 6-11 可以看出，国外部门的期末资产存量等于期初存量 805，加上期间变化量 54；期末负债和净值存量

859，等于期初 805，加上期间变化量 54；其中，期末负债存量 1 346，等于期初存量 1 274 加上期间变化量 72；期末净值−487，等于期初−469，加上期间变化量−18。

第三节　国际收支平衡表

上一节主要介绍利用国外账户体系反映常住单位与非常住单位之间的经济往来情况，而国际收支平衡核算主要是利用统计报表形式来反映常住单位与非常住单位之间发生的全部经济交易活动。本章介绍国际收支平衡表的标准形式、主要核算项目、记录方法以及中国国际收支平衡表实例。

一、国际收支平衡表的标准形式

国际收支平衡表（Balance of Payments Statement）是指按照复式记账原理，以某一货币为计量单位反映一个国家在特定时期内与世界其他国家之间发生的全部经济交易的统计报表。国际货币基金组织为了使各国的国际收支平衡表具有可比性，对国际收支平衡表的概念、准则、惯例、分类方法以及标准构成都做了统一的规定和说明。国际货币基金组织 IMF 于 1948 年首次颁布了《国际收支手册》（Balance of Payments Manual）第一版，以后又分别于 1950 年、1961 年、1977 年、1993 年和 2008 年修改了手册，不断地补充了新的内容。目前最新版本为第六版，手册名称首次修改为《国际收支和国际投资头寸手册》（BPM6，Balance of Payments and International Investment Position Manual），于 2008 年 11 月通过。

在 2008 年的《国际收支和国际投资头寸手册》（BPM6）中，国际收支平衡表的标准组成包括三个基本部分：经常账户、资本账户和金融账户。

经常账户也称经常项目，它是国际收支平衡表中最基本、最重要的内容，记录货物和服务的进出口以及收入初次分配和再分配交易，具体分为货物与服务、初次分配收入和二次分配收入三个项目。

资本账户主要用于处理非金融投资，记录非生产性非金融资产的获得与处置总额和资本转移，以及净贷出（＋）/净借入（－）。

金融账户主要用于处理金融投资，记录各项金融交易项目，具体包括直接投资、证券投资、金融衍生工具（储备除外）和雇员认股权、其他投资，以及储备资产五个项目。

《国际收支和国际投资头寸手册》（BPM6）中的国际收支平衡表如表 6-12 所示。

表 6-12 国际收支平衡表（BPM6）

国际收支项目	贷 方	借 方
1. 经常账户		
1.A 货物和服务		
1.A.a 货物		
1.A.a.1 一般商品		
1.A.a.2 转手买卖货物		
1.A.a.3 非货币黄金		
1.A.b 服务		
1.A.b.1 加工服务		
1.A.b.2 别处未涵盖的维护和维修服务		
1.A.b.3 运输		
1.A.b.3.1 海运		
1.A.b.3.2 空运		
1.A.b.3.3 其他运输方式		
1.A.b.3.4 邮政及邮递服务		
1.A.b.4 旅行		
1.A.b.4.1 商务旅行		
1.A.b.4.2 私人旅行		
1.A.b.5 建设		
1.A.b.6 保险和养老金服务		
1.A.b.7 金融服务		
1.A.b.8 别处未涵盖的知识产权使用费		
1.A.b.9 电信、计算机和信息服务		
1.A.b.10 其他商业服务		
1.A.b.11 个人、文化和娱乐服务		
1.A.b.12 别处未涵盖的政府货物和服务		
1.B 初次收入		
1.B.1 雇员报酬		
1.B.2 投资收益		
1.B.2.1 直接投资		

(续表)

国际收支项目	贷 方	借 方
1.B.2.1.1 股权和投资基金份额收益		
1.B.2.1.2 利息		
1.B.2.2 证券投资		
1.B.2.3 其他投资		
1.B.2.4 储备资产		
1.B.3 其他初次收入		
1.B.3.1 生产税和进口税		
1.B.3.2 补贴		
1.B.3.3 租金		
货物、服务和初次收入差额（＋ 顺差；－ 逆差）		
1.C 二次收入（经常转移）		
1.C.1 广义政府		
1.C.1.1 对所得、财富等征收的经常性税收		
1.C.1.2 社会保障缴款		
1.C.1.3 社会福利		
1.C.1.4 经常性国际合作		
1.C.1.5 广义政府的其他经常转移		
1.C.2 金融公司、非金融公司、住户和为住户服务的非营利机构		
1.C.2.1 个人转移（居民和非居民住户间的经常转移）		
1.C.2.2 其他经常转移		
1.C.3 养老金权益变化调整		
2. 资本账户		
2.1 非生产性非金融资产的获得（借记）/处置（贷记）总额		
2.2 资本转移		
2.2.1 广义政府		
2.2.2 金融公司、非金融公司、住户和为住户服务的非营利机构		
净贷出（＋）/ 净借入（－）（经常账户和资本账户差额）		
	资产净获得	负债净产生
3. 金融账户		

(续表)

国际收支项目	贷方	借方
净贷出（＋）/ 净借入（－）（金融账户）		
3.1 直接投资		
3.1.1 股权和投资基金份额		
3.1.1.1 除收益再投资外的股权		
3.1.1.2 收益再投资		
3.1.2 债务工具		
3.2 证券投资		
3.2.1 股权和投资基金份额		
3.2.2 债务证券		
3.3 金融衍生工具（储备除外）和雇员认股权		
3.3.1 中央银行		
3.3.2 存款性公司，中央银行除外		
3.3.3 广义政府		
3.3.4 其他部门		
3.4 其他投资		
3.4.1 其他股权		
3.4.2 货币和存款		
3.4.3 贷款		
3.4.4 保险、养老金和标准化担保计划		
3.4.5 贸易信贷和预付款		
3.4.6 其他应收/应付款——其他		
3.4.7 特别提款权	—	
3.5 储备资产		—
3.5.1 货币黄金		—
3.5.2 特别提款权		—
3.5.3 在国际货币基金组织的储备头寸		—
3.5.4 其他储备资产		—
4. 误差与遗漏净额		

注：表中有"—"单元格表示对应项目没有数据。

资料来源：国际货币基金组织《国际收支和国际投资头寸手册》（BPM6），见国际货币基金组织官方网站。

二、国际收支平衡表的主要核算项目

(一) 经常账户

经常账户主要记录本国与外国交往中经常发生的国际经济交易，反映一国与外国之间实际资源的转移情况，是国际收支平衡表中最基本最重要的项目，对其他国际收支项目起着影响与制约作用。经常账户之下设有货物与服务、初次收入和二次收入三个子账户。

1. 货物

货物又称为商品贸易，是指货物的对外进出口活动。货物交易是经常账户的基础，在一定意义上也是整个国际收支的基础。根据《国际收支与国际投资头寸手册》(BPM6)，货物主要包含以下内容：

(1) 一般商品。是指国际收支统计口径的一般商品，包括经济所有权在常住单位与非常住单位之间发生变更并且不包括在以下特殊类别中的货物：转手买卖货物、非货币黄金以及部分旅行、建设和别处未涵盖的政府货物和服务。如电力、天然气和水；在磁盘和其他物理介质存储设备上的，带有永久使用许可的非定制软件套装（如系统软件和应用程序）以及视频和音频录制品；承运人在港口购买的货物；等等。非法货物、走私货物、礼品、无偿捐赠的货物等也包括在一般商品之中。

(2) 转手买卖货物。是指本国常住单位从非常住单位购买货物，随后便向另一非常住单位转售同一货物且未经过本国海关的货物。转手买卖货物按照与所有者拥有的其他货物一样的方式记入所有者账户。但是，该货物在商户所在国的国际账户统计中单独列示。

(3) 非货币黄金。包括不作为货币当局储备资产（货币黄金）所有黄金的进口与出口。非货币黄金可以为金条、金粉和其他未加工或半加工形式的黄金。含有黄金的珠宝、手表等记入一般商品，而不是非货币黄金。

国际货币基金组织建议，所有货物的进出口一律按离岸价格（FOB）计算。在实际核算中，许多国家为了统计方便，对出口商品按离岸价格计算，对进口商品却按到岸价格（CIF）计算，这样会影响到国际收支平衡表的精确性。

2. 服务

服务又称劳务贸易，是指常住单位和非常住单位之间相互提供服务的交易，主要包括以下内容：

(1) 加工服务。是指对非常住单位拥有的实物投入的制造服务，包括由不拥有相关货物的企业承担的加工、装配、贴标签和包装等服务。该制造服务由不拥有货物的常住单位进行，且作为非常住单位的所有者需向该常住单位支付一定的费用。在这些情况下，货物的所有权未发生变更，所以在加工者与所有者之间不记录一般商品交易。

（2）别处未涵盖的维护和维修服务。包括常住单位为非常住单位（反之亦然）所拥有的货物提供的维护和维修工作。维修可以在维修者的地点或其他地方实施，包括对船舶、飞机和其他运输设备的维护和维修费用。记录的维护和维修价值为已完成工作的价值，而非维修之前和之后的货物全值。维护和维修值包括维修者提供的并记入收费之中的任何零件和材料价值。

（3）运输服务。运输是指将人和物体从一地点运送至另一地点的过程，包括相关辅助和附属服务，以及邮政和邮递服务。运输服务是指一个国家的常住单位向另一国非常住单位提供的涉及客运、货运、备有机组人员的运输工具的租金和其他辅助性服务。按运输方式可以分为海运、空运、其他运输方式、邮政及邮递服务。其中，其他运输方式可以进一步分为铁路运输、公路运输、内陆水运、管道运输和空间运输以及电力传输。

（4）旅行服务。旅行是指旅行者因公或因私离开常住国在其他国家停留不到一年的时间并从该国获得货物和服务的行为。旅行服务不是一个单项服务，而是包括旅行者在旅行目的地获得的一整套货物和服务，包括住房服务、食品、饮料、娱乐、交通、礼物和纪念品等。由于难以明确区分，旅行服务中包括了一部分货物的购买，但针对旅行者的国际客运服务一般要记录在运输项目下，而不是旅行项目下。旅行区分为商务旅行和私人旅行。商务旅行包括主要为商务目的旅行的个人购买供私人使用的货物和服务；私人旅行包括个人因非商务目的出国时购买的货物和服务，例如，度假、参加娱乐和文化活动、与亲戚朋友游玩、朝圣以及与教育和健康相关的活动。

（5）建设服务。是指一国企业在经济领土之外完成的建筑、安装项目，以及非常住企业在一国经济领土之内完成的建筑、安装项目。包括以建筑物、工程性土地改良和其他此类工程建设（例如，道路、桥梁和水坝等）为形式的固定资产的建立、翻修、维修或扩建，还包括相关安装、装配工程，以及场地准备、一般建筑以及油漆、测量和爆破等特殊服务。建设项目的管理也记入建筑服务项中。

（6）保险和养老金服务。是指常住保险企业向非常住单位以及非常住保险企业向常住单位提供的保险和养老金服务，包括提供人寿保险和年金、非人寿保险、再保险、货运险、养老金、标准化担保服务，以及保险、养老金计划和标准化担保计划的辅助服务。

（7）金融服务。是指常住单位与非常住单位之间相互提供的除保险和养老基金服务之外的金融中介和辅助服务。包括通常由银行和其他金融公司提供的服务，例如，存款吸纳和贷款、信用证、信用卡服务、与金融租赁相关的佣金和费用、保理、承销、支付清算等；还包括金融咨询服务、金融资产或金条托管、金融资产管理、监控服务、流动资金提供服务、非保险类的风险承担服务、合并与收购服务、信用评级服务、证券交易服务和信托服务。

（8）别处未涵盖的知识产权使用费。包括知识产权使用费（如专利权、商标权、版权，包括商业秘密的工业流程和设计、特许权），研发以及营销会产生这类权利；复制、传播（或两者兼有）原作或原型中的知识产权（如书本和手稿、计算机软件、电影作品和音频录音的版权）和相关权利（如现场直播和电视转播、线缆传播或卫星广播的权利）时，所涉及的许可费。

（9）电信、计算机和信息服务。常住单位与非常住单位之间相互提供的电信、计算机和信息相关服务。电信服务包括通过电话、电传、电报、无线广播和电视线缆传输、无线广播和电视卫星、电子邮件、传真等广播或传送音频、图像、数据或其他信息。计算机服务包括硬件和软件相关服务和数据处理服务。信息服务包括通讯社服务，如向媒体提供新闻、照片和特写。其他信息提供服务包括数据库服务以及网页搜索门户。

（10）其他商业服务。包括研究和开发服务，专业和管理咨询服务，技术服务、贸易相关服务和其他商业服务。其中的其他商业服务包括与水、蒸汽、煤气、其他石油产品、空调供应相关的配送服务，还包括人员安置、安全、调查服务、笔译和口译、照相服务、出版、建筑物清洁以及房地产服务。

（11）个人、文化和娱乐服务。包括视听和相关服务与其他个人、文化和娱乐服务。还包括医疗卫生服务、教育服务和其他服务。卫生保健服务包括医院、医生、护士以及辅助医务人员和类似人员提供的服务，还有化验和类似服务。教育服务包括与教育相关的服务。如函授课程、通过电视和互联网提供的教育、教师在东道主经济体直接提供的教育等；其他个人、文化和娱乐服务包括与博物馆以及其他文化、体育、博彩和娱乐活动相关的服务。

（12）别处未涵盖的政府货物和服务。包括由飞地，如使馆、军事基地和国际组织，或向飞地提供的货物和服务；外交官、领馆工作人员和在海外的军事人员及其家属从东道国经济体购买的货物和服务；由政府或向政府提供的未计入其他服务类别的服务。

3. 初次收入

在经常账户上记录的初次收入和二次收入（经常转移）属于常住单位与非常住单位之间发生的收入分配活动。初次收入包括常住单位与非常住单位之间的两大类交易，一类是相互支付的雇员报酬，另一类是相互支付的投资收益。

（1）雇员报酬。是指个人在非常住经济体为该经济体常住单位工作而得到的报酬。包括现金形式的工资和薪金、实物形式的工资和薪金，以及雇主代为缴纳的社会保障缴款。国际收支平衡表中，个人在国外获得的雇员报酬记录为收入，向国外个人支付的雇员报酬记录为支出。这里的雇员主要是指季节性工人、其他短工和边境工人。如果该雇员在国外长期就业、停留时间超过一年，则转化为所在国的常住单位，其所得到的报酬就不再属于国际收支核算中的收益。

（2）投资收益。是指常住单位因拥有国外金融资产而获得的财产收入以及因承担对外负债而支付的财产收入。具体包括直接投资收益、证券投资收益、其他投资收益和储备资产收益。直接投资收益包括股权和投资基金份额收益和利息。其中，前者包括股息和准公司收益提取以及再投资收益，如归属于保险、养老金计划和标准化担保投保人和归属于投资基金份额持有人的投资收益；利息包括直接投资者对直接投资企业支付的利息，直接投资企业对直接投资者支付的利息，以及联署企业之间相互支付的利息。证券投资收益也分为股权和投资基金份额的投资收益及利息。其他投资收益包括准公司收益提取和利息。储备资产收益包括股权和投资基金份额收益。

（3）其他初次收入。包括产品和生产的税收、补贴和租金。产品和生产税如增值税、进口税、出口税和消费税；补贴包括对进口、出口的补贴；租金包括常住单位与非常住单位之间发生的使用土地或自然资源应支付的租金。

4．二次收入

二次收入是指常住单位与非常住单位之间的经常转移。包括政府之间或者政府与国际组织之间的转移，以及其他部门之间的转移。广义政府对所得、财富等征收的经常性税收、社会保障缴款、社会福利、非寿险和标准化担保净保费、非寿险索赔和标准化担保下的偿付要求、经常性国际合作以及广义政府其他经常转移；常住金融公司、非金融公司、住户部门及为住户服务的非营利机构与非常住单位之间发生的经常转移，包括个人汇款和其他经常转移（如救济捐赠、礼赠、赡养费、罚金和罚款、赔偿等），可能是现金转移，也可能是实物转移。

（二）资本账户

资本账户记录常住单位与非常住单位之间的应收和应付资本转移，以及常住单位与非常住单位之间非生产性非金融资产的获得和处置。

1．非生产性非金融资产的获得和处置

非生产性非金融资产的获得和处置具体包括自然资源，契约、租约和许可，以及营销资产。(1)自然资源，包括土地、矿产权、林业权、水资源、渔业权、大气空间和电磁光谱。因为名义常住单位通常会被视为土地和其他自然资源等不动产的所有者，因此一般不会发生土地和其他自然资源的国际交易。因国际组织和外国政府的飞地而发生土地购置和处置时，则产生土地的国际交易。特定领地主权的自愿变化也属国际交易，无论其用于交易还是作为转让。(2)契约、租约和许可，包括确认为经济资产的契约、租约和许可。这些资产为社会和其法律体系所创建，有时称为无形资产。包括可销售经营租赁、使用自然资源的许可同时不对这些资源拥有完全所有权、进行某些活动的许可（包括某些政府许可）以及购买某项货物或服务的专属权。(3)营销资产，包括品牌、报刊

名称、商标、标志和域名等。当拥有营销资产的实体单独将其销售时,即记为非生产性非金融资产的获得和处置。

2. 资本转移

资本转移是资产(非现金或存货)的所有权从一方向另一方变化的转移;或者是使一方或双方获得或处置资产(非现金或存货)的转移;或者为债权人减免负债的转移。

资本转移主要包括:(1)债务减免。是指债权人与债务人通过合同协议的方式自愿撤销部分或全部债务的行为。(2)非人寿保险巨额索赔。非人寿保险索赔通常划分为经常转移。对于部分因灾难引起的异常大额索赔,可以记为资本转移。(3)投资捐赠。包括政府或国际组织向其他机构单位提供的、用于购买固定资产的现金或实物形式的资本转移。(4)一次性担保和其他债务承担。一次性担保启动,同时担保人未获得对债务人的债权或获得的债权净值小于担保价值时,则产生了资本转移。(5)资本税。包括对于机构单位拥有的资产价值或资本净值,或者由于遗赠、生前赠予或其他转让而发生的机构单位之间转移资产的价值,不定期和不经常征收的税金。(6)其他资本转移。包括对保单未涵盖的重大损害或严重伤害进行赔偿而产生的重大非经常性支付,大额赠予和遗产(遗赠)等。

(三)金融账户

国际收支平衡表中,金融账户包括涉及一国对外金融资产和负债所有权变更的所有交易,包括资产的产生和负债的清偿。其中金融资产是指常住单位对非常住单位的债权,负债是指常住单位对非常住单位的债务。按照功能不同,金融资产分为直接投资、证券投资、金融衍生工具(储备资产除外)和雇员认股权、其他投资和储备资产五个类型。与《国际收支手册》(BPM5)不同的是,金融账户前面的经常账户和资本账户,宾栏采用"贷方"和"借方"分别表示"来源"和"使用",金融账户则采用"金融资产的净获得"取代以往的"贷方","金融负债的净产生"取代以往的"借方"。

1. 直接投资

直接投资是指能够使投资者在管理其经济体外的企业活动时拥有施加控制权或者重大影响权的投资。直接投资方式包括股权和投资基金份额以及债务工具。理解直接投资的含义需要从三个方面把握。

(1)直接投资者管理的必须是其所在经济体以外的企业活动,其经济体内部的企业活动不属于外国直接投资的范围。

(2)直接投资者对该企业必须具有施加控制或者重大影响的权利。控制或影响可以直接实现,即通过拥有股权,获得对一个企业的表决权;也可间接实现,即通过在另一个对该企业具有表决权的企业中拥有表决权。直接的直接投资关系是指直接投资者直接拥有股权,并且这种股权使其在直接投资企业中享有10%或以上的表决权;如果拥有50%以上的表决权,则认为存在控制;如果拥有10%—50%的表决权,则认为存在重要影响。间接的直接投资关系是指在一个直接投资企业中拥有表决权,而该直接投资企业又在另外一个企业中拥有表决权,即一个实体能够通过直接投资关系链施加间接控制或影响。

（3）直接投资的定义反映了一个经济体的常住单位从另一个经济体的常住单位（直接投资企业）那里获得持久收益的目标。持久收益意味着直接投资者与企业之间存在着长期关系,并对企业的管理有相当大的影响。直接投资包括两个实体之间的最初交易,也包括随后发生在它们之间的以及发生在法人与非法人性质的附属企业之间的资本交易。

2. 证券投资

证券投资指没有被列入直接投资或储备资产的,有关债务或股本证券的跨境交易和头寸。证券投资包括股权和投资基金份额以及债务证券,投资者进行这类投资的目的主要是为了获得价差收入或财产收入,而不是为了控制企业经营。股本证券包括股票投资基金份额,它们代表投资者对企业资产所拥有的权利。一般而言,只有投资者在企业拥有的表决权不到10%的情况下才属于股本证券投资,如果达到10%及以上就属于直接投资。债务证券包括中长期债券、货币市场工具（如短期国库券、商业票据、银行承兑汇票、可转让大额存单等）。

3. 金融衍生工具（储备资产除外）和雇员认股权

在《国际收支和国际投资头寸手册》（BPM6）中,金融衍生工具（储备资产除外）是从证券投资项目中独立出来的一个子项,是指在货币、债券、股票等传统金融工具的基础上衍化和派生的,以杠杆和信用交易为特征的金融工具。该金融工具与另一个特定的金融工具、指标或商品挂钩,通过这种挂钩,可以在金融市场上对特定金融风险本身（例如,利率风险、外汇风险、股权和商品价格风险、信用风险等）进行交易,如期权和远期合约（期货合约、期权合约、远期合同、互换合同等）等。雇员认股权作为一种报酬形式,是向公司雇员提供的一种购买公司股权的期权。

4. 其他投资

其他投资为剩余类别,包括没有列入直接投资、证券投资、金融衍生产品和雇员认股权以及储备资产的头寸和交易;还包括没有列入前述三类金融资产和负债项目,如其他股权,货币和存款,贷款,保险、养老金和标准化担保计划,贸易信贷和预付款,其他应收/应付款。

5. 储备资产

储备资产是指由一国货币当局控制,并随时可用于满足国际收支资金需求,用以干预汇兑市场影响货币汇率,以及用于其他相关目的（例如,维护人们对货币和经济的信心，作为向外国借款的基础）的对外资产。包括货币黄金、特别提款权、在国际货币基金组织的储备头寸、其他储备资产。其他储备资产包括货币和存款、对货币当局的债权、对其他实体的债权、证券、金融衍生产品和其他债权。

（四）误差与遗漏净额

误差与遗漏项目是指为了使国际收支平衡表借方和贷方平衡而人为设立的一种平衡项。根据复式记账原则，借贷总额应该相等，但是在实际编制国际收支平衡表的过程中，由于统计资料来源和记录时点不同而产生统计误差，或者由于统计范围不全而产生遗漏，甚至出现人为篡改原始数据的违法行为，种种原因都会造成借方总额与贷方总额不相等。误差与遗漏项在表明国际收支平衡表准确性的同时，还具有重要的分析作用。如果该项目长期出现较大数额而得不到扭转，则意味着有重要的信息没有被反映出来，例如研究者常常通过误差与遗漏来分析一国的资本外逃或热钱涌入状况。

三、国际收支平衡表的记录方法

国际收支平衡表采用复式记账法记录每一笔交易，其基本原理是：任何一笔交易都涉及借方和贷方两个方面，有借必有贷，借贷必相等。一般而言，反映进口实际资源的经常项目和反映负债净产生的金融项目记录在借方（对应"负债净产生"）；反映出口实际资源的经常项目和反映资产净增加的金融项目记录在贷方（对应"资产净增加"）。

借方交易包括：（1）商品进口；（2）外国人为本国常住单位提供劳务（运输、保险、旅游等），或从本国取得收入；（3）无偿转让支出；（4）本国常住单位的对外投资；（5）本国偿还给国外的债务。

贷方交易包括：（1）商品出口；（2）本国常住单位为外国人提供劳务（运输、保险、旅游等），或从国外取得收入；（3）无偿转让收入；（4）非常住单位在本国的投资；（5）非常住单位偿还给本国的债务；（6）储备资产净增加。

例如：（1）对外实物捐赠，一方面记录在货物项目的贷方，表示货物出口所获得的收入；同时记录在经常转移项目的借方，表示对外转移支出。（2）以现汇进口货物，一方面记录在货物项目的借方，表示货物进口发生的支出；同时要记录储备资产项目的贷方，即记录在国际收支平衡表中金融账户部分的"资产净增加"一方（旧版本的"贷方"），表示对外资产的减少。（3）外商以设备投资于企业，一方面记录在直接投资项目的贷方，显示对外负债的增加；同时记录在货物项目的借方，表示对货物进口的支付。（4）提取在外存款购买外国企业发行的股票，一方面是其他投资的减少，记录在贷方；同时涉及证券投资的增加，记录在借方。（5）以外汇归还对外借款，一方面是储备资产减少，记录在国际收支平衡表中金融账户部分的"资产净增加"一方（旧版本的"贷方"）；同时涉及其他负债的减少，记录在借方。

每个具体项目的借方与贷方难以做到收支相抵时会出现差额,如货物贸易差额、服务贸易差额等,都是局部差额。各局部差额的合计,构成国际收支的总差额。一个国家的外汇收入大于外汇支出,有了盈余,称为国际收支顺差,用"+"表示;外汇收入与外汇支出相抵后有了亏空,称为国际收支逆差,用"-"表示。

四、中国国际收支平衡表

(一)《中国国民经济核算体系(2016)》中的国际收支平衡表

2017年国家统计局发布的《中国国民经济核算体系(2016)》,是根据《国际收支和国际投资头寸手册》(BPM6)设置中国国际收支平衡表,其资本和金融账户中包含国际储备资产;中国国际收支平衡表与《国际收支和国际投资头寸手册》(BPM6)的主要区别是表式有所不同。《国际收支和国际投资头寸手册》(BPM6)中,国际收支平衡表的主栏是交易项目,宾栏是"贷方"和"借方"。中国国际收支平衡表为了便于形成国际收支平衡表的时间数列数据,主栏为交易项目及其"贷方"和"借方",即每个交易项目的下面两行列示贷方数据和借方数据,"贷方"按正值列示,"借方"按负值列示,差额等于"贷方"加上"借方";宾栏为"交易金额"。本表除标注"贷方"和"借方"的项目外,其他项目均指差额,如表6-13所示。

《中国国民经济核算体系(2016)》中的国际收支平衡表表式如表6-13所示。

表6-13 国际收支平衡表(概览表)

项 目	行次	交易金额
1. 经常账户		
贷方		
借方		
货物和服务		
贷方		
借方		
货物		
贷方		
借方		
服务		
贷方		
借方		

（续表）

项 目	行次	交易金额
初次收入		
贷方		
借方		
二次收入		
贷方		
借方		
2. 资本和金融账户		
资本账户		
贷方		
借方		
金融账户		
资产		
负债		
非储备性质的金融账户		
直接投资		
资产		
负债		
证券投资		
资产		
负债		
金融衍生品和雇员股票期权		
资产		
负债		
其他投资		
资产		
负债		
国际储备		
3. 净误差与遗漏		

注：对于金融账户，正数值表示对外资产减少，负债增加；负数值表示对外资产增加，负债减少。
资料来源：中国国家统计局．中国国民经济核算体系（2016）．北京：中国统计出版社，2017．

（二）国家外汇管理局发布的中国国际收支平衡表

国家外汇管理局发布的国际收支平衡表主要依据《国际收支和国际投资头寸手册》(BPM6)，并对 1982 年以来的国际收支平衡表都按照《国际收支和国际投资头寸手册》(BPM6)进行了调整。国家外汇管理局公布的中国国际收支平衡表如表 6-14 所示。

表 6-14　中国国际收支平衡表（2014—2016 年）　　　　　　单位：亿美元

项目	2014	2015	2016
1. 经常账户	2 360.47	3 041.64	2 022.04
贷方	27 434.01	26 192.90	24 546.41
借方	−25 073.54	−23 151.26	−22 524.37
1.A 货物和服务	2 212.99	3 578.71	2 557.37
贷方	24 629.02	23 601.52	21 979.22
借方	−22 416.03	−20 022.82	−19 421.85
1.A.a 货物	4 350.42	5 761.91	4 888.83
贷方	22 437.61	21 427.53	19 895.19
借方	−18 087.20	−15 665.62	−15 006.36
1.A.b 服务	−2 137.42	−2 183.20	−2 331.46
贷方	2 191.41	2 173.99	2 084.04
借方	−4 328.83	−4 357.19	−4 415.50
1.A.b.1 加工服务	213.05	202.75	183.82
贷方	214.21	204.36	185.40
借方	−1.16	−1.61	−1.58
1.A.b.2 维护和维修服务	0.00	22.86	32.40
贷方	0.00	36.05	52.02
借方	0.00	−13.19	−19.62
1.A.b.3 运输	−579.15	−467.45	−467.53
贷方	382.43	385.94	338.27
借方	−961.58	−853.40	−805.80
1.A.b.4 旅行	−1 833.00	−2 048.62	−2 056.80
贷方	440.44	449.69	444.32
借方	−2 273.44	−2 498.31	−2 501.12
1.A.b.5 建设	104.85	64.55	41.57

(续表)

项目	2014	2015	2016
贷方	153.55	166.52	126.61
借方	−48.70	−101.97	−85.04
1.A.b.6 保险和养老金服务	−178.80	−38.18	−88.49
贷方	45.74	49.76	40.64
借方	−224.54	−87.94	−129.13
1.A.b.7 金融服务	−4.09	−3.10	11.41
贷方	45.31	23.34	31.74
借方	−49.40	−26.45	−20.33
1.A.b.8 知识产权使用费	−219.37	−209.38	−228.18
贷方	6.76	10.85	11.61
借方	−226.14	−220.22	−239.80
1.A.b.9 电信、计算机和信息服务	94.25	131.40	126.95
贷方	201.73	245.49	254.32
借方	−107.48	−114.09	−127.38
1.A.b.10 其他商业服务	281.56	188.61	147.13
贷方	688.95	584.03	579.57
借方	−407.39	−395.42	−432.44
1.A.b.11 个人、文化和娱乐服务	−6.99	−11.63	−13.98
贷方	1.75	7.31	7.42
借方	−8.73	−18.94	−21.41
1.A.b.12 别处未提及的政府服务	−9.73	−15.01	−19.73
贷方	10.54	10.64	12.12
借方	−20.27	−25.66	−31.85
1.B 初次收入	**133.01**	**−410.57**	**−440.13**
贷方	2 393.72	2 232.00	2 258.18
借方	−2 260.71	−2 642.57	−2 698.31
1.B.1 雇员报酬	257.55	273.86	206.72
贷方	299.11	331.05	268.83
借方	−41.55	−57.18	−62.11
1.B.2 投资收益	−124.54	−691.12	−650.31
贷方	2 094.62	1 892.68	1 983.74
借方	−2 219.16	−2 583.80	−2 634.06

（续表）

项目	2014	2015	2016
1.B.3 其他初次收入	0.00	6.68	3.46
贷方	0.00	8.26	5.60
借方	0.00	−1.58	−2.15
1.C 二次收入	**14.46**	**−126.49**	**−95.20**
贷方	411.27	359.38	309.00
借方	−396.81	−485.88	−404.20
2. 资本和金融账户	**−1 691.74**	**−912.07**	**272.50**
2.1 资本账户	**−0.33**	**3.16**	**−3.44**
贷方	19.39	5.12	3.18
借方	**−19.72**	**−1.96**	**−6.62**
2.2 金融账户	**−1 691.41**	**−915.23**	**275.94**
资产	−5 806.34	94.54	−2 319.85
负债	4 114.93	−1 009.77	2 595.79
2.2.1 非储备性质的金融账户	−513.61	−4 344.62	−4 160.70
资产	−4 628.54	−3 334.85	−6 756.50
负债	4 114.93	−1 009.77	2 595.79
2.2.1.1 直接投资	1 449.68	680.99	−416.75
2.2.1.1.1 资产	−1 231.30	−1 743.91	−2 164.24
2.2.1.1.1.1 股权	−1 424.06	−1 038.76	−1 470.01
2.2.1.1.1.2 关联企业债务	192.76	−705.15	−694.23
2.2.1.1.2 负债	2 680.97	2 424.89	1 747.50
2.2.1.1.2.1 股权	2 108.26	2 117.85	1 649.30
2.2.1.1.2.2 关联企业债务	572.71	307.04	98.20
2.2.1.2 证券投资	824.29	−664.70	−522.71
2.2.1.2.1 资产	−108.15	−732.09	−1 027.70
2.2.1.2.1.1 股权	−14.02	−396.79	−382.38
2.2.1.2.1.2 债券	−94.13	−335.30	−645.31
2.2.1.2.2 负债	932.44	67.39	504.99
2.2.1.2.2.1 股权	519.16	149.64	234.16
2.2.1.2.2.2 债券	413.28	−82.26	270.83
2.2.1.3 金融衍生工具	0.00	−20.87	−53.84

（续表）

项目	2014	2015	2016
2.2.1.3.1 资产	0.00	−34.20	−65.50
2.2.1.3.2 负债	0.00	13.33	11.66
2.2.1.4 其他投资	−2 787.58	−4 340.04	−3 167.41
2.2.1.4.1 资产	−3 289.09	−824.65	−3 499.06
2.2.1.4.1.1 其他股权	0.00	−0.12	−0.02
2.2.1.4.1.2 货币和存款	−1 856.04	−550.10	−642.80
2.2.1.4.1.3 贷款	−737.87	−474.64	−1 102.67
2.2.1.4.1.4 保险和养老金	0.00	−31.98	−2.66
2.2.1.4.1.5 贸易信贷	−687.56	−459.66	−1 008.00
2.2.1.4.1.6 其他	−7.62	691.86	−742.92
2.2.1.4.2 负债	501.51	−3 515.38	331.65
2.2.1.4.2.1 其他股权	0.00	0.00	0.00
2.2.1.4.2.2 货币和存款	813.79	−1 225.52	90.62
2.2.1.4.2.3 贷款	−343.29	−1 666.67	−173.61
2.2.1.4.2.4 保险和养老金	0.00	23.93	−6.68
2.2.1.4.2.5 贸易信贷	−20.79	−622.83	162.00
2.2.1.4.2.6 其他	51.81	−24.28	259.32
2.2.1.4.2.7 特别提款权	0.00	0.00	0.00
2.2.2 储备资产	−1 177.80	3 429.39	4 436.65
2.2.2.1 货币黄金	0.00	0.00	0.00
2.2.2.2 特别提款权	0.61	−2.87	3.26
2.2.2.3 在国际货币基金组织的储备头寸	9.77	9.11	−53.42
2.2.2.4 外汇储备	−1 188.18	3 423.16	4 486.81
2.2.2.5 其他储备资产	0.00	0.00	0.00
3. 净误差与遗漏	−668.73	−2 129.58	−2 294.53

资料来源：国家外汇管理局网站，http://www.safe.gov.cn/safe/2019/0627/13519.html（访问时间：2019.7.28）。表中数据存在四舍五入误差。

比较表 6-14 与表 6-12 和表 6-13，可以看出中国国家外汇管理局已经采用《国际收支和国际投资头寸手册》（BPM6）中的国际收支平衡表的主要内容来编制中国的国际收支平衡表；《中国国民经济核算体系（2016）》中的国际收支平衡表基本上采用了《国际收支和国际投资头寸手册》（BPM6）中的国际收支平衡表的表式，只是某些项目没有列出细分类，如货物与服务，但在统计实践中将依据国家外汇管理局提供的国际收支平衡表进行核算。根据国际收支平衡表的编制原理，存在以下平衡关系：

（1）各个账户内部的平衡关系

$$项目差额=贷方总额-借方总额$$

以2016年经常账户数据为例：

$$经常账户差额=贷方-借方=24\,546.41-22\,524.37=2\,022.04（亿美元）$$

其中：

$$货物和服务贸易差额=贷方-借方=21\,979.22-19\,421.85=2\,557.37（亿美元）$$

$$货物贸易差额=贷方-借方=19\,895.19-15\,006.36=4\,888.83（亿美元）$$

$$服务贸易差额=贷方-借方=2\,084.04-4\,415.50=-2\,331.46（亿美元）$$

$$初次收入差额=贷方-借方=2\,258.18-2\,698.31=-440.13（亿美元）$$

$$雇员报酬差额=贷方-借方=来自国外的雇员报酬-支付国外的雇员报酬$$
$$=268.83-62.11=206.72（亿美元）$$

$$投资收益差额=贷方-借方=来自国外的投资收益-支付国外的投资收益$$
$$=1983.74-2634.06=-650.32（亿美元）$$

$$其他初次收入差额=贷方-借方=5.60-2.15=3.45（亿美元）$$

$$二次收入差额=贷方-借方=来自国外的二次收入-支付国外的二次收入$$
$$=309.00-404.20=-95.20（亿美元）$$

$$经常账户差额=货物与服务差额+初次收入差额+二次收入差额$$
$$=2\,557.37+(-440.13)+(-95.20)=2\,022.04（亿美元）$$

（2）账户之间的平衡关系

受复式记账原理的影响，如果在任一项目之下画线，把国际收支平衡表分为两个部分，其线上所有项目差额的合计必然等于线下所有项目差额合计，但符号相反。画线的位置根据需要可以灵活设定，一般认为线上项目是自主交易项目，即一国主动采取的交易，而线下项目是调节项目，是为了给线上项目融资而发生的交易。如果将经常账户作为自主交易，在经常账户下画线，则有如下平衡关系（金融账户包括储备资产）：

$$经常账户差额=-（资本和金融账户差额+净误差与遗漏）$$
$$2\,022.03（亿美元）=-[272.50+(-2\,294.53)]（亿美元）$$

由于四舍五入，计算结果与表中的数据有误差。

第四节　国际投资头寸表

国际收支核算是对核算期内发生的对外经济交易的记录，属于流量核算。如果将流量核算延伸到存量核算，就是国际投资头寸核算。本节介绍国际投资头寸表的标准形式以及中国国际投资头寸表实例。

一、国际投资头寸表的标准形式

国际投资头寸（IIP，International Investment Position）。是指常住单位拥有的国外资产存量、对外负债存量以及净头寸，其中净头寸是资产存量减去负债存量的净额。作为存量，国际投资头寸属于国民资产负债核算中的对外资产和负债部分。

国际投资头寸表是反映特定时点上（年初或年末）一个国家或地区对世界其他国家或地区的金融资产和负债存量及净头寸的统计报表。《国际收支和国际投资头寸手册》（BPM6）中标准表式的主栏为国际投资头寸项目，宾栏为"资产"与"负债"。如表 6-15 所示。

表 6-15 国际投资头寸表

国际投资头寸项目	资产	负债
国际投资头寸净额		
1 直接投资		
1.1 股权和投资基金份额		
1.1.1 直接投资者对直接投资企业		
1.1.2 直接投资企业对直接投资者（逆向投资）		
1.1.3 联属企业之间		
1.2 债务工具		
1.2.1 直接投资者对直接投资企业		
1.2.2 直接投资企业对直接投资者（逆向投资）		
1.2.3 联属企业之间		
2 证券投资		
2.1 股权和投资基金份额		
2.1.1 中央银行		
2.1.2 存款性公司，中央银行除外		
2.1.3 广义政府		
2.1.4 其他部门		
2.2 债务证券（AF3P）		
2.2.1 中央银行		
2.2.1.1 短期		
2.2.1.2 长期		
2.2.2 存款性公司，中央银行除外		
2.2.2.1 短期		

(续表)

国际投资头寸项目	资　产	负　债
2.2.2.2　长期		
2.2.3　广义政府		
2.2.3.1　短期		
2.2.3.2　长期		
2.2.4　其他部门		
2.2.4.1　其他金融公司		
2.2.4.2　非金融公司、住户和为住户服务的非营利机构		
3　金融衍生工具（储备除外）和雇员认股权		
3.1　中央银行		
3.2　存款性公司，中央银行除外		
3.3　广义政府		
3.4　其他部门		
3.4.1　其他金融公司		
3.4.2　非金融公司、住户和为住户服务的非营利机构		
3.0.1　金融衍生工具（储备除外）（AF71F）55		
3.0.1.1　期权（AF711F）55		
3.0.1.2　远期型合约（AF712F）55		
3.0.2　雇员认股权（AF72）		
4　其他投资		
4.1　其他股权投资		
4.2　货币和存款		
4.2.1　中央银行		
4.2.2　存款性公司，中央银行除外		
4.2.3　广义政府		
4.2.4　其他部门		
4.2.4.1　其他金融公司		
4.2.4.2　非金融公司、住户和为住户服务的非营利机构		—
4.3　贷款		
4.3.1　中央银行		
4.3.2　存款性公司，中央银行除外		
4.3.3　广义政府		
4.3.4　其他部门		

(续表)

国际投资头寸项目	资产	负债
4.3.4.1 其他金融公司		
4.3.4.2 非金融公司、住户和为住户服务的非营利机构		
4.4 保险、养老金和标准化担保计划（AF6O）		
4.4.1 中央银行		
4.4.2 存款性公司，中央银行除外		
4.4.3 广义政府		
4.4.4 其他部门		
4.5 贸易信贷和预付款（AF81O）		
4.5.1 中央银行		
4.5.2 广义政府		
4.5.3 存款性公司，中央银行除外		
4.5.4 其他部门		
4.5.4.1 其他金融公司		
4.5.4.2 非金融公司、住户和为住户服务的非营利机构		
4.6 其他应收/应付款——其他（AF89O）		
4.6.1 中央银行		
4.6.2 存款性公司，中央银行除外		
4.6.3 广义政府		
4.6.4 其他部门		
4.7 特别提款权	—	
5 储备资产	—	
5.1 货币黄金		—
5.1.1 金块		
5.1.2 未分配黄金账户		
5.2 特别提款权		
5.3 在国际货币基金组织的储备头寸		
5.4 其他储备资产		
5.4.1 货币和存款		
5.4.1.1 对货币当局的债权		—
5.4.1.2 对其他实体的债权		—
5.4.2 证券		
5.4.2.1 债务证券		—

(续表)

国际投资头寸项目	资产	负债
5.4.2.1.1 短期		—
5.4.2.1.2 长期		—
5.4.2.2 股权和投资基金份额		—
5.4.3 金融衍生工具		
5.4.4 其他债权		—

资料来源：国际货币基金组织《国际收支和国际投资头寸手册》（BPM6）。表中有"—"单元格表示对应项目没有数据，见国际货币基金组织官方网站。

从表 6-15 可以看出，国际投资头寸表的组成部分同国际收支平衡表金融账户组成部分完全一致，其项目内容也是按功能划分的。根据国际货币基金组织制定的标准，国际投资头寸表的项目按资产和负债设置。资产细分为直接投资、证券投资、金融衍生工具（储备除外）和雇员认股权、其他投资以及储备资产五个部分；负债细分为直接投资、证券投资、金融衍生工具（储备除外）和雇员认股权、其他投资四个部分；净头寸是对外资产与对外负债的差额。

在期初国际投资头寸表的基础上，编制期末国际投资头寸表，需要核算期内引起投资头寸变化的各种流量。一是核算期内与标准表式中资产与负债项目相关的各种交易，即由于金融交易引起的金融资产与金融负债头寸的变化部分；二是由于价格变化和汇率变化影响各个金融资产与金融负债的计价变化部分，如直接投资和储备资产项目下的股本和债务证券在一个时期的期末记录投资头寸之前，需要加入其他调整项目。其他各项调整中包括特别提款权分配与撤销所引起的变化，黄金货币化与非货币化所引起的变化等。

国际收支核算与国际投资头寸核算的关系：（1）国际收支中的金融交易是引起国际投资头寸变化的主要因素，两者体现了流量核算与存量核算的对应关系；（2）投资头寸是决定国际收支核算中投资收益的重要因素，因为对外资产负债会引起投资收益的发生及其在国际间的流动，形成对外支付的投资收益以及从国外获得的投资收益，虽然这些记录在国际收支平衡表的经常账户之中，但其大小取决于资产存量的规模；（3）尽管在核算关系上只有金融账户（包含储备资产）与投资头寸具有直接联系，但由于国际收支核算采用复式记账方法，大部分对外交易体现为经常账户与金融账户之间的借贷对应关系，因此经常账户的记录数额也会间接对国际投资头寸产生影响。

二、中国国际投资头寸表

（一）中国国际投资头寸表的表式

1.《中国国民经济核算体系（2016）》中的国际投资头寸表

中国国家统计局 2017 年发布的《中国国民经济核算体系（2016）》与《国际收支和

国际投资头寸手册》（BPM6）中的形式（如表 6-15）有所不同，主栏列示对外金融资产项目（含储备资产）和对外金融负债项目，宾栏设置了期初头寸、交易引起的对外金融资产负债变化额、其他非交易因素引起的对外金融资产负债变化额以及期末头寸，如表 6-16 所示。相对于国际货币基金组织制定的标准表式，中国国际投资头寸表除了形式上有所不同外，资产项目与负债项目的构成大致相同，只是对外金融资产与对外金融负债项目的细分类有所不同，如金融衍生工具中没有单独列出雇员认股权。将资产项目和负债项目都列示在主栏，可以在一张表上反映多年的国际投资头寸，有利于进行动态比较分析。

《中国国民经济核算体系（2016）》中设置的国际投资头寸表的基本表式如表 6-16 所示。

表 6-16 国际投资头寸表

项　　目	行次	期初头寸	交易	其他变化	期末头寸
1. 国际投资头寸净额					
2. 对外金融资产					
直接投资					
股权和投资基金份额					
债务工具					
证券投资					
股权和投资基金份额					
债务证券					
金融衍生品和雇员股票期权					
其他投资					
其他股权					
通货					
存款					
贷款					
保险、养老金和标准化担保					
贸易信贷和预付款					
其他应收款					
国际储备					
货币黄金					
特别提款权					
外汇储备					
在基金组织的储备头寸					
其他债权					

（续表）

项　目	行次	期初头寸	交易	其他变化	期末头寸
3．对外金融负债					
直接投资					
股权和投资基金份额					
债务工具					
证券投资					
股权和投资基金份额					
债务证券					
金融衍生工具和雇员股票期权					
其他投资					
其他股权					
通货					
存款					
贷款					
保险、养老金和标准化担保					
贸易信贷和预付款					
其他应付款					

资料来源：中国国家统计局．中国国民经济核算体系（2016）．北京：中国统计出版社，2017．

2．国家外汇管理局发布的中国国际投资头寸表

中国国家外汇管理局发布的中国国际投资头寸表如表6-17所示。

表6-17　中国国际投资头寸表（2014—2016年年末）　　　　单位：亿美元

项　目	2014	2015	2016
净头寸	16 027.65	16 728.30	19 503.68
资产	64 382.96	61 558.28	65 070.45
1 直接投资	8 826.40	10 959.09	13 573.90
1.1 股权	7 408.30	9 123.39	11 274.20
1.2 关联企业债务	1 418.10	1 835.70	2 299.70
2 证券投资	2 625.36	2 612.94	3 669.69
2.1 股权	1 613.12	1 619.85	2 152.15
2.2 债券	1 012.24	993.08	1 517.54
3 金融衍生工具	0.00	36.40	51.70
4 其他投资	13 938.35	13 888.74	16 796.71
4.1 其他股权	0.00	0.53	0.54

（续表）

项　目	2014	2015	2016
4.2 货币和存款	4 452.60	3 598.47	3 653.23
4.3 贷款	3 747.49	4 569.22	5 767.84
4.4 保险和养老金	0.00	171.82	122.67
4.5 贸易信贷	4 677.34	5 137.00	6 145.00
4.6 其他	1 060.91	411.71	1 107.43
5 储备资产	38 992.85	34 061.12	30 978.45
5.1 货币黄金	401.24	601.91	678.78
5.2 特别提款权	104.50	102.84	96.61
5.3 在国际货币基金组织的储备头寸	56.93	45.47	95.97
5.4 外汇储备	38 430.18	33 303.62	30 105.17
5.5 其他储备资产	0.00	7.27	1.91
负债	48 355.31	44 829.98	45 566.77
1 直接投资	25 991.02	26 963.44	27 551.47
1.1 股权	24 076.20	24 961.79	25 370.28
1.2 关联企业债务	1 914.82	2 001.65	2 181.19
2 证券投资	7 962.50	8 170.10	8 110.58
2.1 股权	6 513.23	5 970.53	5 795.02
2.2 债券	1 449.27	2 199.57	2 315.56
3 金融衍生工具	0.00	53.36	60.26
4 其他投资	14 401.80	9 643.09	9 844.46
4.1 其他股权	0.00	0.00	0.00
4.2 货币和存款	5 030.40	3 266.92	3 165.95
4.3 贷款	5 719.50	3 293.10	3 205.30
4.4 保险和养老金	0.00	93.30	88.21
4.5 贸易信贷	3 343.83	2 721.00	2 883.00
4.6 其他	207.06	171.92	408.03
4.7 特别提款权	101.00	96.86	93.96

资料来源：国家外汇管理局网站，http://www.safe.gov.cn/safe/2019/0627/13520.html（访问时间：2019.7.28）。表中数据存在四舍五入误差。

比较表 6-16 和表 6-17 可以看出，中国国家统计局《国民经济核算体系（2016）》中的国际投资头寸表与国家外汇管理局发布的中国国际投资头寸表，其表式和交易项目基本一致。《国民经济核算体系（2016）》中列出了从期初到期末对外金融资产和负债的变量额，以体现核算过程；国家外汇管理局只发布了核算结果即期末国际投资头寸。不论是《国民经济核算体系（2016）》中的国际投资头寸表，还是国家外汇管理局发布的中国国际投资头寸表，其主要依据都是国际货币基金组织《国际收支和国际投资头寸手册》（BPM6）中设计的标准表式，再结合中国国民经济核算实务进行调整。国家统计局与国家外汇管理总局对国际投资头寸表的编制也将进行协调，从而不断完善中国国际投资头寸表。这种部门之间的协调，同样适用于中国国际收支平衡表的编制。

（二）中国国际投资头寸表中的主要项目

（1）直接投资。分为对外直接投资和来华直接投资。其中，对外直接投资中包括中国境内非金融部门对外直接投资存量和境内银行在境外设立分支机构所拨付的资本金和营运资金存量，以及从境内外母公司与子公司之间的贷款和其他应收及应付款存量。来华直接投资包括中国非金融部门吸收来华直接投资存量和金融部门吸收来华直接投资累计数，以及境内外母公司与子公司之间的贷款和其他应收及应付款的存量。

（2）证券投资。包括股票、中长期债券和货币市场工具等形式的投资。证券投资资产是指中国常住单位持有非常住单位发行的股票、债券等有价证券。证券投资负债是指中国非常住单位持有常住单位发行的股票和债券等。

（3）金融衍生工具。在BPM6中从证券投资项目中独立出来成为一个子项，包括期权和远期合约。

（4）其他投资。是指除直接投资、证券投资、金融衍生工具和储备资产之外的所有金融资产/负债，包括其他股权、货币和存款、贷款、保险和养老金、贸易信贷和其他资产/负债等形式，其中其他投资的负债项目中还有一项特别提款权（分配），特别提款权持有列入储备资产。相关的金融资产/负债根据合同期限分为短期和长期，一年以下的为短期，一年以上的为长期。其他股权是指非证券形式的股权，包括准公司的股权、许多国际组织拥有的非股份形式的股权、货币联盟中央银行所有的股权等。货币和存款资产表示中国金融机构存放境外资金和库存外汇现金，负债表示中国金融机构吸收的海外私人存款、国外银行短期资金及向国外出口商和私人的借款等短期资金。贷款资产表示中国境内机构通过向境外提供贷款和买方信贷等形式而持有的对外资产；贷款负债表示中国机构借入的境外各类贷款，如外国政府贷款、国际组织贷款、国外银行贷款和卖方信贷。贸易信贷是指中国与世界其他国家或地区之间，伴随货物进出口产生的直接商业信贷。资产表示中国出口商的出口应收款以及中国进口商支付的进口预付款；负债表示中国进口商的进口应付款，以及中国出口商预收的货款。

（5）储备资产。是指中国中央银行可随时动用和有效控制的对外资产，包括货币黄金、特别提款权、在国际货币基金组织的储备头寸、外汇储备和其他储备资产。货币黄金是中国中央银行作为储备持有的黄金；特别提款权是国际货币基金组织根据会员国认缴的份额分配的，可用于偿还国际货币基金组织债务，弥补会员国政府之间的国际收支逆差的一种账面价值；在国际货币基金组织的储备头寸是中国在国际货币基金组织普通账户中可以自由动用的资产；外汇储备是指中国中央银行持有的可用作国际清偿的流动性资产和债权；其他储备资产是指不属于前述各种类型的由中央银行持有具有储备资产功能的债权，如货币和存款、对货币当局的债权、对其他实体的债权、证券、金融衍生产品和其他债权。

第五节　对外经济与国际收支核算数据分析

对外经济核算分析包括流量分析和存量分析。流量分析主要是根据国际收支平衡表中数据对常住单位与非常住单位之间的经济往来情况进行分析；存量分析主要根据国际投资头寸表中的数据分析常住单位与非常住单位之间的经济往来形成的资产负债情况。

一、国际收支平衡表分析

国际收支平衡表是国际收支核算和宏观经济分析的重要工具。它集中反映了一国从事对外经济往来的规模和结构、一国的国际经济地位及其参与国际经济竞争的能力。通过对国际收支平衡表有关资料进行全面深入的分析，可以发现问题，找出症结，寻求对策，对于宏观经济管理与调控具有重要意义。

关于国际收支平衡表的常规分析包括总量和结构分析、差额分析以及动态分析，这三个方面的分析内容既有区别又有联系。

（一）国际收支总量及其结构分析

该项分析主要通过国际收支借方总额和贷方总额的水平，考察对外经济交易实际达到的总规模；通过各类对外交易的流量水平，考察国际收支的结构特征；通过各种国际收支指标之间以及国际收支指标与其他国民经济核算指标的对比，考察宏观经济运行的内在联系，等等。

常见的分析方式有：通过商品进出口总额与国内生产总值的对比，考察国民经济生产成果与对外贸易关系的紧密程度（即外贸依存度）；类似地，还可以分别计算外贸进口依存度和出口依存度指标，以及其他的国际收支依存度指标。再者，通过储备资产存量与外贸进口总额的对比，还可以研究储备资产存量对于稳定一国国际收支状况和国际金融地位的保证程度。一般认为，某一时点上较为适宜的储备资产存量，应该保持在近期内连续 3—4 个月累计进口额的水平，这样，才能在应付某些特殊情况时提供必要的清偿手段。

(二) 国际收支差额及其平衡分析

国际收支差额是进行平衡分析的基本工具。对于国际收支平衡表中的每一账户（或交易项目），都可以计算相应的"差额"指标，其定义为：差额＝贷方数－借方数。一般地，当该差额为正数时，表示收大于支（顺差）；反之，则表示支大于收（逆差）。但应注意，对于储备资产账户而言，顺差还可以理解为储备资产的净减少，逆差则应该理解为储备资产的净增加。当借贷方数额相等时，差额为零，表示收支平衡。显然，在不同层次的诸账户之间，必然存在一定的差额平衡关系。以 2016 年国际收支平衡表为例（见表 6-14）：

货物和服务差额＝货物贸易差额＋服务贸易差额
2 557.37 亿美元＝4 888.83 亿美元＋（－2 331.46）亿美元
经常账户差额＝货物和服务差额＋初次收入差额＋二次收入差额
2 022.04 亿美元＝2 557.37 亿美元＋（－440.13）亿美元＋（－95.20）亿美元
非储备性质的金融账户差额＝直接投资差额＋证券投资差额
　　　　　　　　　　　　＋金融衍生工具差额＋其他投资差额
（－4 160.70）亿美元＝（－416.75）亿美元＋（－522.71）亿美元
　　　　　　　　　　＋（－53.84）亿美元＋（－3 167.41）亿美元
金融账户差额＝非储备性质的金融账户差额＋储备资产变动差额
275.95 亿美元＝（－4 160.70）亿美元＋4 436.65 亿美元
经常账户差额＋资本账户差额＋金融账户差额＋净误差与遗漏＝0
2 022.04 亿美元＋（－3.44）亿美元＋275.95 亿美元＋（－2 294.53）亿美元＝0.02 亿美元
或者：经常账户差额＝－（资本账户差额＋金融账户差额＋净误差与遗漏）
2 022.04 亿美元＝－[（－3.44）亿美元＋275.95 亿美元＋（－2 294.53）亿美元]
　　　　　　　≈2 022.02 亿美元

由于四舍五入，结果略有差别。

上面各式表明，在国际收支平衡表中：局部的差额之和等于相应的总差额；某一部分的差额之和又与其余部分的差额之和互为相反数（绝对值相等，符号则相反）。尽管整个国际收支平衡表的借方总额与贷方总额永远是相等的，这种平衡本质上仍然属于核算的平衡，因为在这里，交易的差额最终都会通过储备资产的增减变动给予弥补（即便是未清偿的债务也会表现为储备资产中应收或应付账款的变动），核算上的误差则是通过专门设置的项目来予以抵消的。不过，在个别的对外交易项目或账户上要求绝对的收支平衡往往是不现实的，也不应成为国际收支政策和国际收支管理的一般目标。在现实经济生活中，个别项目或账户上的收支不平衡应该说是国际收支的常态，而不同项目、不同账户上收支差额（顺差或逆差）的相互调节、相互补充，则是实现国际收支整体平衡的一般方式。

（三）国际收支的动态分析

在连续编制出不同年份国际收支平衡表的基础上，通过动态对比，可以观察国际收支在总量、结构和差额等方面的变动情况，进而探寻其影响因素，研究其变动趋势或规律，分析国际收支政策的实际效果，以便为未来的宏观经济管理与调控提供基础和依据。

二、国际投资头寸核算数据分析应用

国际投资头寸提供了一个国家在特定时点（期初和期末）的对外资产负债存量数据，以及从期初到期末由于各种因素所导致的增减变动。利用这些数据可以开展一些重要的经济分析。

（一）对外净头寸分析

利用国际投资头寸数据分析也就是对外资产负债存量分析，主要是从一定时点来考察一个国家是处于净债权状态，还是处于净负债状态，并从动态中把握一个国家的国际收支状况是持续向好，还是有所恶化。从表 6-17 可以看出，中国国际投资净头寸 2014 年末为 16 027.65 亿美元，2015 年末为 16 728.30 亿美元，2016 年末达到 19 503.68 亿美元。2014 年至 2016 年呈逐年递增趋势。针对这种变化趋势，还可以进一步分析其变化原因。

（二）储备资产规模、构成及其变动分析

储备资产包括货币黄金、特别提款权、在国际货币基金组织的储备头寸、外汇储备以及其他储备资产。根据国际投资头寸表，不仅可以分析储备资产总量，还可以分析其结构变化。中国储备资产存量 2014 年末为 38 992.85 亿美元，2015 年末降到 34 061.12 亿美元，2016 年末进一步降到 30 978.45 亿美元；中国储备资产中，外汇储备占绝大比重，2014 年末为 98.56%，2015 年末为 97.78%，2016 年末为 97.18%，呈逐年下降趋势，可见增加外汇储备是确保储备资产增长的关键因素。

另外，一个国家储备资产的增减变动，除了与其经常项目上的顺差或逆差、资本和金融项目的顺差或逆差直接有关之外，还受到外汇市场上汇率频繁波动的影响。因此，分析一定时期的汇率变动对本国储备资产产生的影响，对于规避汇率波动对本国储备资产可能带来的损失，具有重要意义。

（三）直接投资状况分析

直接投资既包括利用外国直接投资，也包括对国外直接投资。一般而言，外国直接投资在给东道国带去资金的同时，也带去了先进经验和管理经验，不仅有利于缓解东道国的资金缺口和外汇缺口，还可以缓解其技术缺口乃至税收缺口，对东道国非经济发展将产生积极的影响。正因为如此，很多国家，尤其是发展中国家都希望能够吸引到更多的外国直接投资。反之，随着一个国家经济发展的加速和经济实力的增强，国内企业的技术水平也随之提高，资金状况也随之改善，也期望开拓国外市场，在国外投资建厂办实业。总之，正常情况下，一个国家在一定时点上既有外国直接投资，也有对国外的直接投资。利用国际投资头寸核算数据，可以分析一个国家利用外资以及对国外直接投资状况，结合国内外政治经济形势和投资环境变动，探索其变化规律。根据国际投资头寸表（表6-17），可以看出：(1) 2014年末中国对国外直接投资头寸8 826.4亿美元，2015年末增加到10 959.09亿美元，2016年末增加到13 573.90亿美元，2015年末和2016年末环比依次增加了24.16%和23.86%；(2) 2014年末利用外国直接投资25 991.02亿美元，2015年末增加到26 963.44亿美元，2016年末增加到27 551.47亿美元，2015年末和2016年末环比依次增加了3.74%和2.18%。说明2014—2016年，中国对国外的直接投资大大快于利用外国的直接投资。

(四) 国际证券投资分析

随着国际资本市场的发展，证券投资在国际投资中始终占有重要地位。利用国际投资头寸核算数据，可以帮助人们把握其规律，实现收益最大化。根据国际投资头寸表（表6-17），可以看出：(1) 2014年末中国对国外的证券投资为2 625.36亿美元，2015年末降到2 612.94亿美元，2016年末增加到3 669.69亿美元；2015年末比2014年末降低0.47%，2016年末却比2015年末增长40.44%。(2) 2014年末国外在中国的证券投资为7 962.50亿美元，2015年末增加到8 170.10亿美元，2016年末有所减少，为8 110.58亿美元；2015年末比2014年末增长2.61%，2016年末比2015年末降低0.73%。可见，2014—2016年，虽然国外在中国的证券投资有所下降，但其规模远远大于中国对外的证券投资。根据其他相关资料可以进一步分析其影响因素和变化原因。

(五) 国际商业信用与贷款情况分析

随着全球经济一体化进程的加快，国际商品和服务贸易规模不断扩大，国际商业信用和贷款规模也有扩大趋势。但国际经济形势变幻莫测，尤其受到许多突发事件的影响，因此，如果对国际商业信用和贷款规模控制不当而增长过快，也会相应增加贷款无法收回的风险。利用国际投资头寸核算数据，分析国际商业信用和贷款的规模、期限、地区分布等方面的变动，可以帮助人们及时发现其中可能潜在的风险。根据国际投资头寸表（表6-17），可以看出：(1) 2014年末，中国向国外提供的贷款和贸易信贷分别为3 747.49亿美元和4 677.34亿美元，2015年末分别增加到4 569.22亿美元和5 137.00亿美元，

2016 年末分别增加到 5 767.84 亿美元和 6 145.00 亿美元；2015 年末比 2014 年末分别增长 21.93% 和 10.60%，2016 年末比 2015 年末分别增长 26.23% 和 19.62%。（2）2014 年末，中国利用国外的贷款和贸易信贷分别为 5 719.50 亿美元和 3 343.83 亿美元，2015 年末分别降低到 3 293.10 亿美元和 2 721.00 亿美元，2016 年末贷款进一步降低到 3 205.30 亿美元，贸易信贷则增加到 2 883.00 亿美元；2015 年末比 2014 年末分别降低 42.42% 和 18.63%；2016 年末比 2015 年末分别降低 2.67% 和增长 5.95%。可见，2014—2016 年，中国对国外的贷款和贸易信贷无论规模还是增速都远远超过中国利用国外的贷款和贸易信贷，表明中国的经济实力进一步增强，但一定要防范国际信贷风险。

思 考 题

1. 什么是对外经济活动与对外经济核算？
2. 什么是国际收支与国际收支核算？
3. 对外经济核算的基本原则有哪些？
4. 简述国外账户的内涵及其特点。
5. 国外账户体系包括哪些子账户？
6. 什么是对外经常账户？它包含哪些内容？
7. 什么是对外积累账户？它包含哪些内容？
8. 什么是国际收支平衡表？其标准组成包含哪些部分？
9. 国际收支平衡表中的货物贸易具体包含哪些项目？
10. 国际收支平衡表中的服务贸易具体包含哪些项目？
11. 国际收支平衡中金融账户包含哪些内容？
12. 简述国际收支平衡表的记录方法。
13. 什么是国际投资头寸与国际投资核算？
14. 简述国际投资头寸表的基本结构。
15. 国际收支核算与国际投资头寸核算有何关系？
16. 简述国际收支平衡表分析的主要内容。

练 习 题

一、填空题

1. 当核算体系以一个国家为经济主体时，对外经济活动是指_____与_____之间发生的一切经济往来活动。

2. 对外经济活动中的国外是指一国_____之外的全部交易主体。
3. 国际收支核算的主要方法是_____。
4. 一国常住单位与非常住单位之间交易的记录时间原则是_____。
5. 在对外经济核算中，市场价格就是按常住单位与非常住单位交易双方商定的_____计价。
6. 我国采用_____作为国际收支核算的记账单位，而欧盟各国则采用_____作为其国际收支核算的记账单位。
7. 货物和服务对外账户是记录一国常住单位与非常住单位之间_____往来的经常账户。
8. 对外经济核算中，货物的进口和出口在统一计价地点（货物出口国的边境）按_____计价。
9. 初始收入和经常转移对外账户是记录一国常住单位与非常住单位之间_____的经常账户。
10. 对外重估价账户是专门用于记录国外对该国_____重估价结果的账户。
11. _____是指按照复式记账原理，以某一货币为计量单位反映一个国家在特定时期内与世界其他国家之间发生的全部经济交易的统计报表。
12. _____是指本国常住单位从非常住单位购买货物，随后便向另一非常住单位转售同一货物且未经过本国海关的货物。
13. _____是指常住单位因拥有国外金融资产而获得的财产收入以及因承担对外负债而支付的财产收入。
14. 国际收支核算中，常住单位与非常住单位之间的经常转移称为_____。
15. 由一国货币当局控制，并随时可用于满足国际收支资金需求，用以干预汇兑市场影响货币汇率，以及用于其他相关目的的对外资产，统称为_____。

二、单项选择题

1. 下列不属于我国常住单位的是（　　）。
　　A. 我国某企业拥有的在国际水域航行的船只
　　B. 外国商品在中国国内的代理商
　　C. 中国驻英国的大使馆
　　D. 中国驻外使馆的外籍工作人员
2. 下列关于记录时间的说法中，错误的是（　　）。
　　A. 货物贸易在所有权转移时记录
　　B. 收入分配流量在收入实际收付时记录
　　C. 服务贸易在服务完成时记录
　　D. 金融交易要在债权、债务形成的时间记录

3. 下列属于国际收支核算范围的是（　　）。
   A. 生产核算　　　　　　　　B. 消费核算
   C. 积累核算　　　　　　　　D. 收入分配核算
4. 接受国外的物品捐赠应记入（　　）。
   A. 经常账户　　　　　　　　B. 资本账户
   C. 金融账户　　　　　　　　D. 储备资产
5. 根据国际收支核算的规则，货物进出口计价均采用（　　）。
   A. 到岸价格　　　　　　　　B. 离岸价格
   C. 出口货物按离岸价格，进口货物按到岸价格
   D. 出口货物按到岸价格，进口货物按离岸价格
6. 下列不属于经常账户中初次收入核算范围的是（　　）。
   A. 实际分配的直接投资收益
   B. 作为留存盈余而未分配的直接投资收益
   C. 国际捐助
   D. 雇员报酬
7. 根据核算原则，国际投资头寸核算应采用的估价原则是（　　）。
   A. 现行市场价格　　　　　　B. 账面价值
   C. 历史成本　　　　　　　　D. 以上均可以
8. 没有被列入直接投资或储备资产的，有关债务或股本证券的跨境交易和头寸，称为（　　）。
   A. 对外投资　　　　　　　　B. 证券投资
   C. 金融衍生工具　　　　　　D. 储备资产
9. 对外资本账户记录一国常住单位与国外之间通过交易获得的或处置的（　　）。
   A. 非生产性非金融资产的价值　　B. 生产性非金融资产
   C. 金融资产　　　　　　　　D. 自然资源
10. 判断一笔货物是否出口或进口，关键是看其是否（　　）。
    A. 跨越了一个国家的地理国界
    B. 发生了所有权变更
    C. 同时跨越了国界和变更了所有权
    D. 交付了货物款项

三、多项选择题

1. 以下属于我国常住居民的有（　　）。
   A. 经常到外国工作的边境工人　　B. 在外留学生
   C. 长期在国外工作的人　　　　　D. 驻美大使

E．长期在国外就医的病人
2．关于国际收支核算，下列说法中正确的是（　　）。
　　A．是整个国民经济核算的组成部分
　　B．立足于国外进行记录
　　C．注重在收支环节进行核算
　　D．与国内其他核算没有关联
　　E．遵循国民经济核算的总体原则
3．中国国际收支平衡表中的项目包括（　　）。
　　A．经常账户　　　　　　　　B．资本和金融账户
　　C．储备资产　　　　　　　　D．误差和遗漏
　　E．其他
4．在国际收支核算中，外商以设备进行投资所涉及的账户包括（　　）。
　　A．经常账户　　　　　　　　B．资本账户
　　C．金融账户　　　　　　　　D．资产负债账户
　　E．储备资产
5．以下项目中可以看成对外经常转移的有（　　）。
　　A．向国外投资及其出口设备
　　B．政府定期向国际组织缴款
　　C．接受国外亲属汇款
　　D．给国外职工发放薪金
　　E．向国外灾区捐赠物资
6．对外积累账户体系是反映由对外交易而引起的对外资产、负债和净值变化情况的账户，具体包括（　　）。
　　A．资本账户　　　　　　　　B．金融账户
　　C．资产物量其他变化账户　　D．重估价账户
　　E．经常账户
7．SNA2008中设置了四大类国外账户，包括（　　）。
　　A．货物与服务对外账户
　　B．初始收入和经常转移对外账户
　　C．对外积累账户
　　D．对外资产和负债账户
　　E．国际收支平衡表

8. 对外经济核算中，经常账户主要记录货物和服务的进出口以及收入初次分配和再分配交易，具体设置的项目包括（　　）。
    A．增加值　　　　　　　　B．可支配收入
    C．货物与服务　　　　　　D．初次分配收入
    E．二次分配收入

9. 在经常账户上记录的初次收入和二次收入属于常住单位与非常住单位之间发生的收入分配活动，包括（　　）。
    A．雇员报酬　　　　　　　B．投资收益
    C．产品和生产的税收　　　D．补贴
    E．租金

10. 储备资产是指由一国货币当局控制并随时可用于满足国际收支资金需求，用以干预汇兑市场影响货币汇率以及用于其他相关目的的对外资产，具体包括（　　）。
    A．货币黄金　　　　　　　　　　B．特别提款权
    C．在国际货币基金组织的储备头寸　D．通货和存款
    E．其他储备资产

四、判断题

1. 住户的常住性取决于它的工作所在地，而不是住所所在地。（　　）
2. 在实际对外经济核算中，将进出口货物通过海关的时间作为货物贸易的发生时间予以记录。（　　）
3. 国际收支是指国民经济往来中的资金收支活动。（　　）
4. 一国常住单位与非常住单位之间交易的记录时间原则是权责发生制。（　　）
5. 货物的出口一般应在货物的所有权由常住单位转移至非常住单位的那个时间记录。（　　）
6. 国外账户是立足于国内来设置，但交易项目则是从国外角度来表述。（　　）
7. 国外账户只记录一国常住单位与非常住单位之间发生的各类经济交易，它并不与生产、消费、资本形成等特定的经济活动相联系。（　　）
8. 国外账户与国内机构部门账户之间不存在任何对应关系。（　　）
9. 货物和服务对外账户是记录一国常住单位与非常住单位之间货物与服务往来的经常账户。（　　）
10. 货物的进口和出口在统一计价地点（货物出口国的边境）按到岸价格计价。（　　）
11. 服务进出口按实际协议的价格计价，其中国际保险服务按保险费总额计价。（　　）

12. 初始收入和经常转移对外账户是记录一国常住单位与非常住单位之间收入分配流量的经常账户。（　　）

13. 如果该雇员在国外长期就业、停留时间超过一年，则转化为所在国的常住单位，其所得到的报酬就不再属于国际收支核算中的收益。（　　）

14. 非生产性非金融资产的获得和处置不包括自然资源、契约及租约和许可以及营销资产。（　　）

15. 中国国际收支平衡表的主栏为交易项目及其"贷方"和"借方"，宾栏为"交易金额"。（　　）

五、计算题

1. 2017年某国常住单位应付雇员报酬4亿美元，应付生产和进口税净额0，应付财产收入76亿美元，应付所得、财产等经常税0，应付社会缴款和福利0，应付其他经常转移110亿美元；常住单位应收雇员报酬12亿美元，应收生产和进口税净额0，应收财产收入88亿美元，应收所得、财产等经常税2亿美元，应收社会缴款和福利0，应收其他经常转移32亿美元；货物和服务对外差额－82亿美元，对外经常交易差额－26亿美元。

要求：根据上述资料编制国外部门初始收入和经常转移对外账户。

2. 2017年某国常住单位应付雇员报酬8亿美元，应付生产和进口税净额0，应付财产收入152亿美元，应付所得、财产等经常税0，应付社会缴款和福利0，应付其他经常转移220亿美元；常住单位应收雇员报酬24亿美元，应收生产和进口税净额0，应收财产收入176亿美元，应收所得、财产等经常税4亿美元，应收社会缴款和福利0，应收其他经常转移64亿美元；货物和服务对外差额－164亿美元。

要求：根据上述资料计算对外经常交易差额。

3. 对外金融交易核算资料如下：（单位：亿美元）

资产变化		负债和净值变化	
货币黄金和特别提款权	2	货币黄金和特别提款权	0
通货和存款	22	通货和存款	－4
股票以外的证券	18	股票以外的证券	42
贷款	8	贷款	70
股票和其他权益	24	股票和其他权益	28
保险专门准备金	0	保险专门准备金	6
其他应收款	20	其他应付款	－28

要求：试根据上表资料计算净借出或净借入。

4. 根据 2016 年中国国际收支平衡表，可知经常账户贷方和借方数据如下：

（1）货物和服务贸易贷方 21 979.22 亿美元，借方 19 421.85 亿美元。其中，货物贸易贷方 19 895.19 亿美元，借方 15 006.36 亿美元；服务贸易贷方 2 084.04 亿美元，借方 4 415.50 亿美元。（2）初次收入贷方 2 258.18 亿美元，借方 2 698.31 亿美元。其中，雇员报酬贷方 268.83 亿美元，借方 62.11 亿美元；投资收益贷方 1 983.74 亿美元，借方 2 634.06 亿美元；其他初次收入贷方 5.60 亿美元，借方 2.15 亿美元。（3）二次收入贷方 309.00 亿美元，借方 404.20 亿美元。

要求：根据上述资料计算经常账户差额。

第七章 投入产出核算

第二章至第六章所描述的账户序列，刻画了经济的运行过程，特别强调了收入是如何形成、分配、再分配、用于消费或资产获得的。另一种观察经济的角度则较少关注收入，而是更多关注生产和消费过程：产品从何而来，又是如何被使用的。本章就是研究账户的这一方面功能：首先描述产品的平衡关系，然后将其推广到货物服务账户，并介绍这些账户在理论上和实际中的应用。同时，还将在供给使用表的基础上，更细致地检验以矩阵形式表示账户的可能性。

第一节 投入产出核算的基本问题

投入产出核算是从数量上系统反映各个生产部门之间的经济技术联系，是生产总量核算的延伸和发展。本节主要讨论投入产出核算的基本概念、建立投入产出核算的基本原理，以及投入产出核算的主要功能和基本假设。

一、投入产出核算的基本概念

（一）投入产出核算

投入产出核算又称投入产出分析，是从生产技术角度出发，以适当的国民经济产品部门分类为基础，通过专门的平衡表和消耗系数描述各部门之间错综复杂的投入产出数量关系，并利用数学方法建立经济模型，从数量上系统反映各个生产部门之间经济技术联系的宏观核算。投入产出核算主要由两部分构成：投入产出表和投入产出数学模型。

投入产出核算是生产总量核算的延伸和发展，它侧重于中间产品的核算，因而，与总量核算把国民经济作为一个整体来研究国民收入的生产与支出的均衡不同，投入产出核算是从国民经济由多个部门组成的整体出发来研究各部门产出的均衡。这种差异突出表现在乘数效应上，当某种产品的使用发生变动时，各相关部门的产出会随之发生变动，这被称之为多部门乘数效应。但与宏观总量分析的乘数效应相区别，宏观总量（主要是国民收入）的乘数效应是当支出发生变动时，国民收入的生产随之发生多倍变动，进而形成国民收入的乘数效应。这两种乘数效应的影响是不同的：当国民收入的总支出发生变动时，投入产出分析中的乘数效应虽反映了各部门产出的变动，但未能较好地反映由此带来的国民收入生产总量的变动。另一方面，当国民收入支出的总量未发生变动，但结构发生变动时，投入产出分析的乘数效应能很好地反映各相关部门产出的变动，而此时宏观收入分析里的乘数效应影响却等于零。总之，宏观总量分析只涉及国民收入总量的变动分析，而投入产出核算主要反映生产部门结构的变动。

例如，当一个国家的出口总量不变，只是出口的产品结构发生变动时，在国民收入的宏观分析中，国民收入生产总量不变。但在投入产出分析中，却能通过多部门乘数分析，揭示出国民收入的生产结构所发生的变动。

（二）投入产出表和投入产出数学模型

投入产出表和投入产出数学模型是投入产出核算的两种形式。投入产出表的最基本形式是一张将国民经济各生产部门排列在一起的矩阵表。国民经济活动是由很多相互联系的部门活动共同组成，每个部门生产的产品，或者提供给其他部门作为中间产品使用，或者作为最终产品直接用于全社会的消费、投资和出口；每个部门在生产产品的同时，既要投入资本、劳动等基本生产要素，还要消耗其他部门的产品，从而形成部门之间彼此交错的投入和产出关系。将这种错综复杂的部门间投入产出关系按照特定的方法记录在一张表中，就是投入产出表。

投入产出表按计量单位可以分为价值型表和实物型表；按时间期限可分为静态表和动态表；按编制范围可分为国际表、地区间表、全国表、地区表、部门表、企业表；按产品的可替代性可分为竞争型表和非竞争型表；按表式结构可分为供给使用表和对称型表。

投入产出数学模型是根据投入产出表中行列的平衡关系，运用线性代数工具建立的，能够揭示国民经济各部门、再生产各环节之间内在联系的数学模型。根据投入产出数学模型能够进行经济分析、预测和安排预算计划等。

（三）总投入和总产出

总投入是指经济活动过程中消耗的各种货物和服务，反映了生产过程中的各种投入及其来源，包括中间投入（中间消耗）和最初投入（增加值）两部分。

总产出是指常住单位在一定时期内所生产的全部货物和服务的总价值，反映了生产过程中经济活动的成果及其使用去向，包括中间产品（中间使用）和最终产品（最终使用）两部分。在投入产出表中，总投入与总产出分别是纵向投入之和与横向产出之和，二者存在平衡关系，即：

$$总投入＝总产出$$

（四）中间投入与最初投入

中间投入又称中间消耗，是指常住单位核算期内在生产或提供货物与服务过程中所消耗和使用的所有非固定资产的货物和服务的价值。中间投入是一种生产性消耗，反映用于生产过程中的转移价值，一般按购买者价格计算，且只有与总产出的计算范围保持一致并且是本期一次性使用的货物与服务才计入中间投入。由于中间投入属于在生产过程中一次性转移到产品价值中去的部分，不是生产者自己创造的价值，因此在计算增加值的过程中，要将中间投入价值从总产出价值中扣除。

最初投入，又称增加值，是指各常住单位核算期内生产过程创造的新增价值和固定资产转移价值，包括劳动者报酬、生产税净额、营业盈余及固定资产折旧。与中间投入来自其他生产过程不同，增加值在产品价值中是第一次出现，因而又被称为最初投入。它是机构单位、机构部门或基层单位、产业部门生产账户中的平衡项，反映生产净成果，体现生产过程的附加价值。国民经济核算体系在核算增加值时有收入法（分配法）和生产法两种方式，收入法核算的增加值等于劳动者报酬、生产税净额、营业盈余和固定资产折旧之和；生产法核算的增加值等于总产出减去中间投入。

中间投入与增加值相对应，构成了总投入的主要内容，即：

$$总投入＝中间投入（中间消耗）＋增加值（最初投入）$$

（五）中间使用与最终使用

中间使用，又称中间产品，是指在一个生产过程生产出来然后又在另一个生产过程中被完全消耗掉或形态改变的产品，包括货物与服务。它反映了国民经济各部门间相互提供、相互消耗产品的技术关系。

最终使用，又称最终产品，是指当期生产的被用于最终使用的产品，包括消费品、投资品和净出口。

中间产品与最终产品相对应，构成了总产出的主要内容，即：

$$总产出＝中间产品（中间使用）＋最终产品（最终使用）$$

二、投入产出核算建立的基本原理

投入产出表是投入产出分析的核心,列昂惕夫在创建投入产出表时,在理论上主要吸收了法国经济学家弗朗斯瓦·魁奈的《经济表》所反映的有关国民经济各部门和各要素间相互依存的思想以及法国经济学家里昂·瓦尔拉斯所提出的全部均衡论模型。魁奈在《经济表》中试图用一张表来描述某个经济体系中的生产阶级(农业生产者)、非生产阶级(工商业)和贵族阶级之间的以农产品为中心的产品流通过程,是人类历史上第一次尝试描绘国民经济运行体系。从这一体系出发,现代经济分析观点认为:国民经济任何部门为生产一种产品都要消耗一定原材料、燃料、动力,都需要生产场所、投入劳动力、上缴税金;而生产出来的产品,或供生产其他产品时使用,或用于消费,或用于固定资本形成,或用于存货增加,或用于出口。简单地说,任何部门进行生产活动都需要投入才会有产出以用于满足不同的需要,产品生产的投入与产出关系是生产过程中最为基本的关系,也正是这种关系架起了国民经济各部门和各要素间相互依存的桥梁,见图7-1。

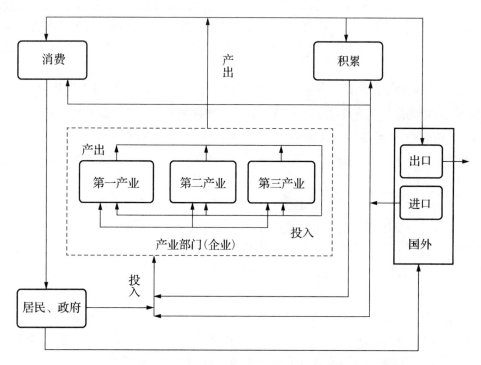

图7-1 产业链上部门间的连锁关系在国民经济核算中的示意图

图 7-1 是一个包含了产业链上部门间连锁关系的国民经济运行图,图中包含了国民经济中的三大类经济主体,分别是居民(包含政府部门)、企业与国外部门。居民既是最终产品的消费主体,又是劳动力、资本等生产要素的所有者;企业则是生产活动的主体,它们既是产品生产者又是生产消费者。作为产品生产者,通过提供产品与投入劳动力等生产要素与居民部门形成关联关系,而作为产品的生产消费者,则在产业部门内部或部门间消耗自身或其他企业生产的产品形成关联关系,全体企业组成的产业部门生产的最终产品主要用于消费、积累与出口,不足部分由进口补充。这样,企业、居民与国外部门间就通过产品的供给与需求以及要素的需求与供给形成了依存关系,除此之外,在企业部门内部,还通过互相提供与消耗中间产品形成产业链上的连锁关系。因此,综合起来看,国民经济各部门间与产业部门内部各企业间的相互依存关系,通过企业的投入与产出活动联系在一起,并最终形成社会总供给与总需求的一般均衡关系。19 世纪法国经济学家瓦尔拉斯在其名著《纯粹经济学要义》中将这种一般均衡关系概括为均衡模型加以表述,其模型形式为:

$$\begin{cases} Q_1^d(P_1,P_2,\cdots,P_n) = Q_1^s(P_1,P_2,\cdots,P_n) \\ Q_2^d(P_1,P_2,\cdots,P_n) = Q_2^s(P_1,P_2,\cdots,P_n) \\ \cdots\cdots \\ Q_n^d(P_1,P_2,\cdots,P_n) = Q_n^s(P_1,P_2,\cdots,P_n) \end{cases} \tag{7-1}$$

瓦尔拉斯证明了完全竞争市场在一定的假设条件下,存在一组价格体系 $P_1,P_2,\cdots,P_n$,能够使所有市场同时达到均衡。列昂惕夫敏锐地捕捉到瓦尔拉斯全部均衡论中的一个光辉思想,他指出:"全部均衡论的主要优点,是它能够使我们考察高度复杂的纵横交叉的相互关系,这种交叉关系把任何局部的最初变动的脉搏,传送到经济体系极远的角落"。为在具体的经济结构分析中应用这个优点,列昂惕夫对瓦尔拉斯的全部均衡模型做了大胆的简化,并据此对美国 1931 年的经济结构作出说明,从而创立了投入产出分析体系。可见,正是投入产出间的依存关系及其由此形成的一般均衡关系,为投入与产出表的建立提供了理论基础,也为投入产出模型方法提供了均衡依据。按照列昂惕夫的说法,"投入产出分析"的理论基础和所使用的数学方法,主要来自瓦尔拉斯的"一般均衡模型"。

因此,投入产出分析的基本思路就是:首先,根据各部门的投入来源和产出去向形成的纵横交叉关系编制投入产出表;然后,根据投入产出表的平衡关系,建立投入产出模型;最后,借助于投入产出表和投入产出模型进行各种经济分析。

三、投入产出核算的功能

投入产出核算的理论着眼点是经济体系的结构。作为国民经济核算的一部分，投入产出核算的重点是投入产出表。投入产出表及其核算方法正式纳入国民核算体系是 1968 年的 SNA。在 1968 年的 SNA 中，投入产出核算成为五大核算子体系之一。之后 1993 年的 SNA 又进一步指出："投入产出表，特别是供给使用表可用于两个目的：统计和分析"，因此，统计与分析就构成投入产出核算的两大主要功能。

所谓"统计"，是指投入产出表在核算体系中的作用主要是作为对机构部门账户的补充，为这一体系中产业和产品的分析提供详细的数据基础。基于此，投入产出表与国民经济账户的关系就是：投入产出表中详细的行业增加值及其构成资料为准确编制生产账户提供了重要的参考；而国民经济账户则为编制投入产出表提供了基本的总量资料。但国民经济账户着重刻画经济的运转过程，其中特别强调收入是如何形成、分配、再分配、用于消费或资产获得、什么时候应处置资产或发生负债，以获得其他资产或进行超过现有收入的消费。而投入产出核算较少关注收入，它更多关注生产和消费过程，即产品从何而来，又是如何被使用。投入产出表与国民经济账户的关系可以通过表 7-1 得到反映。

表 7-1 国民经济核算各账户的矩阵式平衡表

	生产	消费	投资	国外	总计
生产					
消费					
投资					
国外					
总计					

表 7-1 是国民经济账户体系四大账户的矩阵式平衡表，其中的阴影部分便构成投入产出核算的内容，可见，投入产出核算是国民经济核算体系中五大子核算之一。

所谓"分析"，则是指作为一种经验分析工具来使用，比如做生产分析、经济结构分析、价格与成本分析、就业分析、进口需求分析、出口分析、能源分析、环境分析等。投入产出表的这种分析功能能够从总量和结构两个方面研究国民经济运行状态，为宏观经济管理和决策提供重要依据；也能够作为政策研究，为有关部门制定相关政策提供依据；亦能够分析国民经济可持续发展和世界经济全球化，为制定能源政策、确定环境保护措施以及参与经济全球化提供依据。

正是基于统计和分析的两个目的,供给表与使用表的概念在1993年的SNA中被明确下来。而最新的2008年的SNA关于投入产出方面的阐述则被分成两个部分:在前一部分中,供给使用表和产品与服务账户更为紧密地结合为一个整体,而后一部分则更侧重于如何构造矩阵形式的对称表,并发挥投入产出表的分析功能。因而,投入产出核算的统计与分析功能在2008年的SNA中得到进一步强化。

投入产出核算体现了社会总供给与总需求、国民收入的分配与再分配、产业结构、积累与消费、中间产品与最终产品等国民经济重要比例关系,是加强国民经济综合平衡,提高宏观管理水平,加速经济决策科学化的重要工具。正是由于有了投入产出表,"我们在经济学中有了理论和事实之间的桥梁,一座名副其实的桥梁。经济学中的远距离作用一点也不比物理学中的少。在任何一点上,一个事件的影响是通过把整个体系连接在一起的那种交易链条,而一步一步地送到其他经济部门的。一个有关整个经济的比率表,可以使我们尽量详细地从数量关系方面了解整个经济体系的内部结构。这样就有可能详细地预测受理论问题或眼前的实际问题启发而改革经济体系所产生的后果"。[①]

四、投入产出核算的基本假设

为了将复杂的经济现象通过投入产出表与投入产出模型进行简化和抽象,投入产出核算不可避免地要提出一些假设,这些假设包括:

1. 同质性假设

同质性假设是假设每个产品部门只生产一种同质(投入结构相同)产品,同质性假设要求:(1)每个生产部门只有一个相同的投入(消耗)结构;(2)归入某一部门内的所有产品在用途上可以相互替代;(3)不同产品部门的产品之间没有可替代性。不难理解,这一假定的目的在于减少产品数量,使投入产出核算与模型尽可能覆盖更多的产品,并使其能集中反映产品间单纯的投入与产出关系。同时也说明部门分类在投入产出分析中的重要性。

2. 比例性假设

即假设每个部门的产出量与对它的各种投入量是成正比例关系,以便保证产出与投入成线性函数关系。

3. 相加性假设

或称为无交互作用假设,即几个部门的产出合计等于对这几个部门分别投入量的合

---

① 沃西里·列昂惕夫. 投入产出经济学. 崔书香,潘省初,谢鸿光,译. 北京:中国统计出版社,1990.

计。此假设的实质是假设各部门在生产活动中，不存在本身生产活动之外的"外部经济（非经济）因素"的影响。假如两个部门产出合计不等于对这两个部门分别投入量的合计，说明在这两个部门生产活动之外存在着"外部经济因素"，引起了两种生产的交互作用。两种生产活动之间的交互作用，可能是正面影响，如种植业与养蜂业；也可能是负面影响，如种植业与有污染的化学工业。相加性假设要求不存在这类交互作用，否则整个国民经济的投入与产出关系就会变得不确定。

以上三个假设都是静态投入系统的假设，目的是保证各部门的产出量与投入量成线性函数关系，便于建立用线性方程组表示的投入产出模型。

4. 消耗系数相对稳定性假设

这是一种动态上的假设，即假设在一定时期（1—2 年）里，各种消耗系数是相对稳定的。这是由于在投入产出分析中，各种消耗系数都是关键性数据，它们表示各部门之间的经济技术联系的密切程度，这是利用投入产出模型进行经济分析和预测的前提。[①]

第二节 投入产出核算的基本表式

投入产出核算的基本表式由供给表、使用表与投入产出表组成。供给和使用表是编制对称型投入产出表的基础，而它本身又是一个强有力的工具，可用于比较和比对不同来源的数据，从而改进整个经济信息系统的一致性。

一、供给与使用表编制的基础

货物和服务账户是供给与使用表编制的基础。在一个经济体内，一种产品能够供经济使用的数量，要么是由国内生产的，要么是由进口供给的。在核算期内，同样数量的这种产品进入经济活动，必定是用于中间消耗、最终消费、资本形成（包括存货变化）或出口。将产品的供给与使用的关系用数学式表示就可获得如下平衡式：

$$产出＋进口＝中间消耗＋最终消费＋资本形成＋出口$$

上式是单个产品的供给与使用的平衡关系。通常情况下，由于产品的使用是以购买者价格计算的，而产品的生产是以基本价格计算，这使得上式左右两侧出现不相等。为使平衡关系存在，在公式的左边（供给方）加上贸易和运输加价以及产品税减产品补贴，等

---

① 董承章. 投入产出分析. 北京：中国财政经济出版社，2000.

式两侧就都是按照购买者价格计算的。因此，完整的产品平衡关系是：按基本价格计算的总产出加进口、加贸易和运输加价、加产品税减产品补贴，等于按购买者价格计算的中间消耗、最终消费和资本形成之和再加上出口。

依次类推，如果经济中所有货物服务都建立了以上产品平衡式，那么，将其加总起来就能得到总计的产出、进口、中间消耗、最终消费、资本形成和出口。即形成如下总量平衡关系：

产出＋进口＋产品税减产品补贴＝中间消耗＋最终消费＋资本形成＋出口

产品间的这种平衡关系是货物服务账户的基础。货物服务账户是 SNA 中最基本的恒等式之一。它表达了这样一个观念：生产范围内的全部产出，加上进口，必定用于消费或者积累两方面的基本活动。因而，货物和服务账户是从产品和整个经济两个方面反映货物和服务的供给总量和使用总量之间平衡关系的账户。由于该账户是所有货物服务依据产品平衡式加总起来的，得到的总计产出、进口、中间消耗、最终消费、资本形成和出口分别等于前面各章阐述的账户序列中提到的对应项。典型的如本章表 7-3 就表明生产范围内的全部产出，加上进口，必定用于 SNA 的货物服务的消费或者积累两方面的基本活动（从表 7-3 的数据计算，总使用＝总来源＝4 236）。

货物服务账户为供给使用表全面阐述和列举出经济中的所有产品提供了理论保障，供给使用表的每一行都体现着货物服务账户的基本恒等式。而且国民经济中整个账户序列都是在货物服务账户基础上，通过加入那些与收入形成、分配、再分配以及储蓄有关的交易来建立的，汇总所有机构部门和国外的这些交易就会发现总来源就等于总使用。

二、供给表

（一）供给表的基本结构

供给表，又称产出表，是一张产品×产业表，行表示产品，列表示产业。通常产品行的数目多于产业列的数目，所以，供给表是长方形的，它表示哪个产业供给了哪些产品，给出了关于货物和服务资源的数据。具体形式见表 7-2。

供给表的行表示产品，产品是按 SNA 附录中的主产品分类（CPC）进行分组的。从行向看，反映某一产品部门的货物和服务是由哪些产业部门生产的，合计为该产品部门的货物和服务总产出；加上进口和进口税（不包括增值税），即得到按生产者价格计算的总供给；再加上各类产品中的不可抵扣增值税和商业运输费用，就是按购买者价格计算的总供给。

供给表的列表示产业部门，产业部门按全部经济活动的国际标准产业分类进行分组。从列向看，反映某一产业部门生产的各产品部门货物和服务价值量，合计为该产业部门总产出。

在供给表中，全部产业部门总产出等于全部产品部门总产出。但由于供给表中产业部门的产出是按基本价格计算的，而使用表的有关项是按购买者价格计算的。为了使总供给与总使用相平衡，通常的做法是：将按基本价格计算的总供给提升到按购买者价格计算，或者将按购买者价格计算的总使用降低到按基本价格计算。考虑到增值税、贸易加价等因素，购买者价格、生产者价格与基本价格间存在如下关系：

生产者价格＝购买者价格－贸易加价－运输加价－不可抵扣增值税

基本价格＝生产者价格－与生产有关的产品税（不包括单列在发票上的增值税）
　　　　　＋与生产有关的产品补贴

（二）供给表中的指标关系

本供给表和下面使用表中的各项数字都是从 SNA 中转录过来的假设数字，目的是为了便于通过数字简捷地、具体地说明供给表和使用表各行和各列的关系及表内有关总量指标的含义。

（1）在表 7-2 中，按基本价格计算的总产出为 3 604，在供给表第（7）行第（7）列的交叉点上，它是各类产品产出的总和，即第（7）列的第（1）行至第（6）行的合计数；它也是各产业的产出总和，即第（7）行的第（1）列至第（6）列的合计数。

（2）货物和服务进口总额为 499，在第（7）行与第（8）列的交叉点上，也可通过将第（8）列的第（1）行至第（6）行的数字加总求得。

（3）按生产者价格计算的总产出为 4 103，是按基本价格计算的产品总产出（3604）和进口总额（499）之和，也可通过将第（10）列的第（1）行至第（6）行的数字加总求得。

（4）按购买者价格计算的总产出为 4 236，是按生产者价格计算的总产出 4 103 加上产品税净额 133 及商业毛利和运输费用 0 的总和。

三、使用表

（一）使用表的简化表式

使用表反映货物和服务的使用情况以及产业部门的成本结构。使用表可以认为是一张包括了四个象限的矩阵表，两个象限在上方，两个象限在下方。左上方的象限是一个

表 7-2 供给表（简表）

产品部门＼产业部门	产业部门的产出（ISIC 分类）						进口（到岸价）	进口税	按生产者价格计算的总产出	不可抵扣的增值税	商业毛利和运输费用	按购买者价格计算的总供给
产品部门（按CPC的大部类分组）	农业 (1)	工业 (2)	建筑业 (3)	商业 (4)	运输业 (5)	其他服务业 (6)	产品部门总产出（基本价格）(7)	(8)	(9)	(10)	(11)	(12)	(13)
农业产品 (1)	87	—	—	—	—	—	87	37	—	124	2	2	128
工业产品 (2)	2	1 862	11	17	8	9	1 909	344	—	2 253	94	76	2 423
建筑产品 (3)	—	7	232	—	5	—	244	1	—	245	17	—	262
商业服务 (4)	—	8	1	149	7	—	165	79	—	244	3	−68	179
运输服务 (5)	—	2	—	21	75	—	98	20	—	118	5	−10	113
其他服务业 (6)	—	—	—	4	5	1 092	1 101	18	—	1 119	12	0	1 131
合　计 (7)	89	1 879	244	191	100	1 101	3 604	499	—	4 103	133	0	4 236

注：本表结构参考了《中国国民经济核算体系（2016）》中的供给表结构，数据参考了 SNA2008 中的供给表数据。

表示不同生产单位对不同产品使用情况的子矩阵,即中间消耗矩阵,行表示产品,列表示产业;右上方象限,包括一个表示最终消费者对不同产品使用情况的子矩阵、一个出口子矩阵和一个表示不同产品资本形成的子矩阵,合起来即最终需求;左下方象限,是关于增加值的一些信息,包括雇员报酬、总营业盈余或总混合收入、生产税减补贴,是收入形成账户的要素;右下方象限是空的。详见表 7-3。

在表 7-3 中,各部分组成的象限如下:

第Ⅰ象限为中间使用象限,行表示产品,对应表中行(2)—行(8)的序列。从行向看,表明各产品部门生产并提供给各产业部门使用(消耗)的货物和服务价值量。比如,表 7-3 中第(2)行第(2)列的数字"71"从行向看就表示农业部门生产的产品中提供给工业部门使用的数量为 71。列表示产业部门,对应表中列(1)—列(7)的序列。从列向看,表明各产业部门从事生产活动所消耗的各产品部门的货物和服务价值量。同样地,表 7-3 中第(2)行第(2)列的数字"71"从列向看表示工业行业从事生产活动消耗农业部门产品为 71。在使用表中,产业部门依然按 ISIC 目录分类,产品按 CPC 分类,分类的数目与供给表一致。

第Ⅱ象限为最终使用象限,是第Ⅰ象限在水平方向上的延伸。行表示产品,产品的分类与第Ⅰ象限相同,对应位置也相同。列表示最终使用项目,对应表 7-3 中列(8)—列(11)的序列。本象限反映产品的最终使用情况,表示各产品部门生产并用于各种最终使用的货物和服务价值。最终使用分为最终消费、资本形成总额和出口三列。每列根据核算需要还可以细分。例如,出口可分为货物和服务两列,最终消费可分为居民消费和政府消费两列,资本形成总额可分为固定资本形成总额、存货变化、贵重物品的获得减处置三列等。

第Ⅲ象限为增加值构成象限,是第Ⅰ象限在垂直方向上的延伸。行表示增加值的构成,对应表中行(10)—行(13)的序列。列表示产业部门,产业分类与第Ⅰ象限相同,对应位置也相同,反映各产业部门按生产者价格计算的增加值的构成情况。

第Ⅳ象限为空白象限,暂时无具体内容。

从使用表第Ⅰ、Ⅱ象限合起来看,可观察总产出的使用去向,反映各类产品用于中间消耗和最终使用的数量。从第Ⅰ、Ⅲ象限合起来看,可观察总产出的价值构成,反映中间投入的转移价值、固定资本投入的转移价值及新创造的价值数量。

表 7-3 使用表（简表）

产业部门＼产品	产业部门中间使用（按 ISIC 分类）						最终使用				产品税减产品补贴	商业和运输费用	总使用（按购买者价格计算）
	农业	工业	建筑业	商业	运输业	其他服务业	合计	最终消费支出	资本形成总额	出口	最终使用合计			
	(1)	(2)	(3)	(4)	(5)	(6)	(7)	(8)	(9)	(10)	(11)	(12)	(13)	(14)
产品（按 CPC 分类）(1)														
农业产品 (2)	3	71	—	3	1	10	88	30	3	7	40	—	—	128
工业产品 (3)	35	874	81	41	24	156	1 211	608	175	429	1 212	—	—	2 423
建筑业产品 (4)	1	9	5	2	1	22	40	3	213	6	222	—	—	262
商业服务 (5)	2	35	1	9	6	8	61	51	—	67	118	—	—	179
运输服务 (6)	2	30	3	19	12	12	78	14	—	19	33	—	—	111
其他服务 (7)	4	125	24	26	16	210	405	693	23	12	728	—	—	1 133
合计 (8)	47	1 144	114	100	60	418	1 883	1 399	414	540	2 353	—	—	4 236
劳动者报酬 (10)	9	349	58	44	16	286	762							
生产税净额 (11)	−2	44	5	—	−6	17	58					133		
固定资产折旧 (12)	11	81	11	15	15	89	222							
营业盈余 (13)	24	261	56	32	15	291	679							
合计（增加值）(14)	42	735	130	91	40	683	1 721					133		
总投入（生产者价格）(15)	89	1 879	244	191	100	1 101	3 604							

注：本表结构参考了《中国国民经济核算体系（2016）》中的使用表结构，数据参考了 SNA2008 中的使用表表数据。

（二）使用表有关指标的含义及指标关系

（1）总的中间消耗为 1 883，是各产业中间消耗的合计，可通过第（8）行的第（1）列到第（6）列的数字加总或将第（7）列第（2）行至第（7）行数字加总求得。

（2）国内部门国民最终使用额为 1 813，是各类产品用于最终消费和资本形成总额之和。可通过将第（8）行的第（8）列和第（9）列数字相加求得。全部经济总的最终使用额为 2 353，是各类产品用于出口、最终消费和资本形成总额之和，可在第（8）行第（11）列的交叉处查得，也可通过将第（8）行的第（8）、（9）、（10）列的数字相加求得。

（三）国内生产总值和增加值及其构成项目

这两个指标同时涉及供给表和使用表两张表的内容。其指标关系如下：

（1）全部产业按基本价格计算的总增加值为 1 721，是总产出减中间消耗的余额，可在使用表的第（14）行第（7）列的交叉处查到。或通过将供给表第（7）行第（7）列数字减使用表第（8）行第（7）列数字求得，即 3 604－1 883＝1 721。各产业部门的增加值，同样可通过供给表中该产业部门的产出减使用表中同一产业部门的中间消耗求得。将各产业部门的增加值即使用表第（14）行的第（1）列到第（6）列的数字相加，或将总增加值的各构成项目的数字，即使用表第（7）列的第（10）行到第（13）行的数字相加，也都可得到总增加值 1 721。

（2）国内生产总值为 1 854。按生产法计算是总产出减去中间消耗，再加上产品税净额，表中数据为：

$$3\ 604-1\ 883+133=1\ 854$$

按收入法计算是雇员报酬、生产税净额、营业盈余和混合收入、固定资本消耗等各项之和，表中数据为：

$$762+58+133+222+679=1\ 854$$

按支出法计算是出口减进口、最终消费、资本形成总额等三项最终支出之和，表中数据为：

$$(540-499)+1\ 399+414=1\ 854$$

（3）按购买者价格计算的总供给和总使用为 4 236。

$$总供给＝总产出＋进口＋产品税净额$$

$$4\ 236=3\ 604+499+133$$

$$总使用 = 中间消耗 + 出口 + 最终消费 + 资本形成总额$$
$$4236 = 1883 + 540 + 1399 + 414$$

供给表和使用表上的上述国内生产总值数据，也可以直接从货物和服务账户中得到。

四、投入产出表

（一）投入产出表的基本表式

投入产出表是以产品部门分类为基础的棋盘式平衡表，用于反映国民经济各部门的投入和产出、投入的来源和产出的去向，以及部门与部门之间相互提供、相互消耗产品的错综复杂的技术经济关系。从本质上说，投入产出表是根据使用表推导出来的：要么把使用表最左边两个象限中表示产业的列替换为产品，要么把使用表最上方两个象限中表示产品的行替换为产业。由此得到的中间消耗矩阵就是一个方阵，其行与列要么同时表示产品，要么同时表示产业，即形成产品×产品矩阵或产业×产业矩阵。就整个矩阵而言行和与列和都是相等的，称这种矩阵为投入产出矩阵（表）。见表7-4。

产品×产品投入产出表，同样地可以认为由四个象限组成。第Ⅰ象限是行列名称相同、次序相同的 $n \times n$ 个产品部门的方阵，主栏为中间投入、宾栏为中间使用，反映国民经济各产品部门之间的技术经济联系。从行向看，反映第 i 产品部门生产并提供给第 j 产品部门使用的货物和服务价值量；从列向看，反映第 j 产品部门在生产过程中消耗第 i 产品部门生产的货物和服务价值量。以农业产品部门为例，从行向看表7-4说明农业产品总产出87中有60提供给本部门及其他部门中间使用，其中，提供给本部门当期生产过程使用的数量为3、提供给工业部门当期生产过程使用的数量为43……。从列向看，农业部门在生产过程中消耗本部门生产的农业产品数量为3、消耗工业部门生产的工业产品数量为32……。

第Ⅱ象限是第Ⅰ象限在水平方向上的延伸，其主栏与第Ⅰ象限的主栏相同，也是 n 个产品部门；其宾栏主要由最终消费支出、资本形成总额、出口等最终使用项目组成，主要反映各产品部门生产并用于各种最终使用的货物和服务价值量及其构成。依然以农业产品部门为例，农业产品部门当期总产出87中除了中间使用60外，最终使用的数量为27，其中用于最终消费的数量为17，资本形成的数量为3，出口的数量为7。

表 7-4 投入产出表（产品×产品部门表）

<table>
<tr><th rowspan="3">产出
投入</th><th colspan="7">按产品分类（CPC）的中间使用</th><th colspan="4">最终使用</th><th rowspan="3">进口</th><th rowspan="3">进口税</th><th rowspan="3">总产出
（生产者价格）</th></tr>
<tr><th>农业产品部门</th><th>工业产品部门</th><th>建筑业产品部门</th><th>商业服务部门</th><th>……</th><th>其他服务部门</th><th>合计</th><th>最终消费支出</th><th>资本形成总额</th><th>出口</th><th>最终使用合计</th></tr>
<tr></tr>
<tr><td>按产品分类（CPC）的中间投入　农业产品部门</td><td>3</td><td>43</td><td>0</td><td>3</td><td>—</td><td>0</td><td>60</td><td>17</td><td>3</td><td>7</td><td>27</td><td>—</td><td>—</td><td>87</td></tr>
<tr><td>工业产品部门</td><td>32</td><td>658</td><td>74</td><td>37</td><td>—</td><td>6</td><td>973</td><td>249</td><td>284</td><td>403</td><td>936</td><td>—</td><td>—</td><td>1 909</td></tr>
<tr><td>建筑业产品部门</td><td>1</td><td>10</td><td>5</td><td>2</td><td>—</td><td>0</td><td>40</td><td>2</td><td>196</td><td>6</td><td>204</td><td>—</td><td>—</td><td>244</td></tr>
<tr><td>商业服务部门</td><td>2</td><td>72</td><td>16</td><td>26</td><td>—</td><td>10</td><td>213</td><td>33</td><td>1</td><td>9</td><td>43</td><td>—</td><td>—</td><td>256</td></tr>
<tr><td>……</td><td>—</td><td>—</td><td>—</td><td>—</td><td>—</td><td>—</td><td>—</td><td>—</td><td>—</td><td>—</td><td>—</td><td>—</td><td>—</td><td>—</td></tr>
<tr><td>其他服务部门</td><td>1</td><td>1</td><td>0</td><td>2</td><td>—</td><td>0</td><td>410</td><td>481</td><td>210</td><td>0</td><td>691</td><td>—</td><td>—</td><td>1 101</td></tr>
<tr><td>合　计</td><td>45</td><td>1 174</td><td>114</td><td>165</td><td>—</td><td>418</td><td>1 883</td><td>791</td><td>500</td><td>430</td><td>1 721</td><td>—</td><td>—</td><td>3 604</td></tr>
<tr><td>增加值　劳动报酬</td><td>9</td><td>349</td><td>58</td><td>44</td><td>—</td><td>286</td><td>762</td><td></td><td></td><td></td><td></td><td></td><td></td><td></td></tr>
<tr><td>生产税净额</td><td>-2</td><td>44</td><td>5</td><td>—</td><td>—</td><td>17</td><td>58</td><td></td><td></td><td></td><td></td><td></td><td></td><td></td></tr>
<tr><td>固定资产折旧</td><td>11</td><td>81</td><td>11</td><td>15</td><td>—</td><td>89</td><td>222</td><td></td><td></td><td></td><td></td><td></td><td></td><td></td></tr>
<tr><td>营业盈余</td><td>24</td><td>261</td><td>56</td><td>32</td><td>—</td><td>291</td><td>679</td><td></td><td></td><td></td><td></td><td></td><td></td><td></td></tr>
<tr><td>合　计</td><td>42</td><td>735</td><td>130</td><td>91</td><td>—</td><td>683</td><td>1 721</td><td></td><td></td><td></td><td></td><td></td><td></td><td></td></tr>
<tr><td>总投入（生产者价格）</td><td>87</td><td>1 909</td><td>244</td><td>256</td><td>—</td><td>1 101</td><td>3 604</td><td></td><td></td><td></td><td></td><td></td><td></td><td></td></tr>
<tr><td>不可抵扣增值税</td><td>—</td><td>—</td><td>—</td><td>—</td><td>—</td><td>—</td><td>—</td><td></td><td></td><td></td><td></td><td></td><td></td><td></td></tr>
</table>

注：本表结构参考了《中国国民经济核算体系（2016）》中的投入产出表结构，数据参考了 SNA2008 中投入产出表的数据。

将农业产品部门的中间使用与最终使用相加减去进口，就是农业产品部门的总产出，这是行向上的一个最主要的平衡关系。

第Ⅲ象限是第Ⅰ象限在垂直方向上的延伸，主栏由劳动者报酬、生产税净额、固定资产折旧、营业盈余等增加值项目组成；宾栏与第Ⅰ象限的宾栏相同，也是 n 个产品部门，反映各产品部门增加值的构成情况。

将农业产品部门的中间投入加上四项最初投入就得到农业产品部门的总投入，总投入必然等于总产出，这是列向上的一个最主要平衡关系。

第Ⅳ象限为空白象限，暂时无具体内容。

（二）投入产出表中的指标关系

总结起来，投入产出表各指标间存在三种基本平衡关系：

（1）各行的平衡，即产品平衡方程：

$$中间产品＋最终产品＝总产出$$

或

$$X\mathbf{1}+f=q$$

其中 $\mathbf{1}$ 表示元素均为 1 的 n 阶列向量，即 $\mathbf{1}=(1,1,\cdots,1)'$。

在表 7-4 中表现为：$1883+1721=3604$。

（2）各列的平衡，即价值平衡方程：

$$中间投入＋最初投入＝总投入$$

或

$$\mathbf{1}'X+y'=q',\ X'\mathbf{1}+y=q$$

在表 7-4 中表现为：$1883+1721=3604$。

（3）各行列的对应平衡：

$$各部门总产出＝各部门总投入$$

或

$$\sum_{j=1}^{n}x_{kj}+f_k=q_k=\sum_{i=1}^{n}x_{ik}+y_k \quad (k=1,2,\cdots,n)$$

即

$$X\mathbf{1}+f=q=X'\mathbf{1}+y$$

（4）总的中间消耗即 $\sum_{j=1}^{n}x_{kj}\ (k=1,2,\cdots,n)$ 为 1883，是各产品部门中间消耗的合计，可通过第 $n+1$ 列的第 1 行至第 n 行数字加总求得。

（5）国内部门国民最终使用额为 1291，是各类产品用于最终消费和资本形成总额之和。全部经济总的最终使用额即 $f_k\ (k=1,2,\cdots,n)$ 为 1721，是各类产品用于出口、最终消费和资本形成总额之和。

（6）国内部门的中间投入即 $\sum_{i=1}^{n} x_{ik}\ (k=1,2,\cdots,n)$ 为 1 883，是各产品部门中间投入合计，可通过第 $n+1$ 行的第 1 列到第 n 列的数字加总求得。最初投入合计为 1 721，总投入为 3 604，与总产出相等。

五、供给表、使用表、投入产出表之间的关系

供给表、使用表、投入产出表之间存在着密切的联系。在一定的假设下，可以通过供给表和使用表推导出投入产出表，也可以通过供给表和投入产出表推导出使用表。

例如，利用表 7-2（供给表）与表 7-3（使用表）推导表 7-4（投入产出表）时，由于农业部门消耗工业部门产品的中间投入流量即为工业部门产品提供给农业部门使用的中间使用流量，这样，供给表的中间投入部分与使用表的中间使用部分所记录的数据实际相同，只是所具有的含义因观察角度不同而有所不同。实际转换时如果能够使中间投入与中间使用的部门分类相一致，就能克服上述问题而使两张表的中间流量部分完全一样，从而供给表与使用表就可以整合为一张表，即投入产出表。

另外，供给表和使用表还存在如下平衡关系：

供给表中按购买者价格计算的各产品部门总供给
＝使用表中按购买者价格计算的各产品部门总使用
供给表中各产业部门总产出＝使用表中各产业部门总投入

第三节　投入产出表的数据口径

第一章在介绍国民经济核算的基本问题时，介绍过国民经济核算中所涉及的两类部门，即机构部门和产业部门。机构部门是基于"机构单位"来定义的，在 SNA2008 中，机构单位是指能够以自己的名义拥有资产、负债，从事经济活动并与其他实体进行交易的经济实体；一般分为非金融企业、金融企业、政府以及为居民服务的私人非营利机构和住户等部门。由于机构部门是就一国所有经济活动主体包括生产主体、消费主体而言的，因而不适合投入产出表的部门分类。

一、产业部门与产品部门

（一）产业部门

产业部门是基于"基层"单位来界定的。所谓"基层单位"，是产业活动维度与地

方维度的综合，在 SNA2008 中被界定为"位于一个场所，且只从事一种生产活动，或由其主要活动产生大部分增加值的一个企业或企业的一部分"。一组从事相同或相似活动的基层单位即构成一个产业部门。但由于基层单位在定义上并不否认可能会从事一种以上次要活动，如果次要活动与主要活动一样重要或者几乎一样重要，那就应该把次要活动处理为另一个独立的基层单位的主要活动。所以，经这样处理的基层单位可以为侧重于生产技术研究的生产分析提供更合适的数据。但若供投入产出分析，还需要对数据做必要的变换，变换时需要结合投入产出分析的目的。从投入产出分析的目的出发，最理想的情形是每个生产单位只从事一项生产活动，这样，只需要合并所有的从事该生产活动的单位就能形成一个产业，无须考虑任何次要活动，这样的单位被称为"同质生产单位"。同质生产单位对投入产出分析而言是最优的单位，它构成产品部门的基础。

（二）产品部门

产品部门是基于"同质生产单位"来界定的，即产品部门是指从事相同活动的同质生产单位构成的部门。同质生产单位与基层单位的区别在于：基层单位既包括主要生产活动，又包括次要生产活动，而同质生产单位只能包括一种生产活动。例如，一家皮鞋生产企业，除了主要制作皮鞋外，还提供皮带与卡包的生产，但皮带与卡包的规模小，只是一种次要生产活动，那么，这家皮鞋生产企业整体上仍然是一个"基层生产单位"，但不是一个"同质生产单位"。因为根据定义，其主要生产活动"皮鞋"生产将单独构成一个"同质生产单位"；两项次要活动"皮带"生产与"卡包"生产应分别作为两个"同质生产单位"，所以，这家企业实际上是一个"基层生产单位"却要分解成三个"同质生产单位"。从事相同活动的同质生产单位合起来即构成一个产品部门。

（三）产业部门和产品部门的关系

产业部门和产品部门虽然都是按照"生产活动的类型"来划分部门，且划分的各部门名称一般也相同，但二者的核算口径不一样。简单地说，一个产业部门是由按照"主要生产活动分类的基层单位"组成，而"基层单位"一般都会有"次要生产活动"，所以"产业部门"的总产出往往会包括"一部分在性质上应该属于其他产业部门生产活动的产值"。例如，石油加工和烧焦业的总产出中会有一部分电力供应活动的产值。但产品部门则完全由"同一类生产活动"构成，正是在这个意义上，"产业部门"又可以称之为"混合部门或企业部门"，而"产品部门"则可以称之为"纯部门"。

例如，假设一个经济体只有两家企业，具体见表 7-5。

表 7-5 甲、乙两家企业的生产活动情况表

	主要生产活动		次要生产活动	
甲企业	运动服	总产出 50	球鞋	总产出 5
乙企业	球鞋	总产出 30	运动服	总产出 3

1. 按照"产业部门口径"

服装供应业的总产出应该是以"运动服"为主要生产活动的"基层单位"的总产出合计，本例中：

服装供应业总产出＝甲企业运动服总产出＋甲企业球鞋总产出
$$=50+5=55$$

同理，鞋类供应业的总产出应该是以"球鞋"为主要生产活动的"基层单位"的产出合计，本例中：

鞋类供应业总产出＝乙企业球鞋总产出＋乙企业运动服总产出
$$=30+3=33$$

2. 按照"产品部门口径"

由于产品部门口径是同质生产单位，需要将"次要生产活动"按其"生产性质"分离出来，本例中需要将作为甲企业次要活动的球鞋与作为乙企业次要活动的运动服分别从各自主要生产活动中分离出来，这样，

服装供应业总产出＝甲企业运动服总产出＋乙企业运动服总产出
$$=50+3=53$$

鞋类供应业总产出＝乙企业球鞋总产出＋甲企业球鞋总产出
$$=30+5=35$$

因"产业部门"和"产品部门"的口径不同，投入产出表的表现也不同，由此衍生出四种不同类型的投入产出表：产品部门×产品部门、产业部门×产业部门、产品部门×产业部门、产业部门×产品部门。其中，产品部门×产品部门表是指"行"与"列"的部门分类都采用"产品部门"口径的投入产出表；产业部门×产业部门表是指"行"与"列"的部门分类都使用"产业部门"口径的投入产出表；产品部门×产业部门表是指"行"标题的部门是"产品部门"口径，"列"标题的部门则是"产业部门"口径的投入产出表；产业部门×产品部门表是指"行"标题的部门是"产业部门"口径，"列"标题的部门则是"产品部门"口径的投入产出表。

由于四种投入产出表中的部门口径不同，相同位置的数据在不同类型的投入产出表中就具有不同的含义。如果投入产出表是一个"产品部门×产品部门"表，那么，表中第 i 行和第 j 列的数据就表示纯粹的第 j 个产业部门的产品生产在技术上消耗第 i 产业的产品数量，是"产品对产品的消耗"；如果投入产出表是"产品部门×产业部门"表，

表中第 i 行和第 j 列的数据就表示那些以第 j 个产业生产活动为主要生产活动的基层单位所消耗的第 i 产业的产品数量,是"产业对产品的消耗"。二者的差别在于:在"产品部门×产品部门"表中,要包括那些主要生产活动不是第 j 个产业活动的基层单位进行第 j 个产业活动而对第 i 产业产品的消耗,而不包括那些主要生产活动是第 j 个产业活动的基层单位进行非第 j 个产业活动而对第 i 产业产品的消耗。比如,假设主要生产活动是工业活动,消耗农产品,在"产品部门×产品部门"表中,要包括主要生产活动不是工业活动的基层单位进行工业活动而对农产品的消耗,不包括主要生产活动是工业的基层单位进行非工业活动而对农产品的消耗。如果投入产出表是"产业部门×产品部门"表,同样的行与列的数据含义与上述完全不同,它不表示一个产品部门口径的部门所消耗的产业部门口径的产品数量,这是因为,一个产业部门会生产出性质完全不同的产品,这样的消耗关系并没有多少意义,它的真实含义是:从行向上看,是技术意义上以第 i 个产业活动为主要生产活动的基层单位总共生产出了第 j 个产业的产品数量;从列向上看,则是第 j 个产业的产品数量是由哪些产业部门生产出来的。"产业部门×产业部门"表较少使用,其含义不再赘述。

从应用角度看,由于"产品部门×产品部门"表最符合投入产出建模所必需的"产品工艺假定(同质性假定)",因而,在投入产出表的建模应用中使用最为广泛,也是标准的投入产出表。而"产品部门×产业部门"表以及"产业部门×产业部门"表由于其编制所需数据可以从"现有统计体系"中比较容易地获得("产品部门×产业部门"表需要的是各产业部门投入结构的信息;"产业部门×产业部门"表需要的是各产业部门所生产的产品结构的信息,这些信息在以"产业部门"为基准的现行统计体系中都有现成的数据),因而,这两类投入产出表在投入产出核算中使用也比较广泛。在 SNA 中,使用表的第一象限称为 U 表,其表式为"产品部门×产业部门";供给表的表式也是"产品部门×产业部门",其转置后的"产业部门×产品部门"矩阵称为 V 表。实际中,这两个表是推出"产品部门×产品部门"表的基础。所以,从分析意义上说,供给表与使用表不过是"中间过渡性核算结果",只有"产品部门×产品部门"表才是最终的"投入产出表",是进行投入产出分析的基础。

值得注意的是,我国公布的投入产出表是"产品部门×产品部门"表,而美国公布的只是"产品部门×产业部门"表和"产业部门×产业部门"表。不同国家情况不同,因此应用投入产出数据时应注意表的部门口径,否则就可能造成对数据的错误理解。

二、投入产出表的具体部门分类

投入产出核算中的部门分类包括产品部门分类和产业部门分类。

产品部门分类是按照同质性原则,即按消耗结构相同、生产工艺技术相同和经济用途相同的原则进行分类。某个产品部门就是满足上述同质性原则的同类产品的集合。在现实中，同类产品通常是由不同的生产过程生产的，具有不尽相同的消耗结构和用途，很难同时满足上述三个条件。因此，在实际操作中，只要基本满足其中一个或两个条件，就可以归为同一个产品部门。供给表和使用表的主栏以及投入产出表的主栏和宾栏采用产品部门分类。中国投入产出表的产品部门分类主要依据《统计用产品分类目录》。

按照国民经济行业分类标准，基本统计单位依据其主要经济活动或者主要产品登记为某个产业类别；产业部门分类是按登记类别同质性原则，对基本统计单位进行的部门分类。中国投入产出表产业部门分类主要依据《国民经济行业分类》。供给表的宾栏和使用表的宾栏采用产业部门分类。

上述部门分类可繁可简，实际操作中，一般部门分类都会在数十个以上。比如，中国 2007 年投入产出表采用的是两级分类体系，第一级分为 42 个部门，第二级则进一步细分为 135 个部门。而 2012 年投入产出表虽然在分类原则上依然采用两级分类体系，但第二级在 42 个部门的基础上则进一步细分为 139 个部门。

在国际上，比较常用的部门分类有两种：一种是国际标准产业分类（ISIC，International Standard Industry Classification），目前所使用的是其第四版。另一种是全球贸易分析项目（GTAP，Global Trade Analysis Project）部门分类体系，该体系是由美国 Purdue 大学支持开发的。通过与全世界多个国家和地区学者的合作，GTAP 已经建立了以"贸易流量"为记录重点的数据库，并不断进行更新。由于该体系保证了统一的部门分类和口径，GTAP 投入产出表已经成为应用投入产出技术分析贸易问题的首选，使用非常广泛。但中国投入产出表是按照 ISIC 确定部门分类。

需要说明的是，由于两个部门分类体系角度不同，ISIC 的一个部门或许对应 GTAP 的多个部门，也或许 GTAP 的一个部门对应 ISIC 的多个部门，也有可能是交叉对应。这样，在对中国投入产出表与以 GTAP 分类的投入产出表进行比较时要注意二者的差异。

三、投入产出表中的价格

（一）与投入产出核算有关的价格

根据产品税、产品补贴以及运输费用的记录方式，可以采用不同的价格来核算产出和投入，这样，在国民经济核算中，与投入产出核算有关的价格就包含了三种：

（1）基本价格。是生产者就其生产的每单位货物或服务产出从购买者那里所获得的、扣除了生产或销售时应付的所得税，再加上所获得的所有补贴后的金额。它不包括生产者在发票上单列的任何运输费用，也不包括生产者从购买者那里获得、再转移给政府的任何产品税，但包括生产者从政府那里获得、用于降低向购买者所收取价格的所有产品补贴。基本价格是归生产者所有的那部分，因此，基本价格与生产者的决策密切相关。

（2）生产者价格。是生产者就其生产的每单位货物或服务产出从购买者那里所获得的、扣除了向购买者开列的所有增值税（VAT）或类似可抵扣税后的金额。它不包括生产者在发票上单列的任何运输费用。与基本价格不同，生产者价格中包括产品税（每单位产出的应缴税额），但不包括产品补贴（每单位产出所获得的补贴）。生产者价格是不包括（在生产者开具给购买者的发票中单列的）增值税的价格。

（3）购买者价格。是购买者在指定时间地点获得每单位货物或服务所支付的金额。它不包括任何增值税或类似可抵扣税。货物的购买者价格包括按购买者要求在指定时间运送货物到指定地点而另行支付的运输费用。

（二）编制投入产出表的价格选择

编制投入产出表的价格有两种选择：一种是购买者价格与生产者价格之间的选择；另一种是生产者价格与基本价格之间的选择。尽管 SNA2008 建议在编制投入产出表时选择基本价格，但实际的投入产出表大多采用了生产者价格，我国亦如此。

正是由于实际中投入产出表选择了生产者价格数据，而实际统计体系中，"各项最终使用数据"又往往按购买者价格汇总，这就产生了一个实际问题，即现有统计体系中的部分数据并不能直接放入投入产出表中，需要将有关数据按照三个价格间的关系进行转换。转换时，必须从购买者价格数据中扣除各项流通费用，将这些费用归入"货物运输与仓储业""批发零售贸易业"等各流通部门中。从而，尽管投入产出表中的最终消费在总量上与一般统计是一致的，但由于一个采用了购买者价格，一个采用了生产者价格，在结构上二者差异会比较大。例如，对应投入产出表中的"食品制造业"的居民消费就会小于一般统计中该部门产品的居民消费，因为流通费用归并到"流通部门的居民消费支出"中去了。

四、进口的处理

在开放经济条件下，一国经济中的投入与产出必然与国外部门发生联系，进出口因此成为投入产出表中的项目。在投入产出表中，出口被当作最终使用处理，只记录当期每种产品出口了多少，至于出口产品在国外的用途如何，在"以本国为主"的国民经济核算原则下不给予记录。而进口则不同，虽然进口来自何处、如何生产出来，在基于"本国为主"的核算原则下可以忽略，但进口的使用由于完全发生在"本国"，必须考虑如何记录的问题。一般来说，对于进口的处理，主要有以下两种处理方式：

1. 进口品单独作为一列

投入产出表在行向上表示产品的使用去向，而每一个使用去向都会或多或少地包括对进口品的使用。为了将这种使用反映出来，一种简单的处理方法就是：在投入产出表的第 II 象限设置一个"进口"列，用来记录每种产品总共进口了多少，它必然等于各个使用方向所使用的进口品的总和。通过把进口列所有数据都记为负值，就可以抵消中间使用与最终使用中所包含的进口品，从而保证行合计依然等于国内总产出。

这种进口品的处理方法不需要了解进口品输入本国后都用到了何处,只需要获取每种产品的进口总量数据,在核算上比较容易实现,因此应用较为广泛。中国国家层面的投入产出表与地区层面的投入产出表对进口的处理都采用了这种处理方式。具体使用时,需要注意:(1)第Ⅰ象限和第Ⅱ象限(进口列除外)中各个元素的数值都已经包含了进口,也就是说,中间使用与最终使用的消费、投资项数据并不一定都是本国产品,其中可能有一部分是进口产品,由于将进口作单独列处理只核算总量数据,所以,中间使用与最终使用中究竟有多少进口品是不知道的;(2)进口列虽然设置在第Ⅱ象限,但其所记录的数据并非仅和最终使用有关,其中一部分是被生产过程当期消耗掉了,也就是说,有一部分属于中间使用。

2. 进口品详细列成矩阵

将进口品详列为矩阵,是指把总进口列按照各种进口品的使用方向扩展成矩阵,即在保证其使用方向分类与投入产出表的使用方向分类一致的情况下,将进口品矩阵直接加在投入产出表的第Ⅰ象限与第Ⅱ象限的下方,这种设计使得投入产出表的基本表式表现为表 7-6 的形式。

表 7-6 进口品列成矩阵的投入产出表表式

			中间使用	最终使用			总产出
			n 个部门	消费	投资	出口	
中间投入	本地区产品	n 个部门	本地区部门对本地区产品的中间消耗 n×n	对本地产品的消费	由本地区产品形成的固定资产和存货	本地区产品的出口	本地区总产出
	进口品	n 个部门	本地区部门对进口品的中间消耗 n×n	对进口品的消费	由进口品形成的固定资产和存货	进口品的出口	总进口
最初投入	劳动报酬 固定资产折旧 生产税净额 营业盈余						
	总投入						

进口品的处理虽然采用了不同的方式,但实际上可以将进口品单独作为一列的投入产出表转换成进口品列成矩阵的投入产出表。具体转化可以这样理解:在将进口品单独作为一列的投入产出表中,第Ⅰ象限、第Ⅱ象限(进口列除外)中的每个元素实际上都包含了进口品的使用数量(数据范围在 0 到表中该元素数值间),如果将每个元素中包含的进口品数量拿出来,就会形成一张行标题与列标题都与原表完全相同的新表,但此时,原表中处于第Ⅰ象限、第Ⅱ象限的数据含义发生了变化,各元素仅表示本地区产品的使用情况(进口品单独作为一列依然没变)。现在将两张含义不同但形式完全一样的使用表并列起来,就形成了一张包含了本地区产品与进口品的使用表。其中,代表本地区产品部分的行合计就是总产出,代表进口品部分的行合计就是总进口,再将进口品单

独作为一列的投入产出表中代表总进口的进口列移到进口品使用表中和总产出并列的位置,于是,进口品单独作为一列的投入产出表就成为进口品列成矩阵的投入产出表。

因此,无论采用何种处理方式处理进口品,投入产出表的平衡关系都不会改变。在将进口品列成矩阵的投入产出表中,看似内容多了一倍,其实它不过是将包含在进口品单独作为一列的投入产出表中的进口品单独详细显示出来,此增彼减,列合计不会发生变化。同理,在将进口品单独作为一列的投入产出表中,是将总进口做一次性扣除;而在将进口品列成矩阵的投入产出表中,则是在每种用途上分别扣除而已,行合计也不会改变。

进口品单列与进口品列成矩阵的转换关系以中国 2012 年三部门投入产出简表数据为例进行说明,具体数据见表 7-7 和表 7-8。

表 7-7 中国 2012 年三部门投入产出表(进口品单列) 单位:亿元

		中间使用				最终使用					进口(一)	统计误差	总产出
		第一产业	第二产业	第三产业	合计	居民消费	政府消费	资本形成	存货增加	出口	合计			
中间投入	第一产业	6 877	24 917	2 550	34 344	11 156	342	1 067	974	666	14 205	2 328	2 672	48 893
	其中:进口	230	472	310	1 012	1 056	65	150	45		1 316			
	第二产业	10 260	364 783	48 213	423 256	39 549	0	97 264	4 380	81 608	222 802	65 864	−2 613	577 581
	其中:进口	1 520	21 938	11 213	34 671	19 549		10 264	1 380		31 193			
	第三产业	3 097	53 386	38 732	95 215	45 848	34 849	7 104	129	13 267	101 197	5 828	1 802	192 385
	其中:进口	97	1 386	732	2 215	2 848	632	104	29		3 613			
	合计	20 234	443 086	89 496	552 815	96 553	35 191	105 436	5 484	95 541	338 204	74 021	1 860	818 859
最初投入	劳动者报酬 固定资产折旧 生产税净额 营业盈余 增加值													
	总投入													

在表 7-7 中,进口品单独作为一列显示在投入产出表中,现在假设将进口品从中间使用与最终使用中拿出来(表中见阴影部分),那么,阴影部分的数据就体现了进口品在国民经济各部门间的使用数量。现在将拿出来的进口品数据即阴影部分放到一起,形成表 7-8。表 7-8 中,上部分代表本地区产品的使用情况,下部分即阴影部分代表进口品的使用情况,将处在上部分中的进口品合计列的数据移至与总产出并列的下部分,这样,投入产出表对进口品的处理就由单独作为一列的形式转换成详列成矩阵的形式,虽然表的形式发生了变化,但表中列和与行和的平衡关系依然存在。

表 7-8　中国 2012 年三部门投入产出表（进口品列成矩阵）

单位：亿元

		中间使用				最终使用					进口(-)	统计误差	总产出
		第一产业	第二产业	第三产业	合计	居民消费	政府消费	资本形成	存货增加	出口	合计			
中间投入	第一产业	6 647	24 445	2 240	33 332	10 100	277	917	929	666	12 889		2 672	46 221
	第二产业	8 740	342 845	37 000	388 585	20 000	0	87 000	3 000	81 608	191 608		-2 613	580 193
	第三产业	3 000	52 000	38 000	93 000	43 000	34 217	7 000	100	13 267	97 584		1 802	190 584
	第一产业进口	230	472	310	1 012	1 056	65	150	45		1 316	2 328		2 328
	第二产业进口	1 520	21 938	11 213	34 671	19 549	0	10 264	1 380		31 193	65 864		65 864
	第三产业进口	97	1 386	732	2 215	2 848	632	104	29		3 613	5 828		5 828
	合计	20 234	443 086	89 496	552 815	96 553	35 191	105 436	5 484	95 541	338 204	74 021	1 860	818 859
最初投入	劳动者报酬													
	固定资产折旧													
	生产税净额													
	营业盈余													
	增加值													
	总投入													

注：表中第一产业总产出"46 221"与表 7-7 中第一产业总产出"48 893"的区别在于：表 7-8 中由于第一产业进口已经通过矩阵形式显示出来，这样，第一产业总产出不包含进口数"2 328"，从而第一产业总产出不需要减去进口，总产出"46 221"就成为第一产业的国内总产出。同样，第二产业和第三产业的总产出依次类推。但由于统计误差存在，第一产业、第二产业、第三产业总产出之和还需要加上统计误差才是三次产业的总产出之和"818 859"。

看得出来，第二种处理方式的投入产出表比第一种处理方式的投入产出表提供了更为丰富的信息。通过第二种处理方式的投入产出表，不仅可以知道一共使用了多少进口产品，还可以知道每个部门的中间投入中各种进口品所占的比例，消费者的消费需求又有多少是依靠进口品来满足的，这些信息对于建模分析来说至关重要，因此，很多大型投入产出表数据库也都采用类似于第二种方式的处理方法处理进口品。但由于将进口详细列为矩阵后，实际上使投入产出表的规模几乎扩大了一倍，而且编制进口列矩阵需要掌握与此相关的各种进口品的不同使用去向的数据，无疑加大了编表的难度和工作量，故在实际操作过程中，绝大多数投入产出表都只对进口作一次性扣除，我国投入产出表就是如此。

第四节 投入产出表的编制

据前所述，投入产出表数据具有自己独特的口径，不能直接由现有核算体系得到，这样，若想通过投入产出表获得更加丰富的关于国民经济运行特征的信息，必须编制投入产出表。编制投入产出表的正规方法是调查法，即依据实际调查资料编制，有两种主要模式：直接分解法与间接推导法，本节介绍与之有关的理论。

一、投入产出表编制的直接分解法

（一）直接分解法编表的基本思路

在运用直接分解法编制投入产出表时，首先要按照纯部门的要求，充分利用现有核算资料进行分解和调整，以满足"产品部门×产品部门"表的数据口径需要，如果现有资料不能满足要求，则需要组织重点调查来获取数据。具体实施时需要全面调查搜集各企业、部门的投入产出资料，将收集到的资料按纯部门的要求逐一分解，再由综合部门将分解后的数据汇编成标准形式的投入产出表。由于一张投入产出表一般由五部分数据构成：各部门总产出；各部门增加值及其构成项，也即最初投入部分；中间投入部分；各种产品的最终使用部分，包括各种产品的消费、固定资本形成、存货、出口；进口部分。如果能够按"纯部门"要求获得这些指标的数据，将其组合在一起，一张投入产出表就能编制完成。因此，采用直接分解法编制投入产出表的关键是要获得上述五部分的分解数据。具体实施时其流程如下：

（1）按纯部门标准分解各部门不同产品的产出，再将分解得到的结果组合成相应产品部门的产出；

（2）按"投入跟着产出走"的原则分解各部门的各种中间投入和最初投入,再将其归并到相应的产品部门;

（3）从全社会角度确定各种产品的最终使用数量,包括消费、投资和净出口的总量的构成;

（4）对上述各项资料按投入产出表的结构关系进行综合平衡,要求各部门:

$$中间投入＋最初投入＝中间产品＋最终产品$$

（5）汇编有关资料,即可得到纯部门的投入产出表。

在此,结合中国实际情况对上述五部分统计指标数据的获取分别进行介绍。

（二）指标分解

1. 总产出的分解

在现有核算资料中,可以找到编表年份农业部门、工业部门、建筑业部门的总产出数据。

对于农业部门总产出只要加上"商业部门代征的农产税"就可以与投入产出表所要求的数据口径一致。

工业部门总产出的口径与投入产出表的数据要求相比,主要存在两种差异:第一种差异是现有核算资料是规模以上企业（全部国有独立核算工业法人企业和全部年主营业务收入 500 万元以上的非国有独立核算的工业法人）的数据,而投入产出表中的工业部门总产出应该包括全部工业企业（规模以上与规模以下企业）的产出;第二种差异是现有核算资料工业部门总产出是按产业部门口径核算的,而投入产出表则需要按照产品部门（纯部门）口径进行核算。因此,在将现有工业部门核算数据运用至投入产出表中时,工业部门总产出需要进行调整,调整的步骤是:（1）对现有的规模以上的企业部门总产出进行分解,将次要产品的产出分解出来,并按照产品性质归入相应的产品部门;（2）利用规模以下工业企业总产出的调查数据,得到按照产业部门分类的各工业部门总产出,并进一步调整为产品部门总产出;（3）规模以上和规模以下产品部门数据相加,就可得到投入产出口径的工业部门总产出。

建筑业部门总产出的口径与投入产出表的数据要求相比,差异也主要体现在规模方面。现有核算资料中的建筑业部门总产出,不包括 5 万元以下固定资产投资完成额和与施工工程有关的地质勘探、勘察设计的产出,而投入产出表中的建筑业部门总产出则应该包括。因此,只需要在现有核算资料中的建筑业部门总产出的基础上加上这两项产出,就可以满足投入产出表的需求。

第三产业各部门在现有核算资料中一般只有增加值资料,而没有总产出,需要根据各部门财务收支资料等进行估计。

2. 最初投入与中间投入的分解

（1）最初投入（增加值）的分解。现有核算资料中已经有各部门增加值数据，但仍需要按照类似总产出的方法进行调整和分解才能与投入产出表口径相符合。但由于增加值构成项目的估计较为困难，需要结合所掌握的统计资料的详细程度采用不同的处理方法。

（2）中间投入的分解。关于中间投入部分，几乎没有相关的现成核算资料可利用，必须依靠专门的基层调查。因此，在投入产出表的编制中，完成这部分估计的工作量最大。下面以工业部门为例介绍基本的操作，步骤如下：

第一，选择重点企业组织调查。

第二，从原始台账查起，建立外购中间投入和自产中间投入的原始登记表。之所以要区分外购与自产，是因为：一方面，两者所使用的价格不同，外购投入使用的是购买者价格，而自产投入使用的是成本价格；另一方面，自产自用的产品会涉及重复计算问题。

依据以上两步操作，就可以得到该企业的中间投入结构。但是，按照投入产出表的口径，如果该企业除主产品外，还生产一些次要产品，那么还需要对投入结构做进一步的分解，得到该企业各种产品的中间投入结构。换句话说，即使已知基层单位投入产出结构，还要通过分解进一步获得该基层单位所包含各个同质生产单位的投入结构。以下是分解的主要步骤：

首先，把生产活动中间投入分解到各个同质生产单位。

其次，把管理活动中间投入分摊到各个同质生产单位。

至此，已经获得该企业按产品部门口径划分的中间投入结构。接下来，为了避免重复计算，需要从中间投入中扣除企业自产自用产品并将其还原为其消耗的产品，于是有了下面这个步骤：分解还原自产自用产品。

经过上述步骤，可以获得该企业中各个产品部门的投入结构。把各个企业的调查结果按照产品部门汇总，计算与总产出（调查企业产品部门的总产出）的比例关系，就可以用来推算总体的中间投入情况。

3. 最终使用的分解

最终使用部分需要填充的数据包括：城镇居民消费、农村居民消费、政府消费、固定资本形成总额、存货净变化以及出口。由于出口涉及常住单位与非常住单位，性质与进口类似，故将出口与进口合并到一起进行分解。

（1）居民消费的分解。居民消费是指常住居民在核算期内的货物和服务购买支出。由于居民的货物与服务购买支出并不一定有相应的货币支出，当没有实际货币支出时在核算中被称为虚拟消费支出,因此居民消费支出实际上包含了两部分:实际货币支出与虚拟消费支出。城镇居民与农村居民的实际货币消费支出比较容易估计,基础数据可以从住户调查之住户家庭生活费支出、城市住户现金收支调查表、农村居民消费支出等资料中获取,然后按投入产出部门归类并乘以年平均人数即可。虚拟消费支出则不同,由于是虚拟的,只能依靠估算。以农村居民自有住房服务为例:

农村居民自有住房服务=每户住房价值×折旧率×年均户数-出租房屋的租金收入

实际消费支出与虚拟消费支出相加,就是居民消费。

(2) 政府消费的分解。政府消费的目标不是满足自身的需要,而是满足社会大众的需要,支付主体与受益主体不一致,这使得政府消费与居民消费不同。政府消费主要表现为两种形式:提供公共服务与以免费或较低的价格向居民提供货物和服务。例如,清洁卫生支出,就属于第一种情形,计入"对公用事业部门的消费";"幼儿定额标准补贴"则属于第二种情形,计入"对教育事业的消费"。估计政府这两部分消费时,需要借用财政部以及教育、卫生等部门的统计资料,而且无论政府具体购买了什么,也只按照消费的目的分类,这样,政府消费量主要记录在公用事业、居民服务业、卫生事业、体育事业、教育事业等第三产业部门。

(3) 资本形成总额的分解。固定资本形成总额由以下五部分内容构成:建筑安装工程、设备工具器具购置和其他费用形成的固定资产;商品房购买形成的固定资产;新产品试制费增加的固定资本;无形资产形成以及报废和调出的固定资产净值。对于资本形成总额,一般采用的估计方法是先分项计算各项数值,并与投入产出部门相对应,然后加总得到固定资本形成总额列数据。基本的数据来源于统计部门固定资产投资统计年报、固定资产投资构成调查汇总表、房地产开发统计基层标准表以及财政部门决算资料。

(4) 存货变化的分解。存货变化一般主要发生在农业、工业、建筑业、交通运输邮电业、商业饮食业和国家储备等领域。对存货变化的估计是分别计算各个领域的存货变化并加总,进而得到存货变化列数据。

4. 出口、进口的分解

出口与进口是发生在常住单位与非常住单位之间的货物与服务流。按照在海关是否记录,出口可以分为两大类:一是经过海关出口的产品,一般都有比较可靠的记录;二是非常住单位在本国购买的货物以及本国为非常住单位提供的货运、邮电通讯等服务,这些流量在海关不会有任何记录。进口的情况亦如此,可以分为经海关进口的产品和本国常住单位在国外购买的货物以及享受的服务。

经海关出口、进口的货物与服务因为具备完全的统计资料，计算比较容易；而第二类出口、进口的统计资料则非常有限，往往需要依据相关数据进行推算。

5. 扣除流通费用

由于上述项目基本都是按购买者价格计算的，而投入产出表一般采用生产者价格编制。所以，必须从已经获得的数据中扣除各种流通费用，包括运输费用和商业附加费，扣除的部分要加到运输部门和商业部门的相应位置上。

经过上述步骤，再经过一些调整，一张投入产出表就编制出来了。虽然编制投入产出表是一个十分繁重的工作，但总体来看，投入产出表编制的重点可以概括为两个词：分解与放大。分解的目标是获得产品部门口径的数据，放大的目标则是要保证不遗漏规模以下单位的数据。

二、投入产出表编制的间接推导法

一般地讲，直接分解是一种比较理想的编表方法。按这种方法编制的投入产出表，数字比较准确，有助于提高编表质量。但从编表实践看，直接分解法的实施也遇到不少困难和障碍，特别是在有些指标缺乏基础数据资料的条件下，编制难度较大，这种条件下，经济学家们创造了一种变通的编表方法——间接推导法。

间接推导法又称 UV 表法，是将混合部门的数据分解成纯部门数据的一种数学方法，是联合国所推荐的一种编表方法。该方法先将企业的原始数据（不分解）汇总编制过渡表——U 表和 V 表，然后在一定的经济假定条件下，用数学方法来推导纯部门表，再编制投入产出表。其特点是不在基层对各产品部门的投入和产出进行分解，而是通过数学方法进行转移和归并。下面以高度简化的资料说明间接推导法的原理。

（一）间接推导法的数据基础

间接推导法所需要的资料包括：中间投入的产业×产品矩阵与产品×产业矩阵，产业部门口径的最初投入（增加值）以及总产出数据，产品部门口径的最终使用数据。

关于产业部门的投入产出资料，通常具有以下特点：(1) 各产业部门的产出，能够确定其产品种类和各类产品的数量，但无法确知这些产品的使用去向；(2) 各产业部门的投入，能够确定其具体种类（是中间投入还是最初投入，是使用何种产品进行的中间投入，或使用何种要素进行的最初投入等），但难以明确区分这些投入分别被用于哪些产品的生产，有关的中间投入又是由哪些部门提供的。据此，可用两张表描述国民经济各产业部门的投入和产出核算资料，并据以编制 UV 型投入产出表。间接推导法依赖的中间投入的产业×产品矩阵（V 表）与产品×产业矩阵（U 表）见表 7-9。

表 7-9　间接推导法的数据基础与目标

		产品部门			产业部门			最终使用	总计
		农业	工业	其他	农业	工业	其他		
产品部门						U		Y	X
	农业				10	60	10	10	90
	工业				40	60	20	180	300
	其他				20	30	60	100	210
产业部门			V						G
	农业	70	30	0					100
	工业	0	260	40					300
	其他	20	10	170					200
增加值						N			
					30	150	110		
总计			X'			G			
		90	300	210	100	300	200		

在表 7-9 中，标有数据的区域表示使用间接推导法所需要的数据基础，也即数据收集与整理阶段的目标。其中，U_{ij} 所代表的数据组成一张使用表，行标题表示产品，列标题表示产业，因此这一数据矩阵就是产品×产业矩阵，又称 U 表。其中，每一行表示一种产品在中间使用领域的各种去向，每一列表示一个产业部门按产品分类的中间投入构成，其代表性元素 U_{ij} 表示第 j 个产业部门当期所使用的第 i 种产品的数量，或者说第 i 种产品用于第 j 个产业部门生产过程的数量。通常产品行的数目多于产业列的数目，所以，使用表是长方形的。

V_{ij} 所代表的数据为供给表（产品×产业）的转置矩阵元素，行标题表示产业，列标题表示产品，因此这一数据就是产业×产品矩阵，又称 V 表。其中，每一行表示一个产业部门都生产了哪些产品，每一列则说明一种产品都是由哪些部门制造的，其代表性元素 V_{ij} 表示第 i 个产业部门当期所制造的第 j 种产品的数量。

从可得性来看，U 表数据完全是产业部门口径，不需要分解就能获得；V 表数据的获得也只需要对总产出按产品部门进行分解，从而避开了分解中间投入这一艰巨工作。进一步看，最终使用部分 Y 的数据是按产品部门分类的，其估计方法如前所述，且由于消费、投资等原本就是按产品分类的，所以也不涉及分解问题；N 与 G 为产业部门增加值和总产出，只需要通过放大工作把规模以下单位的产值包括在内即可，也不需要分解；X 为产品部门总产出，如果矩阵 V 已知，其列向计算和就是 X，不需要单独计算。

表 7-9 的空白阴影区域即为编表的目标区域,是产品×产品投入产出表的各个组成部分。与标有数据的已知区域对比,可知获得表 7-9 数据后,进一步的工作就是估计产品×产品表的中间投入矩阵和产品部门最初投入。

(二)间接推导法的推导公式

由于间接推导法的目标区域是产品×产品表的中间投入矩阵和产品部门最初投入,这里主要讨论中间投入矩阵的推导方法。由表 7-9 可见,与目标矩阵相关的数据资料是 U 表与 V 表。根据这两张表以及产业部门总产出、产品部门总产出数据,可以计算出以下三种平衡系数,所形成的三个系数矩阵就是推导产品×产品矩阵的基础信息。

1. 部门消耗系数

该系数反映企业部门消耗各种产品的情况,计算公式是:

$$c_{ij}=\frac{u_{ij}}{G_j} \quad (i=1,2,\cdots,n;\ j=1,2,\cdots,m) \tag{7-2}$$

式中 c_{ij} 是部门消耗系数,表示 j 部门要生产一单位的"混合"产品或单位总产出所消耗的 i 产品的数量;u_{ij} 是消耗矩阵 U 的元素,表示 j 部门生产一定数量的总产出所消耗的 i 产品的数量;G_j 为 j 部门生产的总产出。

写成矩阵形式为:

$$C = U\hat{G}^{-1} \tag{7-3}$$

其中 C 是部门消耗系数矩阵,其行列所表示的经济内容与消耗矩阵相同,$\hat{G}^{-1}$ 是部门总产出对角逆矩阵。按照表 7-9 的数字有:

$$\begin{pmatrix} c_{11} & c_{12} & c_{13} \\ c_{21} & c_{22} & c_{23} \\ c_{31} & c_{32} & c_{33} \end{pmatrix} = \begin{pmatrix} 10 & 60 & 10 \\ 40 & 60 & 20 \\ 20 & 30 & 60 \end{pmatrix} \begin{pmatrix} 1/100 & 0 & 0 \\ 0 & 1/300 & 0 \\ 0 & 0 & 1/200 \end{pmatrix}$$

$$= \begin{pmatrix} 0.1 & 0.2 & 0.05 \\ 0.4 & 0.2 & 0.10 \\ 0.2 & 0.1 & 0.30 \end{pmatrix}$$

该矩阵主栏是各产品,宾栏是各部门。以第一列为例说明,农业部门每生产 1 亿元总产出,耗用农业产品 0.1 亿元,工业产品 0.4 亿元,其他产品 0.2 亿元,显然,每一部门的消耗系数之和必小于 1,即 $\sum c_{ij} < 1$。

2. 生产构成系数

该系数反映同一企业部门所生产的不同产品的比例情况。其计算公式是

$$d_{ij}=\frac{v_{ji}}{G_j} \quad (i=1,2,\cdots,n;j=1,2,\cdots,m) \tag{7-4}$$

其中 d_{ij} 为生产构成系数，表示 j 部门生产的 i 产品占其生产总值的比重；v_{ji} 为生产矩阵 V 的转置矩阵的元素，表示 j 部门生产 i 产品的数量。上式也可用矩阵表示：

$$D=V'\hat{G}^{-1} \tag{7-5}$$

仍按照表 7-9 的数字有：

$$\begin{pmatrix} d_{11} & d_{12} & d_{13} \\ d_{21} & d_{22} & d_{23} \\ d_{31} & d_{32} & d_{33} \end{pmatrix} = \begin{pmatrix} 70 & 30 & 0 \\ 0 & 260 & 40 \\ 20 & 10 & 170 \end{pmatrix}' \begin{pmatrix} 1/100 & 0 & 0 \\ 0 & 1/300 & 0 \\ 0 & 0 & 1/200 \end{pmatrix}$$

$$=\begin{pmatrix} 0.70 & 0.00 & 0.10 \\ 0.30 & 0.87 & 0.05 \\ 0.00 & 0.13 & 0.85 \end{pmatrix}$$

生产构成系数矩阵的主栏为各种产品，宾栏为各个部门。从矩阵的第一列可知，在农业总产出中，农业产品占 70%，工业产品占 30%，其余部门的生产构成也可依次类推。矩阵中每一生产部门生产构成系数之和必等于 1，即 $\sum_i d_{ij}=1$。

3. 市场份额系数

该系数反映不同部门生产同一种产品在其市场总量中的比重，计算公式是：

$$e_{ij}=\frac{v_{ij}}{X_j} \quad (i=1,2,\cdots,m;j=1,2,\cdots,n) \tag{7-6}$$

其中 e_{ij} 为市场份额系数，表示在产品 j 的市场总量中 i 部门所生产的份额；v_{ij} 表示 i 部门所生产的 j 产品的数量；X_j 为 j 产品的市场总量。如用矩阵表示则为：

$$E=V\hat{X}^{-1} \tag{7-7}$$

其中 E 为市场份额系数矩阵，V 为生产矩阵；$\hat{X}^{-1}$ 为产品总量对角矩阵的逆矩阵。仍以表 7-9 的数字为例，则有：

$$\begin{pmatrix} e_{11} & e_{12} & e_{13} \\ e_{21} & e_{22} & e_{23} \\ e_{31} & e_{32} & e_{33} \end{pmatrix} = \begin{pmatrix} 70 & 30 & 0 \\ 0 & 260 & 40 \\ 20 & 10 & 170 \end{pmatrix} \begin{pmatrix} 1/90 & 0 & 0 \\ 0 & 1/300 & 0 \\ 0 & 0 & 1/210 \end{pmatrix} = \begin{pmatrix} 0.78 & 0.10 & 0.00 \\ 0.00 & 0.87 & 0.19 \\ 0.22 & 0.03 & 0.81 \end{pmatrix}$$

市场份额系数的主栏是各部门，宾栏是各种产品。对每一种产品来说，它的市场份额系数之和必等于 1，即 $\sum_i e_{ij}=1$。

显然，如果不给出一定假设条件，仅由这三个系数矩阵是无法估计出产品×产品矩阵中的数据的，因此，间接推导法的基本思想是：先建立假设条件，然后根据假设条件利用上述三个矩阵推出产品×产品矩阵投入产出系数，最后将投入产出系数乘以总产出数据，得到产品×产品矩阵的流量。

通常采用的两种工艺假定是：产品工艺假定和部门工艺假定。

（三）产品×产品投入产出表的编制

1. 采用产品工艺假定推导产品×产品表

所谓产品工艺假定，是指不同部门生产的同一种产品具有相同的消耗结构。在此假定下，只要计算某个部门产品的消耗结构，就可以此作为该种产品的社会消耗结构。就部门来看，部门的消耗系数和部门生产的产品的消耗系数之间存在一定的数量关系。即对 j 部门的投入是该部门生产的各种产品投入的加权平均数，权数则是 j 部门所生产的各种产品的比例即生产构成系数。写成公式如下：

$$c_{ij} = \sum_{k=1}^{m} a_{ik} d_{kj} \tag{7-8}$$

其中 a_{ik} 为第 k 种产品对第 i 种产品的直接消耗系数；d_{kj} 为第 j 部门生产的第 k 种产品占第 j 部门生产的全部产品的比重。上式用矩阵表示为：

$$C = AD \tag{7-9}$$

如果 D 的逆矩阵存在，则有 $A = CD^{-1}$。

由此可见，在产品工艺假定的条件下，要想求得 A 矩阵，必须先求得 C 和 D^{-1} 矩阵。采用该假定，要求 D 矩阵必须是方阵，即产品数 n 必须等于部门数 m。当 $m \neq n$ 时，只能采用部门工艺假定。

根据表 7-9 提供的数字，可以在产品工艺假定的条件下，计算出直接消耗系数矩阵。

$$A = CD^{-1}$$

$$= \begin{pmatrix} 0.1 & 0.2 & 0.05 \\ 0.4 & 0.2 & 0.10 \\ 0.2 & 0.1 & 0.30 \end{pmatrix} \begin{pmatrix} 0.70 & 0.00 & 0.10 \\ 0.30 & 0.87 & 0.05 \\ 0.00 & 0.13 & 0.85 \end{pmatrix}^{-1}$$

$$= \begin{pmatrix} 0.1 & 0.2 & 0.05 \\ 0.4 & 0.2 & 0.10 \\ 0.2 & 0.1 & 0.30 \end{pmatrix} \begin{pmatrix} 1.419 & 0.026 & -0.169 \\ 0.494 & 1.151 & -0.009 \\ 0.075 & -0.176 & 1.178 \end{pmatrix}$$

$$= \begin{pmatrix} 0.047 & 0.224 & 0.040 \\ 0.476 & 0.222 & 0.048 \\ 0.257 & 0.068 & 0.319 \end{pmatrix}$$

此外各部门的增加值也是混合的，是由本部门生产的多种类型的产品提供的，也应重新分配组合，以保证产品×产品表的完全性。调整公式为：

$$A_N = N\hat{G}^{-1}D^{-1} \tag{7-10}$$

这里 A_N 为产品×产品表的增加值系数的行向量，N 为部门增加值向量，$\hat{G}^{-1}$ 为部门产量对角矩阵的逆阵，D^{-1} 为生产构成系数逆阵。根据上述资料有：

$$A_N = NG^{-1}D^{-1}$$
$$= (30,150,110)\begin{pmatrix} 1/100 & 0 & 0 \\ 0 & 1/300 & 0 \\ 0 & 0 & 1/200 \end{pmatrix}\begin{pmatrix} 1.419 & 0.026 & -0.169 \\ -0.494 & 1.151 & -0.009 \\ 0.075 & -0.176 & 1.178 \end{pmatrix}$$
$$= (0.220, 0.486, 0.593)$$

有了这两个系数之后，产品部门中间产品流量矩阵 W 及产品部门增加值向量 N 可分别计算如下：

$$W = A\hat{X}$$
$$= \begin{pmatrix} 0.047 & 0.224 & 0.040 \\ 0.476 & 0.222 & 0.048 \\ 0.257 & 0.068 & 0.319 \end{pmatrix}\begin{pmatrix} 90 & 0 & 0 \\ 0 & 300 & 0 \\ 0 & 0 & 210 \end{pmatrix}$$
$$= \begin{pmatrix} 4.23 & 67.17 & 8.42 \\ 42.85 & 66.78 & 10.21 \\ 23.11 & 20.19 & 66.95 \end{pmatrix}$$

$$N = A_N\hat{X}$$
$$= (0.220, 0.486, 0.593)\begin{pmatrix} 90 & 0 & 0 \\ 0 & 300 & 0 \\ 0 & 0 & 210 \end{pmatrix}$$
$$= (19.18, 145.86, 124.42)$$

利用以上计算结果，可以编制出产品×产品的投入产出表，见表 7-10。

表 7-10 产品×产品投入产出表　　　　　　　　单位：亿元

	产　品			最终使用	总产出
	农业	工业	其他		
农业	4.23	67.17	8.42	10	90
工业	42.85	66.78	10.21	180	300
其他	23.11	20.19	66.95	100	210
增加值	19.81	145.86	124.42		
总投入	90	300	210		

2. 采用部门工艺假定推导产品×产品表

所谓部门工艺假定，是指同一部门生产不同产品具有相同的消耗结构。因此，从全社会看，生产 j 产品的单位消耗是每一部门所生产产品 j 的单位消耗的加权平均数，权数为部门产量占该产品市场总量的比重，即市场份额系数。尽管各部门生产的各种产品的消耗结构资料不易取得，但在部门工艺假定下，部门生产的任何产品的消耗结构都可用该部门的消耗结构来代替。这样，社会产品的消耗结构可用公式表示为：

$$a_{ij} = \sum_{k=1}^{m} c_{ik} e_{kj} \quad (i,j=1,2,\cdots,n) \tag{7-11}$$

其中 c_{ik} 为部门 k 对产品 i 的投入系数；e_{kj} 为部门 k 生产的 j 产品占全部产品 j 的比重。上式用矩阵表示为：

$$A = CE \tag{7-12}$$

在部门工艺假定下，还需要用市场份额系数来调整部门的增加值系数，使其变成产品的增加值系数，以便与按这一假定推算出的直接消耗系数口径一致。计算公式是：

$$A_N = N\hat{G}^{-1}E \tag{7-13}$$

至于产品×产品投入产出表中间产品流量矩阵和增加值向量的计算与前面所述相似，不再赘述。

第五节 投入产出法的应用分析

投入产出表是一个强有力的分析工具。它不仅提供了一个系统描述生产过程的简洁框架，而且能够在此基础上建立模型，进行各种具有一般均衡性质的定量分析。这里主要介绍各类投入产出系数以及投入产出基本模型与投入产出表的两种最经典应用，即影响分析和关联部门分析。

一、投入产出系数及其应用分析

（一）各种投入产出系数及其含义

投入产出表的第一个应用就是计算各类投入产出系数，投入产出表能够计算的各类系数见表7-11。

在表7-11中，a_{ij} 是直接消耗系数，表示 j 部门生产1单位总产出对 i 部门产品的消耗量，矩阵记为 A；r_{ij} 为分配系数，表示 i 部门产品分配给 j 部门使用部分所占比例；固定资产折旧系数 a_{dj}、劳动报酬系数 a_{lj}、生产税净额系数 a_{tj}、营业盈余系数 a_{mj}、增

加值系数 a_{vj} 等分别表示 j 部门生产单位总产出所需的各种最初投入的数量。

在表 7-11 的各种系数中,最重要的是位于第Ⅰ象限的系数,它反映国民经济各部门之间相互耗用产品的数量关系,表现为直接消耗系数和完全消耗系数。

表 7-11 各类投入产出系数

		中间使用	最终使用					进口	总产出
		n 个部门	居民消费	政府消费	固定资本形成总额	存货增加	出口		
中间投入	n 个部门	$a_{ij}=X_{ij}/X_j$ $r_{ij}=X_{ij}/X_i$	可以计算各种构成系数,如居民消费的产品构成系数,等于某产品居民消费量与居民消费总量之比例。						X_i
最初投入	固定资产折旧	$a_{dj}=D_j/X_j$							
	劳动者报酬	$a_{lj}=L_j/X_j$							
	生产税净额	$a_{tj}=T_j/X_j$							
	营业盈余	$a_{mj}=M_j/X_j$							
	增加值	$a_{vj}=V_j/X_j$							
总投入		X_j							

(二)三种主要系数的应用分析

1. 直接消耗系数

直接消耗系数,也称为投入系数,是指第 j 部门在生产经营过程中单位总产出所直接消耗第 i 部门产品的数量,记为 a_{ij},用公式表示为:

$$a_{ij}=\frac{x_{ij}}{X_j} \quad (i,j=1,2,\cdots,n) \tag{7-14}$$

其中 X_j 表示 j 部门生产的总产品或总产值,x_{ij} 表示 j 部门为生产一定数量的总产品所直接消耗的 i 产品的数量。全部直接消耗系数所组成的矩阵,称为直接消耗系数矩阵,记为:

$$A = (a_{ij})_{n \times n} \tag{7-15}$$

计算式用矩阵表示则为

$$A = W\hat{X}^{-1} \tag{7-16}$$

其中 A 是直接消耗系数矩阵，W 是中间产品流量矩阵，即 $W = (x_{ij})_{n \times n}$；$\hat{X}^{-1}$ 为总产品对角矩阵的逆矩阵。下面用表 7-12 的资料说明直接消耗系数的计算过程。

表 7-12　按基本价格计算的对称型投入产出表——产品×产品

	中间消耗							最终使用	总产品
	农业产品	工业产品	建筑业产品	商业服务	运输服务	其他服务	小计		
	(1)	(2)	(3)	(4)	(5)	(6)	(7)	(8)	(9)
农业产品（1）	3	70	0	3	1	10	87	—	87
工业产品（2）	31	821	74	37	21	154	1 138	771	1 909
建筑业产品（3）	1	9	5	2	1	22	40	204	244
商业服务（4）	3	58	4	8	7	13	93	72	165
运输服务（5）	2	35	4	14	11	13	79	17	96
其他服务（6）	4	118	24	22	15	217	400	703	1 103
小　计（7）	44	1 111	111	86	56	429	1 837	1 767	3 604
增加值（8）	43	798	133	79	40	674	1 767		
总投入（9）	87	1 909	244	165	96	1 103	3 604		

由表 7-12 可知，农业产品总投入为 87，生产过程消耗工业产品数量为 31。那么，农业产品单位总产出对工业产品消耗量 a_{21} 为：

$$a_{21} = \frac{x_{21}}{X_1} = \frac{31}{87} = 0.356\ 322$$

这一系数说明，农业产品部门每生产 1 单位产品，需要投入 0.356 322 的工业产品。

由全部直接消耗系数 a_{ij} 所组成的矩阵 A 为：

$$A = \begin{pmatrix} a_{11} & a_{12} & \cdots & a_{1n} \\ a_{21} & a_{22} & \cdots & a_{2n} \\ \vdots & \vdots & & \vdots \\ a_{n1} & a_{n2} & \cdots & a_{nn} \end{pmatrix}$$

$$= \begin{pmatrix} x_{11} & x_{12} & \cdots & x_{1n} \\ x_{21} & x_{22} & \cdots & x_{2n} \\ \vdots & \vdots & & \vdots \\ x_{n1} & x_{n2} & \cdots & x_{nn} \end{pmatrix} \begin{pmatrix} X_1 & 0 & \cdots & 0 \\ 0 & X_2 & \cdots & 0 \\ \vdots & \vdots & & \vdots \\ 0 & 0 & \cdots & X_n \end{pmatrix}^{-1}$$

$$= \begin{pmatrix} 3 & 70 & 0 & 3 & 1 & 10 \\ 31 & 821 & 74 & 37 & 21 & 154 \\ 1 & 9 & 5 & 2 & 1 & 22 \\ 3 & 58 & 4 & 8 & 7 & 13 \\ 2 & 35 & 4 & 14 & 11 & 13 \\ 4 & 118 & 24 & 22 & 15 & 217 \end{pmatrix} \begin{pmatrix} 1/87 & 0 & 0 & 0 & 0 & 0 \\ 0 & 1/1909 & 0 & 0 & 0 & 0 \\ 0 & 0 & 1/244 & 0 & 0 & 0 \\ 0 & 0 & 0 & 1/165 & 0 & 0 \\ 0 & 0 & 0 & 0 & 1/96 & 0 \\ 0 & 0 & 0 & 0 & 0 & 1/1\,103 \end{pmatrix}$$

$$= \begin{pmatrix} 0.034\,483 & 0.036\,668 & 0.000\,000 & 0.018\,182 & 0.010\,417 & 0.009\,066 \\ 0.356\,322 & 0.430\,068 & 0.303\,279 & 0.224\,242 & 0.218\,750 & 0.139\,619 \\ 0.011\,494 & 0.004\,715 & 0.020\,492 & 0.012\,121 & 0.010\,417 & 0.019\,946 \\ 0.034\,483 & 0.030\,382 & 0.016\,393 & 0.048\,485 & 0.072\,917 & 0.011\,786 \\ 0.022\,989 & 0.018\,324 & 0.016\,393 & 0.084\,849 & 0.114\,583 & 0.011\,786 \\ 0.045\,977 & 0.061\,813 & 0.098\,361 & 0.133\,333 & 0.156\,250 & 0.196\,736 \end{pmatrix}$$

用价值量计算的直接消耗系数 a_{ij} 具有以下特点：

（1）直接消耗系数数值范围为：$0 \leqslant a_{ij} \leqslant 1$（$i,j=1,\cdots,n$）。在此范围内，如果 a_{ij} 越大，说明第 i 部门和第 j 部门之间的直接相互依赖性越强，直接技术经济联系越密切；如果 a_{ij} 越小，说明第 i 部门与第 j 部门之间的直接相互依赖性越差，直接技术经济联系越松散；如果 $a_{ij}=0$，说明第 i 部门和第 j 部门之间没有直接相互依赖性，也没有直接技术经济联系。

（2）直接消耗系数矩阵的列和数值范围为：$\sum_{i=1}^{n} a_{ij} < 1$（$i,j=1,\cdots,n$）。

直接消耗系数是投入产出表的基础，引入直接消耗系数后，就可以把经济因素和技术有机地结合，使经济工作真正建立在定性、定量分析的基础上。

2. 完全消耗系数

完全消耗系数是一般均衡理论相互依存性思想的集中体现。我们知道，各种产品在生产过程中除了有直接联系外，还有间接联系，正是纵横交叉的间接联系传递着经济体系中经济变量的变动，并且形成了产品间的一般联系。以粮食对电力的消耗为例进行说明，见图 7-2。

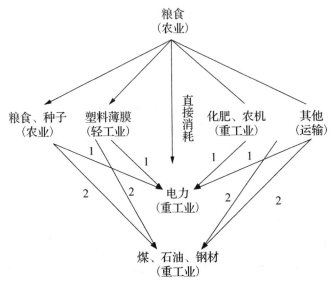

图 7-2　粮食对电力的生产链消耗关系

图 7-2 中，"1"表示粮食对电力的第一次间接消耗，"2"表示粮食对电力的第二次间接消耗，分工越细，这种间接消耗关系会继续延伸下去。图 7-2 显示，粮食产品在生产过程中，除了直接消耗粮食、种子、化肥、塑料薄膜外，还会间接消耗电力、煤、石油、钢材等产品，而生产煤、石油、钢材也需要消耗电，则形成了粮食对电力的第二次间接消耗。在国民经济各部门和各产品的生产中，几乎都存在这种直接与间接消耗的关系，如果能将各部门间、产品间包含间接消耗关系的完全消耗关系计算出来，则对了解和分析国民经济各部门间、产品间的内在联系，搞好宏观经济结构的分析和预测具有重要作用。

完全消耗关系用完全消耗系数来表示。完全消耗系数是指每生产单位第 j 种（部门）最终产品要直接、间接消耗的第 i 种（部门）产品的数量，一般用 b_{ij} 表示，并用 B 来表示完全消耗系数矩阵。根据定义，完全消耗系数的计算公式就可以表示为：完全消耗系数＝直接消耗系数＋全部间接消耗系数。下面通过一个简单的实例来说明完全消耗系数的计算公式。

假设国民经济只有农业（1）和工业（2）两个部门，并且它们的关联关系如图 7-3 所示。

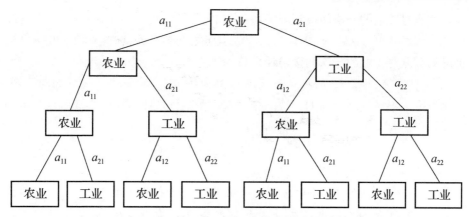

图 7-3 农业与工业的关联关系

直接消耗是指两个部门（如产品部门，下同）之间不经过其他部门而发生的产品之间的消耗关系；间接消耗是两个部门之间需要经过其他部门而发生的产品消耗关系。在图 7-3 中，从图的上方往下方看都是相邻两个部门之间的直接消耗关系，如：

农业—农业（a_{11}）；农业—工业（a_{21}）；工业—农业（a_{12}）；工业—工业（a_{22}）

由此得到农业和工业两个部门的直接消耗系数矩阵为

$$A=\begin{pmatrix} a_{11} & a_{12} \\ a_{21} & a_{22} \end{pmatrix} \tag{7-17}$$

在讨论部门之间的间接消耗关系时，都是通过相邻两个部门的直接消耗关系体现出来，而且从图形下方往上方连乘 2 个直接消耗系数则得到一次间接消耗系数，连乘 3 个直接消耗系数可得到二次间接消耗系数，依次类推，而且连乘的直接消耗系数的下标前后相同。

举例说明如下：

(1) 农业对农业的一次间接消耗关系：

农业—农业（a_{11}）—农业（a_{11}）；农业—工业（a_{21}）—农业（a_{12}）

将相邻两个直接消耗系数逆向相乘，则可得到农业对农业的一次间接消耗系数为 $a_{11}a_{11}+a_{12}a_{21}=a_{11}^2+a_{12}a_{21}$。

(2) 农业对工业的一次间接消耗关系：

农业—农业（a_{11}）—工业（a_{21}）；农业—工业（a_{21}）—工业（a_{22}）

同样将相邻两个直接消耗系数逆向相乘，则可得到农业对工业的一次间接消耗系数为 $a_{21}a_{11}+a_{22}a_{21}$。

(3) 工业对农业的一次间接消耗关系：

工业—农业（a_{12}）—农业（a_{11}）；工业—工业（a_{22}）—农业（a_{12}）

同理可得到工业对农业的一次间接消耗系数为 $a_{11}a_{12}+a_{12}a_{22}$。

(4) 工业对工业的一次间接消耗关系：

工业—农业（a_{12}）—工业（a_{21}）；工业—工业（a_{22}）—工业（a_{22}）

可得到工业对工业的一次间接消耗系数为

$$a_{21}a_{12} + a_{22}a_{22} = a_{21}a_{12} + a_{22}^2$$

如此类推，不难发现上面的一次间接消耗存在某种规律，写成矩阵可以表示为

$$A^2 = \begin{pmatrix} a_{11}^2 + a_{12}a_{21} & a_{11}a_{12} + a_{12}a_{22} \\ a_{21}a_{11} + a_{22}a_{21} & a_{21}a_{12} + a_{22}^2 \end{pmatrix} \tag{7-18}$$

(5) 农业对农业的二次间接消耗关系：

农业—农业（a_{11}）—农业（a_{11}）—农业（a_{11}）
农业—农业（a_{12}）—工业（a_{21}）—农业（a_{12}）
农业—工业（a_{21}）—农业（a_{11}）—农业（a_{11}）
农业—工业（a_{21}）—工业（a_{22}）—农业（a_{12}）

同理，将相邻三个直接消耗系数逆向相乘，则可得到农业对农业的二次间接消耗系数为 $a_{11}a_{11}a_{11} + a_{12}a_{21}a_{11} + a_{11}a_{12}a_{21} + a_{12}a_{22}a_{21}$。

(6) 农业对工业的二次间接消耗关系：

农业—农业（a_{11}）—农业（a_{11}）—工业（a_{21}）
农业—农业（a_{12}）—工业（a_{21}）—工业（a_{22}）
农业—工业（a_{21}）—农业（a_{11}）—工业（a_{21}）
农业—工业（a_{21}）—工业（a_{22}）—工业（a_{22}）

同理可以得到农业对工业的二次间接消耗系数为：

$$a_{21}a_{11}a_{11} + a_{22}a_{21}a_{11} + a_{21}a_{12}a_{21} + a_{22}a_{22}a_{21}$$

其他二次间接消耗系数的计算省略，同样地，也可以发现二次间接消耗间存在某种规律性，写成矩阵形式为：

$$A^3 = \begin{pmatrix} a_{11}^3 + a_{12}a_{21}a_{11} + a_{11}a_{12}a_{21} + a_{12}a_{22}a_{21} & \cdots \\ a_{21}a_{11}a_{11} + a_{22}a_{21}a_{11} + a_{21}a_{12}a_{21} + a_{22}a_{22}a_{21} & \cdots \end{pmatrix} \tag{7-19}$$

由此，我们还可以类似地计算出 $A^4, A^5, \cdots$，得到三次、四次、……，等间接消耗系数的结果，于是，最终得到完全消耗系数矩阵应为：

$$B = A + A^2 + A^3 + \cdots + A^k + \cdots \tag{7-20}$$

将公式（7-20）两边分别加上单位矩阵，得：

$$B + I = I + A + A^2 + A^3 + \cdots + A^k + \cdots \tag{7-21}$$

由于当 $k \to \infty$ 时，$A^k \to 0$，所以，$(I-A)(I+A+A^2+\cdots A^k+\cdots) = I - A^k \approx I$，于是，得到：

$$B = (I-A)^{-1} - I \tag{7-22}$$

公式（7-22）就是完全消耗系数的计算公式。其中，$(I-A)$ 为列昂惕夫矩阵，$(I-A)^{-1}$ 为列昂惕夫逆矩阵。

根据表 7-12 计算的完全消耗系数矩阵为：

$$B = \begin{pmatrix} 0.067\,838 & 0.075\,615 & 0.027\,579 & 0.045\,959 & 0.040\,144 & 0.027\,143 \\ 0.761\,107 & 0.899\,191 & 0.645\,045 & 0.575\,858 & 0.598\,817 & 0.371\,950 \\ 0.020\,537 & 0.014\,966 & 0.029\,248 & 0.023\,163 & 0.023\,086 & 0.029\,069 \\ 0.069\,152 & 0.069\,664 & 0.044\,775 & 0.083\,798 & 0.113\,376 & 0.031\,567 \\ 0.052\,399 & 0.050\,533 & 0.039\,974 & 0.120\,769 & 0.158\,069 & 0.029\,131 \\ 0.143\,875 & 0.173\,701 & 0.192\,457 & 0.253\,171 & 0.295\,290 & 0.289\,563 \end{pmatrix}$$

3. 完全需求系数

在国民经济中，为了得到某部门一单位的最终产品，不仅这个部门本身要增加一单位的总产量，而且由于国民经济各部门间的直接、间接消耗关系，使得包括本部门在内的各部门的总产量比例都要随着有关的完全消耗系数而增加，从而形成对国民经济各部门产量的一定需求，这种需求称为完全需求。

完全需求系数是列昂惕夫矩阵中的元素。若以 b_{ij} 表示完全消耗系数矩阵 B 中的元素，则 $(I-A)^{-1} = B + I$ 中的元素就是在 B 矩阵的各个主对角线元素加上 1。以 $\overline{B}$ 代表 $(I-A)^{-1}$，$\overline{b_{ij}}$ 代表 $(I-A)^{-1}$ 中的元素，称 $\overline{b_{ij}}$ 为"完全需求系数"，称 $(I-A)^{-1}$ 为"完全需求系数矩阵"，即有：

$$\overline{B} = (I-A)^{-1} = \begin{pmatrix} 1+b_{11} & b_{12} & \cdots & b_{1n} \\ b_{21} & 1+b_{22} & \cdots & b_{2n} \\ \vdots & \vdots & & \vdots \\ b_{n1} & b_{n2} & \cdots & 1+b_{nn} \end{pmatrix}$$

完全需求系数矩阵从"列"看，每一列中的元素 b_{ij} 反映了一个部门生产一种最终产品所直接和间接消耗各种中间产品的全部数量，反映了社会对中间产品的需求。主对角线上的"1"的含义是"一件最终产品本身"；整个纵列，既要反映对"中间产品的需求"，又反映对"最终产品的需求"。

完全需求系数与完全消耗系数虽然都反映了国民经济各部门间的完全消耗关系，但二者存在差异。完全需求系数矩阵是从最终需求反向作用于生产，测算怎样调整产出水平才能满足最终需求，因而，完全需求系数站在最终需求角度，系数中包括了一个单位的最终产品，而完全消耗系数是站在生产角度，系数中不包括一个单位的最终产品。

根据表 7-12 计算的完全需求系数矩阵为

$$\overline{B} = \begin{pmatrix} 1.067\,838 & 0.075\,615 & 0.027\,579 & 0.045\,959 & 0.040\,144 & 0.027\,143 \\ 0.761\,107 & 1.899\,191 & 0.645\,045 & 0.575\,858 & 0.598\,817 & 0.371\,950 \\ 0.020\,537 & 0.014\,966 & 1.029\,248 & 0.023\,163 & 0.023\,086 & 0.029\,069 \\ 0.069\,152 & 0.069\,664 & 0.044\,775 & 1.083\,798 & 0.113\,376 & 0.031\,567 \\ 0.052\,399 & 0.050\,533 & 0.039\,974 & 0.120\,769 & 1.158\,069 & 0.029\,131 \\ 0.143\,875 & 0.173\,701 & 0.192\,457 & 0.253\,171 & 0.295\,290 & 1.289\,563 \end{pmatrix}$$

二、基于投入产出模型的影响分析

通过"投入产出模型"中的"列昂惕夫逆矩阵 $(I-A)^{-1}$"计算的"影响力系数"和"感应度系数",可以运用于分析各部门在国民经济中的地位和作用以及产业关联程度。关联程度的测度可以从两个角度展开:(1)直接消耗系数,测度直接关联;(2)完全消耗系数和完全需求系数,测度完全关联。本部分只介绍从完全需求系数角度进行的关联程度测度分析。

据前述完全需求系数的分析中获知,在完全需求矩阵中(见表 7-13),列和表示某部门新增一单位最终产品引起的对各部门完全需求之和,表明该部门影响国民经济各部门的力度;行和表示各部门新增一单位最终产品引起的对某部门完全需求之和,表明该部门感应国民经济各部门影响的强度。为便于比较,需要将各行(列)和加以平均:

$$\frac{1}{n} \cdot \sum_{i=1}^{n}\sum_{j=1}^{n} \overline{b}_{ij} = \frac{1}{n} \cdot \sum_{j=1}^{n}\sum_{i=1}^{n} \overline{b}_{ij} \qquad (7\text{-}23)$$

以此为基础,可确定多个产业关联分析参数,其中比较重要的是影响力系数与感应度系数。

表 7-13 完全需求系数分析表

		消耗部门			行 和
		1	⋯	n	
被消耗部门	1	$\overline{b}_{11} = 1 + b_{11}$	⋯	$\overline{b}_{1n} = b_{1n}$	$\sum_{j=1}^{n} \overline{b}_{1j}$
	⋮	⋮		⋮	⋮
	n	$\overline{b}_{n1} = b_{n1}$	⋯	$\overline{b}_{nn} = 1 + b_{nn}$	$\sum_{j=1}^{n} \overline{b}_{nj}$
列 和		$\sum_{i=1}^{n} \overline{b}_{i1}$	⋯	$\sum_{i=1}^{n} \overline{b}_{in}$	$\frac{1}{n} \cdot \sum_{i=1}^{n}\sum_{j=1}^{n} \overline{b}_{ij}$

（一）影响力系数

在表 7-13 中，每一列的合计 $\sum_{i=1}^{n} \overline{b_{ij}}$（$j=1,2,\cdots,n$）反映了 j 部门的最终需求增加一个单位时，对国民经济各部门的影响，称这种影响为 j 部门的影响力。不言而喻，国民经济每一个部门的最终需求增加时，都会促进社会生产规模的扩大，但不同部门的影响力大小因生产链条不同存在差异。为便于比较各部门的影响力，一般是将某个部门比如 j 部门的影响力与社会平均影响力对比，由此得到的系数称为影响力系数。影响力系数反映当国民经济某一部门增加一个单位的最终使用时，对国民经济各部门所产生的生产需求波及程度。依据列和数据确定，用 r_j 表示，计算公式为

$$r_j = \frac{\sum_{i=1}^{n} \overline{b_{ij}}}{\frac{1}{n}\sum_{j=1}^{n}\sum_{i=1}^{n} \overline{b_{ij}}} \quad (j=1,2,\cdots,n) \tag{7-24}$$

影响力系数 r_j 的值有三种情况：

第一种情况：$r_j = 1$，说明 j 部门对社会生产的影响程度与社会平均影响力相同；

第二种情况：$r_j < 1$，说明 j 部门对社会生产的影响程度小于社会平均影响力；

第三种情况：$r_j > 1$，说明 j 部门对社会生产的影响程度大于社会平均影响力。

继续以表 7-12 的数据为例进行测算，影响力系数的计算步骤为：

第一步，计算各部门的影响力：

农业影响力 $=1.067\,838+0.761\,10+0.020\,537+0.069\,152+0.052\,399+0.143\,875$
$\qquad\qquad =2.114\,908 \approx 2.11$

工业影响力 $=0.075\,615+1.899\,191+0.014\,966+0.069\,664+0.050\,533+0.173\,701$
$\qquad\qquad =2.283\,67 \approx 2.28$

建筑业影响力 $=0.027\,579+0.645\,045+1.029\,248+0.044\,775+0.039\,974+0.192\,457$
$\qquad\qquad\;\; =1.979\,078 \approx 1.98$

商业服务业影响力 $=0.045\,959+0.575\,858+0.023\,163+1.083\,798+0.120\,769+0.253\,171$
$\qquad\qquad\qquad =2.102\,718 \approx 2.10$

运输服务业影响力 $=0.040\,144+0.598\,817+0.023\,086+0.113\,376+1.158\,069+0.295\,29$
$\qquad\qquad\qquad =2.228\,782 \approx 2.23$

其他服务业影响力 $=0.027\,143+0.371\,95+0.029\,069+0.031\,567+0.029\,131+1.289\,563$
$\qquad\qquad\qquad =1.778\,423 \approx 1.78$

第二步，计算社会平均影响力：

$$社会平均影响力 = \frac{(2.114\,909 + 2.283\,668 + 1.979\,078 + 2.102\,719 + 2.228\,783 + 1.778\,423)}{6}$$
$$= 2.081\,263 \approx 2.08$$

第三步，计算各部门的影响力系数：

$$农业影响力系数 = \frac{2.114\,909}{2.081\,263} = 1.016\,166 \approx 1.02$$

$$工业影响力系数 = \frac{2.283\,668}{2.081\,263} = 1.097\,251 \approx 1.10$$

$$建筑业影响力系数 = \frac{1.979\,078}{2.081\,263} = 0.950\,902 \approx 0.95$$

$$商业服务业影响力系数 = \frac{2.102\,719}{2.081\,263} = 1.010\,309 \approx 1.01$$

$$运输服务业影响力系数 = \frac{2.228\,783}{2.081\,263} = 1.070\,88 \approx 1.07$$

$$其他服务业影响力系数 = \frac{1.778\,423}{2.081\,263} = 0.854\,492 \approx 0.85$$

上述计算结果表明，建筑业和其他服务业的影响力均低于国民经济平均影响力水平，而农业、工业、商业服务与运输服务业的影响力则高于国民经济平均影响力水平，反映在 t 年的国民经济中工业的主导地位明显。

（二）感应度系数

在表 7-13 中，每一行的合计 $\sum_{j=1}^{n}\overline{b_{ij}}$（$i=1,2,\cdots,n$）表示当对国民经济各部门的最终需求都增加一个单位时，需要 i 部门作出的反应或者感应，称这种感应为 i 部门的感应度。它反映 i 部门对其他部门的支撑作用。将 i 部门的感应度与社会平均感应度对比，就能得到感应度系数。感应度系数反映当国民经济各部门均增加一个单位最终使用时，某一部门由此而受到的需求感应程度，也就是需要该部门为其他部门的生产提供的产出量。依据行和数据确定，用 λ_i 表示，计算公式为

$$\lambda_i = \frac{\sum_{j=1}^{n}\overline{b_{ij}}}{\frac{1}{n}\sum_{i=1}^{n}\sum_{j=1}^{n}\overline{b_{ij}}} \quad (i=1,2,\cdots,n) \tag{7-25}$$

仍以表 7-12 的数据为例进行测算，感应度系数的计算步骤如下：

第一步，计算各部门的感应度：

农业感应度 $=1.067\,838+0.075\,615+0.027\,579+0.045\,959+0.040\,144+0.027\,143$
$=1.284\,278\approx 1.28$

工业感应度 $=0.761\,107+1.899\,191+0.645\,045+0.575\,858+0.598\,817+0.371\,95$
$=4.851\,968\approx 4.85$

建筑业感应度 $=0.020\,537+0.014\,966+1.029\,248+0.023\,163+0.023\,086+0.029\,069$
$=1.140\,069\approx 1.14$

商业服务业感应度 $=0.069\,152+0.069\,664+0.044\,775+1.083\,798+0.113\,376+0.031\,567$
$=1.412\,332\approx 1.41$

运输服务业感应度 $=0.052\,399+0.050\,533+0.039\,974+0.120\,769+1.158\,069+0.029\,131$
$=1.450\,875\approx 1.45$

其他服务业感应度 $=0.143\,875+0.173\,701+0.192\,457+0.253\,171+0.295\,29+1.289\,563$
$=2.348\,057\approx 2.35$

第二步，计算社会平均感应度：

$$社会平均感应度=\frac{1.284\,278+4.851\,968+1.140\,068+1.412\,332+1.450\,876+2.348\,057}{6}$$
$=2.081\,263\approx 2.08$

第三步，计算各部门感应度系数：

$$农业感应度系数=\frac{1.284\,278}{2.081\,263}=0.617\,067\approx 0.62$$

$$工业感应度系数=\frac{4.851\,968}{2.081\,263}=2.331\,261\approx 2.33$$

$$建筑业感应度系数=\frac{1.140\,068}{2.081\,263}=0.547\,777\approx 0.55$$

$$商业服务业感应度系数=\frac{1.412\,332}{2.081\,263}=0.678\,594\approx 0.68$$

$$运输服务业感应度系数=\frac{1.450\,876}{2.081\,263}=0.697\,113\approx 0.70$$

$$其他服务业感应度系数=\frac{2.348\,057}{2.081\,263}=1.128\,189\approx 1.13$$

感应度系数取值与影响力系数取值相似，也在 1 上下浮动。取值越大，说明该部门对各部门最终需求的反应越大，当各部门的最终需求都增加时，这个部门的总产出应该增加最多。从上述计算结果看，工业与其他服务业的感应度系数均大于社会平均水平，因此，当各部门的最终需求都增加时，这两个部门的总产出增加得最多。

(三）影响力系数与感应度系数的关系

在投入产出分析中，影响力系数与感应度系数是判定关键部门的分析工具。关键部门是指对经济发展、对其他部门的增长具有关键性影响的部门。判断关键部门的依据是一个部门和其他部门之间的关联程度。影响力系数是完全需求系数矩阵的列和除以完全需求系数各列和的平均值。从列向看，比如第 j 列，完全需求系数所衡量的是 j 部门生产单位最终产品对各部门产品的完全需求量，它的合计代表 j 部门最终需求增加所能拉动的各部门生产活动的规模，由于这种关联是通过 j 部门增加对投入品的购买而发生的，称之为后向关联，表示该部门对其他部门的影响。感应度系数是完全需求系数矩阵的行和除以完全需求系数各行和的平均值。从行向看，比如第 j 行，完全需求系数表示的是各部门增加单位最终需求所增加的对 j 部门产品的完全需求量，它所衡量的关联是通过 j 部门产品被卖给其他部门而发生的，称之为前向关联，表示该部门对其他部门变化的感应。一般来说，一个部门的影响力系数与感应度系数都大于1，说明后向关联与前向关联都超过了社会平均水平，认为该部门为关键部门；影响力系数大于1、感应度系数小于1的部门被认为是具有强辐射、低制约作用的部门；影响力系数小于1、感应度系数大于1的部门则被认为是具有弱辐射、强制约作用的部门；影响力系数与感应度系数均小于1的部门就属于辐射力与制约力都较弱的部门了。上述影响力系数与感应度系数计算结果中，只有工业部门是关键部门。

但需要注意的是，虽然影响力系数与感应度系数并列起来常被用于判断一个部门的关联强度，但二者的背景完全不同。影响力系数类似于经济学中凯恩斯理论的乘数效应，适应的经济条件是经济萧条、生产能力过剩，因为只有这样，新增需求才能得到满足；而感应度系数则类似于经济学中的加速度原理，适应的经济条件是经济繁荣，生产能力得到充分利用，这种条件下生产能力成为限制生产规模的主要力量，各个部门不能继续扩大生产规模，此时，如果 j 部门能够多卖产品给其他部门，则其他部门的生产规模自然随之提高。可见，两个系数由于适应的经济条件不同，在任何一个时刻评价一个部门的关联程度，往往只能选择一个系数，两者同时使用并不恰当。

三、投入产出法在产业结构与经济规划中的应用分析

投入产出法在产业结构与经济规划中进行应用分析的基础是投入产出的行模型，由横表导出：

$$\begin{cases} (a_{11}q_1 + a_{12}q_2 + \cdots + a_{1n}q_n) + f_1 = q_1 \\ (a_{21}q_1 + a_{22}q_2 + \cdots + a_{2n}q_n) + f_2 = q_2 \\ \quad\quad\quad \cdots\cdots \\ (a_{n1}q_1 + a_{n2}q_2 + \cdots + a_{nn}q_n) + f_n = q_n \end{cases}$$

写成矩阵形式：

$$\begin{pmatrix} a_{11} & a_{12} & \cdots & a_{1n} \\ a_{21} & a_{22} & \cdots & a_{2n} \\ \vdots & \vdots & & \vdots \\ a_{n1} & a_{n2} & \cdots & a_{nn} \end{pmatrix} \begin{pmatrix} q_1 \\ q_2 \\ \vdots \\ q_n \end{pmatrix} + \begin{pmatrix} f_1 \\ f_2 \\ \vdots \\ f_n \end{pmatrix} = \begin{pmatrix} q_1 \\ q_2 \\ \vdots \\ q_n \end{pmatrix}$$

即
$$Aq + f = q \tag{7-26}$$

整理后得到行模型：

$$f = (I - A)q \Leftrightarrow q = (I - A)^{-1} f = (B + I) f \tag{7-27}$$

在模型（7-27）中，f 代表最终产品，A 是直接消耗系数矩阵，q 表示总产出。该模型用于考察总产出与最终产品、中间产品之间的数量平衡关系。据此，可以由总产出推算最终产品，或者，由最终产品推算总产出，进而进行预测分析。

（一）从产业部门最终需求及其变化出发，预测产业结构的变化

从产业部门最终需求及其变化出发预测产业结构的变化，首先要知道直接消耗系数矩阵 A，这样 $(I-A)^{-1}$ 就是已知的，于是可根据"各部门产品的最终需求量（f）"的变化量，利用投入产出模型 $q = (I-A)^{-1} f$ 预测其对"各部门总产出（q）"的影响，进而判断产业结构的变化。

令 Δf 表示各部门最终需求的变动，Δq 表示因各部门最终需求变动对各部门总产出的影响，则：

$$\Delta q = (I - A)^{-1} \Delta f$$

以表 7-12 例，假设农业、工业、建筑业、商业服务、运输服务以及其他服务业最终使用分别增加 10、0、0、0、0、0 个单位，即

$$\Delta f = \begin{pmatrix} \Delta f_1 \\ \Delta f_2 \\ \Delta f_3 \\ \Delta f_4 \\ \Delta f_5 \\ \Delta f_6 \end{pmatrix} = \begin{pmatrix} 10 \\ 0 \\ 0 \\ 0 \\ 0 \\ 0 \end{pmatrix}$$

根据：

$$\Delta q = (I-A)^{-1}\Delta f$$

$$= \begin{pmatrix} 1.067\,838 & 0.075\,615 & 0.027\,579 & 0.045\,959 & 0.040\,144 & 0.027\,143 \\ 0.761\,107 & 1.899\,191 & 0.645\,045 & 0.575\,858 & 0.598\,817 & 0.371\,950 \\ 0.020\,537 & 0.014\,966 & 1.029\,248 & 0.023\,163 & 0.023\,086 & 0.029\,069 \\ 0.069\,152 & 0.069\,664 & 0.044\,775 & 1.083\,798 & 0.113\,376 & 0.031\,567 \\ 0.052\,399 & 0.050\,533 & 0.039\,974 & 0.120\,769 & 1.158\,069 & 0.029\,131 \\ 0.143\,875 & 0.173\,701 & 0.192\,457 & 0.253\,171 & 0.295\,290 & 1.289\,563 \end{pmatrix} \begin{pmatrix} 10 \\ 0 \\ 0 \\ 0 \\ 0 \\ 0 \end{pmatrix}$$

$$= \begin{pmatrix} 10.678\,38 \\ 7.611\,07 \\ 0.205\,37 \\ 0.691\,52 \\ 0.523\,99 \\ 1.438\,75 \end{pmatrix} = \begin{pmatrix} 10.68 \\ 7.61 \\ 0.21 \\ 0.69 \\ 0.52 \\ 1.44 \end{pmatrix}$$

从上述测算结果分析，农业部门产品最终需求增加 10，需要农业部门、工业部门、建筑业部门、商业服务部门、运输部门以及其他服务业部门分别增加总产出约 10.68、7.61、0.21、0.69、0.52 以及 1.44，产业结构也据此进行调整。

（二）根据最终产品供给量，预测总产出和中间产品的需求

根据最终产品供给量（f）预测总产出和中间产品的需求，意即将"最终产品（f）"作为外生变量，预测为满足既定的"最终产品生产量"进而对各部门的"中间消耗需求"和"总产出需求"应该有多少？

以表 7-12 的数据为例。假设在表 7-12 的 t 年数据基础上，现确定 $t+1$ 年农业、工业、建筑业、商业、运输业以及其他服务业的最终产品供给量计划规定分别增长 2%、5%、6%、4%、8% 及 10%。预测 $t+1$ 年国民经济各部门的总产出和中间消耗的需求量将达到多少？

计算步骤如下：

第一步，计算 $t+1$ 年各部门的最终产品供给量 f_{t+1}：

由于

$$f_t = \begin{pmatrix} 0 \\ 771 \\ 204 \\ 72 \\ 17 \\ 703 \end{pmatrix}, \quad \hat{z} = \begin{pmatrix} 0.02 & 0 & 0 & 0 & 0 & 0 \\ 0 & 0.05 & 0 & 0 & 0 & 0 \\ 0 & 0 & 0.06 & 0 & 0 & 0 \\ 0 & 0 & 0 & 0.04 & 0 & 0 \\ 0 & 0 & 0 & 0 & 0.08 & 0 \\ 0 & 0 & 0 & 0 & 0 & 0.1 \end{pmatrix}$$

根据

$$f_{t+1} = (I + \hat{z}) f_t$$

则

$$f_{t+1} = \left[\begin{pmatrix} 1 & 0 & 0 & 0 & 0 & 0 \\ 0 & 1 & 0 & 0 & 0 & 0 \\ 0 & 0 & 1 & 0 & 0 & 0 \\ 0 & 0 & 0 & 1 & 0 & 0 \\ 0 & 0 & 0 & 0 & 1 & 0 \\ 0 & 0 & 0 & 0 & 0 & 1 \end{pmatrix} + \begin{pmatrix} 0.02 & 0 & 0 & 0 & 0 & 0 \\ 0 & 0.05 & 0 & 0 & 0 & 0 \\ 0 & 0 & 0.06 & 0 & 0 & 0 \\ 0 & 0 & 0 & 0.04 & 0 & 0 \\ 0 & 0 & 0 & 0 & 0.08 & 0 \\ 0 & 0 & 0 & 0 & 0 & 0.1 \end{pmatrix} \right] \cdot \begin{pmatrix} 0 \\ 771 \\ 204 \\ 72 \\ 17 \\ 703 \end{pmatrix}$$

$$= \begin{pmatrix} 1.02 & 0 & 0 & 0 & 0 & 0 \\ 0 & 1.05 & 0 & 0 & 0 & 0 \\ 0 & 0 & 1.06 & 0 & 0 & 0 \\ 0 & 0 & 0 & 1.04 & 0 & 0 \\ 0 & 0 & 0 & 0 & 1.08 & 0 \\ 0 & 0 & 0 & 0 & 0 & 1.1 \end{pmatrix} \cdot \begin{pmatrix} 0 \\ 771 \\ 204 \\ 72 \\ 17 \\ 703 \end{pmatrix}$$

$$= \begin{pmatrix} 0 \\ 809.55 \\ 216.24 \\ 74.88 \\ 18.36 \\ 773.3 \end{pmatrix}$$

根据上述计算结果可知，在确定 $t+1$ 年农业、工业、建筑业、商业、运输业以及其他服务业的最终产品供给量计划分别增长 2%、5%、6%、4%、8% 及 10% 的情形下，$t+1$ 年的最终产品供给量将由原来的 0、771、204、72、17 以及 703 变化为 0、809.55、216.24、74.88、18.36 以及 773.3。

第二步：根据最终产品 f_{t+1} 和 B，预测总产出 q_{t+1}：

由于

$$(I+B) = \begin{pmatrix} 1.067\,838 & 0.075\,615 & 0.027\,579 & 0.045\,959 & 0.040\,144 & 0.027\,143 \\ 0.761\,107 & 1.899\,191 & 0.645\,045 & 0.575\,858 & 0.598\,817 & 0.371\,950 \\ 0.020\,537 & 0.014\,966 & 1.029\,248 & 0.023\,163 & 0.023\,086 & 0.029\,069 \\ 0.069\,152 & 0.069\,664 & 0.044\,775 & 1.083\,798 & 0.113\,376 & 0.031\,567 \\ 0.052\,399 & 0.050\,533 & 0.039\,974 & 0.120\,769 & 1.158\,069 & 0.029\,131 \\ 0.143\,875 & 0.173\,701 & 0.192\,457 & 0.253\,171 & 0.295\,290 & 1.289\,563 \end{pmatrix}$$

根据各部门总产出的需求公式：$q_{t+1} = (I+B)f_{t+1}$ 可得到：

$$q_{t+1} = \begin{pmatrix} 1.067\,838 & 0.075\,615 & 0.027\,579 & 0.045\,959 & 0.040\,144 & 0.027\,143 \\ 0.761\,107 & 1.899\,191 & 0.645\,045 & 0.575\,858 & 0.598\,817 & 0.371\,950 \\ 0.020\,537 & 0.014\,966 & 1.029\,248 & 0.023\,163 & 0.023\,086 & 0.029\,069 \\ 0.069\,152 & 0.069\,664 & 0.044\,775 & 1.083\,798 & 0.113\,376 & 0.031\,567 \\ 0.052\,399 & 0.050\,533 & 0.039\,974 & 0.120\,769 & 1.158\,069 & 0.029\,131 \\ 0.143\,875 & 0.173\,701 & 0.192\,457 & 0.253\,171 & 0.295\,290 & 1.289\,563 \end{pmatrix} \begin{pmatrix} 0 \\ 809.55 \\ 216.24 \\ 74.88 \\ 18.36 \\ 773.3 \end{pmatrix}$$

$$= \begin{pmatrix} 92.346 \\ 2\,018.718 \\ 259.318 \\ 173.725 \\ 102.385 \\ 1\,203.834 \end{pmatrix} = \begin{pmatrix} 92.35 \\ 2\,018.72 \\ 259.32 \\ 173.73 \\ 102.39 \\ 1\,203.83 \end{pmatrix}$$

经测算，在 $t+1$ 各部门最终产品供给量变化的条件下，国民经济中农业、工业、建筑业、商业、运输业及其他服务业总产出的需求量将分别要达到 92.35、2 018.72、259.32、173.73、102.39 以及 1 203.83。

第三步，为保证上述最终产品的供给，预测各部门对各种中间产品的需求量：

根据

$$\begin{pmatrix} x_{11} & x_{12} & x_{13} & x_{14} & x_{15} & x_{16} \\ x_{21} & x_{22} & x_{23} & x_{24} & x_{25} & x_{26} \\ x_{31} & x_{32} & x_{33} & x_{34} & x_{35} & x_{36} \\ x_{41} & x_{42} & x_{43} & x_{44} & x_{45} & x_{46} \\ x_{51} & x_{52} & x_{53} & x_{54} & x_{55} & x_{56} \\ x_{61} & x_{62} & x_{63} & x_{64} & x_{65} & x_{66} \end{pmatrix}_{t+1} = A \cdot \hat{q}_{t+1}$$

可得各部门中间产品的需求量为

$$A \cdot \hat{q}_{t+1}$$

$$= \begin{pmatrix} 0.04 & 0.037 & 0.00 & 0.02 & 0.011 & 0.010 \\ 0.36 & 0.430 & 0.30 & 0.22 & 0.219 & 0.140 \\ 0.01 & 0.005 & 0.02 & 0.01 & 0.011 & 0.020 \\ 0.04 & 0.030 & 0.02 & 0.05 & 0.073 & 0.012 \\ 0.02 & 0.018 & 0.02 & 0.09 & 0.115 & 0.012 \\ 0.05 & 0.062 & 0.10 & 0.13 & 0.156 & 0.197 \end{pmatrix} \begin{pmatrix} 92.4 & 0 & 0 & 0 & 0 & 0 \\ 0 & 2\,018.7 & 0 & 0 & 0 & 0 \\ 0 & 0 & 259.3 & 0 & 0 & 0 \\ 0 & 0 & 0 & 173.7 & 0 & 0 \\ 0 & 0 & 0 & 0 & 102.4 & 0 \\ 0 & 0 & 0 & 0 & 0 & 1\,203.8 \end{pmatrix}$$

$$= \begin{pmatrix} 3.184 & 74.022 & 0 & 3.159 & 1.067 & 10.914 \\ 32.905 & 868.186 & 78.646 & 38.956 & 22.397 & 168.078 \\ 1.061 & 9.518 & 5.314 & 2.106 & 1.067 & 24.012 \\ 3.184 & 61.333 & 4.251 & 8.423 & 7.466 & 14.188 \\ 2.123 & 36.991 & 4.251 & 14.74 & 11.732 & 14.188 \\ 4.246 & 124.783 & 25.507 & 23.163 & 15.998 & 236.837 \end{pmatrix}$$

除了上述应用外，投入产出法还可以对要素配置、价格、自然资源、环境等方面进行应用分析，不再一一赘述。

思 考 题

1. 试说明投入产出表的结构及其反映的经济内容。
2. 什么是总投入与总产出？
3. 什么是中间投入与最初投入？
4. 什么是中间使用与最终使用？
5. 简述投入产出表中的平衡关系式。
6. 试比较直接消耗系数、完全消耗系数和完全需求系数的定义及其所反映的经济内容。
7. 什么是影响力系数与感应度系数？

练 习 题

一、填空题

1. 投入产出表的核心是第_____象限，它主要反映了国民经济各部门之间相互依存、相互制约的技术经济联系。

2．投入产出核算的前提是_____分类，它是统计单位的集合。

3．以同质生产单位为统计单位的产品部门划分标准是：_____和_____。

4．购买者价格与生产者价格的差异在于_____。

5．把价值表的第Ⅰ象限和第Ⅱ象限联系起来就是横表，它反映产品的_____。

6．把价值表的第Ⅰ象限与第Ⅲ限联系起来就是竖表，它反映产品的_____。

7．投入产出表的编制方法主要包括_____和_____。

8．投入产出最主要的技术经济系数是_____。它是为生产单位产品所消耗的各种中间投入的数量。

9．完全需求系数与完全消耗系数虽然都反映了国民经济各部门间的完全消耗关系，但它们是不同的。前者是站在_____角度，系数中包括了一个单位的最终产品；后者是站在_____角度，系数中不包括一个单位的最终产品。

10．投入产出模型的基本假定包括：_____、_____与_____。

11．供给表也称为_____表，使用表也称为_____表。

12．投入产出法的特点是，把各种经济变量之间的关系处理成_____关系，利用相对稳定的经济参数建立确定的数学模型，以反映各部门的内在联系。

13．完全需求系数矩阵中，每一列的合计是_____的最终需求增加一个单位时，对_____总产出的需求之和。

14．完全需求系数矩阵中，每一行的合计是_____的最终需求都增加一个单位时，需要_____增加的总产出量。

15．投入产出的行模型和列模型分别建立了_____和_____，_____和_____之间的联系。

二、单项选择题

1．投入产出分析的核心内容和重要工具是（　　）。
　　A．投入产出表　　　　　　B．资金流量表
　　C．资产负债表　　　　　　D．国际收支平衡表

2．投入产出表是两张普通统计表的组合，其左半部分反映了（　　）。
　　A．生产的投入结构　　　　B．生产的产出结构
　　C．产品的使用方向　　　　D．收入的分配结构

3．同质生产单位与基层单位的区别在于（　　）。
　　A．两者都包括主要生产活动
　　B．前者既包括主要生产活动也包括次要生产活动，而后者仅包括一种生产活动
　　C．后者既包括主要生产活动也包括次要生产活动，而前者仅包括一种生产活动
　　D．以上说法都不正确

4. 一家企业主要生产饲料，同时小规模养鸡与养鱼，则在编制投入产出表时该企业创造的总产出应该计入（　　）。
  A. 饲料业   B. 养鸡业
  C. 养鱼业   D. 分别计入以上三个产业部门

5. 某地区总投入 2 000 亿元，中间投入 1 500 亿元，则该地区总产出为（　　）。
  A. 2 000 亿元   B. 1 500 亿元
  C. 500 亿元   D. 3 500 亿元

6. 某地区总投入 2 000 亿元，中间投入 1 500 亿元，则该地区增加值为（　　）。
  A. 2 000 亿元   B. 1 500 亿元
  C. 500 亿元   D. 3 500 亿元

7. 投入产出表的第Ⅰ象限从横向看表明（　　）。
  A. 某个产业部门的产品提供给各个产业部门作为生产消耗使用的数量
  B. 某个产业部门在生产过程中消耗各产业部门的产品数量
  C. 各产业部门提供给某个产业部门产品的数量
  D. 各产业部门生产中消耗某产业部门产品的数量

8. 下列（　　）不是间接推导法编制投入产出表的数据基础。
  A. 中间流量数据   B. 供给表数据
  C. 产业部门口径的最初投入数据   D. 总产出

9. 某部门的影响力系数为 1.086，感应度系数为 0.843，则该部门（　　）。
  A. 具有较强的辐射与制约作用   B. 具有强辐射、低制约作用
  C. 具有弱辐射、强制约作用   D. 辐射力与制约力都较弱

10. 在投入产出分析中下列关系成立的是（　　）。
  A. 总产出＝中间使用   B. 总投入＝总产出
  C. 总投入＝增加值＋最初投入   D. 总投入＝中间投入＋最终使用

三、多项选择题

1. 产品部门×产品部门投入产出表的基本系数有（　　）。
  A. 直接消耗系数   B. 完全消耗系数
  C. 列昂惕夫逆系数   D. 中间消耗系数
  E. 恩格尔系数

2. 下列属于投入产出分析中的投入的有（　　）。
  A. 原材料   B. 固定资产折旧
  C. 国家的物价补贴   D. 劳动者报酬
  E. 生产税

3. 投入产出是反映各种产品生产的（   ）。
   A. 投入来源　　　　　　　　B. 使用去向
   C. 棋盘式表　　　　　　　　D. T型结构表
   E. 上下结构表

4. 价值型投入产出表的基本平衡关系是（   ）。
   A. 增加值＝最终使用　　　　B. 总产出＝增加值
   C. 中间使用＋最终使用＝总产出　　D. 中间投入＋最初投入＝总投入
   E. 中间投入＝中间消耗

5. 投入产出模型的假设条件有（   ）。
   A. 纯部门假设　　　　　　　B. 稳定性假设
   C. 线性性假设　　　　　　　D. 非负性假设
   E. 存在性假设

6. 应用投入产出法进行国民经济基本比例关系分析的主要内容有（   ）。
   A. 分析两大部类的比例关系　　B. 分析农轻重的比例关系
   C. 分析积累与消费的比例关系　　D. 分析各部门之间的比例关系
   E. 分析价格波及效应

7. 直接消耗系数的特点有（   ）。
   A. 直接消耗系数可以为负
   B. 直接消耗系数矩阵的列和一定大于1
   C. 直接消耗系数矩阵的列和一定小于1
   D. 直接消耗系数非负并必定小于1
   E. 直接消耗系数可以直接观测

8. 与国内生产总值核算相比，投入产出表的优势表现在（   ）。
   A. 能进行多部门的国内生产核算
   B. 能解释各部门收入与分配的关系
   C. 能够反映各部门之间错综复杂的投入产出关系
   D. 既能进行流量的核算又能进行存量的核算
   E. 数据收集比较容易，从现有的统计报表能够直接得到

9. 购买者价格、生产者价格与基本价格是投入产出核算中的常用价格，下列说法不正确的是（   ）。
   A. 购买者价格是指购买者购买单位货物或服务所实际支付的价格
   B. 生产者价格是生产者真实所得
   C. SNA2008建议在投入产出核算中应使用基本价格
   D. 基本价格包含了部分政府所得

E. 生产者价格－产品税（不包括发票单列的增值税）＋产品补贴＝基本价格
10. 下列关于投入产出表中数据口径问题的说法中正确的是（　　）。
   A. 进口项可以作为一列处理，也可以以矩阵形式表示
   B. 中国目前投入产出表中采用基本价格
   C. 中国目前投入产出表中应用的部门分类与国际标准产业分类大体一致
   D. 现有统计制度所提供的数据大体符合投入产出表的数据口径
   E. 产业部门的总产值往往会包含一部分在性质上应属于其他产业部门生产活动的产值

四、判断题

1. 在投入产出核算中，部门分类包括机构部门分类和产业部门分类两种。　　　　　　　　　　　　　　　　　　　　　　　　　　　　（　　）
2. 投入产出表由供给表、使用表和产品×产品部门表组成。　（　　）
3. 投入产出表是行列交织的棋盘式平衡表，描述对象是一个经济体系在一定时期内所发生的收入分配关系。　　　　　　　　　　　　（　　）
4. 投入产出表的基本设计原则是：在行的方向表示各部门生产活动的产出及其使用，在列的方向表示各部门生产活动的投入及其来源。　（　　）
5. 在投入产出表中，总产出与总投入间的平衡关系，不仅表现为一个经济总体的总投入等于其总产出，而且在单个部门层次上总投入也等于其总产出。　（　　）
6. 产品部门×产品部门表有两种编制方法，分别是调查法与非调查法。　（　　）
7. 直接分解法与间接推导法的统计单位均为产业活动单位。　（　　）
8. 目前我国投入产出表的编制方法采用的是以直接分解法为主、间接推导法为辅的编表方法。　　　　　　　　　　　　　　　　　　　（　　）
9. 完全消耗系数是指第 j 部门每提供一个单位最终使用时，对第 i 产品部门货物或服务的间接消耗之和。　　　　　　　　　　　　　（　　）
10. 投入产出表的横向表示产品的价值构成。　　　　　　　（　　）
11. 投入产出模型是用数学形式体现投入产出表所反映的经济内容的线性代数方程组。　　　　　　　　　　　　　　　　　　　　　　　（　　）
12. 投入产出表从生产消耗和分配使用两个方面同时反映产品在部门之间的运动过程，也就是同时反映产品的价值形成过程和使用价值的运动过程。　（　　）
13. 列昂惕夫称"投入产出分析"的理论基础和所使用的数学方法，主要来自威廉·配第的"一般均衡模型"。　　　　　　　　　　　　　（　　）
14. 价值型投入产出表的直接消耗系数表示每生产单位 j 产品需要直接消耗 i 产品的数量。　　　　　　　　　　　　　　　　　　　　　（　　）

15. 价值型投入产出表的行反映各部门产品的实物运动过程，而列则反映各部门产品的价值形成过程。　　　　　　　　　　　　　　　　　　（　）

五、计算题

1. 已知投入产出表的直接消耗系数矩阵为

$$A = \begin{pmatrix} 0.125 & 0.000 & 0.25 \\ 0.000 & 0.125 & 0.25 \\ 0.200 & 0.000 & 0.20 \end{pmatrix}$$

其最终产品列向量为

$$Y = \begin{bmatrix} 100 \\ 50 \\ 20 \end{bmatrix}$$

试求总产出向量 X。

2. 已知某地区的完全消耗系数矩阵为

$$B = \begin{pmatrix} 0.212 & 0.000 & 0.364 \\ 0.069 & 0.143 & 0.364 \\ 0.242 & 0.000 & 0.273 \end{pmatrix}$$

试计算影响力系数和感应度系数。

3. 假设国民经济分为三个部门，它们的总产出分别为 3 000 万元，4 000 万元，5 000 万元；三个部门的直接消耗系数矩阵为

$$A = \begin{pmatrix} 0.30 & 0.26 & 0.00 \\ 0.00 & 0.17 & 0.22 \\ 0.14 & 0.00 & 0.40 \end{pmatrix}$$

试计算：(1) 中间流量矩阵；(2) 各部门的增加值；(3) 各部门的最终使用；(4) 编制一张投入产出表。

4. 假设根据基期三个部门投入产出表计算的直接消耗系数矩阵和完全消耗系数矩阵分别为

$$A = \begin{pmatrix} 0.1 & 0.1 & 0.1 \\ 0.2 & 0.4 & 0.3 \\ 0.1 & 0.1 & 0.0 \end{pmatrix}, \quad B = \begin{pmatrix} 0.18 & 0.23 & 0.19 \\ 0.48 & 0.85 & 0.60 \\ 0.17 & 0.21 & 0.08 \end{pmatrix}$$

经测算，报告期全社会对三种产品的最终需求为（亿元）：

	最终消费	资本形成总额	净出口
部门1	200	300	−40
部门2	2 400	2 000	100
部门3	3 000	800	60

要求：为了满足这种最终需求，试计算各个部门应该相互提供多少中间产品。

第八章　国民经济核算的扩展概览

国民经济核算体系通常是指由若干核算账户和核算表组成的中心框架,该框架是一个十分严谨的结构,但严谨统一又难免使该框架显得有些僵硬。为此,SNA 强调中心框架的灵活运用,并采纳了卫星账户的概念。SNA 利用卫星账户来扩展国民经济核算账户,同时又不影响用于经济决策的中心框架可比性的做法,已经被用来开发和检验各种新的数据来源与方法,成为国民经济核算的重要扩展部分,本章介绍与之有关的问题。

第一节　国民经济核算扩展简介

为了满足某些特殊研究目的的需要,有必要对中心框架进行扩展应用。本节主要讨论国民经济核算扩展应用的两个方法、关键部门卫星账户、改变概念的卫星账户以及卫星账户的相关内容。

一、国民经济核算扩展的两个方法

国民经济核算体系中心框架是一个严密的结构,这种严密性表现在:首先,它具有一套统一定义的概念;其次,它在方法上借鉴了企业会计账户和复式记账原理,具有很强的规则性,由此使得中心框架能够成为在整体上反映一国经济总体生产、分配、消费、投资及其资产负债宏观状况的工具,也使其能够在世界各国得到广泛应用,为世界各国国民经济核算提供了几乎全球普遍适用的指导。

但也正是这种严密性,使得国民经济核算必须按事先统一定义的概念模式应用这套体系及其所提供的数据。然而一个事实是,进行国民经济核算的国家可能处于不同的发展阶段,它们可能具有不同的经济社会结构、经济运行模式及管理方式,虽然为了能够进行国际间的对比,需要在核算上具有"共性"地遵循国民经济核算体系的基本规则与原理,但也不能完全脱离本国经济特色,否则在遵循"共性"的同时就不能很好地体现本国经济的原貌,无法真正满足本国经济管理的需要。

为此,SNA 提出了两类建议:一是强调中心框架的灵活运用;二是引入卫星账户。中心框架的灵活运用是指在中心框架基本概念的前提下,核算可以有不同的着重点、不同的处理方法、不同的完备和详细程度。SNA2008 明确指出，确定编制国民经济账户的优先顺序是一个统计政策问题，无法给出一个普遍适用的建议。各国可以并且应该在兼顾国际可比性的前提下，针对自身不同的国情设计自己的国民经济核算体系，安排并开发国民经济核算体系的优先次序和时间表。进一步地，可以将针对一国的核算框架和原理变通应用于亚国家或地区层次，将年度核算原理变通应用于季度核算。此外，还可以就核算体系中的某些内容做更详细的分解描述。另外，SNA2008 还引入了"补充"项目与"补充表"，当 SNA 认为某些项目仅在某些国家才有意义或者仅具有某种分析意义、无法使一张表达到与中心系列账户相同的精度时，可以采用此类"补充"形式，以提供更详细、灵活的核算数据。

更具灵活性并体现进一步扩展的一种形式是编制卫星账户。卫星账户（Satellite Accounts）又称附属核算体系，取其以中心框架为中心又与其保持距离之意，也就是说是指以中心框架为基础，根据具体需要对某些要素加以修改所形成的专题性核算框架。卫星账户可能有多个，尽管每个卫星账户都与中心体系一致，但它们彼此之间未必总是一致。

广义而言，卫星账户有两种。一种涉及重新排列中心分类并可能引入补充内容。这种卫星账户主要包括教育、旅游和环境保护支出等领域量身定制的账户，这类卫星账户可视为部门账户的扩展。它们可能与中心体系有些不同，如对辅助活动采取了另一种处理方法，但并未从根本上改变 SNA 的基本概念。开发这种卫星账户的主要原因是：随着新经济的不断出现，它们对国民经济的影响日益增加，希望能够将之纳入国民经济核算中，但如果将感兴趣的所有部门的全部细节都纳入标准体系中，会使得该体系负担过重，且可能分散对账户整体主要特征的注意力，此时，以卫星账户的形式将其反映出来，既能提供更综合的数据，也不需要在中心账户中显示卫星账户的详细内容，从而保证了国民经济核算在统计体系中的中心地位。

另一种卫星分析主要以对 SNA 概念的替代为基础。这些变化包括生产范围的不同选择、消费概念或资本形成概念的扩大、资产范围的扩展等等。这种卫星分析可能会涉及分类变化，但其重点是替代概念，使用这些替代概念，可能会形成局部的补充性总量，不过，其目的也是对中心体系进行补充。

引入卫星账户对于国民经济核算具有非常重要的意义：第一，仅仅依靠中心框架肯定无法满足多种类型的用户需求，灵活运用中心框架可以解决一部分问题但无法解决全部问题；如果对中心框架加以改造来适应这些不同需求，那么中心框架将会变得臃肿不堪，还会发生相互矛盾的情况，由此破坏核算的统一性。运用卫星账户形式，以中心框架的有关内容为基础，再加上补充的或替代的概念，既避免了对中心框架严谨统一性的破坏，又极大地扩展了国民经济核算体系的分析功能。第二，中心框架所容纳的都是被普遍认可的内容。随着社会生活的演进，一些新的内容在不断酝酿和成长，在其成为共识之前，用卫星账户形式加以表现，既可引起人们关注，促进这方面的研究，又不至于影响中心框架的存在和使用。可以说，卫星账户是国民经济核算体系严谨性与灵活性两方面特性的折中产物。通过卫星账户，既可以保持整个体系的相对完整统一，又为扩展国民经济核算体系的功能、满足不同的需要提供了途径。

基于此，本章在介绍国民经济核算扩展时重点介绍卫星账户的有关内容以及典型卫星账户的案例分析。

二、关键部门卫星账户

卫星账户对国民经济核算的扩展有两种：关键部门账户的扩展以及使用替代概念对中心体系进行补充。SNA 没有提供具体而精确的准则来定义如何识别关键部门或活动，对关键部门的判断，需要由各国基于经济分析和经济社会政策的需要自己判断决定。例如，即使处于起步阶段的一个小产业，也可能值得一些国家作为关键活动来对待，进而构成关键部门。

编制关键部门账户的第一步是识别关键活动及其相应产品，这可能涉及《所有经济活动的国际标准产业分类》（ISIC）或《主要产品分类》（CPC）中不同层次上的项目合并。例如，对石油和天然气的核算可能包括原油和天然气开采（ISIC 06 门类），石油炼制品的制造（ISIC 1920 小类），管道运输（ISIC 4930 小类），固态、液态、气态燃料与相关产品的批发（ISIC 4661 小类），以及汽车燃料的零售（ISIC 4730 小类）。由于一个关键产品可能涉及很多关键活动，因而，关键部门的扩展取决于具体环境，例如，对能源部门来说，将石化加工包括进来可能更有利于分析。

实际识别关键活动及其相应产品时，考虑到国民经济核算中的供给使用表的行通常按 CPC 分类、列通常按 ISIC 分类，故而可以借助于供给使用表框架进行关键产品和关键产业账户分析。具体操作时，首先，要确定关键产业与关键产品的显示，在供给使用表中，在各列排列上，关键产业可详细显示，其他产业可合并显示；在各行排列上，关键产品同样要详细显示，其他产品则合并显示。其次，在供给使用表的下方可添加数行，分别显示劳动投入、固定资本形成总额和固定资产存量。在表中的使用部分，固定资本形成总额和存货变动这两列可以按照一个（或多个）关键部门或产业与其他部门或产业细分。如果某国关键活动的生产者属于非常异质的类型，如小农户与由公司合并拥有并经营的大种植园，因为它们有完全不同的成本结构以及不同的行为，则应将这两类生产者分列显示。最后，可以尽可能地按照账户序列针对关键部门编制一套账户。需要注意的是，在处理关键部门时，首先要区分公营公司、受国外控制公司或国内私营公司，同时，为了识别与关键活动有关的经济流量（包括相关的产品税），还可扩展其交易分类。

三、改变概念的卫星账户

改变概念的卫星账户方法,即人为改变中心体系的某些基本概念,包括中心体系中的生产和产品、收入、货物和服务、资产和负债、经济总量等。

(一)生产和产品的改变

在 SNA 中心框架的生产范围中,生产者单位是基层单位,要按其主要经济活动并根据 ISIC 进行分类。现实中存在这样一种情况:如果基层单位在进行主要活动的同时还从事一种或多种次要活动,则这些基层单位及其相应产业在 ISIC 的某一特定层次上就是不同质的,依据"纯产品"法,这些次要活动的产出可根据其性质依照产品分类是可以识别的,但其投入却不能从主要活动的投入中分离出来;另一方面,辅助活动也没有根据其性质进行分析与分类,其相关产品也不以独立产品的形式出现,这种条件下,投入产出全貌实际上被掩盖。

但是,如果在研究某些经济活动和产品时,能够将次要活动从主要活动中分离出来,并能够识别和确定那些辅助活动,所研究活动的投入产出全貌就会变得清晰。以运输为例,中心框架中的运输活动产出只包括作为主要活动或次要产品提供给第三方的运输服务,自给性运输视为辅助活动,其投入在它所服务的生产单位成本中没有被识别。在自给性运输所占比重较大的情况下,显然运输活动就被人为地缩小了,这种情况下考虑扩大生产范围就是需要的,也就是说必须识别和测度生产单位的自给性运输,将生产范围扩展至非市场活动。

(二)收入的改变

当生产范围扩展至非市场活动时,对于嵌入到生产范围内的附加活动,要虚拟估算其收入,从而原始收入的规模会加大。除了受生产范围扩展而使收入概念发生改变外,在高通货膨胀条件下,名义利息也不再是贷出资金回报的适宜测算指标,因为名义利息会包括隐性或显性部分,作为对因通货膨胀引起的货币资产和负债实际价值变化的补偿,名义利息要视为是借款者的持有收益和贷款者的持有损失,而不再是中心框架定义的财产收入。最为重要的一点是,外部效应是对第三方的影响,这些影响在中心框架中是不计入两个经济单位的货币交易价值中的,但实际上外部效应可能会产生大量的隐性转移,例如,生产者造成的污染可能会对最终消费者产生负面影响,这些负面影响可以(但相当困难)估计出来,并记录为生产者对住户的负转移,为平衡这些负转移,一种可能的方法就是引入外部性生产这样的一个概念,这将导致负的或正的服务产出以及相应的最终消费。诸如上述种种变化,会得到一个更加广义的收入测度指标。

（三）货物和服务使用的改变

货物和服务的使用范围，无论是中间消耗、最终消费还是资本形成，显然都会因生产概念的扩大而变化。例如，如果同一住户成员间互相提供的服务包括在生产中，则这些服务也应该包括在最终消费里。除此之外，中间消耗、最终消费和资本形成之间的界线也可以按不同方式修改。经常提到的两个例子是人力资本和耐用消费品。如果对教育和卫生的最终消费中至少有一部分被视为固定资本形成，则中心框架里的相应交易就应从消费被重新分类到固定资本形成，从而形成人力资本资产，其直接后果就是固定资本消耗的概念也要做相应延伸。还有就是汽车和家具等耐用消费品支出通常归入住户最终消费，另一种方法是将它们作为固定资本形成处理。结果，对应列入最终消费的，只是那部分被当作固定资产估计的耐用品所提供的资本服务。严格地讲，这种处理意味着扩大了生产概念，使其包括了住户服务。受上述变动影响，储蓄的概念也将扩展。

（四）资产和负债的改变

由于生产概念的扩展或消费和资本形成之间界限的改变，非金融资产的范围也会发生改变。如果将或有资产和负债纳入金融工具分类之中，金融资产和负债的范围也可以扩大。进一步地，进行金融资产估价也可能会采用其他备选规则，例如，使用公允价值估计值来代替市场价值。

（五）总量的改变

当上述各方面的概念发生改变时，可能会直接或间接改变中心框架中显示的主要总量。直接改变的例子是，如果把对住户自给性服务的最终消费包括在生产范围内，就会增加产出和增加值；如果把人力资本视为经济资产，就会增加固定资本形成。

四、卫星账户的相关内容

卫星账户是中心框架的附属账户，从卫星账户的两类形式来看，与中心框架存在一定差异。编制卫星账户会涉及应用于卫星账户中的 SNA 基本概念、核算规则以及分类变化等内容，在此一一加以简要介绍。

（一）功能导向型卫星账户的范围

因为卫星账户是针对特定领域开发的，实际上是一种功能导向型账户，其目的是服务于特定领域的数据分析需要，且其核算内容并不全在中心框架覆盖范围内，因此，在建立卫星账户时，就产生了一个如何从整体上规划卫星账户框架的问题。划定功能导向型卫星账户的范围，实际上就是从整体上规划卫星账户的框架，其内容包括：首先判断哪些产品是关键产品,然后判断生产它们会涉及哪些产业、生产这些关键产品所需要的资源以及最后如何使用这些关键产品等。

回答这些问题,需要获得四方面的重要资料:第一,相关产品供应和使用的详细分析资料,第二,关于生产过程中使用的固定资本的资料;但由于卫星账户通常是按某个领域比如卫生、教育领域来编制的,而实际中,对于许多产品而言,通常是由使用产品的单位负责承担获得产品的费用,我们知道,谁为产品付费与谁消费了产品是两个不同的概念,它们之间可能会存在重要区别;第三,对于许多有特殊利益的产品来说,可能要对其生产或使用征收特种税或发放补贴,因此,结合这两个因素,除了上述两个重要资料以外,在划定功能导向型卫星账户的范围时还需要获得与生产或使用有关的全部转移分析资料。第四,许多情况下,可能要将非价值型数据与价值型数据结合起来进行分析,此时,除了收集上述三个方面的资料外,还要收集就业和现有资产的相关资料。

一旦上述四个方面的资料齐备,一个包含"围绕关键产品的各项支出的使用与受益分析、所使用劳动和资本在内的生产分析、转移和其他资金使用方式分析"等内容的卫星账户就可能开发形成了。值得说明的是,这些分析既可以是价值量的,也可以是实物量的。

(二)关键产品的确定

对卫星账户而言,一般编制的是关键部门的账户。因此,对任何关键部门账户的编制,首先要确定关键部门特有的产品,这些产品在卫星账户中习惯上称之为特征产品和关联产品。所谓特征产品,是指那些在关键部门所在领域具有典型性的产品。比如,对卫生而言,特征产品是卫生服务、卫生公共管理服务、卫生教育和卫生研发服务。所谓关联产品,是指那些包括在关键部门领域支出概念内、其使用受到关注,但不具有典型性的产品。仍然以卫生为例,病人的运输可视为关联服务,药品和其他医疗物品也可视为关联货物或服务。特征产品和关联产品合在一起,就是卫星账户中要确定的产品,被称为特有产品。

(三)生产的测度

生产的测度主要是就关键产品而言的,由于关键产品分为特征产品和关联产品,这两类产品在关键部门所在领域的关注程度不一样,生产的测度也存在一定差异。就特征产品而言,卫星账户应该显示这些货物和服务的生产方式、涉及的生产者类型、使用的劳动和固定资本的种类、生产过程以及由此而决定的资源配置效率。而对于关联产品,由于不是所关心领域的典型性产品,因此无须特别关注其生产条件。但如果生产条件是重要的,则该产品应该视为特征产品而不是关联产品。例如,对那些国内产业发展处于初级阶段的国家而言,药品可考虑为该国卫生账户的特征产品处理,此时就需要确定它的生产条件。

(四)使用或国民支出的构成

卫星账户的重要特征之一是要回答如何使用关键产品,这涉及使用或国民支出的构成。整体来看,卫星账户中的支出项目包括:

(1)消费。这里的消费是指特有货物和服务的消费,包括实际最终消费(与中心框架中的定义相同)和中间消耗。需要注意的是,在卫星账户中,消费需要对市场产品、供自己最终使用的产品和非市场产品做区分,非市场产品可能还要分别列出个人消费和公共消费。由于相关辅助活动的产出应该作为企业内部交货量来记录,所以,卫星账户中的中间消耗覆盖的范围一般也比在中心框架中覆盖的范围要广,即它既包括中心框架中定义的(实际)中间消耗,还包括内部中间消耗。但对于最终消费范围却存在不同情况,有些情况下,比如运输服务,内部中间消耗的规模可能相当重要,这时,甚至可以考虑将内部消耗作为最终消费加到实际最终消费中去,这就扩大了住户的实际最终消费的范围。但也有一种相反的情况,如果某些服务的使用在卫星账户中被视为固定资本形成而不再像在中心框架中那样被视为中间消耗或最终消费,此时,消费的范围又可能缩小了。

(2)资本形成。资本形成主要是指特有货物和服务的资本形成,也包括非特有产品中的特征活动的固定资本形成。但对于非特有产品的特征活动,它们的固定资本形成以及非生产性非金融资产的获得减处置变得复杂化,因为构成特有产品(包括特征产品与关联产品)的那部分已经包括在特有货物和服务的资本形成中,这样就不能把非特有产品的特征活动的全部固定资本形成都包括在非特有产品的特征活动的固定资本形成中,只有产出为特征货物和服务的那些特征活动(只包括特征产品而不包括关联产品),其固定资本形成才包括在非特有产品的特征活动的固定资本形成中。但当产出是关联货物和服务的那些活动的资本形成,被证明是很重要的,则应该将这些产品和活动重新定义为特征产品和活动进行资本形成界定。

(3)转移。转移是指特有经常转移和特有资本转移,是社会保障或发展援助等活动中重要的国民支出项目。每一个领域都要建立针对特有转移的分类,正如在使用和资金来源分析中所使用的分类一样。

将上述使用或支出内容综合起来,就构成常住单位的总使用。从常住单位总使用中扣除由国外负担的经常使用,即可得到国民支出。因此,国民支出等于由常住单位负担的常住单位总使用。按照这个定义,国民支出不包括金融工具交易,但是,对诸如发展援助之类的某些类型的分析而言,必须考虑以优惠条件提供或获得的贷款。

（五）使用者或受益者

对于使用者或受益者的界定，不同卫星账户可以使用不同的术语，比如，在旅游或住房卫星账户中，比较适合被称为"使用者"；而对于社会保障或发展援助的卫星账户，则更加符合"受益者"的界定。但无论哪种情况，这两个术语都是指使用货物和服务的人或从相关转移中受益的人。在对他们进行分类时，一般来说，在汇总程度最高的层面，只需要简单地将中心框架的机构部门分类和生产者类型做重新安排（其中生产与消费是分开的）即可获得，大体来看包括：（1）市场生产者；（2）自给性生产者；（3）非市场生产者；（4）作为公共消费者的政府；（5）作为消费者的住户；（6）国外。

（六）资金来源

由于使用者并非总是自己负担费用，因此在卫星账户中有必要对最终负担费用的单位进行分析。处理资金来源问题的一种方法是：首先确定所使用资金的来源类型，然后判断各类资金来源是由哪类单位提供的。

（七）生产和产品

在卫星账户中，除了可以建立关键部门账户外，也可以就所关注的特征产品和关联产品以及特征产品的生产者开发一套供给使用表进行投入产出分析。除此以外，还可以扩展到包括收入形成账户以及就业等非货币性数据和产出指标的分析。

（八）实物量数据

以实物单位或其他非货币单位测度的数据是卫星账户必不可少的组成部分，因而，卫星账户并不排除实物量账户的形成。

我国国民经济扩展核算遵循上述核算规则，新的核算体系（2016）在资源环境、人口和劳动力、卫生、旅游和新兴经济方面开展了扩展核算。

第二节　旅游卫星账户体系

旅游卫星账户（TSA，Tourism Satellite Accounts），有些场合称为旅行与旅游卫星账户（TTSA，Travel and Tourism Satellite Accounts），是一个形成已久的卫星账户，它是运用国民经济核算原理建立的、以旅游为主题的账户体系，目前已有超过 70 个国家和地区在某个阶段编制过该卫星账户，并形成了《旅游卫星账户：建议的方法框架 2008》（TSA：RMF 2008，Tourism Satellite Account：Recommended Methodological Framework 2008）国际指南，力图为各国开展旅游经济核算并使之保持国际可比性提供比较详细的指导。TSA对旅游的消费和供给、相关产业的生产和资本形成以及与旅游有关的各种非货币信息实行综合测量，反映旅游活动的供求关系及与其他部门的联系。

我国旅游核算遵循 TSA 的基本原则和编制方法，但又结合我国的具体情况，精简了账户内容和指标设置。

一、开发旅游卫星账户的目的

近几十年来，旅游成为国民经济中的重要经济活动，带动了全球范围内的经济增长并形成了旅游产业，表现在：一方面，各国居民在国内外的旅游活动支出构成了整个居民个人支出的重要组成部分；另一方面，来自国内和国外的旅游者花费了巨大支出，是各国产出的重要消费者，直接和间接服务于旅游的产业在国民经济产出和就业等方面占有一个不可忽视的比例。然而，传统旅游统计虽然开发了各种旅游指标以测度旅游活动状况，比如旅游人数及天数、本国居民在国内和国外的旅行次数、本国居民和外国居民在本国旅游支出，等等，但这些指标主要是针对旅游活动本身进行的统计，并不能对旅游活动予以综合描述和分析，更无法将旅游活动放在国民经济整体框架中追踪旅游活动对整个国民经济的影响。因此，无论是就单个国家还是全球范围而言，旅游活动或产业都组成一个关键部门，开发一个框架以全面测度和分析旅游活动都具有重要意义。

在国民经济核算的投入产出表或供应使用表中事实上包括了旅游活动，但投入产出表是以 ISIC 为基础的，主要为显示产业的生产特点而设计，并不考虑购买者的购买目的，而旅游恰恰是从购买目的上定义的经济活动类别。也就是说，体现需求目的的旅游活动在生产者方面是无法单独识别的。比如对食品和饮料的购买，既可能是旅游者所为，也可能是当地居民所为，而投入产出表并不能按购买者身份反映食品与饮料产出的去向，进而表明，简单地根据投入产出表数据难以准确全面地描述出一国旅游活动状况，需要根据旅游活动的特点和分析的目的，结合其他数据来源，对来自投入产出表的数据加以再次开发，开发的结果就是旅游卫星账户。

因此，开发旅游卫星账户的目的就包括：

（1）描述旅游规模和经济贡献的宏观经济总量指标，如旅游直接总增加值（TDGVA）和旅游直接国内生产总值（TDGDP）；

（2）提供旅游消费的详细数据，以及对国内供给和进口如何满足这一需求的描述，并将它们整合进用现价和物量编制的供给使用表推导出的表格中；

（3）提供旅游业详细的生产账户，包括与其他生产性经济活动相联系的就业数据和固定资本形成总额数据；

（4）提供经济数据和旅游（或访问）人数、停留时间、旅游目的、交通工具等非货币性旅游信息。

二、旅游卫星账户的基本概念与分类

从经济角度看，旅游是由旅游者为达到旅游目的而引发的一系列消费活动，是从需求角度形成的经济活动，为了满足旅游者旅游中对货物和服务的需求，形成了提供旅游产品的产业，即旅游产业。为弄清旅游卫星账户的内容和编制原理，首先要从概念的定义着手，其中要从需求角度说明旅游、旅游者旅游需求等概念，从供应角度说明旅游商品、旅游产业等概念。当核算是针对一个国家进行时，还要考虑这些概念的国内与国外特征。

（一）旅游

旅游的本意是指休闲旅行以及出于个人目的（比如探亲、教育培训、医疗保健、宗教朝圣、购物等）发生的旅行。但旅游并不局限于通常视作典型娱乐的那些活动，而是包括旅游者的全部活动，出于商务目的或教育培训目的的旅行都要包括在内。根据旅游者的旅游目的，旅游可分为私人旅游或商务/公务旅游。私人旅游项目又可进一步分为八个类别：度假、休闲娱乐、探亲访友、教育培训、卫生和医疗保健、宗教或朝圣、购物、中转及其他。

（二）游客和旅游者

TSA的中心是游客。游客被定义为离开其惯常环境但并未被所访问地方的常住实体单位雇用的人。惯常环境与常住国不完全一样，它是指一个人通常能被找到的地方，包括住宅附近区域和工作场所。因此，跨境工作者尽管跨越了国界，但他们不是游客，所以，游客只是旅游者的一个子集。

游客可分为两类：过夜游客与当日游客。过夜游客被称作旅游者，而当日游客被称作一日游客。进一步，将旅游者按其常住国分为国内和国外旅游者，常住居民在国外的旅游是出境游，非常住居民在该国内的旅游是入境旅游。常住居民的旅游总额被称为国民旅游，是其本国旅游（常住居民在本国内的旅游）与出境旅游之和。国内旅游是本国旅游与入境旅游之和。这些内容合起来构成了一国旅游卫星账户的完整核算范围，其间关系可参见表8-1。

表8-1 游客的分类

	国内	国外	总计
常住居民	本国旅游	出境旅游	国民旅游
非常住居民	入境旅游		
总计	国内旅游		

资料来源：本表根据联合国等组织发布的 TSA: RMF 2008 中的图 2.1 归纳整理而得。https://unstats.un.org/unsd/tradeserv/tourism/manual.html（访问时间：2019.7.28）。

(三) 旅游支出

旅游支出是指在旅游期间或其后出于自己使用或赠送他人的目的,购买消费性货物和服务以及贵重物品所支付的金额,包括游客自己支付的费用以及由其他人支付或报销的费用。

(四) 旅游消费

旅游消费可用类似于描述旅游的方式来表述,即按旅游发生地、旅游者是常住还是非常住居民来刻画。旅游消费的概念不同于旅游支出的概念,二者存在差异,差异之处主要表现在:旅游消费还包括临时自给性住宿服务、旅游实物社会转移和其他虚拟费用。尽管旅游支出的信息可通过旅游者调查获得,但要调整到旅游消费,还需要通过其他来源的数据进行估计。

(五) 特征产品

旅游消费品泛指旅游消费支出购买的各种货物和服务。TSA将旅游消费品分为旅游特征产品和其他消费品。旅游特征产品是指主要供旅游者购买的产品,分为国际可比旅游特征产品和本国特有旅游特征产品。其他消费品分为旅游关联产品和非旅游相关产品。非消费品是指那些不构成消费性货物和服务的产品,包括贵重物品、旅游固定资本形成总额和公共消费。

(六) 旅游产业

旅游产业是那些主要活动对应于某种旅游特征产品的基层单位的集合。旅游产业包括游客住宿业、餐饮服务业、铁路、公路、水路和航空客运业、运输设备租赁业、旅行社和其他预订服务业、文化产业、体育和娱乐业、本国特有旅游特征货物的零售贸易和本国特有旅游特征产业。

表 8-2 列示了旅游特征产品和旅游特征活动(产业)的主要类别。其中,旅游特征产品如前所述;其他消费性产品中包括旅游相关产品和非旅游相关产品,如果有可能,应该将这两个类别分别列示;非消费品则是指那些不构成消费性货物和服务的产品。显然,那些提供旅游特征产品的产业就是旅游特征产业,它们构成了整个旅游供应业的主要部分。

表 8-2 旅游特征产品和旅游特征活动（产业）的主要类别

旅游特征产品列表	旅游特征活动（产业）列表
A. 消费品	
A.1 旅游特征产品	
1. 游客住宿服务	1. 游客住宿服务业
1.a 除 1.b 外的游客住宿服务	1.a 除 1.b 外的游客住宿服务业
1.b 自有度假屋住宿服务	1.b. 自有度假屋住宿服务业
2. 餐饮服务	2. 餐饮服务业
3. 铁路客运服务	3. 铁路客运服务业
4. 公路客运服务	4. 公路客运服务业
5. 水路客运服务	5. 水路客运服务业
6. 航空客运服务	6. 航空客运服务业
7. 运输设备租赁服务	7. 运输设备租赁服务业
8. 旅行社和其他预订服务	8. 旅行社和其他预订服务业
9. 文化服务	9. 文化服务业
10. 体育和娱乐服务	10. 体育和娱乐服务业
11. 本国特有旅游特征货物	11. 本国特有旅游特征货物业
12. 本国特有旅游特征服务	12. 本国特有旅游特征服务业
A.2 其他消费性产品	
B. 非消费品	
B.1 贵重物品	
B.2 其他非消费品	

资料来源：本表根据联合国等组织发布的 TSA: RMF 2008 中的图 4.2 归纳整理而得。https://unstats.un.org/unsd/tradeserv/tourism/manual.html（访问时间：2019.7.28）。

从一国来看，本国旅游产业生产的旅游产品与满足本国旅游需求的商品并不完全一致。满足一国旅游商品需求的，不仅是国内旅游产业，还有进口；同样，本国旅游产业可能不仅满足国内旅游需求，还会出口旅游商品。实际上，旅游商品的进口和出口可能不是直接通过商品本身的进出口来实现的，而是通过旅游者的跨国界旅游而实现的。其中，出境旅游的结果是国内旅游者在境外消费了国外提供的旅游货物和服务，这就是进口；入境旅游的结果则是国内旅游产业为境外旅游者提供了旅游货物和服务，这就是出口。

（七）旅游核算分类

旅游核算分类包括两种：旅游产品分类和旅游及相关产业分类。

1．旅游产品分类

《2008 国际旅游统计建议》将旅游产品分为消费品和非消费品。其中，消费品包括旅游特征产品和其他消费品；非消费品包括贵重物品和其他非消费品。

2．我国旅游及相关产业分类

我国旅游及相关产业是指在国民经济活动中为游客直接提供行、住、吃、游、购、娱等旅游服务，以及为旅游提供相关服务的产业。

按照《国家旅游及相关产业统计分类》，我国旅游及相关产业分为旅游业和旅游相关产业两大部分。旅游业指直接为游客提供出行、住宿、餐饮、游览、购物、娱乐等服务活动的集合，包括：旅游出行、旅游住宿、旅游餐饮、旅游游览、旅游购物、旅游娱乐、旅游综合服务；旅游相关产业指为游客出行提供旅游辅助服务和政府旅游管理服务等活动的集合，包括：旅游辅助服务、政府旅游管理服务。

我国在《国家旅游及相关产业统计分类》基础上核算旅游及相关产业增加值。我国旅游及相关产业增加值是从旅游及相关产业角度沿用国内生产总值核算概念而形成的，反映我国旅游及相关产业在当期生产活动中创造的与游客旅游需求有直接联系的那部分最终产品价值，包括新增价值和固定资产转移价值。

三、旅游卫星账户的基本核算表

不同国际文献中所提出的旅游卫星账户在内容构造上有大体相同的思路：从旅游需求的核算开始，进一步扩展到旅游产品的供应、旅游产业的增加值及其对国民经济的贡献、旅游产业带动的就业，等等。TSA：RMF2008 给出了一套核算表，包括 10 张表，这里只就其中的主要核算表并结合中国国民经济核算体系（2016）做归纳性介绍。

（一）旅游消费核算表

旅游消费核算表包括入境旅游、出境旅游、境内旅游的现金消费核算表，国内旅游现金和实物消费核算表等。

表 8-3 是旅游现金消费核算表，表中横行按照旅游产品列示，纵列分境内旅游、入境旅游和出境旅游列示。前两项相加之和就是国内旅游支出，境内旅游支出加出境旅游支出就是国民旅游支出。

表 8-4 是包括现金和实物消费在内的旅游消费核算表，其中，国内旅游现金消费是入境旅游现金消费与境内旅游现金消费之和，国内旅游现金消费与游客其他消费之和即国内旅游消费，游客其他消费主要是指利用自有第二住所实现的实物性旅游消费。

表 8-3　分为入境旅游、出境旅游、境内旅游的现金消费核算表（按产品分类）

	境内游客			入境游客			出境游客		
	一日游者	旅游者	合计	一日游者	旅游者	合计	一日游者	旅游者	合计
A. 消费品									
A.1 旅游特征产品									
1. 旅游住宿服务									
……									
A.2 其他消费性产品									
B. 非消费品									
……									
总计									

资料来源：本表根据联合国等组织发布的 TSA:RMF 2008 中的表 3 归纳整理而得。https://unstats.un.org/unsd/tradeserv/tourism/manual.html（访问时间：2019.7.28）。

表 8-4　国内旅游现金和实物消费核算表（按产品分类）

	旅游者最终消费现金支出			游客其他消费（4）	国内旅游消费合计（5）＝（3）＋（4）
	入境旅游消费（1）	境内旅游消费（2）	国内旅游消费（3）＝（1）＋（2）		
A. 消费品					
A.1 旅游特征产品					
1. 旅游住宿服务					
……					
A.2 其他消费性产品					
B. 非消费品					
……					
总计					

资料来源：本表根据联合国等组织发布的 TSA:RMF 2008 中的表 4 归纳整理而得。https://unstats.un.org/unsd/tradeserv/tourism/manual.html（访问时间：2019.7.28）。

（二）旅游产品供给与旅游产业核算表

这是旅游产业生产核算表。表 8-5 即是按旅游产品供给与旅游产业结合设计的生产账户，它具有两个功能：表的上半部分体现各产业对各种产品的生产情况，其中行向按产品分列，列向按产业分列，最突出的部分是旅游产业的产出和旅游产品的生产；表的下半部分则反映旅游产业的总体生产成果，即所生产的各种旅游和非旅游产品，合计为总产出，减去在生产过程的中间消耗，就是旅游产业增加值，这些增加值具体分解为雇员报酬、其他生产税、混合收入/营业盈余（含固定资产折旧）等不同组成部分。

表 8-5　旅游产业及其他产业生产账户

	旅游产业				其他产业	国内总产出（基本价格）
	1.游客住宿服务业	……	12.本国特有旅游特征服务业	合计		
A. 消费品						
A.1 旅游特征产品						
1. 旅游住宿服务						
……						
A.2 其他消费性产品						
B. 非消费品						
……						
总产出（基本价格）						
中间消耗总计（购买者价格）						
增加值总计（基本价格）						
雇员报酬						
其他生产税减补贴						
混合收入/营业盈余总额						

资料来源：本表根据联合国等组织发布的 TSA: RMF 2008 中的表 5 归纳整理而得。https://unstats.un.org/unsd/tradeserv/tourism/manual.html（访问时间：2019.7.28）。

（三）旅游供给与需求核算表

旅游供给与需求核算表是旅游卫星账户的核心内容。它是一个将旅游生产和旅游消费综合起来的旅游供给与需求核算表，见表 8-6。

从基本框架上看，旅游供给与需求核算表保留了旅游产品和产业核算表的内容，即各产业对各种产品的生产情况及其生产中增加值的形成情况，同时还增加了一些将旅游消费与旅游生产供应联系起来的内容，这些内容表现为：（1）在各产业之下，不仅反映各产业总产出及其增加值情况，而且特别设置栏目，体现各产业所生产产出中用于旅游消费的部分，为了获得该数据，需要利用各种来源的资料进行估算；（2）在国内产出基础上增加进口（这里的进口不包括常住居民直接在国外的购买）及产品税栏目，给出国内总供应，并在此基础上引入国内旅游消费，计算出旅游消费占总供应的比率，即旅游消费占比。总体来看，表 8-6 除了可以延续表 8-5 的功能，计算旅游产业增加值之外，更重要的是可以计算旅游直接增加值，后者是对应国内旅游消费需求所形成的产品生产中的增加值，需要立足于各产业产出中旅游消费的份额部分进行计算，在此基础上可以计算旅游直接 GDP。

第八章 国民经济核算的扩展概览

表 8-6 国内旅游供给和国内旅游消费核算表

	旅游产业						国内生产者总产出（基本价格）		进口		产品税和贸易加价		国内总供应（购买者价格）	国内旅游消费	旅游消费占比（%）
	1. 游客住宿服务		……	12. 本国特有旅游特征服务业		合计		其他产业								
	总产出	旅游消费部分		总产出	旅游消费部分	总产出	旅游消费部分	总产出	旅游消费部分	总产出	旅游消费部分	总产出	旅游消费部分		
A. 消费品															
A.1 旅游特征产品															
1. 旅游住宿服务															
……															
A.2 其他消费性产品															
B. 非消费品															
……															
总产出（基本价格）															
中间消耗总计（购买者价格）															
增加值总计（基本价格）															
雇员报酬															
其他生产税减补贴															
混合收入/营业盈余总额															

资料来源：本表根据联合国等组织发布的 TSA: RMF 2008 中的表 6 归纳整理而得。https://unstats.un.org/unsd/tradeserv/tourism/manual.html（访问时间：2019.7.28）。

除了上述三张核算表以外，还有旅游带动的就业、投资、公共消费以及非货币性信息核算表，这些表格从不同角度体现了旅游对经济的影响，比如，就业核算表计量对应旅游活动形成的职位数、就业人员数、相应的基层单位数；投资核算表则核算一时期各产业在旅游目的之下所形成的固定资产。还可以设置一些实物量核算表，例如，按旅游类型和访问者特征分组的出行次数和过夜人次数，按交通工具分组的入境旅游人数和过夜人次数，针对旅游接待能力所设置的指标如单位数、接待能力、能力利用率等。这样就可以将一般旅游统计的内容更好地利用起来得到更全面的旅游分析信息。

四、主要旅游总量指标及其应用

建立旅游卫星账户，可以在旅游及其与国民经济的关系主题之下提供详细的数据，这些数据构成了相关分析决策的基础。在详细数据基础上，旅游卫星账户形成了若干衡量旅游活动及其对国民经济影响的总量指标，凭借这些指标，可以从不同侧面对旅游活动规模和对国民经济的影响程度做出总体评价，这些指标包括：

（一）反映需求的总量指标

从需求角度看，反映旅游活动总量的指标主要是国内旅游支出与国内旅游消费，同时可以重点关注其中的国内旅游现金消费支出，这些指标是由表8-3提供的。进一步，可以按照惯例计算该消费总量与国内生产总值或者住户个人消费的比值，用以分析旅游活动的规模。

（二）反映供给的总量指标

从供给角度看，反映旅游活动规模的总量指标主要是旅游产业总增加值、旅游直接总增加值和旅游直接国内生产总值。旅游产业总增加值是旅游产业当期生产的增加值，通过表8-5获得该总量指标数据。但是，由于旅游产业与旅游消费之间并不完全对应，在旅游特征产业产出中包含其他非旅游产品，而旅游消费的产品有些部分则是由旅游相关产业和非旅游产业所生产的，因此，严格来说，旅游产业增加值并非直接反映旅游供应规模的指标，在特定情况下用它表示旅游活动在国民经济中所占份额可能会扭曲旅游消费对国民经济的实际贡献，为此需要计算旅游直接增加值。与旅游产业增加值不同，旅游直接增加值是指国民经济各产业（包括旅游产业和其他产业）对应国内旅游消费所形成的增加值（由表8-6给出），由此克服了旅游产业增加值所具有的上述缺陷，在概念上可以用于直接反映旅游经济活动的规模。将各个产业旅游直接增加值加总起来就是旅游直接国内生产总值，可以反映旅游对整个国民经济的贡献。

因此，综合起来，旅游卫星账户中的主要总量指标包括：
（1）国内旅游支出；
（2）国内旅游消费；
（3）旅游产业总增加值；
（4）旅游直接总增加值；
（5）旅游直接国内生产总值。

第三节 综合环境经济核算体系

针对经济社会发展过程中日益恶化的环境问题，联合国、欧盟委员会、国际货币基金组织、经济合作与发展组织、世界银行五大国际组织依托国民经济核算体系，开拓了反映经济与环境关系的核算体系，即综合环境经济核算体系（SEEA，System of Environmental-Economic Accounting）。该体系经过不断修正，先后推出了三个手册文本，包括《综合环境经济核算—临时版本》（SEEA1993）、《综合环境经济核算—2003》（SEEA2003）以及《综合环境经济核算—2012》（SEEA2012）。目前，环境经济核算的框架和概念体系基本建立，基本核算方法逐步规范，2013年第44届联合国统计委员会批准将SEEA2012环境经济核算制度中心框架作为环境经济账户的国际标准，在世界各国和地区推广应用。

SEEA2012中心框架基于一致概念、定义、分类与核算准则，描述了经济与环境的关系以及环境资产存量及其变动，并就环境经济设计了三个方面的核算内容：实物流量账户、环境资产账户与环境活动账户及相关流量。这些账户结合在一起，结合总量调整核算表，为当前资源环境核算领域提供了最权威的核算体系。

本节对SEEA2012以及中国国民经济核算体系（2016）中有关核算内容进行介绍。

一、开发综合环境经济核算卫星账户的目的

环境对人类经济生产具有多方面的功能：为经济体系提供基础物质资源，同时接纳经济体系所排放的废弃物，还为整个生命系统提供不可或缺的生态服务。但随着人类经济活动的扩张，对环境产生了越来越重要的影响，直接的后果就是使得资源和洁净的环境变得越来越稀缺。

然而，这样一种重要的经济活动却在国民经济核算体系中没有得到反映，经济过程与环境之间的联系被割裂，改造现实国民经济核算体系的呼声日益强烈，环境经济核算体系就是对这种呼声的响应。环境核算的目的是在以SNA为基础的一个框架内反映自

然资源使用（有时是耗竭）以及残余物产生（会污染空气和水）的影响。综合环境经济核算卫星账户 SEEA 的目的是协助以下目标的实现：

（1）鼓励环境统计采用标准分类，扩大现有环境信息的价值和相关性；

（2）使用经济核算连接存量与流量的惯例，为环境统计提供新维度；

（3）提供与传统经济核算所含经济信息联系的纽带，改进这两套信息的可靠性与一致性；

（4）识别使用和所有权，从而确定环境影响的责任；

（5）促进跨时全面一致数据集的开发；

（6）便于国际比较。

与 SNA 一样，SEEA 账户提供了一种记录功能，从中可推导出一些关键性指标；同时也提供了一种管理功能，可用于政策选择分析。该账户为计算已经包括在可持续发展指标中的测度指标打下了坚实的基础，而且，它们还可用于开发新的指标，如经环境调整的宏观经济总量指标，这些指标是无法以其他方式得到的。

二、SEEA 的整体框架

SEEA 是一个多用途概念框架，用于阐述经济与环境之间的相互作用，以及环境资产存量和存量变化。SEEA 是 SNA 的一个卫星账户，应用了国民账户体系的核算概念、结构、规则和原则，同时具有内部卫星账户和外部卫星账户的特征。整个体系包括三个主要部分：第一部分是扩展形式的供给使用表，即实物流量账户，该账户可单独纳入实物量数据，或将实物量数据附加到价值量数据中；第二部分是对 SNA 中心框架中具有扩展性的部分进行详细说明，包含环境资产账户与环境活动账户及相关流量；第三部分是扩展 SNA，以考虑耗减和退化对宏观总量指标比如 GDP 的影响。三个部分中，前两个部分可以独立进行，第三个部分是用来将前两个部分相互整合并与 SNA 整合起来形成经环境调整的总量指标。

三、SEEA 的基本核算表

（一）实物流量账户

1. 实物流量账户的结构

SEEA2012 认为，不利用自然资源和来自环境的其他投入、不利用环境来吸收经济生产的无用副产品，一个经济体就无法运行。因此，计量进入经济体的自然投入量和经济体释放的残余，可以为经济环境发展提供指导信息，这种计量方式一般是利用实物计量单位实现的。实物流量账户就是记录与经济活动有关的所有类型实物流量，用于评估一个经济体的能源、水和物资供应及利用情况，并研究一定时期生产量和消费模式形态的变化情况。

如何开展实物计量首先要明确物质流在环境与经济间的关系。物质流在环境与经济系统间大体存在如下关系：物质流随着自然投入进入经济系统，在经济系统内部形成经济产品与残余物，经济产品成为社会进步的基础，被人类所消耗；残余物是从经济到环境的流量，经济系统产生的残余物又分为3个部分：一部分残余物存留在经济系统中，比如受控填埋地点收集与储存的固体废物；另一部分残余物直接排放至环境系统；还有一部分自然资源残余物如开采覆岩、矿山废水、捕捞后丢弃的鱼类最后也进入环境，它们被称为残余自然资源。可见，物质流以自然投入形式进入经济系统，一部分在经济产品内部循环，并被消耗掉；另一部分以残余物的形式回到环境系统。

根据物质在环境与经济间的这种流动关系，SEEA2012中心框架构建了实物流量账户。实物流量账户是基于SNA2008的价值型供给与使用表建立的，主要用于核算与经济活动相关的各种物质流，重点提供能源、水、气体排放与固体废弃物的有关核算。具体见表8-7。

表8-7分上、下两个部分。上半部分是供给表，列出了与不同经济单位或环境生产、生成和供给自然投入、产品和残余有关的流量。下半部分是使用表，列出了与不同经济单位或环境消耗和利用自然投入、产品和残余有关的流量。与国民账户体系相比，环境经济实物型供给与使用表是价值型供给与使用表的扩展部分。

在环境经济实物型供给表中，行向表示实物流量的供给，列向表示实物流量的来源。在环境经济实物型使用表中，行向表示实物流量的使用，列向表示实物流量的去向。整个供给与使用表描述了3类流量的供给与来源或使用与去向情况，分别是：从环境到经济系统的实物流量、从经济系统到环境的实物流量以及处在自然投入与残余物间的经济产品。

表中各行列示了自然投入、产品和残余物类别，而各列反映支撑流量的活动（比如生产、消费、积累）以及所涉及的经济单位。其中：

第二列涵盖了经济体中所有企业的自然投入利用情况、产品生产和中间消耗以及残余物的生成和接收，它是根据经济活动行业分类按行业分列的。

第三列涵盖住户的产品消费和此种消费产生的残余。特别说明的是，住户从环境中提取和采集自然投入用于自身消费的活动是一种生产活动，因此，将这种活动记录在第二列中相关行业分类下。

与货币型供给使用表不同，环境经济实物型供给使用表没有列出与政府最终消费支出有关的实物账项。政府的最终消费支出，是政府获得和消费它们自己的产出，没有任何直接相关的实物流量。所有与政府的中间消耗有关的实物流量，比如，用纸和用电，记录在第二列的相关行业分类项下，政府在生产它们的产出时生成的残余也记录在第二列。

表 8-7 环境经济实物型供给表与使用表

供给表

		生产；残余物产生		积累	来自国外的流量	来自环境的流量	总计
		产业（按 ISIC 分类）	住户产生的残余物				
自然投入						A. 来自环境的流量（包括残余自然资源）	自然投入总供给（TSNI）
产品		C. 国内生产（包括回收利用和重复使用的产品）			D. 产品进口		产品总供给（TSP）
残余物		I1 产业产生的残余物（包括自然资源开采后产生的残余物）；I2 处理后产生的残余物	J. 住户最终消费产生的残余物	K1. 生产资产报废和毁损的残余物；K2. 受控垃圾填埋场的排放物	L. 来自国外的残余物	M. 从环境中恢复的残余	残余物总供给（TSR）
总供给							

使用表

		产品的中间消耗；自然投入的使用；残余物收集		积累	流向国外的流量	流向环境的流量	总计
		产业（按 ISIC 分类）	最终消费 住户				
自然投入		B. 自然投入的开采：B1. 用于生产的开采；B2. 残余自然资源					自然投入的总使用量（TUNI）
产品		E. 中间消耗（包括回收利用与重复使用的产品）	F. 住户最终消费（包括回收利用与重复使用的产品）	G. 资本形成总额（包括固定资产与库存）	H. 产品出口		产品使用总量（TUP）
残余物		N. 收集与处置的残余物（受控垃圾填埋场的堆积物除外）		O. 受控填埋地点的废物积累	P. 流向国外的残余物	Q. 流入环境的残余物；Q1. 直接来自行业和住户的残余物；Q2. 处理后的残余物	残余物的总使用（TUR）
总使用							

资料来源：本表根据联合国等组织发布的 SEEA 2012 中的表 3.2.1 归纳整理而得。https://unstats.un.org/unsd （访问时间：2019.7.28）。

第四列是"积累",涵盖经济中的物质和能源存量变化。从供给角度来看,这一列记录生产资产的实物存量减少情况,比如,通过拆除或者拆卸,同时还显示之前核算期废弃的物资在受控填埋地点产生的排放情况。从使用角度看,积累列记录生产资产实物存量的增加情况(资本形成总额)以及受控填埋地点在一个核算期内的物资积累情况。

第五列记录各国经济之间以产品进出口和残余流量形式的交换。从国外流入或流出到国外的残余,主要记录与固体废物在不同经济体之间的流动有关,废水和废气被排除在这些流量之外。

第六列是进出环境的流量,这是货币供给使用表结构的重要增补内容,将环境列纳入该表,能够对自然投入和残余的流量进行全面核算。

2. 实物流量账户的核算和平衡式

SEEA 中心框架的实物流量账户将自然投入、产品以及残余物三类流量作为核算对象,使得环境与经济的关系得以建立。该账户既能反映实物流量的供给与来源,又能核算实物流量的使用与去向,物质流在环境与经济间存在如下平衡关系:

$$产品的总供给(TSP)=国内生产(C)+产品进口(D) \quad (8-1)$$
$$产品的总使用(TUP)=中间消耗(E)+住户最终消费(F)$$
$$+资本形成总额(G)+产品出口(H) \quad (8-2)$$

式(8-1)与式(8-2)反映了处在自然投入与残余物间的经济产品总供给与总使用是恒等的,即:

$$产品的总供给量(TSP)=产品的总使用量(TUP)$$

上述产品的供给使用等式也适用于自然投入和残余流量,即:

$$自然投入总供给量(TSNI)=自然投入总使用量(TUNI)$$
$$残余物总供给量(TSR)=残余物总使用量(TUR)$$

上述等式表明,系统内的每种物质都存在物质和能量平衡关系,从而可以看到,在一个核算期内,进入经济体的物质流量必定等于流出经济体的物质流量加上经济体中的一切存量增加额,这被称为投入—产出等式。投入—产出等式描述了经济和环境间的实物流量,即:

$$进入经济体的物质=来自环境的自然投入(A)+产品进口(D)$$
$$+来自国外的残余物(L)+来自环境的残余物(M) \quad (8-3)$$
$$流出经济体的实物流量=流入环境中的残余物(Q)+产品出口(H)$$
$$+流向国外的残余物(P) \quad (8-4)$$
$$经济体存量的净增加=资本形成总额(G)+受控垃圾场的积累(O)$$
$$-从生产资产与受控填埋地点流出的残余物(K) \quad (8-5)$$

式(8-3)、式(8-4)与式(8-5)描述了物质流在环境与经济间的流入与流出情况。它们的平衡式为:

$$进入经济体的物质=从经济体流出的物质+经济体存量净增加额$$

3. 实物流量账户中的三种关键流量

（1）自然投入

自然投入指来自环境中所在地点、作为经济生产过程一部分或直接用于生产中的所有实物投入，包括自然资源投入、可再生能源投入以及其他自然投入三大类别，具体见表8-8。

自然资源投入，是由自然资源在经济领域的实物投入组成，包括矿产资源、能源资源、土壤资源、天然木材资源、天然水生资源、其他天然生物资源及水资源的投入，不包括培育生物资源的流量。一切自然资源投入都被记录为环境进入经济体，进入经济体的大部分自然资源投入变成了经济产品，但某些自然资源投入后没有变成经济产品而是立即回归环境，这些回归环境的流量被称为残余自然资源。

可再生能源投入，是指环境提供的非燃料能源，包括但不限于太阳能、风能、水能、潮汐能、地热能以及其他电热能。

其他自然投入，包括土壤投入、空气投入等。土壤投入包括经济体在生产过程中从土壤中吸收的营养素和其他元素。空气投入包括经济体为生产和消费而从空气中纳入的物质。

表8-8　自然投入分类

自然投入分类	自然投入分类
1. 自然资源投入	2. 可再生能源投入
1.1 用于产品生产（中间消耗）	2.1 太阳能
1.1.1 矿物与能源资源	2.2 水能
1.1.1.1 石油资源	2.3 风能
1.1.1.2 天然气资源	2.4 潮汐能
1.1.1.3 煤与泥煤资源	2.5 地热能
1.1.1.4 非金属矿物资源（煤与泥煤除外）	2.6 其他电热能
1.1.1.5 金属矿物资源	3. 其他自然投入
1.1.2 土壤资源（已挖掘）	3.1 来自土壤的投入
1.1.3 天然林木资源	3.1.1 土壤养分
1.1.4 水生动植物资源	3.1.2 土壤碳
1.1.5 其他自然生态资源（林木与水生动植物除外）	3.1.3 其他来自土壤的投入
1.1.6 水资源	3.2 来自空气的投入
1.1.6.1 表层水	3.2.1 氮
1.1.6.2 地下水	3.2.2 氧
1.1.6.3 固体水	3.2.3 二氧化氮
1.2 自然资源残余物	3.2.4 其他来自空气的投入
	3.3 其他自然投入

资料来源：本表根据联合国等组织发布的 SEEA 2012 中的表 3.2.2 归纳整理而得。https://unstats.un.org/unsd（访问时间：2019.7.28）。

(2) 产品

根据国民账户体系，产品是经济体生产流程产生的货物和服务。处在自然投入与残余物间的经济产品，实际上就是经济系统的生产过程中生产的产品与服务。这部分产品是 SNA 的核算对象，将其纳入 SEEA 的供给与使用表中，是按照物质流的循环原理给予记录以保持物质流平衡。因此，在 SEEA 中，这部分经济产品只记录实物流量而不核算其产品价值，且实物流量账户中所列的产品范围仅限于拥有正数货币价值的那些产品。

(3) 残余

残余是指基层单位和住户在生产、消费或积累过程中丢弃、排泄或排放的固态、液态和气态物质流量。残余可能会被直接丢弃、排泄或排放到环境中，或者被经济单位捕获、收集、处理、回收或再利用。

4. 实物流量核算原则

(1) 记账规则

SEEA 中心框架遵循国民账户体系复式与四式的核算规则，对单个经济单位采用垂直复式核算原则，对经济体内所有单位则采用四式核算。比如，住户购买鱼，对住户而言，既表现为消费增加，也表现为现金减少（假定购买时以现金支付）。而对住户买鱼这一行为在经济体内来说，一方面必然导致住户的消费增加和现金减少，同时，渔业企业的库存减少和现金增多，必须将这四项全部记账，才能确保核算既完整又平衡。

(2) 记账时间

理论上讲，实物流量的记账时间，应当与按照权责发生制记录货币流量的时间一致。但是，在实际当中，环境进程的运作周期和时限，可能与货币核算使用的标准日历年和财政年不同。比如，水资源，水文年与日历年不相符，这种条件下，应当按照要求，根据实物和货币记账的不同基础周期，对账户作出调整。

(3) 计量单位

实物核算账户中的计量单位取决于所涉资产类型，比如，能源流量一般以能量计量（如焦耳）、水资源存量与流量一般以体积计量（如立方米）、其他物质的存量和流量一般都以质量单位计量（如吨）。值得注意的是，以实物核算的单一账户，应当仅使用一种计量单位，但在合并列报实物和货币数据时，有可能使用不同的计量单位。

(二) 环境活动账户与相关流量

1. 环境活动的范围与定义

环境活动的范围涵盖以减少或消除环境所受压力或者更有效利用自然资源为主要目的的那些经济活动。环境活动分为两大类型：环境保护和资源管理。

环境保护活动指以预防、减少和消除污染及其他形式环境退化为主要目的的各种活动。这些活动包括但不限于预防、减少或处理废物和废水；预防、减少或消除空中排放；处理和处置受污染的土壤和地下水；预防或降低噪声和震动水平；保护生物多样性和大地景观，包括它们的生态功能；监测自然环境的质量；环保研究和开发以及以环保为导向的一般管理、培训和教学活动（参见表8-9）。

资源管理活动是指那些以保护和维护自然资源存量防止耗减为主要目的的活动。这些活动包括但不限于减少对自然资源的提取、恢复自然资源存量、自然资源的一般管理以及生产用于管理和养护自然资源的货物和服务（参见表8-9）。

表8-9 环境活动分类

1. 环境保护活动	2. 资源管理活动
1.1 环境与气候保护	2.1 矿物与能源资源管理
1.2 废水处理	2.2 木材资源管理
1.3 废物处置	2.3 水生资源管理
1.4 保护与恢复土壤、地下水与地表水	2.4 其他生物资源管理（林木与水生资源除外）
1.5 生物多样性与景观保护	2.5 水资源管理
1.6 减小噪声与震动（工作场所措施保护除外）	2.6 与资源管理有关的研究与发明
1.7 防止辐射（安全辐射除外）	2.7 其他资源管理活动
1.8 为保护环境的研究与发明	
1.9 其他环保活动	

资料来源：本表根据联合国等组织发布的SEEA 2012中的表4.2.1归纳整理而得。https://unstats.un.org/unsd（访问时间：2019.7.28）。

2. 环境活动账户和统计

上述环境活动还可以从两个角度加以理解：(1)如果将这些环境活动视为生产活动，那么根据生产活动特征，生产者在生产过程中不仅会创造新价值，同时还会形成环境货物与服务产品；(2)如果将环境活动看作是在环境保护与管理活动目的下的功能性活动，那么为实现环境保护与资源管理，就会需要花费一定的经济支出，如为购买各种环境货物和服务或者其他产品进行环境保护与资源管理需要一定经济支出、为环境保护与资源管理发生的各种收支转移等均属于这种性质的经济支出。基于这两个角度，SEEA中心框架形成了环境活动账户。

环境活动账户分为两个基本部分，它们分别是环境货物与服务部门统计（EGSS）以及环境保护支出核算（EPEA）。环境货物与服务部门统计主要是显示环境货物与服务的供给及生产过程，也就是将环境活动视为生产活动。环境保护支出核算主要是反映经济系统中各部门在特定时期内为保护环境而花费经济资源的状况，这个账户是基于将环境活动视为一种功能性活动建立的。

(1) 环境货物和服务部门统计

环境货物和服务部门统计从供给角度考察环保活动，尽可能详尽地列报环境货物和服务的生产信息。环境货物与服务统计的核算主体是环境货物与服务的生产者，因此凡是以环境保护与资源管理为目的的生产、设计与制造的货物都是 EGSS 统计核算的范畴。在 EGSS 中，环境货物与服务主要包括专门的环境服务、单用途环境产品、改良品以及环境末端技术等。EGSS 的基本统计核算框架如表 8-10 所示。

表 8-10 环境货物与服务核算表

	生产者			
	专业生产者		非专业生产者	自给性生产者
	政府生产者	其他专业生产者		
环境货物与服务产出				
专项环保服务				
单用途产品				
改良产品				
环境末端技术				
综合环境技术				
环境货物与服务总产出				
中间消耗				
总增加值				
雇员报酬				
固定资本形成总额				
环境货物与服务出口				
就业人数				

资料来源：本表根据联合国等组织发布的 SEEA 2012 中的表 4.3.1 归纳整理而得。https://unstats.un.org/unsd（访问时间：2019.7.28）。

表 8-10 反映了不同生产者所生产的环境产品与服务量。核算表中，纵向表示不同生产者情况，具体包括专业生产者、非专业生产者与自给性生产者。专业生产者是以环境货物与服务为主要生产活动的生产者，包括政府部门与其他专业生产者；非专业生产者是不以环境货物与服务为主要生产活动的生产者；自给性生产者是出于自用目的环境货物与服务的生产者。横向表示环境货物与服务的产出类型与产出情况，它是按照 SNA 核算体系中的生产账户形式设置的，包含了环境货物与服务的具体类型以及它们的产出与消耗情况，具体为：环境货物与服务的总产出、中间消耗、总增加值、雇员报酬、固定资本形成总额以及环境货物与服务的出口，最后一行还列出了与环境货物与服务生产有关的就业人数。

(2) 环境保护支出账户

环境活动账户的另一基本核算部分是环境保护支出核算（EPEA）。环境保护支出核算能够显示不同经济单位为环境保护目的在不同环境货物与服务上的支出情况。它是从经济单位为环境保护目的花费支出的需求角度界定的，其目的是为了能够确认和计量社会通过环境保护服务的供给和需求，以及通过采取旨在预防环境退化的生产和消费行为，对环境问题采取的对策。EPEA 式样如表 8-11 所示。

表 8-11　环境保护支出核算表

支出项目	使用者						合计
	生产者			住户	政府	非营利机构	
	专项环保服务的生产者		其他生产者				
	专业生产者	非专业和自给性生产者					
专门环境保护服务支出							
中间消耗							
最终消费							
固定资本形成总额							
环境关联产品支出							
中间消耗							
最终消费							
固定资本形成总额							
改良产品支出							
中间消耗							
最终消费							
固定资本形成总额							
特定活动的资本形成							
环境保护的转移支付							
与国外的环保转移收支							
国民环保支出总计							

资料来源：本表根据联合国发布的 SEEA 2012 中的表 4.3.3 归纳整理而得。https://unstats.un.org/unsd （访问时间：2019.7.28）。

表 8-11 显示，环境保护支出核算表能够评估为环境保护而发生的各种支出项，包括专门环境保护服务的支出、环境关联产品的支出以及改良产品支出。这些支出项联系着中间消耗、最终消费或固定资本形成，它们是专门环保服务的生产者、其他生产者、住户、政府以及为住户服务的非营利机构因环境保护而承担的经常性支出或资本性支出，与 SNA 的使用者角度核算支出原理相似。除此以外，还有一部分支出是为环境保护而

发生的转移支付，这部分转移支付与上面的环境保护支出项合在一起形成各部门为环境保护所最终承担的支出，即国民环保总支出。

因此，EPEA 不仅能够核算不同经济单位为环保活动发生的各种支出项，还能最终提供一个国民环保总支出核算指标数据。

相关指标及其关系如下：

$$环境保护支出总额＝政府环境保护支出＋企业环境保护支出＋住户环境保护支出$$

或：

$$环境保护支出总额＝环境保护资本性支出＋环境保护经常性支出$$

EGSS 与 EPEA 都是环境保护活动账户，但它们是从不同视角测度环境保护活动的。就账户结构而言，EPEA 功能结构相对完整，将专门环境保护服务、环境关联产品与改良产品以及转移支付联系在一起在同一个账户中得到了体现，而 EGSS 则主要关注环境货物与服务的生产活动统计；就涵盖的环境活动而言，EPEA 仅仅关注环境保护活动，而 EGSS 不仅关注环境保护活动，还关注资源管理；就货物与服务内容而言，EPEA 从需求（使用）视角，测度了与环境保护活动有关的全部货物与服务，如为环境保护活动而发生的资本形成支出项不仅包括购买专门环保设备，也包括诸如与环保活动有关的建筑物、汽车、计算机等等，而 EGSS 则从生产（供给）视角重点关注与技术有关的环境货物与服务；就环境活动的生产者而言，EPEA 由于生产限制在专门环境服务上，因此其生产者仅仅是指那些最初活动是专门环境保护服务的生产者，而 EGSS 的专门生产者包括最初活动是所有环境货物或服务的生产者；就改良产品的价值而言，EGSS 统计改良产品的全部价值，而 EPEA 由于只关注以环境保护为目的而发生的费用，因此在 EPEA 中改良产品价值只核算与改良产品购买有关的费用，发生在清洁用品上的费用支出不包括在内；就国际贸易而言，虽然 EPEA 与 EGSS 都记录货物与服务的进口与出口，但在 EPEA 中，常住居民的环保支出包括从国外的进口，而 EGSS 的常住居民只包括出口；在税收与补贴的处置上，由于 EGSS 的产品价值是产出价值，基于基本价格核算的，因此 EGSS 在产品价值上不包括税收与补贴，而 EPEA 的产品价值是按照购买者价格核算的，因此产品价值上涵盖了税收与补贴。

（3）污染物和废弃物产生和排放实物量核算

污染物指进入环境后会对人类健康产生直接或间接危害的物质，包括大气污染物、水污染物和固体废物；废弃物指经济体系在生产、消费或积累过程中丢弃、泄露或排放的固态、液态和气态物质。这些物质通过污染物和废弃物产生和排放实物量核算表进行测算，该表主要测算各种大气污染物、水污染物和固体废物的产生和排放情况。具体见表 8-12。

表 8-12　污染物和废弃物产生和排放实物量核算表

	水污染物		大气污染物		固体废弃物	
	产生量	排放量	产生量	排放量	产生量	排放量
第一产业						
第二产业						
第三产业						
住户						
合计						

资料来源：中国国家统计局. 中国国民经济核算体系（2016）. 北京：中国统计出版社，2017.

表 8-12 的主栏为三次产业及居民，表示污染物产生和排放的来源；宾栏为污染物产生和排放的类别。其中，产生量指经济活动中产生的污染物和废弃物；排放量则指排入环境的污染物和废弃物。二者间的差别是污染物和废弃物的处置，可能由产生者自己处置，也可能由专门的污染处置单位处置。具体测算是可以从产生和排放两个节点上测算污染物和废弃物。

（三）环境资产账户

1. 环境资产的定义与范围

在 SEEA 中心框架里，环境资产是指那些能为经济活动如生产、消费或积累提供资源的环境要素，是地球上自然发生的生物和非生物部分。包括矿产与能源资源、水资源、土壤资源、土地资源、林木资源、水生资源及其他生物资源。SEEA 中心框架的环境资产分类见表 8-13。

表 8-13　SEEA 中心框架的环境资产分类

环境资产分类	环境资产分类
1. 矿产与能源资源 　1.1 石油资源 　1.2 天然气资源 　1.3 煤与泥煤资源 　1.4 非金属矿物资源（煤与泥煤除外） 　1.5 金属矿物资源 **2. 水资源** 　2.1 地表水 　2.2 地下水 　2.3 土壤水	**3. 土壤资源** **4. 土地资源** **5. 林木资源** 　3.1 培育的林木资源 　3.2 天然林木资源 **6. 水生资源** 　4.1 培育的水生资源 　4.2 天然水生资源 **7. 其他生物资源（林木与水生资源除外）**

资料来源：本表根据联合国等组织发布的 SEEA 2012 中的表 5.2.1 归纳整理而得。https://unstats.un.org/unsd（访问时间：2019.7.28）。

在表 8-13 中，环境资产实际上归为两大类：一类是自然资源；另一类是培育性资源。自然资源包括所有的生物资源（包括林木资源与水生资源）、矿产与能源资源、土壤资源以及水资源；培育性资源主要出现在林木资源以及水生资源中。

一国环境资产的计量范围，限于一国所控制的经济领土内所含的那些环境资产。海洋水资源与大气资源由于存量大与环境资产研究目标的直接意义联系不大而被排除在 SEEA 中心框架的资产分类范围外。值得注意的是，自然资源与环境资产存在差异，自然资源只是环境资产的子集，在 SEEA 中心框架中所有的培育资源与不具有经济价值的土地资源以及当前没有经济价值的已知矿藏均不在自然资源之列。另外，在 SNA2008 中，自然资源属于非生产资产、培育性资源属于生产资产，或归为固定资产（如为获取绵羊羊毛），或归为研究与发明（比如屠宰牲畜），而在 SEEA 中统称为环境资产。

2. 环境资产的核算原则

环境资产存量变化的核算问题，在计量方面提出了多种挑战，包括准确计量环境资产的实物存量以及货币价值的估值。目前，已经开发的编制资产账户所需的技术包括：实物耗减的计量、资产估价的原则和净现值方法、资源租金的估算方法以及环境资产的物量计量问题等。

实物耗减，是指在某个核算期间由于经济单位对自然资源的开采量大于再生量而使自然资源存量减少。对于不可再生自然资源，比如矿产和能源资源，耗减量等于开采量。对于自然生物资源，比如木材资源和水生资源，耗减和开采在实物方面的等式不成立，一般情况下，只有超出再生量的开采量，才被记为耗减。环境资产因意外事件导致的数量减少，比如极端天气或流行病爆发造成的损失，不记录为耗减而是记录为灾害损失。

资产估价理论上应当利用现价市场价格估价所有资产，且每一项的估价都应该是在与存量估值有关的日期获得它时的价值。这类从市场上产生的价格数据，可以直接乘以实物存量指数，计算出不同类别资产的总市值。但还存在一种近期没有在市场上买卖因而没有可观察价格的环境资产，就需设法假定固定市场存在并且资产在估算存量的日期被交易进而据此估算价格：一种方法是利用减记重置成本；另一种办法是利用未来回报的贴现值。

在实践中，估算资源租金的方法有三种：残余价值方法、收款方法和获得价格方法。最常用的方法是残余价值法，按照这种方法，资源租金的估算方式是针对一切专项补贴和税收对总营业盈余作出调整后，减去用户生产资产成本。收款方法是利用向环境资产所有者支付的实际款项估算资源租金。而获得价格方法的依据是当资源的获得权可以自由交易时，就可以根据该项权益的市场价格估算相关环境资产的价值。

环境资产的物量计量值不是数量计量值，而是在去除价格变化影响之后的资产价值变化的估值，包括由数量变化和质量变化造成的变化。估算时可以通过分析每一种类型的环境资产实物存量变化完成一种粗略评估，也可以利用期初所用的相同资源原地价格重新估算每一种环境资产的期末净现值，还可以利用个别资产的期末价值除以资产的具体价格指数来完成估算工作。

3. 环境资产账户结构

上述环境资产通过环境资产账户核算。环境资产账户记录期初期末环境资产存量及其核算期内环境资产的变动情况，分为实物型环境资产账户与价值型环境资产账户。两类环境资产账户的一般表式见表8-14。

表8-14 环境资产账户的一般结构

	矿产与能源资源	土地资源（包括林地）	土壤资源	林木资源		水生资源		水资源
				培育资源	天然资源	培育资源	天然资源	
期初资源存量								
资源存量的增加								
存量增长量								
存量的新发现								
向上重估								
重新分类								
资源存量总增加（价值型）								
资源存量的减少								
开采								
存量的正常减少								
灾害损失								
向下重估								
重新分类								
资源存量总减少（价值型）								
资源存量的重估价（价值型）								
期末资源存量								

资料来源：本表根据联合国等组织发布的SEEA 2012中的表5.3.1归纳整理而得。https://unstats.un.org/unsd（访问时间：2019.7.28）。

表8-14包含了两类环境资产账户的核算模式。两类环境资产核算账户的列向记录不同资源项目，包括矿产与能源资源、土地资源（包括森林土地）、土壤资源、林木资源、水生资源以及水资源，其中在林木资源与水生资源中又区分了培育性资源与天然资源。横向反映环境资源存量及其变动项目，引起环境资源存量变动的因素主要有生物资产的自然增长、矿物与能源资源的新发现、经济开采导致的资源减少、各种灾害、分类变化引起的资产变化等。

实物资产账户通常是为特定类型的资产而不是为多种不同类型资产编制的。货币账户反映实物资产账户中记录的实物流量的估价。对大多数环境资源来说，计量时需要先估算实物流量，然后估算货币流量。实物型环境资产账户由于受不同资产项计量单位差异的影响资产不能加总，因此在表8-14中，涉及的加总项不在实物型资产账户核算中。价值型环境资产账户由于具有统一的价值单位，资产项能够加总，但由于受价格影响，价值型环境资产账户需要解决资源的重估价问题，并在表中显示重估价带来的价值变化。

（四）账户的整合与列报

综合环境经济核算卫星账户在以实物和价值形式编排环境和经济信息时，保持了核算规则、原则和界限的一致性，因而能够实现账户的整合与列报，大大提高了基本统计信息的价值。

整体上看，该卫星账户提供了四个关键领域的整合：第一个关键的整合领域，是反映在实物型和价值型供给使用表中的货物和服务实物和价值流量计量值之间的联系；第二个关键的整合领域，是核算期内环境资产存量变化与所开采的自然资源被用于经济生产、消费和积累投入的利用量之间的联系；第三个关键的整合领域，是生产、消费和积累的货币计量值和不同部门间收入流量计量值之间的关联；第四个关键的整合领域，涉及在功能账户中识别为了环境保护和资源管理而从事的经济活动。

实物型和价值型供给使用表的整合，其核心是经济单位之间产品交换的、以价值数额记账的流量应该与以实物计量的产品流量是同一组流量。故而，需要利用相同的行业和产品分类以及通用的经济单位分类法。整合表如表 8-15 所示。

在表 8-15 中，利用相同的行业和产品分类以及通用的经济单位分类，即企业（以行业表示）、住户和国外部门进行整合。整合时有可能采取不同格式，并没有统一标准，最终取决于数据可用情况和所考察的问题。实际编制时由于价值型供给表的估值与实物流量估值所用的数据来源可能各不相同，当合并价值和实物数据时，要注意数量和价格之间的隐性关系。实物型和价值型供给使用表的整合，是编制供给和使用表以及投入产出扩展表的基础，这些表格常常被用于针对环境而扩展了的投入产出分析。

经过合并，可以获得有关总量数据，例如从实物流量账户中可以获得整个经济体或个别行业和住户的水、能源、固体废物合计流量；还可以据此计算结构性数据，比如，从相关实物流量账户中，可以计算出住户总排放量所占份额和农业用水量所占份额。

资产账户和供给使用表的整合，与自然资源分析特别有关。资产账户列报核算期期初和期末的环境资产存量信息以及核算期间的存量变化信息，其中存量变化信息与实物供给利用表有关，因而，在界定一致的情况下能够实现两表的整合。由经济活动、自然作用形成的流量与供给使用表中记录的流量之间的关系见表 8-16。

在表 8-16 中，经济活动导致的变化，在资产账户和供给使用表中的记录一致，比如就环境资产而言，为了资产核算的目的，在界定个别自然资源的方式和实物型供给使用表中界定的自然资源方式是相同的，从而确保了两表整合所需要的一致性，实现了它们之间的整合。

从整合表来看，包括了货币型供给使用表、实物型供给使用表以及资产账户，三个表将经济环境流量以及存量结合在一起，反映了环境资产存量及其变化。

表 8-15　实物型与价值型供给使用表

价值型供给表

	生产（包括住户的自给性生产）行业（按照国际标准行业分类）	来自国外	合计
产品	产出	进口	
合计			

价值型使用表

	中间消耗 行业（按照国际标准行业分类）	最终消费		积累	流向国外	合计
		住户	政府	资本形成总额	出口	
		最终消费支出	最终消费支出			
产品	中间消耗					
合计						

实物型供给表

	生产、产生的残余 行业（含住户的自给性生产）（按国际标准行业分类）	住户产生的残余	积累	来自国外	来自环境	合计
自然投入						
产品	产出					
残余	行业产生的残余	住户产生的残余	生产资产产生的残余、受控填埋场的排放	从国外接收的残余	环境流量	
合计						

实物型使用表

	中间消耗、自然投入利用量、残余回收量（行业按国际标准行业分类）	最终消费	积累	流向国外	流向环境	合计
自然投入	自然投入开采量					
产品	中间消耗	住户最终消费	资本形成总额	出口		
残余	残余的收集与处理		受控填埋场废物积累	送到国外的残余	回收的残余 流向环境的残余	
合计						

资料来源：本表根据联合国等组织发布的 SEEA 2012 中的表 6.2.1 归纳整理而得。https://unstats.un.org/unsd（访问时间：2019.7.28）。

表 8-16　供给使用表和资产账户之间的关联

		行业	住户	政府	国外	资产账户（以实物和价值计量）	
						生产资产	环境资产
						期初存量	
价值型供给使用表	产品-供给	产出			进口		
	产品-使用	中间消耗	最终消费支出	最终消费支出	出口	资本总额	
实物型供给使用表	自然投入-供给						开采自然资源
	自然投入-使用	自然资源进口					
	产品-供给	产出			进口		
	产品-使用	中间消耗	住户最终消费		出口	资本形成总额	
	残余-供给	行业产生的残余	最终消费产生的残余		国外流入的残余	拆解、报废生产资产产生的残余;受控填埋场的排放	
	残余-使用	废物和其他残余的收集与处理			流出到国外的残余	受控填埋场的废物积累	流向环境的残余
						资产的其他物量变化	
						重估价	
						期末存量	

资料来源：本表根据联合国等组织发布的 SEEA 2012 中的表 6.2.2 归纳整理而得。https://unstats.un.org/unsd（访问时间：2019.7.28）。

经济账户序列的一个特征是平衡项的测算。一般来说，相关流入量和流出量之间不平衡，因此引入一个平衡项，平衡项本身提供信息，同时也将账户序列联系在一起。关键平衡项包括增加值、营业盈余、结余和净借出/借入，将自然资源的耗减量纳入经济账户中，可以根据耗减量对经济总量作出调整，获得经过调整的国内净产值计量值、行业净增加值以及机构部门净结余等指标。表 8-17 列出了环境经济核算体系的机构部门经济账户序列，该账户的重点是根据耗减量做出调整的平衡项和总量。该账户与国民账户体系账户序列的主要差别，是根据耗减量对净增加值、净营业盈余、初始收入差额、可支配收入净额和净结余等平衡项做出的调整。

在表 8-17 中，生产账户的平衡项是增加值，它也是就供给使用表所说明的总量。根据耗减量作出调整的净增加值和根据耗减量做出调整的国内生产净值计量值，是在进一步减去耗减量估值后测算出的。收入形成账户显示增加值如何被划归生产要素，根据生产账户采取的办法，将耗减量从净营业盈余中减去，推算出根据耗减量做出调整的净营业盈余，这样就能反映出在生产中创造收入时的自然资源用量。初始收入分配账户中的一个关键流量是环境资产租金，比如土地以及矿产和能源资源租金，这种收入反映环境资产开采者或用户与法定所有人之间因利用环境资产而支付的款项。收入再分配账户的平衡项是可支配收入，显示最终用于支出的可用数额（消费和资本形成）。可支配收入使用账户中平衡项是可支配收入减去消费支出后的结余，根据耗减量做出调整的净结余，可用于增加总体资产基数的资源。资本和金融账户的平衡项，在账户盈余的情况下是净贷出，在账户亏损的情况下是净借入。净贷出/净借入也是金融账户中的平衡项，金融账户显示资本账户盈余或亏损的融资方式。

功能账户是第四个整合领域，涉及与环境活动有关的货币流量的认定，包括环境保护支出账户与环境货物和服务部门统计两个功能账户。之所以将它们称为功能账户，是因为它们侧重于为特定功能或用途而从事的经济活动。功能账户可以随时将环境活动信息与经济体内其他活动的信息进行比较和对照，也可以将环境与其他活动相比较，考察其他经济变数，如就业。从功能账户、环保支出账户以及环境货物和服务部门统计中，可以获得国家环保支出以及环境货物与服务部门总产量、增加值和就业等方面的合计数。

上述四个方面是综合环境经济核算的四个关键整合领域。对经济和环境信息进行整合，需要采用一种跨学科方法。综合环境经济卫星账户的最重要特征之一是它能够把有共同范围、定义和分类的实物和货币数据编排起来合并列报。这种合并列报，能够促进熟悉经济核算结构中编列数据的人和熟悉参考特定实物流量编排信息的人之间的讨论，也有助于得出合并指标，为建立模型和详细分析经济与环境之间的相互作用提供信息基础。

表 8-17 环境经济核算体系中心框架经济账户序列

会计账项	机构部门				经济体合计
	公司	一般政府	住户	非营利住户	
生产账户					
产出					
减中间消耗					
减固定资本消耗					
净增加值					
减自然资源耗减					
根据耗减调整的净增加值					
收入形成账户					
增加值总额					
减应付雇员报酬					
减（其他生产税减补贴）等					
营业盈利总额					
减固定资本消耗					
减自然资源消耗					
按耗减调整的净营业盈余					
初始收入分配账户					
按耗减调整的净营业盈余					
加雇员应收报酬（仅住户）					
加（应收生产税减补贴）（仅一般政府）					
加应收财产收入（利息、分红等）					
减应付财产收入					
按耗减调整的初始收入差额					
收入再分配账户					
按耗减调整的初始收入差额					
加应收经常转移					
减应付经常转移					
按耗减调整的可支配收入净额					
可支配收入使用账户					
按耗减调整的可支配收入净额					
减最终消费支出					
按耗减调整的净结余					

(续表)

会计账项	机构部门				经济体合计
	公司	一般政府	住户	非营利住户	
资本账户					
按耗减调整的净结余					
减固定资本形成总额					
减库存变化					
减（自然资源和土地购置额减处置额）					
减（其他非生产性非金融资产购置额减处置额）					
加应收资本转移					
减应付资本转移					
重新加上固定资本消耗					
重新加上自然资源耗减					
净贷出/净借入					

资料来源：本表根据联合国等组织发布的 SEEA 2012 中的表 6.2.3 归纳整理而得。https://unstats.un.org/unsd（访问时间：2019.7.28）。

尽管综合环境经济卫星账户使用了与国民账户体系大体一致的核算惯例，但鉴于综合环境经济卫星账户分析的侧重点是环境及其与经济的联系，并侧重从实物和货币方面计量存量与流量，与国民账户体系间依然存在某些差别，具体实施时要借助核算体系的灵活性有选择地实施。

（五）综合环境经济核算卫星账户的统计指标

1. 说明性统计数据

SEEA2012 中心框架包含了一系列有助于环境和经济活动变化的合计数和总量，比如从实物流量账户中，可以获得合计实物流量；从资产账户中，可以获得自然资源的合计实物流量，包括开采量和自然损失以及自然资源与一切相关耗减量的合计价值；从经济账户序列中，可以获得调整的净增加值、净结余等；从功能账户、环保支出账户以及环境货物和服务部门统计中，可以获得国家环保支出以及环境货物和服务部门总产量、增加值和就业等方面的合计数。

同时也可以从这种核算结构中获得一些结构性统计数据，比如，从实物流量账户中，可以直接计算出住户总排放量所占份额和农业用水量所占份额等等。

2. 环境资产总量和指标

货币资产账户可用于测算个别环境资产和这些资产组合的指标；账户序列能够提供关于环境资产耗减量的信息，也能提供与开采资源有关的资源租金所占份额方面的信息，将这些指标与人口统计数据以及关于住户的说明性统计数据合并，还可能考察人均资源使用量和按照不同住户类型分列的资源配送和使用量等。

3. 与环境相关经济活动的筹资和成本回收有关的总量

经济账户序列中所载数据可以使人们深入了解与环境有关的经济活动的筹资方式，以及资源的全部供给成本，尤其是水资源和能源的供给成本。

4. 环境比率指标

这类指标主要包括生产率和强度指标、退耦指标、"谁污染谁付费"指标。生产率和强度指标是从环境和经济核算数据中推算出来的重要指标，其中生产率指标表示产出或国内总产值等经济总量与某种实物流量的比率，强度指标表示实物流量与经济总量的比率，即它们是生产率比率的倒数。退耦指标显示收入和消费增长在何种程度上减少了环境资源用量，推算方式是用相关经济总量除以相关实物流量。"谁污染谁付费"指标将排放量实物信息与为这些排放量支付的费用，主要是将环保支出和环境税联系起来。

值得说明的是，我国国民经济扩展核算除了旅游与综合环境经济核算以外，在最新的中国国民经济核算体系（2016）中增加了新兴经济核算。新兴经济核算是以新兴经济活动为对象的核算，到目前为止，国际上尚未形成一个普遍认可的、具有严格意义的"新兴经济"概念，更没有形成一个国际通行的新兴经济核算的范围、分类和方法。为及时准确反映我国新兴经济发展情况，我国国家统计局在深入调查研究和充分借鉴国际上已有研究成果的基础上，初步提出了我国新兴经济核算的基本概念、原则和方法，认为新兴经济是以新产业、新业态、新商业模式为主体，由互联网和新技术革命推动的，以信息化和产业化深度整合、商业模式和体制机制创新、人力资本的高效投入和减少对物质要素的依赖为标志的一种经济形态。目前，新兴经济核算主要包括以增加值为核心的生产核算和收入核算，在核算方法上，新兴经济核算采用生产法和收入法进行核算。

思 考 题

1. 简述国民经济扩展核算的必要性。
2. 国民经济扩展核算的目的是什么？
3. 引入卫星账户对于国民经济核算具有什么意义？
4. 如何理解国民经济的扩展核算？
5. 简述旅游卫星账户与环境经济综合卫星账户的主要区别。

6. 简述 SEEA 与 SNA 的关系。

7. SEEA 核算的主要难点是什么？

8. GDP 被认为是黑色的，而 EDP 被认为是绿色的，SEEA 是否否定了 SNA？

练 习 题

一、填空题

1. 国民经济核算体系中心框架的严密性体现在：一是它具有一套_____；二是它在方法上借鉴了_____和_____，具有很强的规则性。

2. 国民经济核算扩展主要包括_____和_____。

3. 中心框架的灵活运用是指在中心框架基本概念的前提下，核算可以有不同的_____、不同的_____、不同的_____。

4. 卫星账户是指以中心框架为基础，根据具体需要对某些要素加以修改所形成的_____。

5. 编制关键部门账户的第一步是识别_____。

6. 从经济角度看，旅游是由旅游者为达到旅游目的而引发的一系列_____。

7. 旅游支出包括_____和_____。

8. 旅游消费品分为_____和_____。

9. SEEA2012 中心框架实物流账户主要用于核算与经济活动相关的各种_____。

10. 环境经济实物供给与使用表是_____的扩展部分。

11. 自然投入包括_____、_____以及_____三大类。

12. 环境活动分为_____和_____。

13. 环境货物和服务部门统计从_____角度考察环保活动，尽可能详尽地列报环境货物和服务的生产信息。

14. 环境保护支出核算能够显示不同经济单位为环境保护目的在不同_____上的支出情况。

15. 环境资产是指那些能为经济活动提供资源的环境要素，是地球上自然发生的_____部分。

二、单项选择题

1. 下列不属于涉及重新排列中心分类的卫星账户是（　　）。
   A. 教育　　　　　　　　　　B. 旅游
   C. 环境保护支出　　　　　　D. SEEA

2. 下列不属于旅游卫星账户关键活动的是（　　）。
   A. 教育				B. 餐饮
   C. 铁路客运			D. 公路客运
3. 下列不属于卫生卫星账户特征产品的是（　　）。
   A. 药品				B. 卫生服务
   C. 卫生教育			D. 卫生研发
4. 下列属于反映旅游需求的总量指标的是（　　）。
   A. 旅游产业增加值		B. 国内旅游消费
   C. 旅游直接总增加值		D. 旅游直接国内生产总值
5. 根据SEEA2012，环境经济核算中心框架设计的三个部分内容中不包括（　　）。
   A. 实物流量账户		B. 环境资产账户
   C. 环境活动账户及相关流量	D. 绿色GDP账户
6. 下列不属于自然投入的是（　　）。
   A. 种植的木材			B. 石油
   C. 水能				D. 土壤养分
7. 下列属于环境保护活动的是（　　）。
   A. 废水处理			B. 水文测算
   C. 木材防虫			D. 能源勘探
8. 下列属于资源管理活动的是（　　）。
   A. 木材管理			B. 废物处理
   C. 生物多样性保护		D. 防止辐射
9. 下列不属于环境资产的是（　　）。
   A. 石油资源			B. 地表水
   C. 培育木材资源		D. 家禽养殖
10. 下列不属于环境比率指标的是（　　）。
    A. 农业用水占比		B. 生产率指标
    C. 强度指标			D. 退耕指标

三、多项选择题

1. 在旅游卫星账户中，旅游涉及的产业包括（　　）。
   A. 旅游特色产业		B. 旅游相关产业
   C. 非旅游特征产业		D. 旅游服务业
   E. 旅游制造业

2. 在旅游卫星账户中，旅游产品包括（　　）。
   A. 食品　　　　　　　　　　B. 工艺品
   C. 旅游特色产品　　　　　　D. 非旅游特征产品
   E. 旅游相关产品
3. 卫星账户对国民经济核算的扩展有两种，分别是（　　）。
   A. 投入产出表　　　　　　　B. 供给表
   C. 关键部门账户的扩展　　　D. 使用表
   E. 使用替代概念对中心体系进行补充
4. 卫星账户中的特有产品包括（　　）。
   A. 公共产品　　　　　　　　B. 特征产品
   C. 私人产品　　　　　　　　D. 关联产品
   E. 所有产品
5. 开发旅游卫星账户的目的是（　　）。
   A. 描述旅游规模和经济贡献的宏观经济总量指标
   B. 提供旅游消费的详细数据
   C. 提供旅游业详细的生产账户
   D. 提供经济数据和旅游（或访问）人数、停留时间、旅游目的、交通工具等非货币性旅游信息
   E. 为环境保护服务
6. 旅游卫星账户中的主要总量指标包括（　　）。
   A. 国内旅游支出　　　　　　B. 国内旅游消费
   C. 旅游产业总增加值　　　　D. 旅游直接总增加值
   E. 旅游直接国内生产总值
7. 开发综合环境经济核算卫星账户的目的是（　　）。
   A. 鼓励环境统计采用标准分类，扩大现有环境信息的价值和相关性
   B. 提供与传统经济核算所含经济信息联系的纽带，改进这两套信息的可靠性与一致性
   C. 识别使用和所有权，从而确定环境影响的责任
   D. 促进跨时全面一致数据集的开发
   E. 便于国际比较
8. SEEA作为SNA的一个卫星账户，整个体系包括（　　）。
   A. 实物流量账户　　　　　　B. 供给表
   C. 使用表　　　　　　　　　D. 环境资产账户
   E. 环境活动账户及相关流量

9. SEEA 卫星账户中的实物流量账户包含的关键流量是（　　）。
   A．自然投入　　　　　　　　B．产品
   C．残余　　　　　　　　　　D．消费
   E．资本形成
10. 环境活动账户分为（　　）。
   A．生产统计　　　　　　　　B．资本形成统计
   C．环境货物与服务部门统计　　D．出口统计
   E．环保支出核算

四、判断题

1. 体现需求目的的旅游活动在生产者方面能够单独识别。　　　（　　）
2. 对于不可再生自然资源，耗减量大于开采量。　　　　　　　（　　）
3. 环境保护支出是从经济单位为环境保护目的花费支出的供给角度界定的。
   　　　　　　　　　　　　　　　　　　　　　　　　　　　　（　　）
4. 环境货物与服务统计的核算主体是环境货物与服务的生产者。（　　）
5. SEEA 中以实物核算的单一账户应当仅使用一种计量单位，但在合并列报实物和货币数据时，有可能使用不同的计量单位。　　　　　　　　　（　　）
6. 旅游供给与需求核算表是旅游卫星账户的核心内容。　　　　（　　）
7. 从一国来看，本国旅游产业生产的旅游产品与满足本国旅游需求的商品一致。
   　　　　　　　　　　　　　　　　　　　　　　　　　　　　（　　）
8. 旅游产业是那些主要活动对应于某种旅游特征产品的机构单位的集合。
   　　　　　　　　　　　　　　　　　　　　　　　　　　　　（　　）
9. 旅游消费与旅游支出是同一概念。　　　　　　　　　　　　（　　）
10. 常住居民的旅游总额称为国民旅游，是常住居民与非常住居民的旅游总和。
    　　　　　　　　　　　　　　　　　　　　　　　　　　　　（　　）
11. 对卫星账户而言，一般编制的是关键部门的账户。　　　　　（　　）
12. 在国民经济核算的投入产出表中事实上包括了旅游活动，利用投入产出表数据也能够准确全面地描述一国旅游活动状况。　　　　　　　　　　（　　）
13. 出于商业目的或教育培训目的的旅行不是旅游活动。　　　　（　　）
14. SEEA 是 SNA 的一个卫星账户，应用了国民账户体系的核算概念、结构、规则和原则，同时具有内部卫星账户和外部卫星账户的特征。　　　　（　　）
15. 自然资源投入包括培育生物资源的流量。　　　　　　　　　（　　）

第九章 国民经济价格和物量核算

国民经济核算是一个价值型核算体系，所有经济活动获得的货物与服务流量，无论其具体发生形式如何，都要换算为货币价值，然后才能纳入核算范围，加总为不同的总量。因此，货物服务流量的价值变化可以直接分解为两个组成部分：一个反映相关货物服务的价格变化；另一个反映其物量变化。在一个核算框架中，编制价格和物量测度不但可以对数值的一致性和整个指标集的可靠性进行检验，还可以推导一些重要的平衡项目。本章介绍国民经济涉及的国内与国际两个市场中价格与物量核算的问题。

第一节 国民经济价格核算的基本问题

国民经济核算的动态比较，就是要针对国民经济核算所提供的经济指标进行不同时期的比较。影响经济价值指标的主要因素之一是价格，因此要进行动态比较，需要讨论不同时期的价格变化情况。本节主要阐述国民经济价格核算的目的、国民经济价值核算的两类基本指标、物量指数和价格指数编制的基本公式。

一、国民经济价格核算的目的

国民经济活动的规模首先是由各种货物和服务（及资产）的物量表现的，比如当期生产或消耗了多少吨粮食、多少台电视机、多少立方米木材，延伸到经济存量，就是当期期末拥有多少辆汽车、多少平方米房屋等，它们都是国民经济各个指标所包含的物量。但在市场机制下的国民经济运行过程中，我们首先看到的不是物量，而是服从于当期市场价格水平的交易价值，物量则被隐含在价值额之中，比如：住户消费所花费的购买支出、企业销售产品所获得的价款，它们都是价值指标。从核算上看，这样的交易价值解决了不同产品（资产）物量之间由于其异质性而不能加总（比如木材无法与电器相加）的困难，相当于借助价格作为同度量因素，得到了经过加总的各个指标价值额。因此，国民经济核算提出的数据首先是价值额数据，国民经济核算是用货币单位表示的价值数据体系，所提及的指标数据服从于当期的价格水平，是按照当期价格水平对当期经济活动和存量水平的计量，其中每一个指标的价值额中都包含价格和物量两个基本指标，比如，国内生产总值就是各种最终产品当期产量与当期价格的乘积之和，货物进出口总额就是实际进出我国国境的当期货物与当期离岸价格（或到岸价格）的乘积之和。

由于每个价值指标中都包含了物量与价格两个基本指标，当价值额指标变化时，意味着其中所包含的物量和价格指标要么一个在变化、要么同时在变化。比如，如果当期经济规模比上期增长了10%，应该是产出物量变化（增长或降低）和价格变化（上升或下降）两个因素共同作用的结果。但价格受通货膨胀或通货紧缩的影响会显著上下波动，这种条件下，价值总额的变化并不是实际价值的增加，只是一种虚拟的价值变化，也就是说，从宏观上观察判断国民经济运行的动态特征，其本质只能通过物量来体现，即所谓经济的"实际"变化，该变化应该内涵地反映了货物和服务物量（可具体表现为产量、消费量、进口量等）与资产物量（可具体表现为建筑物保有量、畜禽存栏量、机器设备拥有量等）的变化，它们才是真实价值变化的代表。但是，国民经济核算却是反映交易价值额的数据体系，以此为基础无法直接观察到物量变化特征。

为了解决上述矛盾，以便从物量上揭示国民经济真实价值的动态特征，需要采用一定方法，对国民经济核算的价值数据进行加工，将价格和价格变化影响分离出去，以单独显示其中的物量以及价值额变化中的物量变化，为此，产生了国民经济的价格核算。

二、国民经济价值核算的两类基本指标

（一）产品价值测算的物量指标与价格指标

国民经济对产品价值额核算时，是通过产品数量与单位价格相乘获得的，即产品价值＝产品数量×单位价格。其中，数量表现为生产量、消耗量以及购买量，用实物单位表示；价格是指该产品的单位价值，内含有"货币/实物"这样的复合单位。因此，物量与价格是产品价值测算的两类基本指标，它们共同决定了产品价值额的大小及其变化。

虽然物量与价格共同决定产品价值额的大小，但它们对产品价值测算发挥的作用不同，价格主要是起到一种同度量因素的作用，它使得不同产品能够用统一的货物单位表示出来，这为多种产品的价值加总起来进行综合经济核算提供了前提条件。

但这种条件只适合价值的测算，不适宜进行物量与价格的分离分析，因为在综合为产品价值以后，物量和价格就丧失了以绝对数值表述的形式。比如，有一组由石油、彩电与粮食构成的产品，它们的物量×价格分别为 6 吨×4 500 元/吨、3 台×3 200 元/台、5 吨×120 元/斤，按照各自价格与产量计算乘积和，便会得到这一组产品的价值 3.72 万元。显然，现在从 3.72 万元中难以分离出物量和价格两个因素各自的绝对影响了。这种条件下，如果要考察物量与价格各自对价值的影响，一种可能就是从两个时期比较角度去进行分析，只要把价格固定在同一时期，即去掉价格变动的因素，计算出两个时期的产品价值数额并进行比较，所得到的结果就能体现出产品物量对价值的综合变化。用同

样的方法，把比较所涉及的物量固定在同一时期，也可以得到产品价格对价值综合变化的计量结果。由此说明，在多种产品情形下，价格与物量的概念都带有一种假定性，即假定赖以相加的同度量因素能够固定或可比的前提下，从价值数额的变化依然能够将产品价值的物量影响与价格影响分离出来。从多种产品角度考察，价格与物量的概念不再是单种产品中包含的价格与物量概念，在单种产品中价格与物量是绝对值数据，而在多种产品中，它们成了相对数，即成了价格指数与物量指数。

（二）产品价值变化测算的物量指数和价格指数

在统计学中，指数（Index）的本义是测算同一指标在不同时间变动的一个相对数，它的典型特征是能够综合测算多个指标数据的变动。国民经济核算将其引入，是因为国民经济核算是一种宏观核算，是对一国经济活动的综合性核算，这样，国民经济核算所提及的各项指标均为多项事物的集合，比如总产出是多种产品的生产产出、中间消耗是多种中间产品在生产中的投入、最终消费支出是多种消费品和服务的购买支出、进出口总值是多种货物和服务进出口的价值合计。如前所述，这种多事物的集合使得国民经济核算在对价值额进行测算时掩盖了物量与价格的影响作用，这种条件下，若分离物量与价格对价值的影响，一种可行的方式是从分析价值变动的角度入手，指数恰好迎合了这种需要，因而，国民经济核算特别依赖于统计指数这个有力的工具。

在国民经济核算中，最基本的统计指数包括两类：一类是物量指数（Volume Index），反映在两段时间之间各种经济活动实物量（以及资产实物量）的平均动态变化程度，比如生产物量指数、消费物量指数、投资物量指数、资产物量指数等。在实际应用中，有时会省略词语中的"物量"二字，比如直接称生产物量指数为生产指数；有时则省略指数中包含的基数 100%，以"增长率"形式表现，比如，经济增长率实际上就是整个经济的生产物量指数的变形。另一类是价格指数（Price Index），反映价格水平在不同时间的动态变化程度，比如生产者价格指数、消费价格指数、投资价格指数等。

通过编制物量指数与价格指数，使得国民经济核算资料能够进行动态比较与国际对比，从这个角度说，国民经济核算体系的指数化是其理论、方法和实践发展的客观需要和必然趋势。这也是本章内容安排的意义所在。

三、编制物量指数与价格指数的基本公式

如前所述，在多产品情况下，分析物量和价格对价值总量的影响可以通过构建指数的形式来实现。假设价值总量中，物量因素记为 q，价格因素记为 p，根据指数的定义，物量指数与价格指数的基本公式就可以表述为：

$$\text{物量指数} = \frac{\sum pq_1}{\sum pq_0} \qquad (9\text{-}1)$$

$$\text{价格指数} = \frac{\sum p_1 q}{\sum p_0 q} \qquad (9\text{-}2)$$

其中下标 1 表示现期或报告期，下标 0 表示基期。从两个公式来看，物量指数将价格作为同度量因素保持固定或可比，即公式中分子与分母将价格保持在同一个时期，以单纯反映物量的综合变化程度。而价格指数则是将物量指标作为同度量因素，固定在同一个时期，以单纯反映价格的综合变化程度。那么，同度量因素应该固定在报告期还是基期？不同选择的结果形成了物量与价格指数的两种形式，即拉氏指数（Laspeyre Index）和帕氏指数（Paasche Index）形式，其中，拉氏指数的基本特点是把同度量因素固定在基期，而帕氏指数则将同度量因素固定在报告期，它们的一般公式如下：

$$\text{拉氏物量指数} L_q = \frac{\sum p_0 q_1}{\sum p_0 q_0} \qquad (9\text{-}3)$$

$$\text{拉氏价格指数} L_p = \frac{\sum p_1 q_0}{\sum p_0 q_0} \qquad (9\text{-}4)$$

$$\text{帕氏物量指数} P_q = \frac{\sum p_1 q_1}{\sum p_1 q_0} \qquad (9\text{-}5)$$

$$\text{帕氏价格指数} P_p = \frac{\sum p_1 q_1}{\sum p_0 q_1} \qquad (9\text{-}6)$$

上述公式中，拉氏指数与帕氏指数将同度量因素固定在了不同时期，由于不同时期的数据不同，这样，通过拉氏指数与帕氏指数计算出来的物量指数与价格指数就会出现不同的数值。于是又产生了一个新问题：在现实应用中选择哪一种指数形式才能较好地反映国民经济价值总量的变化特征？

从计算式来看，由于拉氏指数将同度量因素固定在基期，在技术上使各期指数具有可比性，有利于反映长期连续性的价格和物量变动。但选择基期没有考虑新产品或新品种的出现，忽略了新产品对旧产品的替代作用，若计算期距离固定期的时间过长，同度量因素结构会发生较大的变化，由此可能影响到指数结果的表现力。以物量指数为例，如果新产品（比如计算机）与老产品相比，一方面价格下降更快，另一方面数量增长更快，即存在替代效应，那么采用拉氏公式计算，可能会给出一个偏高的物量指数。而帕氏指数将同度量因素固定在报告期，就不同时期计算指数时，要不断改变同度量因素的数据值，因此各期指数间缺乏可比性。但是，帕氏指数始终按报告期同度量，有利于把新产品的影响考虑进来，把旧产品或淘汰的产品排除掉，比较符合客观实际，但在替代效应前提下，其计算结果常常会是一个偏低的物量指数。推广到价格指数也是如此，而且并不仅限于这里所说的新产品和老产品之间，其结果是，针对一组数据计算，拉氏指数总是大于帕氏指数。

一般认为，拉氏物量指数表达的是假定价格不变条件下的物量综合变动，比较符合计算物量指数的实际要求；而帕氏价格指数以变化后的物量为同度量因素反映价格水平的综合变化，具有更现实的经济意义，可以反映在报告期物量条件下由于价格变动而对购买支出的影响。但从实际操作技术看，无论物量指数还是价格指数，拉氏指数都比帕氏指数更易于实现，因为它无须在每一次动态比较中将同度量因素更换到报告期水平。

除上述选择之外，统计学家还给出了另一种折中处理方法：不是二者必择其一，而是对称地使用基期和报告期的同度量因素，将二者的信息予以综合，来克服单一指数形式带来的弊端，这就是所谓理想指数，其中最典型的是费雪指数（以提出该指数的统计学家费雪的名字命名），它是拉氏指数和帕氏指数的几何平均值，计算式为：

$$理想物量指数\ F_q = \sqrt{L_q \times P_q} \tag{9-7}$$

$$理想价格指数\ F_p = \sqrt{L_p \times P_p} \tag{9-8}$$

从理想指数的公式中看到，这样得到的指数值在很大程度上克服了单纯的拉氏指数或帕氏指数所带来的弊端，对经济动态的揭示更加"理想"，在理论上比拉氏指数或帕氏指数更接近真实指数。但从构成公式也不难看出，要得到理想指数，必须分别具备编制拉氏和帕氏两种指数的数据基础，这无疑会增加编制成本，包括费用和时间，而且理想指数在含义上也不如拉氏指数或帕氏指数那样易于理解，因此这种做法或多或少带有一点难以实现的"理想"成分。正是由于在应用上存在诸多难点，尽管国际上不乏编制理想指数的应用（主要是在统计基础比较完备的国家），但在目前统计实践中，至少在中国，仍然广泛采用单独的拉氏或帕氏作为基本指数形式。

第二节　总产出指数与可比价账户

国民经济核算的核心指标是国内生产总值，进行国民经济核算的动态比较，主要内容是可比价国内生产总值的核算。本节主要讨论总产出指数的编制问题、可比价国内生产总值的含义以及可比价国内生产总值账户的编制方法。

一、总产出指数的编制

总产出是国民经济核算的基础性指标。从经济总体的角度看，所有常住单位的总产出之和就是国内总产出；如果从产业看，各产业或部门的总产出也构成国内总产出。因而，总产出是一个多产品指标，考察其物量与价格变化对价值变化的影响，需要编制各种指数，包括总产出的物量指数、价格指数以及相应的总值指数。

总产出的总值指数是报告期（现期）总产出与基期总产出的比值，计算式为：

$$\text{总产出总值指数} V = \frac{\sum p_1 q_1}{\sum p_0 q_0} \quad (9\text{-}9)$$

其中 q 表示各种产品的总产量，p 表示相应的产品的单位价格，下标 1 表示报告期，下标 0 表示基期。从公式可以看出，总产出的价值量变化受产量和价格两个因素的影响，如果要从总价值量的变化中分离出产量变化与价格变化的影响，还需要编制有关的物量指数与价格指数。实际中，总产出的物量指数一般采用拉氏物量指数法编制，这样的话，就意味着总产出的价格指数采用帕氏价格指数编制，原因在于：

$$\frac{\sum p_0 q_1}{\sum p_0 q_0} \times \frac{\sum p_1 q_1}{\sum p_0 q_1} = \frac{\sum p_1 q_1}{\sum p_0 q_0} \quad (9\text{-}10)$$

上式中，右边是总产出的总值指数，左边的物量指数采用拉氏物量指数法编制的话，价格指数就必须采用帕氏价格指数法编制。同时，从该公式中也可以看到，物量指数是在基期价格水平和价格结构的基础上，考察总产出物量的综合变动程度。这类产品物量指数反映的是：在消除了价格变动的影响之后，产出物量的实际增减变动程度，因而，通常又简称为"生产指数"。而相应的价格指数则是在现期产量水平和产量结构的基础上，考察总产出价格的综合变动程度。

在国民经济核算实践中，生产指数需要连续编制，且通常是首先编制各时期的环比指数。为了进行长期趋势分析，往往还需要将逐期对比的环比指数与固定基期的定基指数联系起来加以考察。

我国过去长期采用统一的不变价格编制总产出物量指数。其方法是：首先对各种产品分别规定全国统一的价格标准（该标准一经确定就可使用多年），再据此逐级计算各企业、各部门、各地区乃至全国的不变价格产出指标，将不同时期相同不变价标准的产出直接加以对比，就得到相应的产出物量指数（生产指数）。不变价格方法的优点是标准统一，便于资料层层汇总，避免价格频繁变化所引起的编制困难，编制出来的指数能够满足循环检验的要求。但这一方法也存在严重不足，主要表现在：无论是按不变价格层层计算所有产出的工作量，还是制订全国统一的不变价格标准，其工作量都十分浩繁；且随着实际价格水平和价格结构的变化，不变价格标准每隔数年还需要重新修订。

基于上述实际编制的困难，我国的产出物量指数编制工作现已经逐步转为采用价格指数间接推算的方法，具体步骤为：首先，由各级综合统计部门分别编制各地区、各部门直至全国的产出价格指数，在编制这些价格指数时，一般依据帕氏公式，并运用代表性价格选样和加权的方法，借以简化编制工作，提高编制质量；然后，通过价格缩减方式推算出暗含的基期价格产出或产出物量指数。当需要做长期动态考察时，则可适当利用链式指数方法。这样，就能够适当兼顾分析需要和操作可能，大大提高指数编制效率和实际分析效果。

二、可比价国内生产总值

（一）可比价国内生产总值的概念

可比价国内生产总值（Constant Price GDP），又称不变价 GDP，是借助于价格所表述的 GDP 物量值。本章第一节曾经说明，由于不同产品的数量不具有可加性，只有借助于价格这个同度量因素，使物量过渡为价值，才能实现不同产品数量的加总。但是，如果仅仅将同期价格与数量相乘获得乘积和，其结果只是表述价值额却并非物量的直接描述，如果要获得物量的变化，只有在现期与特定基期比较的前提下，将作为同度量因素的价格固定在与基期相同的水平，所得到的价值数额才可以作为相对于基期的报告期物量值。可比价 GDP 就是这样一个物量值，这里的可比，是指与基期相比价格没有变化，是与基期 GDP 处于同一水平的价格，这样得到的报告期 GDP 就是可以与基期 GDP 比较的物量值。

（二）可比价国内生产总值的核算思路

由第二章知识可知，国民经济核算中，GDP 有三种算法：生产法、收入法和支出法。三种方法中，只有生产法和支出法能够直接与货物和服务相联系，可以分解出物量与价格两个元素；收入法则因为是要素报酬项目的加总，本身与货物和服务并没有关系。因此，所谓不变价 GDP 主要是从生产法和支出法两个角度计算，即生产法可比价 GDP 及支出法（最终使用法）可比价 GDP。

进一步推算，由于生产法 GDP 等于总产出减去中间投入，支出法 GDP 等于最终消费、资本形成、货物和服务的进出口之和。这样，生产法可比价 GDP 的基本公式为：

$$\text{生产法可比价GDP} = \text{可比价总产出} - \text{可比价中间投入} \tag{9-11}$$

支出法可比价 GDP 的基本公式为：

$$\text{支出法可比价GDP} = \text{可比价最终消费} + \text{可比价资本形成} \\ + \text{可比价货物和服务出口} - \text{可比价货物和服务进口} \tag{9-12}$$

从式（9-11）与式（9-12）可以看到，即使仅仅从生产和支出两个角度，可比价 GDP 就涵盖了可比价总产出、可比价中间投入、可比价最终消费、可比价资本形成、可比价对国外出口以及可比价国外进口。因此，所谓可比价 GDP 核算，并非是 GDP 单个总量的核算，而是可比价 GDP 账户的核算，最后结果是一个按照可比价格编制的 GDP 核算表。具体见表 9-1。

从表 9-1 看到，理论上分析，在 GDP 的时间序列中，只要将 GDP 各构成项的价格因素固定起来，就可以得到不变价 GDP，再通过对比就可得到 GDP 物量指数；同样地，如果将各构成部分的物量因素固定起来并进行对比，就可得到 GDP 价格指数。同时也看到，作为一个综合性总量，无论是生产法还是支出法，如果没有各个可比价分项指标，可比价 GDP 的计算是不可能实现的。因而，测算可比价 GDP 的关键就集中于如何得到各个可比价分项指标。

表 9-1　可比价 GDP 核算表

单位：

生产	数据	使用	数据
可比价国内生产总值		可比价国内生产总值	
可比价总产出		可比价最终消费	
可比价中间投入		可比价资本形成	
		可比价出口	
		可比价进口	
		统计误差	

表 9-1 从两个方向上实现可比价 GDP 的核算。编制可比价 GDP 核算表，将会在以下两个方面带来好处：

第一，可以通过不同方法验证可比价 GDP 核算结果，使数据质量、精度得到相对可靠的保障。回顾第二章关于 GDP 核算原理，现价 GDP 核算表也非常依赖三种方法之间的相互验证，考虑到价格缩减过程中可能会出现更大的误差，不难想象，可比价 GDP 核算将对这样的相互验证有更高的诉求。

第二，通过两个方向的核算，可以提供相关生产和使用的可比价构成项目数据，进而为各种实际价值进行比较以及物量指数编制提供便利。

为实现两个方向上可比价 GDP 核算结果的协调一致，国际文献建议，最好的方法是以基期供应使用表为基础，把最终使用的缩减法与增加值的双缩减法合并起来，并推荐了两种具体的方法：在第一种方法中，需要应用生产者价格指数、最终使用各构成项目的购买者价格指数和中间投入的购买者价格指数，首先对产品进行缩减，进而把产品口径转换为产业口径，最终实现对产业总产出和中间投入的缩减；在第二种方法中，只需要生产者价格指数和进口价格指数，同时需要把使用表中按照购买者价格表示的各个项目分解为基本价值、税和补贴、贸易加价，以生产者价格指数缩减按基本价格计算的产出和各个使用项目，以进口价格指数缩减进口项目，然后按照基期的税收/产出比、贸易费用/产出比等推算出有关税、补贴、贸易加价各个组成部分，最后组合出各个产业的可比价总产出、中间投入以及增加值。

然而，如果实践中不具备非常理想的供应使用表数据资料，就无法按照上述思路实现两个方向上的精细计算,或者即使同时运用两种方法计算,也难以保证不出现较大的统计误差。一般的处理方法是,以某一个核算结果为主,将统计误差归结于另一个方向的计算。如何处理,一方面取决于现价 GDP 核算的方法选择,另一方面取决于价格指数的完备和详细程度。在中国,到目前为止,可比价 GDP 主要依赖生产法一方的核算,尚没有公开发布有关支出法可比价 GDP 的整套数据。

值得注意的是,与考察总产出变化时的情形有所不同,在分析可比价 GDP 时,从生产与使用角度考察 GDP 内部结构时,两者之间存在一个重要差异,即各部门创造的增加值通常并不等于其实际提供的最终产品数额。因此,从生产角度编制国内生产总值指数与从使用角度编制国内生产总值指数,两者间具有不能相互替代的分析作用,前者说明国内生产总值中各部门的贡献份额及其变化,后者则说明国内生产总值中各种最终产品占有的份额及其变化。

(三) 可比价 GDP 物量值的获取方法

如前所述,可比价 GDP 核算的基础是可比价总产出等一系列构成项的物量值,如何取得这些物量值,需要在方法上加以说明。

可比价物量指标的一般表达式是对应 $\sum p_0 q_0$(即 $\sum V_0$)的 $\sum p_0 q_1$,如何得到该物量值,可以有以下选择:

(1) 利用各种货物和服务的基期价格,直接计算报告期可比价各指标,或者以某一特定时期价格为固定价格,在基期和报告期同时使用,计算报告期可比价各物量指标,可称为直接估价法(后一种情况也可称为固定价格法)。

(2) 利用主要参照指标编制物量指数,以基期价值 $\sum V_0$ 为基础进行外推,计算各指标报告期物量值,可称为物量指数外推法。

(3) 在报告期价值 $\sum p_1 q_1$(即 $\sum V_1$)基础上,利用一套对应的价格指数进行缩减,得到报告期可比价物量指标,这就是价格指数缩减法 (Deflation in Price Indices),其公式是:

$$\sum p_0 q_1 = \sum V_1 / P_p$$

实践中,一般难以实现直接采用基期价格进行直接估价,要应用固定价格法,则需要每隔一段时间(比如 10 年)编制一套固定价格供此后一段时间使用,同时需要针对每一种产品计算两套价值额,一套是当期价格的价值额($\sum p_1 q_1$),另一套是固定价格的价值额($\sum p_0 q_1$),这将带来难以想象的工作量。物量指数外推法的应用要受制于是否具备相关指标的物量指数。应用价格指数缩减法的前提是,要具备一套相应的价格指数,不是单个价格指数,而是与货物和服务生产、使用相配套的一套价格指数体系。相比较而言,由于价格指数本身是表现宏观经济动态特征的重要指标,各国统计中都会独立编制，这就为价格指数缩减法在可比价物量指标中的应用提供了很大的便利条件。事实上，目前世界各国大多采用价格指数缩减法计算可比价物量指标。

（四）生产法可比价 GDP 的构造原理

从生产法来看，组成国内生产总值的各部门增加值，是各产业部门总产出与中间投入相减之后的余值。尽管增加值本身无法直接对应某一组货物和服务，因此无法直接拆解为价格和物量两个维度，但是构成其计算项的总产出和中间投入却毫无疑问直接代表着两组货物和服务，一组是当期产出的货物和服务，一组是当期消耗的货物和服务。正因如此，价格及其变化对增加值具有双重影响，既有产出价格变化的影响，又有中间投入价格变化的影响，而且二者影响方向正好相反：产出价格上升会加大增加值，中间投入价格上升则会使增加值变小。因此，要想获得可比价 GDP，必须针对总产出和中间投入分别考虑价格如何避免变化的影响，在此，介绍生产法可比价 GDP 构造的两种常用方法。

1. 单缩法（单折算法）

单缩法的要点是根据生产法 GDP 的基本核算式，首先采用帕氏公式分别构造关于总产出和中间消耗的两个价格指数，分别为

$$P_p = \frac{\sum p_1 q_1}{\sum p_0 q_1}, \quad Z_p = \frac{\sum z_1 q_1}{\sum z_0 q_1} \tag{9-13}$$

上式中，q 和 p 仍为各种产品的总产量和单位产品价格，z 为单位产品的中间消耗额。分别用上述两个价格指数去除相应的现价总值（总产出和中间消耗）或总值指数（总产出指数和中间消耗指数），就得到相应的不变价总值或拉氏物量指数：

$$\sum p_1 q_1 / P_p = \sum p_0 q_1, \quad \sum z_1 q_1 / Z_p = \sum z_0 q_1 \tag{9-14}$$

$$\frac{\sum p_1 q_1}{\sum p_0 q_0} \bigg/ P_p = \frac{\sum p_0 q_1}{\sum p_0 q_0} = Q_L, \quad \frac{\sum z_1 q_1}{\sum z_0 q_0} \bigg/ Z_p = \frac{\sum z_0 q_1}{\sum z_0 q_0} = Q_L' \tag{9-15}$$

将式（9-15）中拉氏物量指数的分子、分母对应相减后再对比，即得到如下拉氏形式的 GDP 物量指数：

$$Q_L'' = \frac{\sum p_0 q_1 - \sum z_0 q_1}{\sum p_0 q_0 - \sum z_0 q_0} = \frac{\sum (p_0 - z_0) q_1}{\sum (p_0 - z_0) q_0} = \frac{\sum r_0 q_1}{\sum r_0 q_0} \tag{9-16}$$

其中 r 为单位产品的"增加值价格"。上述三个拉氏物量指数的指数化指标相同，但同度量因素各不相同，故在指数符号上做了适当区分。

表面上看，该指数似乎已经将与产出有关的两个价格因素（p 和 z）都固定起来了，消除了价格因素对 GDP 变动的影响。但实质上却只是运用单一的增加值价格 r 作为同

度量因素构造的拉氏物量指数，它的指数化指标仍然是总产出物量 q。因而与其说是一个 GDP 物量指数，不如说是以"增加值价格"作为同度量因素的总产出物量指数，由于上述方法只对指数中的增加值价格 r 进行的价格缩减，并没有真正对总产出和中间消耗各自的价格变化分别进行必要的调整，故被称作编制 GDP 生产指数的"单缩法"（单折算法）

应用单缩法的假定前提是，中间投入价格变化类似于产出价格变化，但在实践中该前提常常并不完全成立，以至于利用单缩法计算的可比价 GDP 可能会产生一定的偏差。当产出价格指数低于中间投入价格指数时，单缩法会低估可比价 GDP 总量，相反则会高估可比价 GDP 总量，高估或低估的程度取决于两个价格指数之间的背离程度。进一步看，如果不同年份这两个价格指数背离程度具有显著差别，就会导致不同年份可比价 GDP 数据不可比。在实践中，单缩法常常采用更为简单的形式，即直接采用总产出价格指数或其他有关价格指数来调整现价 GDP 或 GDP 总值指数，但该方法的实质决定了它难以真实地刻画出 GDP 的物量动态，除非在极为特殊的假定条件下，才能够给出比较接近实际的结果。

2. 双缩法（双折算法）

与单缩法有所不同，该方法的要点是根据生产法 GDP 的基本核算式，首先利用帕氏公式分别构造关于总产出和中间消耗的下述价格指数：

$$P_p = \frac{\sum p_1 q_1}{\sum p_0 q_1}, \quad K_p = \frac{\sum k_1 s_1}{\sum k_0 s_1} \tag{9-17}$$

其中 s 为生产过程中对各有关产品的中间消耗量，k 为单位消耗品的价格，其他符号同前，现在分别用上述两个价格指数去除相应的现价总值（总产出和中间消耗）或总值指数（总产出指数和中间消耗指数），得到相应的不变价总值或拉氏物量指数：

$$\frac{\sum p_1 q_1}{\sum p_0 q_0} \Big/ P_p = \frac{\sum p_0 q_1}{\sum p_0 q_0} = Q_L, \quad \frac{\sum k_1 s_1}{\sum k_0 s_0} \Big/ K_p = \frac{\sum k_0 s_1}{\sum k_0 s_0} = S_L \tag{9-18}$$

最后，将上面的总产出拉氏物量指数与中间消耗拉氏物量指数的分子、分母对应相减，即可得到生产法思路构造的真实 GDP 拉氏物量指数，即

$$(Q,S)_L = \frac{\sum p_0 q_1 - \sum k_0 s_1}{\sum p_0 q_0 - \sum k_0 s_0} \tag{9-19}$$

这就是可比价增加值的双缩法（Double-Deflation Method）。其中，用于缩减总产出的是产出价格指数，一般是指生产者价格指数，即生产者出售其产品的价格的指数；用于缩减中间投入的则是中间投入价格指数，是作为中间使用者购买产品所付价格的指数。

理论上说，双缩法分别从产出和中间投入两个方向上剔除了价格变化的影响，最符

合可比价增加值的计算要求。但是，第一，从实施的现实性考虑，采用双缩法必须有相应的价格指数做保证，不仅要有针对各产业产出的生产者价格指数，还要具备针对各产业投入的生产者价格指数，但各国生产者价格指数（PPI）编制常常比较注重前者；第二，即使具备两个方向上的价格指数，双缩减也要面对来自两方面的测量误差，在产业层次上对增加值这样一个余值而言，其影响可能会非常显著。因此，实践中常常采用简化的方法进行价格缩减，即单缩法也是允许的。

无论采用单缩减法还是双缩减法，实践中都不存在一套完全对应于GDP核算的生产者价格指数，因此在具体核算中仍然需要针对不同产业部门做相机抉择，必要时还要辅之以物量外推等其他方法。物量指数外推法（简称外推法）是在基期价值量的基础上，利用物量指数推算出按基期价格计算的核算期价值量，即不变价价值量。外推法分为双外推法和单外推法。双外推法是在基期价格计算的总产出和中间投入的基础上，分别采用总产出和中间投入的物量指数推算出核算期不变价总产出和不变价中间投入，然后以不变价总产出减不变价中间投入得到不变价增加值。单外推法假定总产出与中间投入保持相同的物量变化幅度，一般是利用按基期价格计算的增加值和产出物量指数，直接推算出核算期不变价增加值。

不同行业不变价增加值根据可以获得的基础资料，选择适当的核算方法。例如，工业不变价增加值利用工业生产者出厂价格指数缩减工业现价增加值得到；建筑业不变价增加值利用建筑安装工程价格指数缩减建筑业现价增加值得到；居民服务、修理和其他服务业不变价增加值利用居民消费价格指数中的服务项目价格指数缩减其现价增加值得到；教育业不变价增加值利用居民消费价格指数中的教育类价格指数缩减其现价增加值得到；交通运输和邮政业不变价增加值主要利用客货运周转量和邮政业务总量等物量指数外推基期增加值得到。

（五）支出法可比价GDP的构造原理

从支出法来看，GDP是最终消费支出、资本形成总额与货物和服务净出口的总和，进一步地，最终消费支出还要分为居民个人消费支出和政府公共消费支出，资本形成总额还要分为固定资本形成总额和存货变化（以及贵重物品净购买），货物和服务净出口还要分解为出口和进口两个部分。据此，计算可比价GDP需要按照上述不同构成部分，选取相应方法计算其物量值，而后加总。

相对生产法可比价GDP的构造，支出法可比价GDP的编制相对简单。原因在于：从最终产品使用角度看，各期现价GDP等于全部消费品、用于资本形成的投资品、出口和进口品的数量与相应价格乘积的代数和，即 $\text{GDP}_1 = \sum p_1 f_1$（$p$和$f$分别表示各种最终产品的价格与数量，这里的价格为购买者价格），于是，得到 $V_{\text{GDP}} = \dfrac{\text{GDP}_1}{\text{GDP}_0}$，依据指数编制原理，固定价格因素可以构造出物量指数、固定物量因素可以构造出价格指数。一般来说，GDP 物量指数采用拉氏公式，这样，$F_L = \dfrac{\sum p_0 f_1}{\sum p_0 f_0}$，价格指数采用帕氏公式，即 $P_p' = \dfrac{\sum p_1 f_1}{\sum p_0 f_1}$。显然，支出法可比价 GDP 计算结果如何，与所选取的价格指数有直接关系。对应每一个支出分项目，其价格指数的选择以及缩减过程中需要注意的问题如下：

（1）个人消费支出。一般来说，个人最终消费支出对应的缩减指数主要是居民消费价格指数，二者之间有着大体对应的范围，但个人消费支出中仍然有一些类别是居民消费价格指数无法覆盖的，比如自有住房虚拟房租。

（2）公共消费支出。从构成看，公共消费支出是政府等部门公共服务产出减去出售过程中收回的收入再加上从市场中购置货物和服务转交给使用者所支出的部分，原则上应该分别对这几个部分选择相应的价格指数做缩减，但实际操作中可能会采用各种便于处理的方法。

（3）固定资本形成总额。固定资本形成总额的价格缩减需要分别按资产类别考虑。对那些作为资本形成的标准产品而言，可以采用分类生产者价格指数，比如机器设备等；有关知识产权产品的资本形成常常难以找到合适的价格指数，比如计算机软件和数据库、研究与开发等，因为它们常常是为自用而生产的，并且具有显著的异质性，因此无法形成真实的价格及其指数，为此需要寻找各种代替方法。

（4）存货变化。存货变化在数额上可能是 GDP 的一个很小的组成部分，但其可比价物量值的测算却充满挑战性，理想的做法是分别按存货类别选择不同的价格指数予以缩减，所涉及缩减指数可能包括生产者价格指数、消费者价格指数、进口价格指数以及劳动成本指数等。

（5）货物和服务出口与进口。货物和服务出口与进口有不同的源头，为求得其物量值需要在价格缩减中采用不同的价格指数。就货物来说，一个涉及出口商品价格指数（XPI），一个涉及进口商品价格指数（MPI）。相比较而言，对应服务进出口的缩减指数更难以全面获取，实际操作时可能需要寻找可代替的方法。

需要补充说明的是，无论是生产法还是支出法，应用价格指数缩减法计算可比价 GDP 都存在一个在何种层次上实施价格指数缩减的问题。价格指数是独立编制的，编制过程中每一个指数（比如消费者价格指数）都包括不同层次的类指数，总指数是通过类指数层层加权平均得到的。较低层次的价格指数更加接近初始价格的变动，可以更好地与 GDP 各构成项目对应起来，避免拉氏或帕氏价格指数中物量权重选择本身存在的问题，因此，为了提高可比价 GDP 数据的质量和精度，最好采用较低层次的价格指数在较细分类层次上进行缩减,然后对缩减结果层层加总,最终得到可比价 GDP 总量,对那些没有直接对应的价格指数,需要借助于相关价格指数予以替代的项目,减少缩减层次尤为重要。

三、可比价国内生产总值的核算方法

在核算实践中,上述从生产法和使用法两种思路制定的 GDP 物量指数既可以直接编制,也可以先编制相应的价格指数,再用价格指数缩减相应的总值指数,间接给出暗含的 GDP 物量指数,我国的国民核算中就是采用后一种方式。

由指数的暗含关系可知,为了导出形如式(9-19)双缩法 GDP 物量指数,所需要的价格指数为:

$$(P,K)_p = \frac{\sum p_1 q_1 - \sum k_1 s_1}{\sum p_0 q_0 - \sum k_0 s_0}, \quad (Q,S)_L = \frac{\sum p_1 q_1 - \sum k_1 s_1}{\sum p_0 q_1 - \sum k_0 s_1}$$

虽然这是一个帕氏公式的双缩法 GDP 价格指数。对于按使用法思路构造的 GDP 物量指数和价格指数在前面已经给出不再赘述。利用这些价格指数进行缩减,就可得到相应的可比价 GDP 或 GDP 物量指数。

综合起来看,对于可比价 GDP 的核算,无论是生产法还是支出法,都是在编制分类价格指数的基础上进行的。具体编制过程中,对于生产价格指数,依据双缩法原理的基本编制过程是:首先搜集各部门各行业的现行价格总产出、中间消耗和增加值数据;其次编制各部门各行业的总产出和中间消耗价格指数;然后推算各部门各行业的基期价格总产出、中间消耗和增加值;最后就可以利用帕式公式,编制出国民经济总体的总产出价格指数、中间消耗价格指数和 GDP 价格指数。而对于使用价格指数,其基本编制过程则是:首先按最终产品的经济用途搜集现行价格的消费投资和进出口数据,其次分别编制各类最终产品的价格指数,然后推算基期价格的消费、投资和进出口数额;最后利用帕式公式编制出 GDP 使用价格指数。

在国民核算实践中,通常难以获得双缩法所要求的各种价格指数,故在可比价 GDP 和 GDP 物量指数编制中需要采用适当的变通处理方式,凡是具备对应价格指数的现价总值,均采用适当的缩减法(如双缩法、单缩法或一般缩减法),计算不变价增加值或不变价最终支出;对于没有对应价格指数的现价总值,尽可能利用分析意义相近的价格指数进行缩减,在没有适当价格指数可以利用的场合,则可采用趋势外推的方法推算剔除价格变动影响的不变价总值数据,这也是我国核算实践中采用的方法,其有关情况的归纳见表 9-2。

表 9-2　我国的可比价 GDP 计算方法

	可比价 GDP 构成内容	方法	方法说明
生产法	农业可比价增加值	双缩法	分别采用农产品价格指数和农业生产资料价格指数
	工业可比价增加值	单缩法	采用工业品出厂价格指数
	建筑业可比价增加值	单缩法	采用固定资产投资价格指数中的建安工程价格指数
	交通运输和邮政业可比价增加值	外推法	以反映行业趋势的客（货）运周转量等速度指标乘以基期可比价增加值，推算核算期可比价增加值
	批零商业和住宿餐饮业可比价增加值	单缩法	采用商品零售价格指数
	金融业可比价增加值	单缩法	采用居民消费价格指数和固定资产投资价格指数两者的加权平均数
	房地产业可比价增加值	单缩法	采用固定资产投资价格指数和房地产价格指数缩减折旧和净增加值
	其他服务业可比价增加值	单缩法	采用居民消费价格指数或适当的类指数
使用法	可比价居民消费	缩减法	采用细分类的居民消费价格指数缩减相应各类消费支出
	可比价政府消费	缩减法	采用城市居民消费价格、居民消费服务价格指数和商品零售价格指数分别缩减政府消费支出中的工资支出、服务支出和货物支出
	可比价资本形成总额	缩减法	采用固定资产价格指数缩减现价固定资本形成总额
	可比价存货变动	直接法	直接按基期价格计算存货总值（部分农业）
		缩减法	分别采用生产资料出厂价格指数、生活资料出厂价格指数、农副产品收购价格指数等（其他产业部门）
	可比价货物和服务净出口	缩减法	采用出口货物价格指数和进口货物价格指数分别缩减现出口额和进口额

第三节　价格指数的编制

　　由第二节可知，编制可比价 GDP 账户和 GDP 物量指数特别依赖于价格指数缩减法的应用，为此必须具备一组与 GDP 构成项目对应的价格指数。这正是价格指数的功能之一，如果现行价格 GDP 已知，可以说，可比价 GDP 和 GDP 物量指数的可靠性与准确性在很大程度上将取决于价格指数的可靠性、准确性及其与 GDP 构成项目的协调对应程度。此外，价格指数本身也具有独立的统计意义，可以反映特定类别物价的变动状况，比如消费价格指数反映消费品及服务价格的变动程度。以下主要从国民经济核算着眼，介绍各种价格指数及其编制方法。

一、价格指数的概念

从最一般的意义来说,价格指数是指两个不同时期价格水平变动的相对数,即报告期价格水平与基期价格水平变动的比例关系。价格指数可以反映商品价格变动关系,也可以反映生产要素价格变动关系。

作为一个综合性的指标,价格指数往往反映的是多种商品或要素价格的综合变动,是一组货物或服务在两个不同时期价格变动的相对数。它能够分析和描述在一段时期内价格变动的轨迹,因此价格指数具有综合性、平均性的特点。

价格指数对于宏观经济的运行有着重要的影响。宏观经济的各个方面,比如投资、消费、就业、收入、国际收支、股票、利率、房地产等都会受到价格的影响。基于此,近年来,国际机构对价格指数理论和实践的发展给予了很大的重视,包括联合国、国际货币基金组织、国际劳工组织、OECD、世界银行等。在众多国际机构的组织和合作下,经过多次讨论和修改,目前已经出台了消费者价格指数、生产者价格指数、进出口价格指数手册,以指导各个国家的统计实践。

二、价格指数的分类

经济生活中存在各种价格指数,它们是出于各种目的独立编制的。可能针对货物和服务交易,比如物价指数,也可能针对金融交易,比如股票价格指数;可能是涉及生产者出售产品的生产者价格指数,也可能是关于购买者购进商品的购买者价格指数,还有可能是贸易活动中的中转价格指数。这些指数有不同的编制频率,有日指数、月指数、季度指数,以及更长周期的年度指数。

从国民经济核算角度看,尤其是从可比价 GDP 核算角度看,有些价格指数显然难以纳入这里讨论的范围,比如金融交易中的价格和价格指数,以股票价格和价格指数为代表。从另一个角度看,作为市场交易的基本工具,价格指数只能覆盖市场流通货物和服务的价格变化,国民经济核算以及 GDP 中的非市场性经济活动则难以有直接对应的价格以及价格指数。这就是说,各种价格指数与国民经济核算的内容不一定完全对应。

限于定义,从可比价 GDP 核算看,主要关注两个方向的价格指数:第一是生产者价格指数;第二是购买者价格指数,它们分别关系到生产法、支出法可比价 GDP 核算。下面结合中国国家统计局目前编制的各种价格指数(见表 9-3)进行说明。

生产者价格指数是生产环节的价格指数,表 9-3 中,农产品生产价格指数和工业品出厂价格指数明确地属于此类指数。购买者价格指数是关于使用者购买产品的价格指数,表中居民消费价格指数、固定资产投资价格指数等明确地属于此类指数。从整个经济循环过程看,购买者主要是最终产品的购买者,因此,尽管生产者也会购买原材料等,但是针对其购买价格所编制的指数常常会归类于生产者价格指数而不是购买者价格指数,如表中的工业生产者购进价格指数以及农业生产资料价格指数。有时候,一些价格指数不是从购买者角度命名,而是从出售者角度命名,但只要是对最终使用者出售的商品的价格指数,就应该属于购买者价格指数,比如商品零售价格指数、住宅销售价格指数、住宅租赁价格指数。有些产品(主要是服务和大型资本品)的交易是直接从生产者到使用者,因此,这些价格既有生产者价格性质又有购买者价格性质。比如,建筑安装工程价格指数既可以作为固定资产投资价格指数,也可以作为建筑业生产者价格指数;又如,居民消费价格指数中与服务有关的类指数,在一定程度上也可以作为服务生产者价格指数看待。

表9-3 中国国家统计局公布的价格指数列表

	价格指数类别	有关说明
生产者价格指数	农产品生产者价格指数	反映一定时期内,农产品生产者出售农产品价格水平变动趋势及幅度的相对数,以抽选的农业生产单位为调查对象,以被调查单位生产并出售的主要农产品出售价格为调查内容,按季度编制,采用固定权重拉氏指数公式
	农业生产资料价格指数	反映一定时期内农业生产资料价格变动趋势和程度的相对数。以对农民出售农业生产资料的工业、商业企业及其他单位和个人为调查对象,以农民用农业生产资料及生产性服务为调查内容,采用固定权重拉氏指数公式,按月度编制
	工业生产者出厂价格指数	反映一定时期内全部工业产品出厂价格总水平的变动趋势和程度的相对数,以工业生产者出厂价格为调查内容,按月度编制,采用固定权重拉氏指数公式
	房地产价格指数	包括土地交易价格指数、住宅销售价格指数、住宅租赁和物业服务价格指数,分别以土地交易价格、新建住宅和二手住宅销售价格、住宅租赁和物业服务价格为调查内容,按季度编制,采用帕氏指数公式
购买者价格指数	固定资产投资价格指数	反映一定时期内固定资产投资品及取费项目的价格变动趋势和程度的相对数,其中包含建筑安装工程价格指数、设备工器具价格指数、其他投资费用价格指数三个分类指数,以构成固定资产投资额实体的各种购进价格和结算价格为调查对象,按季度编制,采用帕氏指数公式
	居民消费价格指数	反映一定时期内城乡居民所购买的生活消费品和服务项目价格变动趋势和程度的相对数,以城乡居民家庭生活消费支出作为权重,采用固定权重拉氏指数公式,按月度编制
	商品零售价格指数	反映一定时期内城乡商品零售价格变动趋势和程度的相对数,以各类工业、商业、餐饮业和其他零售企业为调查对象,以上述行业零售商品以及农民对非农民出售商品的价格为调查内容,采用固定权重拉氏指数公式,按月度编制

理论上看,将各种价格指数分别按生产法和支出法两个方向用于可比价 GDP 核算,客观上起到了校验各种价格指数之匹配性、准确性的作用。如果说面对单一类别的价格指数,难以检验其反映价格动态的准确性,那么围绕货物和服务来源和使用,各种生产者价格指数与购买者价格指数之间应该有基本一致性。如果各种价格指数之间是匹配的,每一个价格指数都较好地反映了价格水平的动态变化,那么将这些指数分别从生产

法、支出法两个方向用于缩减，所得到的可比价 GDP 应该倾向于大体相等。在实践中，可能难以具备这样全面准确地进行验证的条件，但其中的对应关系还是会对我们理解和应用各种价格指数提供有益帮助。

三、价格指数的编制方法

本章第一节介绍了三种价格指数形式：拉氏价格指数、帕氏价格指数以及理想价格指数，它们给出了价格指数的理论计算公式。但仅仅依据理论计算公式的内容还很不够，我们需要给出更加具体的价格指数调查和计算方法。为此，需要开展两方面工作：第一，在方法上将理论公式转换为具体操作公式；第二，在操作程序上把单个产品价格指数汇集为一个综合价格指数，下面详细介绍。

（一）从理论公式到具体公式

价格指数的第一个标准公式是帕氏价格指数，它的计算公式是

$$P_p = \frac{\sum p_1 q_1}{\sum p_0 q_1} \tag{9-20}$$

该公式只是价格指数的理论表达式，实践中很难据此编制出一个价格指数，因为运用该公式的前提条件是，要掌握该指数内容覆盖范围内每一种商品的价格和数量，而且要分别以基期、报告期给出。实践中为使该公式变得可操作，通常的做法是选取一部分商品作为代表品，通过观测这些代表品的价格变化形成个体价格指数，进而合成为反映价格整体变化的总指数。这时总指数就是对各个个体指数予以平均的结果，因此，总指数应该以个体价格指数平均数的方式给出。要使这样的平均数指数符合帕氏价格指数要求，需要用以个体价格指数为变量的调和平均数方式构造总指数，即

$$\bar{P}_p = \frac{\sum p_1 q_1}{\sum \frac{1}{k} p_1 q_1} \tag{9-21}$$

其中 $k = \frac{p_1}{p_0}$，为个体价格指数；$\frac{p_1 q_1}{\sum p_1 q_1}$ 为权数，是 k 所代表类别的销售额在销售额总计中所占的比例。

从式（9-21）可以看到，应用帕氏价格指数的前提要以报告期价值额加权，为此必须每年更换权数时期，这就给实际调查编制工作带来了很大难度和工作量。考虑到实际工作的可操作性，同时考虑到拉氏指数和帕氏指数特征，也可以在价格指数编制中采用基于拉氏指数的算术平均数公式，即以基期销售额权数加权，这样就可以将该权重固定下来在一个较长时期里使用。这时，总指数构造公式为

$$\bar{L}_p = \sum \frac{p_1}{p_0} \times \frac{w}{\sum w} \qquad (9\text{-}22)$$

其中 $\frac{p_1}{p_0}$ 为个体价格指数，$\frac{w}{\sum w}$ 为基期代表品所代表类别的销售额在总销售额中占有的比重。

（二）从个体指数到总指数

编制价格指数有一个工作过程，其基本工作程序可以归纳为：

（1）根据一定原则（随机抽样或分类选样）确定代表品和调查点；

（2）按照选定的代表品在选定的调查点定期采集价格；

（3）计算该代表品的平均价格和个体价格指数；

（4）结合各个代表品所代表类别的销售额权重，对个体价格指数予以加权平均，得到小类价格指数；

（5）以小类指数作为个体价格指数，按照小类所代表类别的销售额权重再次平均，得到中类价格指数，并以同样方法求得大类价格指数；

（6）对大类价格指数进行加权平均，求得总指数。

一般来说，计算代表品的平均价格和个体价格指数，可以采用简单算术平均等不同方法，但在分层加权计算类指数和总指数过程中，则要采用选定的指数公式，包括算术平均方法或调和平均方法、拉氏公式或帕氏公式。此外，如果是先编制月度环比价格指数，然后编制年度价格指数，则需要先计算个体价格指数的年度指数（或累计指数），然后通过加权计算各层次的类指数和总指数。把月度指数转化为年度指数（或累计指数），一般采用月度环比指数连乘法（得到的是定基年度指数）或几何平均法（得到的是环比年度平均指数）。

四、国民经济综合价格指数的编制

各种价格指数是独立编制的，每一个价格指数都反映了特定范围内的价格动态变化。但是，从国民经济宏观管理看，不仅需要上述的局部价格指数，还需要一个综合的、能够表现国民经济整体价格水平动态的指数。从国民经济核算出发，这样的价格指数首先应该是以 GDP 所覆盖的"一篮子"货物和服务为对象的综合价格指数，即国民经济综合价格指数，简称 GDP 价格指数。

GDP 价格指数的编制，要借助于 GDP 所包含的物量来综合计算价格从基期到报告期的变动，如果采用帕氏指数形式，该指数就应该是报告期现价 GDP（报告期物量和报告期价格的积和）与报告期可比价 GDP（报告期物量和基期价格的积和）之间的比值，即

$$\text{GDP价格指数} = \frac{\text{报告期现价GDP}}{\text{报告期不变价GDP}} \qquad (9\text{-}23)$$

报告期现价 GDP 是已知的,因此,GDP 价格指数的计算将取决于报告期可比价 GDP 的计算,这需要借助前述 GDP 物量指数所面对的中心问题。

如果 GDP 价格指数已知,就可以为计算经济增长率提供方便,国民经济物量指数(及经济增长率)可以直接通过综合物价指数对现价 GDP 指数的缩减来取得,正是在此意义上,GDP 价格指数又称为 GDP 价格缩减因子。结合实际操作过程看,一般并不是先计算 GDP 价格指数,而是恰恰相反,先依据各单项价格指数分别缩减现价 GDP 的各个构成项目得到可比价 GDP,在此基础上计算 GDP 物量指数,进而推算 GDP 价格指数。

由此过程可以看出,GDP 价格指数能否真实反映宏观价格动态,它和 GDP 物量指数一起,将受制于可比价 GDP 的核算;而可比价 GDP 核算数据的准确性,在很大程度上要取决于各单项价格指数是否真实反映了特定范围内的价格动态以及这些价格指数与 GDP 的对应匹配程度。这就是我们需要关注各单项指数的原因,包括指数的构造方法、所选择代表品的代表性、采集价格资料的方式,以及将低一级价格指数合并为高一级价格指数的加权方法。

第四节 国际经济比较中的价格处理方法

国民经济核算中的空间比较,主要是比较不同国家或地区的国内生产总值。由于计算不同国家国内生产总值的货币单位与价格不同,难以进行直接比较,需要对相关的价格进行处理。本节主要讨论国民经济比较中的价格处理方法、购买力平价法的内容以及购买力平价法的实践——国际比较项目。

一、国际经济比较中的两种价格处理方法

国民经济账户体系 SNA 为计量经济活动提供了统一的国际框架。国内生产总值(GDP)通常用来量化经济体的经济活动,并且 GDP 和人均消费是经济生产率和生活水平的基本指标。但是将一个经济体的本地货币计算的产出或支出转换为统一的货币,用来与其他经济体的产出或支出进行比较或汇总并不是一个简单的问题,一直以来的标准方法是采用市场汇率法。市场汇率法是进行 GDP 国际比较的最常用方法之一,其基本思想与操作方法可以简述如下:直观地看,两个国家 GDP 不可比只是因为货币单位不同,中国以人民币为单位,日本以日元为单位,美国则以美元为单位,因此只要利用现成的汇率数据,对货币单位进行调整,就可以获得基本的可比性。例如:中国 2015 年的 GDP 为 689 052 亿元人民币,这一数值不具有国际比较意义,但如果依据该年人民币

相对于美元的汇率6.39,将中国GDP调整为以美元为单位,得到107 833亿美元,该数值就可用于与美国进行比较了。

市场汇率法中关键的因素是汇率,严格地说是名义汇率,它是两国货币的相对价格。解释汇率的理论基础是购买力平价理论,这种理论认为,两国货币的兑换比率即"汇率",应该取决于它们在各自的发行国内所具有的实际购买力,也即取决于两国的市场物价水平。由此推论,两国物价水平的相对比率决定着"均衡汇率"(即购买力平价),而物价水平的变化则导致汇率的相应变化。如果这种理论能够成立,那么在多产品的背景下,汇率将是两国物价水平的比值,即综合比价指数,它将保证1单位的任何一种货币在两国能购买的物品是等量的,也即购买力相同。但是,作为汇率决定理论的购买力平价理论在现实经济生活中却面临着一系列问题。首先,汇率及其波动固然与货币购买力或物价水平有关,但主要还是受国际市场上货币购买力和物价水平的影响,而与各国国内市场物价水平的联系相对并不显著。其次,各国之间的经济往来远远不限于商品贸易,还包括各种国际资本往来或金融交易,后一方面的情况对汇率的形成和波动同样有非常显著的影响,但却不属于货币购买力分析的范畴。另外,汇率的形成与波动不仅受到国际市场上各种客观情况的制约,而且还受诸多心理因素和政策因素的影响。比如,外汇供需双方常常着眼于未来收益的期望来评价某种货币的币值,这里就有一个汇兑心理因素的影响。最后,购买力平价理论以各国之间自由通商、各种货币自由兑换、市场汇率自由浮动为前提,但现实情况并非如此。

正是由于市场汇率法的理论基础在现实中很难达到,使得市场汇率法存在诸多缺陷,对它的质疑一直没有停止过。目前普遍认为,由于市场汇率法是由国际交易中货币的需求所决定的,并不一定能反映出价格水平的差异,可能会夸大或低估经济体产出和人民生活水平的实际值,这就需要更有意义的工具来比较经济体之间的实际GDP,在此条件下,产生了购买力平价法。购买力平价法是目前国际经济比较中最常用的方法。

二、购买力平价法

(一)购买力平价法的概念

购买力平价是指两种或多种货币对于一定量商品和服务的购买力之比,即它们在购买相同数量和质量商品和服务时的价格之比。

购买力平价法,是指通过构造并估算出各国间的购买力平价指数来调整GDP进而实现国际比较的方法。购买力平价法是针对汇率法的缺点发展起来的,在应用效果上优于市场汇率法,但反过来也带来了高的计算成本。目前,购买力平价法在联合国主持的国际比较项目框架中得到了应用。

（二）购买力平价法的基本思想

只有当汇率能够保证 1 美元在不同国家的购买力，也即能够购买相同的物品数量时，汇率法才是有效的。由于现实中汇率总会受到各种因素的干扰，汇率保持在购买力平价水平上是一种偶然而非常态，因此才导致应用者对汇率法的国际比较效果的不满意。反过来看，既然只要能使得 1 美元在不同国家具有相同的购买力，就可以使用汇率进行折算，那么问题的关键其实根本不在于汇率，而在于如何设计一个真正能保证 1 美元的购买力相同的指数去调整 GDP。汇率作为货币市场上的货币交易工具，只不过是购买力平价的一种现实表现形式，并非货币购买力本身，而在国际比较中，对购买力本身进行计量才是实质的和最终的目标。为此，以一国生产多种货物和服务为背景，我们就能发现构造购买力平价指数的基本思路是：观察在中国和美国购买相同产品组合（称为一篮子货物和服务）各自所需的支出（以本国货币单位计量），假定分别为 200 元人民币和 100 美元，计算两者比例为：2 RMB/1 USD，这就是购买力平价，它表示 1 美元购买力相当于 2 元人民币，即两者所能购买的商品数量相同。可以注意到，如果此时汇率恰为 2 RMB/1 USD，则说明该汇率就是由购买力平价决定的汇率，前述已说明这时它是一个换算指数。但日常观测到的汇率常常偏离购买力平价，因此，如果能够针对国际比较直接编制出该购买力平价指数，我们就可以将其作为换算指数，用中国人民币度量的 GDP 除以这一指数，就得到以美元度量的中国 GDP，此时，1 美元在中国与在美国就具有相同的购买力，对应于相同的实物量，因此，中国与美国的价值量 GDP 也就具有可比性。

根据这一思想，具体编制购买力平价指数的过程是：（1）确定用于比较的商品；（2）选择具体的指数形式并确定权数；（3）收集价格以及销售信息；（4）计算得到指数。

（三）购买力平价指数的编制方法

应用购买力平价法进行国际比较，需要分双边比较（即两国 GDP 的比较）和多边比较（即多国 GDP 的比较）两个层次讨论相关方法问题。

1. 双边国际对比指数的编制方法

双边国际对比指数应该满足对称性要求，也即对比的结论不会因对比基准国的选择不同而发生实质性变化。很明显，拉氏指数和帕氏指数都不能满足上述要求。因此，双边国际对比指数一般采用"理想指数"公式来编制：

$$Q_F^{a/b} = \sqrt{\frac{\sum_i p_i^b q_i^a}{\sum_i p_i^b q_i^b} \times \frac{\sum_i p_i^a q_i^a}{\sum_i p_i^a q_i^b}}, \quad P_F^{a/b} = \sqrt{\frac{\sum_i p_i^a q_i^b}{\sum_i p_i^b q_i^b} \times \frac{\sum_i p_i^a q_i^a}{\sum_i p_i^b q_i^a}} \tag{9-24}$$

其中 q_i^t 和 $p_i^t (i=1,2,\cdots,n; t=a,b)$ 分别表示 t 国的第 i 种商品的数量和价格，$Q_F^{a/b}$ 和 $P_F^{a/b}$ 则分别为 a 国以 b 国为对比基准的物量指数和价格指数。

由于理想指数满足基位互换检验和因素互换检验,从双边国际对比的对称性要求来看,该公式是可以接受的,而且,由物量指数和价格指数分别给出的具体分析结论能够保持相互一致,也即有 $Q_F^{a/b} P_F^{a/b} = V^{a/b}$。

在双边对比中,还可以考虑如下形式的埃奇沃斯指数:

$$Q_E^{a/b} = \frac{\sum_i (p_i^a + p_i^b) q_i^a}{\sum_i (p_i^a + p_i^b) q_i^b}, \quad P_E^{a/b} = \frac{\sum_i p_i^a (q_i^a + q_i^b)}{\sum_i p_i^b (q_i^a + q_i^b)} \tag{9-25}$$

但其分析性质不如理想指数(不符合因素互换检验),且在计算物量指数中的平均价格时,还需要通过汇率计算不同货币单位的价格,这也在一定程度上受到汇率的影响。

2. 多边国际对比指数的编制方法

有别于双边对比的情形,编制多边国际对比指数必须满足对称性要求和传递性要求。理论上已经证明:指数的对称性是其具有传递性的必要条件。因此,多边对比指数构造的关键问题就在于能否通过循环检验。

编制多边国际对比指数存在两种不同思路:一种是"直接对比",即通过将两个有关国家的数据直接进行对比编制出所需的指数。另一种则是"桥式对比",即以其他某个国家作为共同的媒介进行两两对比,然后通过将间接对比结果桥接起来的方式构造出所需要的指数。用公式来表示桥式对比,即

$$I^{a/b} = I^{a/t} \times I^{t/b} \quad \text{或} \quad I^{a/b} = I^{a/t} \div I^{b/t} \tag{9-26}$$

一般而言,直接对比与桥式对比各自给出的结果常常并不相同,除非所采用的指数公式能够符合循环检验。

(1)拓广的埃奇沃斯指数方法

多边国际对比中,也可以考虑埃奇沃斯指数方法,这时需要采用以下"拓广形式的埃奇沃斯价格指数":

$$P_E^{a/b} = \frac{\sum_i p_i^a \overline{q}_i}{\sum_i p_i^b \overline{q}_i}, \quad \text{其中} \; \overline{q}_i = \frac{1}{m} \sum_{t=1}^m q_i^t \tag{9-27}$$

其中 q_i^t 和 $p_i^t (i=1,2,\cdots n; t=1,2,\cdots,m)$ 分别表示 t 国的第 i 种商品的数量和价格,$P_E^{a/b}$ 则为 a 国以 b 国(基准国)对比的价格指数。

这种拓广形式的埃奇沃斯指数本身满足对称性和传递性要求,但是,它所暗含的物量指数(V/P_E)却只具有对称性,不具有传递性。与双边对比指数一样,不能满足因素互换检验。

(2)EKS 指数方法

这种指数方法是 1964 年由三位匈牙利学者 O.Elteto,P.Koves 和 B.Szule 共同编制的,通常取三人姓氏的首字母合写,将其命名为 EKS 指数(又依其谐音称为"X 指数")。

它广泛用于国际经济对比,其价格指数的公式为

$$P_{\text{EKS}}^{a/b} = \sqrt[m]{\prod_{t=1}^{m} P_F^{a/t} P_F^{t/b}} = \sqrt[m]{(P_F^{a/b})^2 \prod_{t \neq a,b} P_F^{a/t} P_F^{t/b}} \quad (9\text{-}28)$$

其中
$$P_F^{s/k} = \sqrt{\frac{\sum_i p_i^s q_i^k}{\sum_i p_i^k q_i^k} \times \frac{\sum_i p_i^s q_i^s}{\sum_i p_i^k q_i^s}}$$

上式中,s 和 k 分别代表 a 国与 b 国链式比较项目中两个不同的国家。直观上看,EKS 指数仍然是以理想指数为基础的,它通过遍历所有国家的方式计算各种可能的"桥式"对比指数,然后通过进行几何平均需要的多边对比指数。该指数能够同时满足基位互换检验、循环因素互换检验,具有十分优良的分析性质。

仿照以上 EKS 价格指数的形式,可以构造出相应的 EKS 物量指数公式:

$$Q_{\text{EKS}}^{a/b} = \sqrt[m]{\prod_{t=1}^{m} Q_F^{a/t} Q_F^{t/b}} = \sqrt[m]{(Q_F^{a/b})^2 \prod_{t \neq a,b} Q_F^{a/t} Q_F^{t/b}} \quad (9\text{-}29)$$

其中
$$Q_F^{s/k} = \sqrt{\frac{\sum_i p_i^k q_i^s}{\sum_i p_i^k q_i^k} \times \frac{\sum_i p_i^s q_i^s}{\sum_i p_i^s q_i^k}}$$

根据实际的资料条件,该物量指数既可以独立编制,也可以作为 EKS 价格指数的暗含指数推算出来。

根据上式,要编制多边的 EKS 指数,需要先计算出 m 个国家的 $m(m-1)$ 个 F 型双边指数(另有 m 个恒为 1 的自身对比指数),即 $m(m-1)/2$ 个指数对(互为倒数的两个指数视为一对),从而构成一个完整的双边对比理想指数矩阵。以价格指数为例,其结构如下:

$$P_F = \begin{pmatrix} P_F^{1/1} & P_F^{1/2} & \cdots & P_F^{1/m} \\ P_F^{2/1} & P_F^{2/2} & \cdots & P_F^{2/m} \\ \vdots & \vdots & & \vdots \\ P_F^{m/1} & P_F^{m/2} & \cdots & P_F^{m/m} \end{pmatrix} \quad (9\text{-}30)$$

其中 $P_F^{t/t} \equiv 1 \, (t=1,2,\cdots,m)$。若要计算 a 国相对于 b 国的 EKS 价格指数,由式(9-28)可知:只需要将 P_F 矩阵的第 a 行各元素与第 b 列各元素对应相乘,再将其结果连乘起来后开 m 次方即可。若记所有可能对比方式的 EKS 指数为下述矩阵:

$$X = (P_{\text{EKS}}^{a/b})_{m \times m} \quad (9\text{-}31)$$

则对矩阵 P_F 和 P_F' 简单运用 Excel 函数就能计算出 X。可见,只要具备了完整的计算双边理想指数的数据,借助于常用计算工具编制 EKS 指数并非难事。

三、购买力平价法的实践——国际比较项目

(一) 国际比较项目

国际比较项目（ICP，International Comparison Program）是联合国统计委员会发起的一项国际性统计活动。其主要内容是通过不同国家之间一组商品和服务项目价格水平的比较，并以支出法 GDP 的 153 个基本分类作为权数，计算出一国单位货币与指定的基准货币（如美元）的比值，即购买力平价（PPP，Purchasing Power Parities），以此作为货币转换因子，测算、比较各国实际的经济规模、人均水平和贫困问题。

自 1968 年开始实施以来，ICP 国际统计活动经过不断探索和实践，理论方法不断完善，国际影响越来越大。目前涵盖了 190 多个经济体，使 ICP 真正意义上成为一个全球性的项目，2011 年是第八轮 ICP 调查基准年，最终 PPP 结果公布时间是 2014 年 4 月。经国务院批准，我国首次全面参加第八轮 ICP 活动。

(二) ICP 可选择的方法

各国实际收入的国际比较，有两种基本的方法可供选择。一种是从 GDP 的生产上进行比较，另一种是从 GDP 的使用即支出上进行比较。

生产角度上的比较建立在 GDP 按行业分解的基础上。这种方法受价格的影响比较间接，也比较小。比如，用成本价计算，可以避免补贴以及其他附加费用造成的价格扭曲现象。对于经济结构及有关劳动生产率的比较，这种比较法也可以提供支出角度比较所无法提供的有价值的见解。但是，生产角度上的比较在统计上的困难比在进行支出比较的情形下要大得多。它要做"双重减缩"。因为必须进行各部门投入品和产出品的价格比较，这对于拥有众多工业部门的国家来说是很大的障碍。另外，生产角度的比较要求各国同一部门或行业的产品涵盖范围要相同，产品的工艺过程也应相近，否则就应进行必要的调整。因此，尽管从这种方法的优越性看，存在着在未来的某个阶段能够使用这种方法来做比较工作的可能性，但至少目前 ICP 尚未推荐这种方法。联合国希望在最终支出比较法更为完善之后，在产业比较法方面做出努力。

支出角度的比较以 GDP 最终支出的分解作为比较的起点，是目前使用较多的 ICP 法，不仅在数据的可得性方面具有优越性，与国民经济更容易吻合起来。

实际收入的国际比较方法，还面临着另外两种基本选择："直接"的数量比较还是"间接"的数量比较。前者是对 GDP 详细构成（如拖拉机、牛奶等）进行数量比较，多是直接用实物量计算出，尔后用一定的比率综合为食品的消费等，最后利用支出权重综合为 GDP。后者是用价格比率去除相应的支出比率来得到数量比率。

由于产品的品种和质量繁杂多样，直接的数量比较对于产品的许多类目很难做到。而数量间接方法，依赖于直接的价格比较。因为大多数产品的价格比率更容易得到，而

且由于价格比率的离中趋势常常较小,从价比求量比的抽样方差要小于直接的量比。因此,在 ICP 中,主要的依靠是放在价格比较方法上。

(三) ICP 的基本原理

ICP 方法论的核心是由价格比率和支出比率得到数量比率。由等式

$$E（支出）=p（价格）\times q（数量）$$

有

$$\left(\frac{E_j}{E_n}\right)_i = \left(\frac{P_j}{P_n}\right)_i \times \left(\frac{q_j}{q_n}\right)_i$$

于是

$$\left(\frac{q_j}{q_n}\right)_i = \left(\frac{E_j}{E_n}\right)_i \div \left(\frac{P_j}{P_n}\right)_i \tag{9-32}$$

其中 j, n 为国家,i 为商品或商品类。$(P_j/P_n)_i$ 就是购买力平价(PPP)。$(q_j/q_n)_i$ 有时也可直接得到。

(1) 将 GDP 分成若干层次的支出类别,设法获取每一层次各项的支出数据。

(2) 在最低层次类即细类级别上选取代表规格品样本(商品和服务),每一细类可选出一到十几个规格品,并确定其价格,即每一规格品各国的全国平均价格。

(3) 计算各规格品的价格比率,用简单几何平均法汇总为细类的购买力平价,计算式为

$$\left(\frac{p_j}{p_n}\right)_i = \left[\prod_{n=1}^{A}\left(\frac{p_{aj}}{p_{an}}\right)\right]^{1/A} \tag{9-33}$$

其中 i 表示细类;j, n 代表国家;$(P_j/P_n)_i$ 表示 i 细类 j 国相对于 n 国的价格比值(PPP);p_{aj}, p_{an} 分别为 j 国和 n 国按本国货币计算的第 a 种规格品的价格;A 为 i 细类规格品的数目。

(4) 以细类支出额为权数对各细类购买力平价采用理想指数汇总,便得到以上大类直至 GDP 的购买力平价。

由各级别的购买力平价和支出额数据按式(9-31)便可以得到相应级别的人均数量指数(以 n 为基国)。

(四) ICP 的基本工作流程

ICP 的基本工作流程可以概括如下:

(1) 根据参与国情况确定整体的比较方法。第一、第二阶段在参与国数量不多的情况下,采用的是双边比较方法;从第三阶段开始,ICP 采用了多边比较方法;而到了第四阶段,由于参与国家大量增加,开始采用按地理和经济结构相近原则将国家分组,在每组内先进行多边比较,然后再进行全球扩展的方法。

(2) 从支出法角度确定 GDP 的分类体系与代表规格品。这一步的主要工作包括两部分：综合类与细类如何划分，每一细类的代表规格品如何选择。在代表规格品选择方面两国实际所使用的产品完全相同是很难做到的，一般只要物理和经济属性相同，或者消费者认为无差异，就可视作同一种产品，满足可比性准则。

(3) 收集细类支出数据和代表规格品的价格资料。在细类支出数据（一般为人均支出，对于购买力平价指数的计算而言，用人均支出还是总支出没有任何差别）的收集与整理方面，要求满足矩阵一致性条件，即将所得各国细类数据排列成一个以 m 个细类为行标题，以 n 个国家为列标题的矩阵，这一矩阵行向应具有国家间的可比性，列向加总应为人均 GDP（如果是总支出，则为 GDP）。在价格资料方面，一国之内同一种产品价格在不同地区、不同时间往往会有所不同，因此应使用全国范围的年平均实际交易价格。

(4) 计算购买力平价指数。在基准年（一般每 5 年有 1 年），按照所选择的购买力平价指数公式进行实际计算；在非基准年，一般利用各国当期 GDP 价格缩减因子（相对于最近基准年）的比率，以基准年结果为基础进行外推；对于没有参加国际比较的国家，可以利用回归方程进行推算（称为捷径法）。

（五）ICP 分类与代表品的确定

1. 分类的基本框架

ICP 对 GDP 的支出建立了顺次为大类、综合类、细类和代表规格品的分类层次结构，详见表 9-4。

表 9-4　ICP 对 GDP 的支出分类层次

总量	细类	代表规格品
国民总支出（总计 153 个细类）	居民消费支出（共分 110 类）	食品、饮料和烟草（下分 39 类）
		衣服和鞋类（下分 12 类）
		房租和燃料、动力（下分 6 类）
		家庭用物品和服务（下分 14 类）
		医疗（下分 7 类）
		交通和通讯（下分 13 类）
		娱乐和教育（下分 12 类）
		其他（下分 7 类）
	总资本形成（总共 38 类）	建筑物（下分 14 类）
		生产者耐用品（下分 22 类）
		其他耐用品（下分 2 类）
	政府消费支出（共分 5 类）	雇员报酬（下分 4 类）
		商品支出（1 类）

在 ICP 中有两种类型的分类，一是计算用的，一是分析用的。计算用分类是从技术角度对 GDP 的分类，其层次结构为：GDP 总量—细类—代表规格品。在由规格品价格比综合为细类 PPP 后，便可（越过综合类）直接综合为 GDP 级别的 PPP。细类起着重要的承上启下的作用，在 ICP 的世界比较中，细类数目为 153 个。在地区比较中，细类数目则多少不一。如亚太地区（ESCAP）的比较为 163 类，而欧盟（EU）的比较多达 328 类。

细类在比较中扮演的是分层的角色，实际上是假定价格相对数的离散度在细类内要低于在更高级的总量级别上。按照统计理论，在分层观察中离散度越小，由于不完全观察所引致的误差越小。细类仅具有技术上的功能，细类结果既不用于发表，多数情况下也不用于分析。

分析类稍不同于新 SNA 的分类，它用于比较结果的发表和分析。按上述分类结构表，ICP 的世界比较中包括有 13 个综合类和 3 个大类，它们均属分析类，可用于对 GDP 的结构性分析。

2．代表规格品的确定

ICP 一般在每一细类内选定一至十几个代表规格品，由各参比国提供每一规格品的全国平均价格，以此作为计算规格品价比和汇总为上级 PPP 的基础。

各参比国居民的交易可以分成两大类，一类是这些商品和服务在各参比国是共同的，另一类是在某些国家购买中存在而在另一些国家内则不包括在内。前一类称为重叠组，尽管对不相交迭的后一类商品和服务在各国间建立起等价物或许是可能的，但在原则上，代表品应来自重迭组，因为这样做相对更方便。

选择规格品应遵循两条基本的指导原则。一是所谓的"集中选择"准则，即要选择细类内支出额最大的商品。这样一方面可以保证样本的代表性，减少由于有些项目未包括在内引起的抽样误差，另一方面也可以比较好地满足比较应具有的"特征性"要求。

另一个为"共同性"准则。它要求选取的代表品在每一个国家的消费中必须是重要的或至少是共同使用的。这意味着，每一规格品在销售量、供应来源（国内或国外）以及其他影响相对价格形成的因素，在每一国家的有关类目内，应是典型代表的。它也意味着，要尽量避免在为极高收入或最低收入的少数人而销售的商品那里搜集价格。

（六）ICP 的三种主要成果

完成一个阶段的国际比较工作后，ICP 能取得三个方面的主要成果：其首要成果即人均 GDP 数量指数。人均 GDP 数量指数由于是按 PPP 计算的，对于多数国家而言，与传统的市场汇率法的结果明显不同，但两种结果间又存在一种系统的关系。ICP 的这一结果修正了人们对各国经济水平比较的某些既定认识。各国价格水平的比较是 ICP 的另一种成果。在 ICP 中，价格水平被定义为 PPP 与汇率的比值，即汇率偏差指数的倒数。汇率偏差指数是指用 PPP 换算与用汇率换算人均 GDP 的比值，它是 ICP 中的一个重要的分析性指标。ICP 的研究提供了可比国家价格水平，还提供了各参比国内商品相对价格的信息。ICP 的第三个成果是不同国家 GDP 中各部分的相对数量和价格的比较。

ICP 实施 50 年来，虽然取得多项重要成果，但也面临着许多困难和重重障碍，以至于直到今天，按 PPP 计算的 GDP 或 GNP 还不能完全取代汇率法的结果。可能有的读者会感到奇怪，购买力平价指数在理论上如此优越，基本公式又已经非常清晰，虽然有的方法需要使用比较复杂的估计技术，但借助现代计算机与计算软件之力，也不再是难事，那么除了工作量较大以外，还有什么困难呢？

简言之，困难主要集中在可比规格品的选择、数据的获得与项目的组织等方面。很多情况下，在不同的国家很不容易找到完全相同的产品，一般总在某些方面存在或多或少的差异，需要仔细分析才能勉强确定谁可以和谁比较；不同的国家在统计制度与口径上的差异，发展中国家统计体系的不完善，也为数据收集工作带来了很大困难。这些问题的存在，使得 PPP 法的可靠性受到了较大影响。一般而言，两国经济发展水平和经济结构的差异越大，PPP 法的比较结果就越容易存在问题。

思 考 题

1. 在国民经济核算中，价值总量指标的动态变化受到哪两类因素的影响？"价格分析"和"物量比较"有何区别，又有何联系？
2. 什么是拉氏指数和帕氏指数？它们与总值指数之间可能存在何种形式的数量关系？怎样利用这些关系进行有关总量指标的动态分析？
3. 采用"汇率法"进行国际经济对比有哪些不足？
4. 双边国际对比和多边国际对比中常用的指数方法有哪几种？
5. 什么是总产出指数？它具体包括哪几种指数，这些指数彼此之间存在何种关系？
6. 有了总产出指数，为何还需要编制国内生产总值指数？它们分别说明什么问题？

7. 什么是 GDP 生产指数和 GDP 使用指数？它们所依据的核算关系式分别是什么？

8. 用"单缩法"编制 GDP 使用指数主要存在什么缺陷？"双缩法"与"单缩法"的具体差异表现在什么地方？

练 习 题

一、填空题

1. 物量和价格是产品价值测算的两类基本指标，它们共同决定了_____的大小及其变化。

2. 在单种产品中价格与物量是绝对数据，而在多种产品中，它们成了_____和_____。

3. 指数的典型特征是能够综合测算_____的变动。

4. 通过编制物量指数与价格指数，使得国民经济核算资料能够转化为_____比较和_____比较。

5. 物量指数将_____作为同度量因素，价格指数则将_____作为同度量因素。

6. 拉氏指数将同度量因素固定在_____，帕氏指数将同度量因素固定在_____。

7. 总产出是一个多产品指标，考察其物量与价格变化对价值变化的影响，需要编制_____、_____以及_____。

8. 总产出的总值指数是_____与_____的比值。

9. 可比价国内生产总值是借助于价格所表述的 GDP_____值。

10. 综合起来看，对于可比价 GDP 的编制，无论是生产法还是支出法，都是在编制_____的基础上进行的。

11. 价格指数具有_____、_____的特点。

12. 生产者价格指数是_____的价格指数，购买者价格指数是关于_____的价格指数。

13. 一般来说，计算代表品的平均价格和个体价格指数，可以采用_____等不同方法，但在分层加权计算类指数和总指数时，则要采用_____。

14. 反映一个国家国民经济整体价格水平动态的指数是_____。

15. GDP 价格指数能否真实反映宏观价格动态，将受制于_____的核算。

二、单项选择题

1. 编制综合指数时,应固定的因素是（   ）。
   A. 个体指数
   B. 同度量因素
   C. 指数化指标
   D. 以上都不是

2. 指出下列哪一个数量加权算术平均数指数恒等于综合指数形式的拉氏数量指标指数（   ）。
   A. $\dfrac{\sum k_q q_1 p_1}{\sum q_1 p_1}$
   B. $\dfrac{\sum k_q q_0 p_1}{\sum q_0 p_1}$
   C. $\dfrac{\sum k_q q_0 p_0}{\sum q_0 p_0}$
   D. $\dfrac{\sum k_q q_1 p_0}{\sum q_1 p_0}$

3. 编制质量指标综合指数所采用的同度量因素是（   ）。
   A. 质量指标
   B. 数量指标
   C. 综合指标
   D. 相对指标

4. 广义上的指数是指（   ）。
   A. 价格变动的相对数
   B. 物量变动的相对数
   C. 动态的各种相对数
   D. 简单现象总体数量变动的相对数

5. 拉氏指数所采用的同度量因素固定在（   ）。
   A. 基期
   B. 报告期
   C. 假定期
   D. 固定期

6. 帕氏指数所采用的同度量因素固定在（   ）。
   A. 基期
   B. 报告期
   C. 假定期
   D. 固定期

7. 下列不属于生产者价格指数的是（   ）。
   A. 农产品价格指数
   B. 农业生产资料价格指数
   C. 房地产价格指数
   D. 固定资产投资价格指数

8. 下列不属于购买力平价指数编制过程的是（   ）。
   A. 确定用于比较的商品
   B. 选择具体的指数形式并确定权数
   C. 收集价格以及销售信息
   D. 收集物量及销售量信息

9. 编制总指数的两种形式是（   ）。
   A. 数量指标指数和质量指标指数
   B. 综合指数和平均数指数
   C. 算术平均数指数和调和平均数指数
   D. 定基指数和环比指数

10. 综合指数是（　　）。
    A. 两个指标对比的一种相对数　　B. 平均数指数的变形应用
    C. 总指数的基本形式　　D. 编制总指数的唯一方法

三、多项选择题

1. 在国民经济核算中，最基本的统计指数包括（　　）。
    A. 价值指数　　B. 物量指数
    C. 结构指数　　D. 价格指数
    E. 幸福指数

2. 下列属于物量指数的是（　　）。
    A. 生产指数　　B. 消费指数
    C. 投资指数　　D. 资产指数
    E. 以上都不是

3. 生产法可比价 GDP 取决于（　　）。
    A. 物量指数　　B. 价格指数
    C. 可比价总产出　　D. 可比价中间投入
    E. 以上都不是

4. 生产法可比价 GDP 构造的两种常用方法是（　　）。
    A. 单缩法　　B. 双缩法
    C. 理想指数　　D. 拉氏指数
    E. 帕氏指数

5. 下列属于购买者价格指数的是（　　）。
    A. 房地产价格指数　　B. 固定资产投资价格指数
    C. 居民消费价格指数　　D. 商品零售价格指数
    E. 股票价格指数

6. 各国实际收入的国际比较方法有（　　）。
    A. 从 GDP 的生产上比较　　B. 从 GDP 的支出上比较
    C. 从 GDP 的收入法上比较　　D. 从购买力平价上比较
    E. 以上都不是

7. 国际比较项目的基本工作包括（　　）。
    A. 根据参与国情况确定整体的比较方法
    B. 从支出法角度确定 GDP 的分类体系与代表规格品
    C. 从生产法确定 GDP 的分类体系与代表规格品
    D. 收集细类支出数据和代表规格品的价格资料
    E. 计算购买力平价指数

8. 选择规格品应遵循的原则是（   ）。
   A. 集中选择　　　　　　　B. 综合性选择
   C. 共同性　　　　　　　　D. 特殊性
   E. 普遍性

9. 完成一个阶段的国际比较工作后，ICP 能取得的主要成果是（   ）。
   A. 人均 GDP 数量指数
   B. 各国价格水平的比较
   C. 国家 GDP 中各部分的相对数量和价格的比较
   D. 各国生产结构比较
   E. 各国生产效率比较

10. 下列属于多边国际对比指数编制方法的是（   ）。
    A. 理想指数　　　　　　　B. 拉氏指数
    C. 帕氏指数　　　　　　　D. EKS 指数
    E. 埃奇沃斯指数

四、判断题

1. 拉氏指数与帕氏指数将同度量因素固定在了相同时期。　　　　　　　（   ）
2. 从实际操作技术看，无论物量指数还是价格指数，拉氏指数与帕氏指数都容易实现。　　　　　　　　　　　　　　　　　　　　　　　　　　　　（   ）
3. 实际中，当总产出的物量指数采用拉氏物量指数法编制时，意味着总产出的价格指数也需要采用拉氏价格指数编制。　　　　　　　　　　　　　　（   ）
4. 不变价 GDP 主要是从生产法和支出法两个角度计算的。　　　　　　（   ）
5. 从生产角度编制国内生产总值指数与从使用角度编制国内生产总值指数具有不能相互替代的分析作用。　　　　　　　　　　　　　　　　　　　　（   ）
6. 当产出价格指数低于中间投入价格指数时，单缩法会高估可比价 GDP 总量。
　　　　　　　　　　　　　　　　　　　　　　　　　　　　　　　　（   ）
7. 相对生产法可比价 GDP 的构造，支出法可比价 GDP 的编制相对难一些。
　　　　　　　　　　　　　　　　　　　　　　　　　　　　　　　　（   ）
8. 购买力平价法是通过构造并估算出各国间的价格指数来调整 GDP 进而实现国际比较的方法。　　　　　　　　　　　　　　　　　　　　　　　　　　（   ）
9. 一般认为，帕氏指数比较符合计算物量指数的实际要求。　　　　　（   ）

10．理论上说，双缩法分别从产出和中间投入两个方向上剔除了价格变化的影响，最符合可比价增加值的计算要求。（　　）

11．无论采用单缩法还是双缩法，实践中均存在一套完全对应于 GDP 核算的生产者价格指数。（　　）

12．无论是生产法还是支出法，应用价格指数缩减法计算可比价 GDP 都存在一个在何种层次上实施价格指数缩减的问题。（　　）

13．在国民核算实践中，通常容易获得双缩法所要求的各种价格指数。（　　）

14．编制多边国际对比指数必须满足对称性要求和传递性要求。（　　）

15．在国际比较项目中有两种分类，一是计算用的，一是分析用的。（　　）

练习题参考答案

第一章 总 论

一、填空题

1. MPS，SNA。
2. 宏观经济学。
3. 复式记账。
4. 统计学。
5. 国民经济总体。
6. 经济利益中心。
7. 经济领土，常住单位。
8. 机构单位，基层单位。
9. 机构单位。
10. 基层单位。
11. 生产、分配、消费、积累。
12. 交换、转移和内部交易。
13. 国内生产总值表。
14. 现期价格。
15. 旅游核算、新兴经济核算。

二、单项选择题

1. A。 2. D。 3. C。 4. C。 5. A。
6. B。 7. A。 8. D。 9. B。 10. C。

三、多项选择题

1. ABCDE。 2. ABC。 3. ABCDE。 4. ACDE。 5. BCD。
6. ABCD。 7. ABCE。 8. BDE。 9. ABE。 10. ABE。

四、判断题

1. √。 2. ×。 3. ×。 4. √。 5. ×。
6. ×。 7. √。 8. ×。 9. ×。 10. ×。
11. ×。 12. √。 13. √。 14. ×。 15. √。

第二章 生产核算

一、填空题

1. 经济生产。 2. 单一指标、数据体系。 3. 人类参与。
4. 属地。 5. 权责发生制。 6. 基层单位。
7. 货物,服务,中间产品,最终产品。 8. 最终消费,积累,出口。
9. 增加值,最终产品,价值总和。
10. 全部货物和服务,中间产品,最终产品,中间投入,最初投入。
11. 提供服务所花费的总费用。 12. 工厂法。
13. 中间消耗,非耐用性货物或服务。 14. 固定资本消耗。
15. 最终消费支出,资本形成总额,货物服务净出口。

二、单项选择题

1. D。 2. C。 3. D。 4. B。 5. C。
6. B。 7. D。 8. A。 9. A。 10. C。

三、多项选择题

1. ADE。 2. ABCE。 3. ABDE。 4. ABDE。 5. ABCDE。
6. BCD。 7. ABCDE。 8. CDE。 9. ABDE。 10. AE。

四、判断题

1. ×。 2. √。 3. ×。 4. ×。 5. √。
6. √。 7. ×。 8. ×。 9. ×。 10. ×。
11. √。 12. √。 13. ×。 14. ×。 15. ×。

五、计算题

1. 解:
报告期工业总产值=出售的半成品价值+成品价值+来料加工产品价值
　　　　　　　　+对外工业性作业
　　　　　　=8 000+1 200×15+(500−300)+50×0.2
　　　　　　=26 210(万元)

2. 解：
生产法计算农业增加值＝总产出－中间消耗
$$=450\,000-(7\,500+3\,800+27\,000+320+5\,000+25\,000\\+26\,000+4\,500)$$
$$=450\,000-99\,120$$
$$=350\,880（元）$$

3. 解：
国内生产总值＝252 632.9/36.27%＝696 534.1（亿元）
资本形成总额＝国内生产总值－政府与居民消费总额－净出口
$$=696\,534.1-359\,516-35\,464.7=301\,553.4（亿元）$$

4. 解：

年份	国内生产总值（亿元）	最终消费率（%）	资本形成率（%）
2010	410 708.3	48.5	47.9
2011	486 037.8	49.6	48.0
2012	540 988.9	50.1	47.2
2013	596 962.9	50.3	47.3
2014	647 181.7	50.7	46.8
2015	699 109.4	51.8	44.7

第三章 收入分配与使用核算

一、填空题

1. 生产中所创造的价值，增加值，收入初次分配，收入再分配，可支配收入。
2. 雇员报酬，财产收入。　　3. 生产，生产性收入。
4. 交换式交易，单方面转移。　　5. 经常转移，资本转移。
6. 现期所得税及财产税等，社会保障缴款和社会福利，其他经常转移。
7. 收入水平，生产能力，来自国外的原始收入分配流量净额。
8. 实际最终消费，实物社会转移。　　9. 储蓄。　　10. 消费功能。
11. 收入初次分配账户，收入再分配账户，收入使用账户。
12. 虚拟估价，改道。　　13. 金融交易。
14. 土地，地下资产。　　15. 零。

二、单项选择题

1. D。 2. A。 3. D。 4. C。 5. B。
6. B。 7. C。 8. A。 9. B。 10. B。

三、多项选择题

1. ABCD。 2. BD。 3. ABDE。 4. ABC。 5. ADE。
6. ABDE。 7. ABCDE。 8. ABC。 9. ABCDE。 10. ABCDE。

四、判断题

1. ×。 2. ×。 3. √。 4. ×。 5. √。
6. √。 7. ×。 8. ×。 9. ×。 10. √。
11. ×。 12. √。 13. ×。 14. √。 15. √。

五、计算题

1. 解：
 初始收入＝增加值－支付劳动报酬－（生产税－补贴）＋财产收入净额
  ＝360－120－（20－0.4）＋（2.6－40）＝183（亿元）
 可支配收入＝初始收入＋转移收入－转移支出
  ＝183－10－60－0.2＝112.8（亿元）

2. 解：
 财产收入＝136＋14＋10＝160
 转移收入＝6＋3＝9
 转移支出＝10＋10＋2＝22
 初始收入＝营业盈余和混合收入＋劳动报酬＋财产收入
  ＝840＋1 116＋160
  ＝2 116（亿元）
 可支配收入＝初始收入＋转移收入－转移支出
  ＝2 116＋9－22
  ＝2 103（亿元）
 总储蓄＝可支配收入－最终消费
  ＝2 103－1 520＝583（亿元）

3. 解：
 该国国民总收入＝国内生产总值＋来自国外的雇员报酬－对国外支付雇员报酬
  ＋财产收入－支付财产收入
  ＝2 708＋12－4＋126－76＝2 766（亿元）

该国国民可支配总收入＝国民总收入＋其他经常转移收入＋所得税－支付经常性转移
＝2 766＋18＋2－78＝2 708（亿元）

消费率＝最终消费支出/国民可支配总收入＝2 050/2 708＝0.76

储蓄率＝1－消费率＝1－0.76＝0.24

4．解：

可支配收入＝非金融公司和金融机构可支配收入＋居民可支配收入＋政府可支配收入
＝1 800＋5 000＋1 600＝8 400（亿元）

最终消费＝75%×5 000＋90%×1 600＝5 190（亿元）

消费率＝最终消费/可支配收入＝5 190/8 400＝0.62＝62%

储蓄率＝1－0.62＝0.38＝38%

假定可支配总收入不变，但其部门占有份额有变化后，有：

最终消费＝75%×8 400×50%＋90%×8 400×20%＝4 662（亿元）

消费率＝最终消费/可支配收入＝4 662/8 400＝0.56＝56%

储蓄率＝1－消费率＝1－0.62＝0.44＝44%

计算条件和结果的变化表明：居民和政府是实现最终消费的主要部门，非金融公司和金融机构不会产生消费。因此，当国民可支配总收入不变，在各部门的消费率保持不变时，居民和政府的可支配收入所占比例减少，即非金融公司和金融机构的可支配收入所占比例增加时，会导致居民和政府可用于最终消费的那部分可支配收入减小，从而引起整个经济的最终消费额和消费率的下降。

第四章　资本形成和金融交易核算

一、填空题

1．经济资产。　　　2．价值贮藏。　　　3．法定所有权，经济所有权。
4．法定所有者。　　5．经济所有者。　　6．非金融资产，金融资产。
7．非金融资产。　　8．金融资产。　　　9．资本形成。
10．现期实际价格。　11．货币性实物交易。　12．实际收入，票面价值。
13．资本转移，非金融投资。　14．资本转移。　15．交易项目×机构部门。

二、单项选择题

1．A。　2．B。　3．D。　4．B。　5．C。
6．B。　7．D。　8．D。　9．C。　10．C。

三、多项选择题

1. AE。　　2. ABCD。　　3. ABCD。　　4. ADE。　　5. ABC。
6. AE。　　7. BCE。　　8. ABCDE。　　9. BCE。　　10. AD。

四、判断题

1. √。　　2. ×。　　3. √。　　4. √。　　5. ×。
6. √。　　7. √。　　8. ×。　　9. ×。　　10. ×。
11. √。　　12. √。　　13. ×。　　14. √。　　15. √。

五、计算题

1. 解：

净借出/净借入＝总储蓄＋应收资本转移－应付资本转移－资本形成总额
＝854＋124－130－828＝20（亿元）

或者：净借出/净借入＝净储蓄＋应收资本转移－应付资本转移－资本形成净额
＝（854－444）＋124－130－（828－444）＝20（亿元）

2. 解：

根据资本账户的基本形式，编制该地区资本账户如下：

2017 年该地区资本账户　　　　　　　　　　　　单位：亿元

资产变化		负债和净值变化	
资本形成总额	1 242	净储蓄	615
资本形成净额	576	应收资本转移	186
固定资本形成总额	1 128	资本税	6
固定资本消耗	－666	投资补助	69
存货变化	84	其他资本转移	111
贵重物品净获得	30	应付资本转移	－195
非生产资产获得减处置	0	资本税	－6
		投资补助	－81
		其他资本转移	－108
净贷出（＋）/净借入（－）	30		
合计	606	合计	606

3. 解：

根据金融账户的基本形式，编制该国金融账户如下：

经济总体的金融账户 单位：亿元

资产的变化		负债和净值的变化	
		净贷出（＋）/净借入（－）	20
金融资产净获得	872	负债净获得	852
货币黄金和特别提款权	－2	货币黄金和特别提款权	0
通货和存款	178	通货和存款	204
债务性证券	172	债务性证券	148
贷款	156	贷款	94
股权和投资基金份额	214	股权和投资基金份额	210
保险、养老金和标准化担保计划	96	保险、养老金和标准化担保计划	166
金融衍生工具与雇员股票期权	28	金融衍生工具与雇员股票期权	22
其他应收款	30	其他应付款	8
合计	872	合计	872

4．解：

初始总收入＝增加值－劳动者报酬－生产税净额＋应收财产收入－应付财产收入
　　　　　＝2 662－1 972－106＋192－268＝508（亿元）

可支配总收入＝初始总收入－收入税＋净社会缴款－实物社会转移以外的社会福利
　　　　　　　＋应收其他经常转移－应付其他经常转移
　　　　　　＝508－48＋132－124＋12－24＝456（亿元）

净贷出或净借入＝总储蓄＋应收资本转移－应付资本转移－资本形成总额
　　　　　　　　－非生产资产净获得
　　　　　　　＝456＋66－32－616－（－14）＝－112（亿元）

5．解：

（1）非金融企业部门的负债总额＝3 000＋2 500＋2 250＝7 750（亿元）

（2）住户部门的金融资产总额＝400＋300＋5 000＝5 700（亿元）

（3）银行部门的净金融投资＝金融资产－负债＝2 250＋175－1 000－5 000
　　　　　　　　　　　　＝－3 575（亿元）

第五章　资产负债核算

一、填空题

1．存量，流量。　　2．资本账户与金融账户。　　3．资产物量其他变化账户。

4．重估价账户。　　5．现行市场价格。　　6．现行市价法。

7．重置成本法。　　8．未来收益现值法。　　9．汇率调整法。

10. 物量因素，价格因素。 11. 交易因素，非交易因素。
12. 巨灾损失。 13. 名义持有损益。
14. 重估价账户。 15. 资产，负债，资产净值。

二、单项选择题

1. A。 2. C。 3. C。 4. B。 5. A。
6. D。 7. B。 8. C。 9. D。 10. D。

三、多项选择题

1. ABCD。 2. ABCDE。 3. ABCDE。 4. ABC。 5. CDE。
6. ABD。 7. ABE。 8. ABCD。 9. BDE。 10. ACE。

四、判断题

1. √。 2. ×。 3. √。 4. ×。 5. √。
6. ×。 7. √。 8. √。 9. ×。 10. √。
11. ×。 12. √。 13. ×。 14. √。 15. √。

五、计算题

1. 解：
资产物量其他变化总额＝资产的经济出现＋非生产性非金融资产的经济消失＋巨灾损失
　　　　　　　　＋无偿没收＋未另分类的物量其他变化＋分类变化
　　　　　　　＝66－22－22＋0＋4＋0＝26（亿元）
资产物量其他变化引起的资产净值变化额＝资产物量其他变化总额
　　　　　　　－负债物量其他变化总额＝26－6＝20（亿元）

2. 解：
中性持有损益 $=\left(\dfrac{r_t}{r_0}-1\right)p_0 q=(0.95-1)\times 10\times 5\,000=-2\,500$（元）

实际持有损益 $=\left(\dfrac{p_t}{p_0}-\dfrac{r_t}{r_0}\right)p_0 q=[(12\div 10)-0.95]\times 10\times 5\,000=12\,500$（元）

名义持有损益＝中性持有损益＋实际持有损益＝（－2 500）＋12 500＝10 000（元）
或者：名义持有损益$=(p_t-p_0)q=(12-10)\times 5\,000=10\,000$（元）

3. 解：
该国期末资产价值＝2 000＋400－100＋100－40＝2 360（亿美元）

4. 解：
名义持有损益引起的资产净值变化＝560＋168－152＝576（亿美元）

第六章　对外经济核算

一、填空题

1. 常住单位（国内），非常住单位（国外）。
2. 经济领土。
3. 编制国际收支平衡表。
4. 权责发生制。
5. 实际价格。
6. 美元，欧元。
7. 货物与服务。
8. 离岸价格（FOB）。
9. 收入分配流量。
10. 金融资产和负债。
11. 国际收支平衡表。
12. 转手买卖货物。
13. 投资收益。
14. 二次收入。
15. 储备资产。

二、单项选择题

1. D。　2. B。　3. D。　4. A。　5. B。
6. C。　7. A。　8. B。　9. A。　10. B。

三、多项选择题

1. ABDE。　2. ACE。　3. ABCD。　4. AC。　5. BCE。
6. ABCD。　7. ABCD。　8. CDE。　9. ABCDE。　10. ABCE。

四、判断题

1. ×。　2. ×。　3. ×。　4. √。　5. √。
6. ×。　7. √。　8. ×。　9. √。　10. ×。
11. ×。　12. √。　13. √。　14. ×。　15. √。

五、计算题

1. 解：

根据初始收入和经常转移对外账户的编制原理，得到如下账户：

表 6-2　初始收入和经常转移对外账户

使用		来源	
雇员报酬	12	货物和服务的对外差额	-82
生产和进口税减补贴	0	雇员报酬	4
财产收入	88	生产和进口税减补贴	0
所得、财产等经常税	2	财产收入	76
社会缴款和福利	0	所得、财产等经常税	0
其他经常转移	32	社会缴款和福利	0
对外经常交易差额	-26	其他经常转移	110
合　计	108	合　计	108

2．解：

对外经常交易差额＝－164＋8＋152＋220－24－176－4－64＝－52（亿美元）

3．解：

净贷出或净借入＝资产变化额－负债与净值变化
$$= (2+22+18+8+24+20) - (-4+42+70+28+6-28)$$
$$= 94-114 = -20（亿美元）。$$

4．解：

经常账户差额＝货物与服务差额＋初次收入差额＋二次收入差额
$$= 2\,557.37 + (-440.13) + (-95.20) = 2\,022.04（亿美元）$$

第七章　投入产出核算

一、填空题

1．I。　　　2．部门。　　3．产品的同质性，生产工艺与消耗结构的同质性。
4．商业附加费和运输费。　　5．分配或使用去向。　　6．各种投入。
7．直接分解法和间接推导法。　　8．直接消耗系数。　　9．最终需求，生产。
10．同质性，比例性和相加性。　　11．产出表，投入表。　　12．线性。
13．j 部门，全社会。　　14．国民经济各部门，i 部门。
15．总产出与最终产品，总产出与增加值。

二、单项选择题

1．A。　　2．A。　　3．C。　　4．D。　　5．A。
6．C。　　7．A。　　8．A。　　9．B。　　10．B。

三、多项选择题

1．ABC。　　2．ABDE。　　3．ABC。　　4．CD。　　5．ABCDE。
6．ABCD。　　7．CDE。　　8．AC。　　9．BD。　　10．ACE。

四、判断题

1．×。　　2．√。　　3．×。　　4．√。　　5．√。
6．×。　　7．×。　　8．√。　　9．×。　　10．×。
11．√。　　12．√。　　13．×。　　14．√。　　15．√。

五、计算题

1. 解：

因为 $A = \begin{pmatrix} 0.125 & 0 & 0.25 \\ 0 & 0.125 & 0.25 \\ 0.2 & 0 & 0.2 \end{pmatrix}$，所以 $(I-A)^{-1} = \begin{pmatrix} 1.23 & 0 & 0.39 \\ 0.09 & 1.14 & 0.39 \\ 0.31 & 0 & 1.35 \end{pmatrix}$。

根据 $X = (I-A)^{-1} Y$ 知：

$$X = \begin{pmatrix} 1.23 & 0 & 0.39 \\ 0.09 & 1.14 & 0.39 \\ 0.31 & 0 & 1.35 \end{pmatrix} \cdot \begin{pmatrix} 100 \\ 50 \\ 20 \end{pmatrix} = \begin{pmatrix} 130.77 \\ 73.63 \\ 57.69 \end{pmatrix}$$

2. 解：

根据 $\overline{B} = (B+I) = \begin{pmatrix} 1.212 & 0 & 0.364 \\ 0.069 & 1.143 & 0.364 \\ 0.242 & 0 & 1.273 \end{pmatrix}$。结合影响力系数 $r_j = \dfrac{\sum_{i=1}^{n} \overline{b_{ij}}}{\dfrac{1}{n}\sum_{j=1}^{n}\sum_{i=1}^{n} \overline{b_{ij}}}$

$(j=1,2,\cdots,n)$，以及感应度系数 $\lambda_i = \dfrac{\sum_{j=1}^{n} \overline{b_{ij}}}{\dfrac{1}{n}\sum_{j=1}^{n}\sum_{i=1}^{n} \overline{b_{ij}}}$ $(i=1,2,\cdots,n)$，可得影响力系数为 0.98，

0.735，1.286；感应度系数为 1.013，1.013，0.974。

3. 解：

（1）根据 $A = Xq^{-1}$，可得

$$X = \begin{pmatrix} 900 & 1040 & 0 \\ 0 & 680 & 1100 \\ 420 & 0 & 2000 \end{pmatrix}$$

（2）根据 $\sum_{i=1}^{n} x_{ij} + y_j = q_j$，可得

$$y_j = q_j - \sum_{i=1}^{n} x_{ij}$$
$$= (3\,000, 4\,000, 5\,000) - (1\,320, 1\,720, 3\,100)$$
$$= (1\,680, 2\,280, 1\,900)$$

（3）根据 $f=(I-A)q$，可知

$$f = \begin{pmatrix} 0.7 & -0.26 & 0 \\ 0 & 0.88 & -0.22 \\ -0.14 & 0 & 0.6 \end{pmatrix} \begin{pmatrix} 3\,000 \\ 4\,000 \\ 5\,000 \end{pmatrix}$$

$$= \begin{pmatrix} 1\,060 \\ 2\,220 \\ 2\,580 \end{pmatrix}$$

（4）将上述获得的数据放入投入产出表中即可得到一张三部门的投入产出表，见下表：

表1 三部门投入产出表   单位：万元

		投入部门				最终产品	总产出
		部门1	部门2	部门3	小计		
产出部门	部门1	900	1 040	0	1 940	1 060	3 000
	部门2	0	680	1 100	1 780	2 220	4 000
	部门3	420	0	2 000	2 420	2 580	5 000
	小计	1 320	1 720	3 100	6 140	5 860	12 000
增加值		1 680	2 280	1 900			
总投入		3 000	4 000	5 000			

4. 解：

计算报告期的最终需求 f_{t+1}：

$$f_{t+1} = \begin{pmatrix} 460 \\ 4\,500 \\ 3\,860 \end{pmatrix}$$

根据 $q_{t+1}=(I+B)f_{t+1}$，可得

$$q_{t+1} = \begin{pmatrix} 1.18 & 0.23 & 0.19 \\ 0.48 & 1.85 & 0.60 \\ 0.17 & 0.21 & 1.08 \end{pmatrix} \cdot \begin{pmatrix} 460 \\ 4\,500 \\ 3\,860 \end{pmatrix}$$

$$= \begin{pmatrix} 2\,311.2 \\ 10\,861.8 \\ 5\,192.0 \end{pmatrix}$$

再根据 $X_{t+1}=Aq_{t+1}$，可得中间产品矩阵为

$$X_{t+1}=\begin{pmatrix} 0.1 & 0.1 & 0.1 \\ 0.2 & 0.4 & 0.3 \\ 0.1 & 0.1 & 0.0 \end{pmatrix}\begin{pmatrix} 2311.2 & 0 & 0 \\ 0 & 10861.8 & 0 \\ 0 & 0 & 5192 \end{pmatrix}$$

$$=\begin{pmatrix} 231.12 & 1086.18 & 519.2 \\ 462.24 & 4344.72 & 1557.6 \\ 231.12 & 1086.18 & 0 \end{pmatrix}$$

第八章 国民经济核算的扩展概览

一、填空题

1. 统一定义的概念，企业会计账户和复式记账原理。
2. 中心框架的灵活运用和引入卫星账户。
3. 着重点，处理方法，完备和详细程度。
4. 专题性核算框架。　　5. 关键活动及其相应产品。　　6. 消费活动。
7. 游客为自己支付的费用和由他人支付的费用。
8. 旅游特征产品和其他消费品。　　9. 物质流。
10. 货币供给与使用表。
11. 自然资源投入，再生能源投入以及其他自然投入。
12. 环境保护和资源管理。　　13. 供给角度。
14. 环境货物和服务。　　15. 生物和非生物。

二、单项选择题

1. D。　　2. A。　　3. A。　　4. B。　　5. D。
6. A。　　7. A。　　8. A。　　9. D。　　10. A。

三、多项选择题

1. AB。　　2. CE。　　3. CE。　　4. BD。　　5. ABCD。
6. ABCDE。　　7. ABCDE。　　8. ADE。　　9. ABC。　　10. CE。

四、判断题

1. ×。　　2. ×。　　3. ×。　　4. √。　　5. √。
6. √。　　7. ×。　　8. ×。　　9. ×。　　10. ×。
11. √。　　12. ×。　　13. ×。　　14. √。　　15. ×。

第九章　国民经济价格和物量核算

一、填空题

1. 产品价值额。　　　　2. 价格指数和物量指数。　　3. 多个指标数据。
4. 动态比较和国际比较。　　5. 价格，物量指标。　　6. 基期，报告期。
7. 物量指数，价格指数以及相应的总值指数。
8. 报告期总产出与基期总产出。　　9. 物量值。　　10. 分类价格指数。
11. 综合性，平均性。　　12. 生产环节，使用者购买产品。
13. 简单算术平均，选定的指数公式。　　14. 国民经济价格指数。
15. 可比价 GDP。

二、单项选择题

1. B。　　2. C。　　3. B。　　4. D。　　5. A。
6. B。　　7. D。　　8. D。　　9. B。　　10. C。

三、多项选择题

1. BD。　　2. ABCD。　　3. CD。　　4. AB。　　5. BCD。
6. AB。　　7. ABDE。　　8. AC。　　9. ABC。　　10. DE。

四、判断题

1. ×。　　2. ×。　　3. ×。　　4. √。　　5. √。
6. ×。　　7. ×。　　8. ×。　　9. ×。　　10. √。
11. ×。　　12. √。　　13. ×。　　14. √。　　15. √。

参 考 文 献

[1] 联合国，欧盟委员会，经济合作与发展组织，国际货币基金组织，世界银行，等．2008 年国民账户体系．中国国家统计局国民经济核算司，中国人民大学国民经济核算研究所译．北京：中国统计出版社，2012．
[2] 邱东．国民经济核算分析．上海：格致出版社，上海人民出版社，2009．
[3] 邱东．国民经济统计学．2 版．北京：高等教育出版社，2011．
[4] 许宪春．中国国民经济核算与统计问题研究．北京：北京大学出版社，2010．
[5] 蒋萍，徐强，杨仲山．国民经济核算初级教程．北京：中国统计出版社，2019．
[6] 高敏雪，李静萍，许健．国民经济核算原理与中国实践．4 版．北京：中国人民大学出版社，2018．
[7] 高敏雪，张颖，许健．综合环境经济核算与计量分析．北京：经济科学出版社，2012．
[8] 颜日初，徐唐先．国民经济统计学．北京：中国财政经济出版社，1999．
[9] 向书坚，郑瑞坤．绿色经济核算．北京：中国环境出版社，2016．
[10] 杨灿．国民经济统计学——国民经济核算原理．北京：科学出版社，2015．
[11] 杨灿．国民经济核算教程（国民经济统计学）．4 版．北京：中国统计出版社，2015．
[12] 刘小瑜，李海东．国民经济核算原理．上海：复旦大学出版社，2013．
[13] 赵彦云．国民经济核算．北京：中国统计出版社，2005．
[14] 联合国，等．环境经济核算体系中心框架（SEEA2012）．内部资料．
[15] 李宝瑜．国民经济统计分析．北京：中国统计出版社，2002．
[16] 杜金富，等．国民经济核算基本原理与应用．北京：中国金融出版社，2015．
[17] 向蓉美，黎春．国民经济统计学．2 版．成都：西南财经大学出版社，2014．
[18] 王德发，朱建中．国民经济核算概论．上海：上海财经大学出版社，2006．
[19] 韩云虹．国民经济核算与分析．北京：经济科学出版社，2005．
[20] 高玲芬．国民经济核算概论．杭州：浙江工商大学出版社，2013．
[21] 陈明．国民经济核算（统计学专业用）．北京：人民交通出版社，2011．
[22] 苏汝劼，夏明．国民经济核算概论．北京：中国人民大学出版社，2004．
[23] 杨廷干．国民经济核算理论与方法．北京：中国财政经济出版社，2014．
[24] 王成歧．联合国国际比较项目（ICP）若干问题．大连：东北财经大学出版社，1994．
[25] 巫宝三．巫宝三经济文选．北京：中国时代经济出版社，2011．
[26] 沃西里·列昂惕夫．投入产出经济学．崔书香，潘省初，谢鸿光，译．北京：中国经济出版社，1990．
[27] 董承章．投入产出分析．北京：中国财政经济出版社，2000．